清华哲学文库

中国哲学的传统及其现代开展

纪念张岱年先生诞辰110周年学术研讨会论文选集

陈　来　丁四新　主编

清华大学出版社

北京

内 容 简 介

本书选取"中国哲学的传统及其现代开展——纪念张岱年先生诞辰110周年学术研讨会"中的20余篇论文,按照主题分为上下两编。上编为纪念张岱年、研究张岱年的学术论文,较为全面地反映了张岱年先生的学术特点;下编则为中国哲学研究专文,反映了中国哲学最新的研究特点和研究情况。本书可供想要了解张岱年先生思想的读者,以及借此了解中国哲学最新发展的读者阅读。

图书在版编目(CIP)数据

中国哲学的传统及其现代开展:纪念张岱年先生诞辰110周年学术研讨会论文选集/陈来,丁四新主编. —北京:清华大学出版社,2021.4
(清华哲学文库)
ISBN 978-7-302-57593-1

Ⅰ. ①中…　Ⅱ. ①陈… ②丁…　Ⅲ. ①张岱年(1909—2004)－哲学思想－学术会议－文集　Ⅳ. ①B262.5-53

中国版本图书馆 CIP 数据核字(2021)第 033848 号

责任编辑:梁　斐
封面设计:常雪影
责任校对:赵丽敏
责任印制:杨　艳

出版发行:清华大学出版社
　　　网　　址:http://www.tup.com.cn,http://www.wqbook.com
　　　地　　址:北京清华大学学研大厦 A 座　　　邮　编:100084
　　　社 总 机:010-62770175　　　邮　购:010-62786544
　　　投稿与读者服务:010-62776969,c-service@tup.tsinghua.edu.cn
　　　质量反馈:010-62772015,zhiliang@tup.tsinghua.edu.cn
印 刷 者:大厂回族自治县彩虹印刷有限公司
装 订 者:三河市启晨纸制品加工有限公司
经　　销:全国新华书店
开　　本:170mm×240mm　印　张:20.25　　字　数:385 千字
版　　次:2021 年 4 月第 1 版　　印　次:2021 年 4 月第1次印刷
定　　价:118.00 元

产品编号:089339-01

Preface
序

  2019 年 10 月清华大学哲学系举办了"中国哲学的传统及其现代开展——纪念张岱年先生诞辰 110 周年学术研讨会",近百名学者积极参与,提供论文,共襄盛举。本书即是此次会议的论文选集。

  张岱年先生 1928 年报考清华大学哲学系并被录取,入校后因对当时清华的军训活动不能适应,故改考入北师大。在大学期间,以哲学为志向,广泛阅读中西哲学书籍。张先生的长兄张申府当时在清华哲学系任教,30 年代初他还任天津《大公报》世界思潮副刊的主编,张先生在大学时期写了不少哲学文章,便多发表在这一副刊,如《论外界的实在》《谭"理"》《先秦哲学的辩证法》等。张先生这一时期所写这些论文引起了许多前辈学者如冯友兰、熊十力的关注,故 1933 年张先生在北师大毕业后,由冯友兰先生、金岳霖先生推荐,梅贻琦校长批准,被清华哲学系聘为助教。

  1935—1936 年,因应于当时出现的本位文化论战和中国哲学会的成立,张先生写了一系列文章,一方面提出了综合创新的文化主张,另一方面提出了自己将"唯物、解析、理想"结合一体的哲学宗旨。张先生与张申府一起发展的思想当时被称为"解析的唯物论",他们对罗素和解析方法的重视,对中西哲学融合的主张,清楚地表明他们是哲学的清华学派重要的成员。1935—1936 年张先生更集中精力于中国传统哲学的研究,写成了 50 万字的《中国哲学大纲》,这是一部以问题为纲的中国哲学史,它与此前 30 年代初出版的冯友兰先生的《中国哲学史》两卷本,一纵一横地成为现代中国哲学史学科的经典双璧,两部著作对中国哲学概念的清楚分析都体现了清华学派的特色。1936 年张先生在清华哲学系讲授"中国哲学问题"课程,即以《中国哲学大纲》为讲授内容。30 年代冯友兰先生和张岱年先生的中国哲学史著作和课程,体现了清华哲学系对现代中国哲学史学科的重大贡献。

  抗战结束后,1946 年受冯友兰先生之邀,张先生重回清华哲学系,任副教授。

在此后几年中,张先生整理了他平时对哲学问题的见解而确立起"一本多极"为中心的哲学体系,继续体现了清华哲学系重哲学体系特点的理论实践。1951 年张先生在清华哲学系升为教授,1952 年在高校调整中与清华哲学系其他先生一起转入北京大学哲学系。在北京大学时期,张先生与冯友兰先生一起,继续发扬老清华学派的学风,从 50 年代到 90 年代,在中国哲学史研究领域引领了全国中国哲学史的教学和研究。张先生的中国哲学研究,擅长于解析一个概念所具有的多个不同涵义,以及揭示概念的涵义在历史上的发展和演变,所以他的造诣和水平渗透在、体现在他的十几部著作和数百篇论文里,体现在这些著述中他对概念的分析与论概念意义的演变的字里行间之中。可以说他的著述中处处体现着他对中国哲学问题、概念的准确把握和解说,体现着那种深厚的对于概念理解和说明的功力。张先生以逻辑分析法应用于概念、命题的系统研究,为我们提供了研究中国哲学的最重要的方法典范。

在张先生的学术思想上,始终打着清华的印记,80 年代初,张先生提出中国文化的基本精神是"自强不息、厚德载物",明显地体现了清华人文传统对他的影响。改革开放以后,清华大学把恢复文科建设提到了日程。80 年代初期,清华筹备文科的消息传开,老清华的先生们非常兴奋。清华恢复文科的先行举措,是成立"思想文化研究所",内含文史哲诸科。1985 年张先生受聘为清华大学思想文化研究所第一任所长。思想文化研究所成立之初,就确定了以张先生的学术思想为指导思想,并以编辑《张岱年文集》为中心展开工作,以提高教师和研究生的学术水平。这一时期张先生对清华文科的教师给予了多方面的指导和帮助。清华大学十分重视张先生的学术和工作,学校领导非常尊重张先生,对清华文科的恢复发展始终注意听取张先生的意见。学校大力支持《张岱年文集》的编辑出版,给予了多方面的支持。在清华上下一致的努力下,文集一至六卷于 1989—1994 年陆续出版完成。张先生担任清华思想文化研究所所长长达九年,可以说,清华文科恢复历程的前期,是以张先生的学术思想为中心来开展的。从这一点来说,如果说 1949 年之前的老清华文科发展中,冯友兰先生因担任文学院长 18 年而扮演了清华文科的灵魂人物,那么可以说新时期清华文科的灵魂人物实非张先生莫属。

20 世纪 90 年代末以来,在清华哲学系的重建过程中,张先生也始终给予巨大的支持,他多次听取清华有关领导对重建哲学系的设想汇报,对新清华哲学系的重建提出了许多指导性的建议,关心备至,为清华哲学系的重建提供了最重要的支持。特别是他对新清华哲学系中国哲学方面发展的建议,大大促进了清华大学中国哲学学科的前进。今天,清华的中国哲学学科在全国中国哲学界已名列前茅,我们要全面继承、发扬张岱年先生的学术思想和治学精神,把清华的中国哲学学科建设得更好!

　　这次会议,是由丁四新教授负责主办的,清华哲学系的许多师生都参与了会议的会务。在此,我谨代表清华大学哲学系对一直以来关注张岱年思想研究的学者表示诚挚的感谢!

陈　来

2020 年 5 月 18 日

Contents
目录

上
编

张岱年研究

学习张岱年先生的人品与学问

郭齐勇

（武汉大学哲学学院与国学院）

内容提要：张岱年先生认真地对待外地一位普通青年的普通信件，仔细填写有关表格。于细微处见精神，由此可知张先生真诚朴实的为人。张先生是最早、最具有文化自觉与自信的大家之一。当年在文化热中，他关于国民性之优根性和民族精神的演讲与文章，影响很大。他重视传统价值观的研究，一方面肯定儒家优长，强调道德人格、仁义价值的创造转化，另一方面又批评儒家的局限，倡导义与利、德与力的辩证统一。他认为，传统思维方式的优点在于辩证思维，缺点是分析方法薄弱，应对传统辩证思维予以提高与改进，致力于辩证思维的条理化与分析思维的精密化。张先生有关价值观与思维方式的研究，意在变革与转换，是对改革开放初期的哲学问题与方法的回应。在个案研究上，张先生重视王船山与熊十力。他抓住王船山哲学的主脉及其特殊贡献，予以创造性解读，并与他自己的哲学主张和系统，相互衬托、照映。他肯定熊十力阐发宇宙人生"生生不息变化不竭之真机"，认为健动、去故取新、自强不息，是其哲学的主要贡献。

关键词：张岱年；价值观；思维方式；王船山；熊十力

张岱年先生生于 1909 年 5 月 23 日，卒于 2004 年 4 月 24 日，终年 95 岁。张先生离开我们已经 15 年了，然而他仍然活在我的心中，我十分怀念他。张先生德高望重，其一流的人品与学问，永远是我们晚辈的楷模。

一、从两张表格看张先生的为人

张先生关爱与提携后进，不遗余力。我曾于 2004 年写过一篇怀念张先生的文章，记录了我向张先生问学讨教的若干细节，收入陈来教授主编的《不息集——回忆张岱年先生》和我自己的随笔集《守先待后》中。那篇小文中所说的，不再赘述了。

近来无意中发现家中一个书柜保存的两包材料，一包是《熊十力师友弟子记调查表》,一包是《纪念熊十力先生学术讨论会登记表》,两表都是我于 1985 年制订,由打印社油印的。前一表寄发给熊先生的门生故旧,张先生十分认真地填写了,寄回时,他专门写了一封信:

> 齐勇同志:
> 　　2 月 10 日来信收到。编辑纪念熊先生的书,我完全赞同,当尽力支持。
> 　　计划出一本熊先生纪念论文集,甚好,非常必要,我当著文一篇。
> 　　调查表寄上。
> 　　顺颂
> 春祺
>
> 张岱年
> 1985-2-15

在调查表中,张先生填了自己的主要经历、学术著述等。在是否保留有熊先生著作栏,他填写道:"保留有《新唯识论》《破破新唯识论》《体用论》《乾坤衍》等。"在与熊先生的交往及思想与学术联系及分歧一栏,张先生写了一段文字:

> 　　一九三一年起曾访问熊先生。熊先生和我的关系是在师友之间,写信称他为子真先生前辈,自称后学。和他谈论主要是讨论中国哲学的特点及朱子、阳明、船山的要义。曾钦佩他关于体用不二的思想。但是我主要推崇古代的唯物论哲学,熊先生则始终不赞同唯物论,故在思想上有一定分歧。

在关于熊先生论著编辑及推荐熊先生师友名单栏,张先生说:"完全赞同编辑《论著集》等。熊先生朋友在世者已不多,有梁漱溟、张申府、贺麟等。已故的有林志钧、张颐、汤用彤等。熊先生的学生有牟宗三(香港)、张德钧(已故)等。河北省肃宁县有王葆元(字大涵),曾问学于熊先生。民族所王森(字森田)、民族学院韩镜清都是熊先生的学生。"在张先生的提示与帮助下,我尽可能访问了一些健在的学者,并与王葆元先生有了通信联系。

后一张表,张先生填写于 1985 年 6 月 22 日,他当时说能参加年底黄冈熊十力纪念会,拟提交 3000 字论文《忆熊子真先生》,拟写"1932 年至 1963 年和熊十力先生晤谈的基本情况,略述对于熊先生哲学思想的感想"。张先生虽然因气候与身体原因未能出席黄冈会议,但请北大哲学系打印好 100 份论文,提交给会议。张先生的大文,我们编入了会议论文集《玄圃论学集——熊十力生平与学术》,1990 年由北京三联书店出版。张先生这一论文的手稿共六页,陈来先生于 2003 年寄我保存。

张岱年先生是学界的泰斗,知名大学者,且 1985 年时已有 76 岁的高龄,而我当时只是刚留校的青年助教,懵懵懂懂,做事鲁莽。他如此认真地对待外地一位青年的普通信件,仔细填写并寄来这两个表格,令我十分感动。于细微处见精神,由此可知张先生的为人。

1986 年年初,我写信给张先生,汇报了熊先生讨论会的情况。2 月 16 日,张先生给我回信:

> 齐勇同志:
>
> 　　来信收到。熊先生讨论会开得成功,十分欣慰! 俱赖各位同志的努力! 大作《熊十力及其哲学》写得很好,是难得的佳作,可喜可贺!
>
> 　　您想对中国现代思想史,特别是三四十年代的哲学界作出平议,极好! 我非常赞同! 我尝说,三四十年代是马克思主义哲学传入中国后开花结果的年代,也是中国民族资产阶级哲学逐渐成熟的年代,众花齐放,落英缤纷,不宜简单化。民族资产阶级哲学不能说是反动思想,宜加以重视,加以整理。这应是当代哲学界的一项任务。
>
> 　　匆匆,言不尽意,顺颂
>
> 春祺
>
> 张岱年
> 1986-2-16

从这封信中可见他对青年后学的鼎力支持,循循善诱,又可见他对我国现代思想史的宏观把握,高瞻远瞩,拨乱反正,具有理论与方法的指导意义。

二、张先生重视价值观与思维方式的创造转换

张先生对中国文化与哲学的全部,有极深的研究。如果要用今天常说的文化自觉与文化自信来看,张先生是最早、最具有文化自觉与自信的大家之一。当年在文化热中,张先生关于国民性和民族精神的演讲与文章,对我触动很大。

20 世纪二三十年代和 80 年代,学界曾两度讨论国民性问题,受西方、日本影响,国内学界很多人竟认为中国人的国民性只是"劣根性",没有"良根性",实际上是把人类所有的丑恶都集中在中国人身上。面对文化虚无主义与自戕主义的思潮,张岱年先生多次发表文章与演讲,指出:人们总是说国民性中有劣根性,诚然如此,是否也有良根性呢? "假如中华民族只有劣根性,那中华民族就没有在世界上存在的资格了,这就等于否定自己民族存在的价值……一个延续了五千余年的大民族,必定有一个在历史上起主导作用的基本精神,这个基本精神就是这个民族

延续发展的思想基础和内在动力。"①张先生认为,中国文化有"良根性",即中华民族的优良传统、习惯,"中华民族在亚洲东方能延续几千年,一定有它的精神支柱,没有这些,中华民族早就灭亡了"②。这个精神支柱,就是民族精神。张先生指出,中华民族屹立于世界东方已经五千多年,过去的中国文明曾经对西方近代启蒙运动起过一定的积极影响,难道几千年的文化创造都是要不得的东西吗?是祖先低能,还是子孙不肖呢?

张先生特别重视中国传统文化的价值观与思维方式的创造性解读,而这两方面都与我们的现代化建设息息相关,给予我们良多启发。

张先生认为:"中国哲学中,与文化发展关系最密切的是关于价值的思想学说。古代虽没有价值观的名称,却有关于价值的学说。"③他肯定儒家强调道德价值的重要性。孔子讲"君子义以为上"(《论语·阳货》),"好仁者无以尚之"(《论语·里仁》),就是认为道德是至高无上的。"志士仁人,无求生以害仁,有杀身以成仁"(《论语·卫灵公》),即表明人们为了实现道德理想可以牺牲生命。孟子更明确地肯定人人都具有自己的价值,"人人有贵于己者"(《孟子·告子上》),这固有的价值即"仁义忠信,乐善不倦",是天赋的,别人不能剥夺的。荀子虽不承认道德是天赋的,但也肯定人的价值在于"有义","人有气有生有知亦且有义,故最为天下贵也"(《荀子·王制》)。儒家确实是主张道德价值至上的。墨家肯定"天下之大利""国家百姓人民之利",认为公共利益是最高的价值。墨家认为道德最高的准则是天下之大利,可以说是公利至上论。道家强调价值的相对性,可称为相对价值论。法家则完全否认道德的价值,可称为道德无用论。这是张先生对诸家价值观的基本定位。

张先生进一步指出:"儒家'义以为上',把道德看作是最有价值的,同时又肯定人的价值,宣称'天地之性人为贵'。墨家比较重视功用,把道德与功用结合起来。道家否认一切人为的价值,以自然而然为最高价值。法家专讲富国强兵,完全否定道德文化的价值。"④张先生区别了哲学的价值观与世俗的价值观,他认为,价值观的争论集中在两个问题上,一为义与利的问题,二为力与德的问题。对义利问题,张先生指出其复杂的多层次含义,如公利与私利、道德理想与物质利益、精神生活与物质生活的关系问题,他主张仔细分析,如他分别了儒墨具体文本所言"利"之中公利与私利的区别,又指出儒家并不反对追求公共利益。张先生详细分析了儒

①　张岱年:《文化与哲学》,北京,教育科学出版社,1988年,第66页。
②　张岱年:《文化与哲学》,第48页。
③　张岱年:《文化与哲学》,第5页。
④　张岱年:《文化与哲学》,第17页。

墨诸家的理论分歧,肯定张载、颜元等兼重义利的义利统一观,以及墨家、王充的德力并重的看法。

张先生在《中国古典哲学的价值观》的长文中,对价值观作了详细讨论。他首先把价值观的主要问题分析为二:一为价值的类型与层次的问题,二为价值的意义与标准的问题。就类型而言,真为认识的价值,善为行为的价值,美为艺术的价值。他又指出,人本身也有价值。人生的价值何在?如何生活才有价值?这是每一个自觉的人不能不回答的问题,而人生价值问题也包含关于真善美的价值。他系统研究了春秋时代的三不朽说、孔子"义以为上""仁者安仁"的道德至上论、墨子崇尚公利的功用价值论、孟子宣扬"天爵""良贵"的人生价值论、道家"物无贵贱"的相对价值论、《易传》与荀子关于价值标准的学说、法家的道德无用论、董仲舒"莫重于义"的价值观、王充提倡"德力具足"的价值观、宋明理学的价值观、王夫之"珍生务义"的价值论等的利弊得失,最后对古代价值观作出总的评价。他认为,两汉以后,儒家的价值观占据统治地位,成为中国文化的主导思想。儒家肯定人的价值,强调道德的重要,对于传统社会的精神文明发展起过巨大的作用,但在义利关系、德力关系上,儒家尤其是宋明理学,出现了严重的偏向,不关注如何提高物质文明的问题。他说:"儒家强调道德的尊贵,高度赞扬'不降其志,不辱其身'的志士仁人,这对于中华民族的成长和发展,确实起了巨大的积极作用。但是,道德理想与物质利益是密切相关的。如果忽视人民的物质利益,则道德将成为空虚的说教了。"①他又说:"义利问题争论了两千多年,到现在也还有其实际意义。现今的观念变革,应该对于义利关系有一个明确的认识。古代儒家'重义轻利'是片面的;但是,如果'重利轻义',专门谋求个人私利,以权谋私,见利忘义,那就更是错误的了。""西方有所谓'力之崇拜',对于西方近代文化有一定的积极作用。中国儒家思想可以说是'德之崇拜'。无论片面强调力或片面强调德,都属于一偏,正确的方向是德力的统一。"②

在20世纪80年代早中期,张岱年先生重视传统价值观的研究,一方面肯定儒家优长,强调道德人格、仁义价值的创造转化,另一方面又批评儒家的局限,借取诸家和儒家非主流派,倡导义与利、德与力的辩证统一。张先生自觉地为当时的经济改革和思想解放服务,因为在观念上与行为上统一义利、德力,在彼时也是一现实问题。他当时对传统价值观的分析,还强调了三点:人生价值问题,生命与理想的问题,和谐与斗争的问题。这就从根本上,从高层次上,回归道德价值,回归人类长

① 张岱年:《文化与哲学》,第197页。
② 张岱年:《文化与哲学》,第206页。

久之道,同时再谈和同之辩,主张多样性的统一,摒弃斗争哲学,开启了和谐社会的新声。

张先生当时并未将学术史研究屈从于时势,但他关注时代问题的挑战,从理论与思想史的讨论中追溯历史包袱的由来与解决方案,表现了一位哲学史家的可贵的理论自觉、高超的智慧与娴熟的能力。这也是中国知识分子经世致用传统的展现。

除价值观的转化外,张先生还关注另一个问题,即思维方式的问题。他有专文讨论中国哲学关于理性的学说、传统思维方式的变革等。

张先生指出,中国传统思维方式的特点,一是长于辩证思维,二是推崇超思辨的直觉。中国辩证思维强调整体观点,推崇直觉。"由于重视整体思维,因而缺乏对于事物的分析研究。由于推崇直觉,因而特别忽视缜密论证的重要。⋯⋯在这方面,我们只有诚心诚意地学习西方。在今日建设社会主义文化的新时代,必须做到思维方式的现代化。既要发挥辩证思维的优良传统,更要学会缜密分析、进行实验的科学方法。中国新文化的灿烂未来,有待于思维方式的更新。"①这就清楚明白地指出了他当时研究中国传统思维方式的现实性、目的性和针对性。

张先生在《中国传统哲学思维方式概说》一文中,全面地讨论了传统思维方式的优劣得失。他指出:"中国传统哲学的辩证思维,主要包含两点,一是整体观点,或曰整体思维;二是对待观点,或曰对待思维。"②他研究了传统哲学的直觉方式,指出直觉在一定程度上可以突破惯常思维的局限,启发崭新的理解。关于分析方法,他指出,传统哲学中,分析方法不甚发达,但亦非完全没有。中国哲学中有思与辨,墨家、名家对分析思维有贡献,宋明理学家中,朱子兼重分析与综合。他指出:"模糊思维是中国传统哲学思维方式的主要缺点。我们现在要改造传统的思维方式,首先要变革模糊思维。"③

张先生认为,比较具体的思维模式中,阴阳五行模式值得重视,用相生相克说明五个类型间的相互关系,有一定的效果或意义,当然现在不应拘泥于这种解释模式了。"经学模式限制了思想自由的发展,束缚了创造性的思维,对文化学术的发展起了严重的阻碍作用。"④

张先生强调,不能全盘否定中国传统哲学思维方式,应进行分析。传统思维方式的优点在于辩证思维,缺点是分析方法薄弱。"中国古典哲学的辩证法与西方哲

---

① 张岱年:《文化与哲学》,第208页。
② 张岱年、成中英等:《中国思维偏向》,北京,中国社会科学出版社,1991年,第8页。
③ 张岱年、成中英等:《中国思维偏向》,第14页。
④ 张岱年、成中英等:《中国思维偏向》,第15页。

学的辩证法,亦有不同之处。中国比较强调对立的交参与和谐;西方比较强调对立的斗争与转化。"①他指出,我们应对传统辩证思维予以提高与改进,致力于辩证思维的条理化。同时,我们应大力学习西方的分析方法,致力于分析思维的精密化和思维方式的改进,应使辩证思维与分析思维这两者相辅相成,统一起来。

以上足见张先生有关思维方式的研究,意在变革、改进,是对改革开放时期的哲学问题与方法的回应,具有方法论的启示。

三、张先生推崇两湖学者王船山与熊十力

在介绍了张岱年先生特别关注的两论(价值观与思维方式)之后,我们再看看张先生特别关注的两人——两湖学者王船山与熊十力。

张先生对王船山情有独钟,恰好熊十力先生也十分推崇王船山。有关张先生对王船山的研究,首先见于他早年的成名作《中国哲学大纲》。在该书的《序论》中,他指出:

> 清初大儒中,在哲学上最有贡献者,当推王夫之(字而农,世称船山先生)。他极反对王学,对于朱学虽相当同情,但他所最推崇的乃是张载。张子之不传的唯气哲学,到王夫之才得到比较圆满的发挥。王氏建立一个博大精深的哲学系统。他以为道本于器,由唯气进而讲唯器,是一种显明的唯物论。更认为有与动是根本的,无与静只是虚幻。在人生论则否弃自然无为,而注重人,注重有为。②

这是张先生对王船山的总体评价。

在该书第一部分《宇宙论》之第一篇《本根论》的第七章《气论二》中,张先生用了较多篇幅评介船山的气论。他认为,船山是张载之后第二个伟大的唯气论者,肯定船山的"气是宇宙中之根本,无气则无理"的观点。张先生说:"船山不止讲唯气,更进而言'唯器',认为形而下之'器'才是根本的,形而上之'道'并非根本。"③张先生又说:"气论到船山可谓得到一次大的发展。天下惟器的见解在中国哲学史中,实鲜见仅有。船山讲宇宙的话很多,亦有许多处不尽莹彻,未以惟器说为中心观念而尽量发挥,这是最可惜的。"④这是对船山气论的评价。

---

① 张岱年、成中英等:《中国思维偏向》,第16页。
② 张岱年:《中国哲学大纲》,北京,中国社会科学出版社,1982年,《序论》第25页。
③ 张岱年:《中国哲学大纲》,第79页。
④ 张岱年:《中国哲学大纲》,第81页。

在该书第二部分《人生论》之第三篇《人生理想论》的第八章《践形》中,张先生用了较多篇幅评介船山的人生论。他认为,船山是重事物与形体的新人生论的代表。船山、颜元、戴震的新人生论,可名之为践形论。张先生说:"船山的人生论,以'存人道'与'践形'为中心观念。他认为人生应当尽量发展人之所以为人者,即人之所以异于禽兽者。"①

张先生又说:"人之所以为人者,乃在于能思能勉。过去大多数哲学家,都赞美自然而卑视思勉,船山则赞美思勉而不看重自然,这是船山思想之一个特色。"②张先生独具只眼,深刻揭示了"以人道率天道"的船山思想的这一特色。张先生挖掘了王船山珍重生命的思想,发挥了船山保持人的生性而顺遂其生机的意涵。同时,生命固然弥足珍贵,然而必合于道义。贵生而可为义而舍生,这是儒家人生思想的特色。

张先生认为,船山继承孟子思想,以"践形"为人生准则,一方面贵生重形,发展形体各方面之机能,使各至其极,另一方面使形体之各部分莫不合于道理。总之认为形体各部分皆有其当然之则,而应充分发展之各使合于其当然之则。最后,知人论世,张先生点醒了船山的时代悲情与其思想的关联:

> 船山生当明末清初之际,身经亡国的惨痛,深知专事虚静养心之无益,故贵人为,重形体,特阐德行非外于身物之义。进而更有容忍之说。……忍人之所不能忍,容人之所不能容,以守其坚贞之节,而保持人之所以异于禽兽者。这是船山之坚定卓绝之志操之宣述。③

张先生晚年继续研究王船山哲学,1984—1985年间写作并发表了《王船山的理势论》及有关论文中涉及王船山的价值观、理性学说的专节。

理势关系是历史哲学中的重要问题,王船山的理势论特别复杂。张先生注意到船山把"理"分析为二:"天地万物已然之条理"与"健顺五常、天以命人而人受为性之至理",与程朱学派有所区别。前者即自然界的客观规律,后者是人类的道德准则。关于理势关系,船山提出"理成势""势成理",可谓"理势相成论"。张先生指出:"理势关系问题是一个非常复杂的问题,包含多方面的涵义,其中包括历史的发展趋势与历史的客观规律二者相互关系的问题,现实与理想的问题以及强权与公理的问题。而理想与公理又都是具有时代性和阶级性的,更增加了问题的复杂性。……王船山所谓'理势合一',其涵义有与黑格尔所谓'凡是现实的都是合理

---

① 张岱年:《中国哲学大纲》,第367页。
② 张岱年:《中国哲学大纲》,第368页。
③ 张岱年:《中国哲学大纲》,第372~373页。

的,凡是合理的都是现实的'相类似之处。"①

　　张先生阐发船山"理势合一"的涵义:理势是统一的,有些势符合"理之当然",也有些势不符合"理之当然",而也表现了"必然之理"。张先生点评,认为船山此论比较全面、精湛,是我国古代历史观上非常精粹的思想。王船山肯定"势因理成",即肯定理想是可以实现的,历史有光明的前途,又强调"在势之必然处见理",就是肯定历史有客观规律。张先生认为这些思想非常深刻。张先生指出,船山肯定了"理"的时代性、历史性,"势"是随时代而不同的,"理"也就随之有所不同。船山承认"势相激而理随以易",又肯定"势因理成",承认理有改变势的作用,因此特别重视弘扬学术的重要意义。

　　张先生深入分析了王船山理势学说的湛深的思想内容与理论价值,同时肯定这种学说能鼓励人们为理想而奋斗,有深远意义。

　　关于船山的价值观,张先生概括为"珍生务义",即珍爱生命、身体,充分肯定生命的价值,而生活必须体现道义才有真正的价值。在生与义的关系上,船山发展了孟子"舍生取义"的思想,强调"务义以远害",即专意遵义而行,努力免除祸害。

　　关于船山的人性论,张先生认为,船山在这一方面受程朱学派影响较深。船山认为,人是由气生成的,气中有理,气中之理表现在人身上就是性。性有两方面,一为仁义礼智之性,一为声色臭味之性。前者是道德的基础。在一定意义上,船山承认有德性之知,他提出了新解释。张先生指出,在人性论上王船山的独创观点是"性日生日成说",这是对不变的人性观点的否定。

　　20世纪90年代初,张先生还发表了《王船山的主动哲学》一文。张先生认为:"王船山在宇宙观方面,阐明了动的根本性,认为静只是动中之静;在人生观方面阐明了动的重要性,认为动是道德修养的基础。"②船山批评了"守静论",指出"动"不仅是自然界的基本情况,也是人类生活的主要内容,更是道德实践的枢纽。张先生认为船山的主动论是比较全面深刻的,且体现了时代精神。

　　综上所述,张先生抓住了王船山哲学的主脉及其特殊贡献,予以创造性解读,并与他自己的哲学主张和系统,相互衬托、照映。

　　关于"主动"的提法,我们不难想到熊十力先生。熊先生对王船山哲学与自己的哲学特征的总结,都提到"主动"。在《十力语要》中,熊先生指出,王船山"尊生以箴寂灭,明有以反空无,主动以起颓废,率性以一情欲,论益恢宏。浸与西洋思想接

①　张岱年:《文化与哲学》,第299页。
②　罗小凡等主编:《船山学论》,长沙,船山学刊社,1993年,第1页。

近矣"①。在《读经示要》中,熊十力更进一步指出:"吾平生之学,穷探大乘,而通之于《易》。尊生而不可溺寂,彰有而不可耽空,健动而不可颓废,率性而无事绝欲,此《新唯识论》所以有作,而实根柢《大易》以出也。(作者自注:上来所述,尊生、彰有、健动、率性,此四义者,于中西哲学思想,无不包通,非独矫佛氏之偏失而已。王船山《易外传》颇得此旨。)"②熊氏在此总结的"尊生""明有""主动""情一于性"四大观念,构成了中国近代哲学的基本格局。

张岱年先生曾与熊先生相过从,对熊先生哲学评价很高:"前辈熊十力先生是现代中国著名哲学家之一,他于 30 年代提出自己的独特的哲学理论'新唯识论',到 50 年代至 60 年代,更重发新见,提出'摄体归用'的实体学说。他著作丰富、内容宏博渊奥,确有甚深义蕴。以他的哲学著作和现代西方一些著名哲学家的著作相比,实无逊色。"③张先生认为熊先生对《周易》的辩证法确实有极深的体会,他指出熊先生阐发宇宙人生"生生不息变化不竭之真机",健动、去故取新、自强不息,是其哲学的主要贡献,确有见于中国传统哲学的积极因素。张先生肯定熊先生勇于独立思考,说熊先生一生研精覃思,确有过人之处。

张先生回顾了与熊先生交往的过程,最后指出:"作为一个努力独立思考、不断追求真理、从而提出自己的学说体系、卓然成一家之言的哲学家,熊十力先生是值得纪念的,他的思想是值得我们细心研究的。"④

其实张岱年先生早年也有了自己的相当丰富的哲学体系,可惜由于时代的限制,他中晚年未能使这一体系更加展开、完善。张先生以其慧识,在中国传统哲学的研究中,予以全面深刻地发掘,著述颇丰,贡献尤多。以上我们关于张先生对价值观与思维方式两论,以及王船山、熊十力两人之研究的解读中,可见他的精神的投射。

张岱年先生的精神不朽!他的为人为学之道,值得我们反复咀嚼、认真学习。我感念先生的提携。能有机缘与张先生交往、学习,得到他赠送的大著,亲笔题笺,又多次亲赐书札,真是三生有幸!

(原载《中国哲学史》2020 年第 1 期)

---

① 熊十力著,萧萐父主编:《熊十力全集》,武汉,湖北教育出版社,2001 年,第四卷,第 140 页。
② 熊十力著,萧萐父主编:《熊十力全集》,第三卷,第 916 页。
③ 萧萐父主编:《玄圃论学集:熊十力生平与学术》,北京,生活·读书·新知三联书店,1990 年,第 33 页。
④ 萧萐父主编:《玄圃论学集:熊十力生平与学术》,第 36 页。

解析、综合与理论创新
——张岱年先生的哲学思想和文化观

李存山

（中国社会科学院哲学研究所）

内容提要：张岱年先生的哲学思想曾被称为"解析法的新唯物论"，他主张"将唯物、理想、解析，综合于一"。他的哲学思想可以说最重视解析与综合，而其所建构的是一个"新综合"的哲学创新体系。张先生以"整与分""变与常""异与同"的辩证关系为"文化之实相"，他的"文化综合创新论"是以此为理论基础。在他的文化观中，解析与综合的统一仍是重要的特色。盖无解析则无以综合，无综合则无以创新，这对于当今的文化建设仍具有重要的理论意义和现实意义。

关键词：张岱年；解析；综合；理论创新

在纪念张岱年先生诞辰 110 周年之际，重温张先生在哲学理论和文化研究中的一些重要论著，我想主要从解析与综合两个方面，谈一谈张先生在哲学思想和文化观领域的理论创新。

一、解析与综合的哲学创新体系

张岱年先生在晚年曾多次表示："自 30 年代以来，我的学术研究工作有三个方面，一是对于哲学理论问题的探索，二是对于中国哲学史的研究，三是关于文化问题的讨论。"[①]在张先生的思想中，这三个方面的研究是有机结合、相互贯通的。

张先生在青少年时期就养成了哲人气质，他曾回忆说："吾昔少时，有如汉代扬雄'默而好深湛之思'，拟穷究天人之故，思考哲学问题，常至废寝忘食。"他在北师大附中读高中时曾发表《评韩》和《关于列子》的文章。在读大学本科期间，他在《大公报·文学副刊》发表《关于老子年代的一假定》，此文受到冯友兰先生和罗根泽先生的高度评价，后被收入罗根泽主编的《古史辨》第四册。在此文的最后，张先

---

① 《张岱年全集》第八卷，石家庄，河北人民出版社，1996 年，第 247 页。

生说："我自己二年前对于考证发生过兴趣,现在却久已离考证国土了,并已离开古书世界了。"①这说明在张先生读大学本科的后期,他主要转向了对现代哲学理论问题的研究,但从后来发表的研究成果看,特别是从他在 1936 年完成的《中国哲学大纲》看,他的哲学理论研究实际上也一直是以中国哲学史研究为根柢。

在哲学理论研究方面,张先生早年在其兄张申府先生的引导下,研读了大量西方哲学(尤其是新实在论者如罗素、穆尔、博若德、怀特海等人)的著作和马克思主义新唯物论的著作。他在 1933 年初发表的《哲学的前途》一文中说："现在的世界的哲学界,可以说是一个极其错综纷乱的局势。种种不同的派别在互相角逐,互相抗争着。""在本世纪之初,进化论派的哲学大盛一时,在法国有柏格森(Bergson)的创造进化论,在美国有詹木士(James)的实用主义。""旧唯心论的余势,及这二派哲学大盛的结果,乃引起了新实在论的反动。在英国有穆尔(Moore)、罗素(Russell)、亚历山德(Alexander)等,……于是实在论大盛。""但不久美国又出现了批评的实在论……""正在这些学派相斗争的时候,在德国又异军突起了一派,就是胡萨尔(Husserl)的现象学……""怀梯黑(Whitehead)由实在论者一转而提出一种有机主义,也予思想界以大的影响。有很多人认为,胡萨尔的现象学,与怀悌黑的有机哲学,乃现代哲学中两个最宏伟的系统。"②在这篇文章中,张先生先后列出了当时西方哲学的各个流派,提到了近 30 名西方现代哲学家。正是在对西方现代哲学进行解析和比较的基础上,他提出自己的观点:"我不相信将来哲学要定于一尊……但我相信,将来哲学必有一个重心或中心。""这为将来世界哲学之重心或中心的哲学"当有三个特点:"一、唯物的或客观主义的";"二、辩证的或反综的";"三、批评的或解析的"③。

在 1933 年 4 月发表的《关于新唯物论》一文中,张先生一方面肯定"新唯物论之为现代最可信取之哲学",另一方面又认为:"现在形式之新唯物论,实只雏形,完成实待于将来。新唯物论欲求完成,则又必更有取于现代各派哲学,而最应取者则为罗素一派之科学的哲学。""现在形式之新唯物论所缺之者实为解析方法,而罗素哲学则最能应用解析方法者。"④

张申府先生在 1932 年 10 月 22 日《大公报·世界思潮》的"编余"中提出"我的理想:百提(罗素),伊里奇(列宁),仲尼(孔子),三流合一"。张岱年先生则在《关于新唯物论》一文中说:"吾以为将来中国之新哲学,必将如此言之所示。将来之

---

① 《张岱年全集》第一卷,第 18 页。
② 《张岱年全集》第一卷,第 69~70 页。
③ 《张岱年全集》第一卷,第 72~73 页。
④ 《张岱年全集》第一卷,第 132~133 页。

哲学,必以罗素之逻辑解析方法与列宁之唯物辩证法为方法之主,必为此二方法合用之果。而中国将来如有新哲学,必与以往儒家哲学有多少相承之关系,必以中国固有的精粹之思想为基本。"①

1933年秋,张岱年先生在北师大毕业,经冯友兰先生和金岳霖先生推荐,到清华大学哲学系任教。他在1935年3月发表的《论现在中国所需要的哲学》一文中,将哲学的发展创新与"民族复兴、文化再生"联系在一起,指出中国现在所需要的哲学,首先,"必须是综合的","对于中国过去哲学须能抉取其精粹而发展之、光大之,辨识其病痛而革正之、克服之,同时对于西洋哲学,亦要批判之、吸收之";其次,它必须是"一种有力量的哲学,能给中华民族以勇气的哲学";复次,"真正的综合必是一个新的创造";更次,它"必与科学相应不违"。为满足这四个条件,现在中国所需要的哲学在内容上必须是唯物的、理想的、对理(辩证)的和批评(解析)的。②

1935年11月,孙道升在《国闻周报》发表《现代中国哲学界之解剖》,其中说:"新唯物论亦称辩证唯物论",它在中国分为两派:"一派是想把解析法输入于新唯物论中去的,另一派是沿袭俄国日本讲马克思学说的态度的。前者可称为解析法的新唯物论,此派具有批判的,分析的精神,其作品在新唯物论中,可谓最值得注意的,最有发展的。张申府、张季同、吴惠人等先生可为代表"③。这里所说"解析法的新唯物论",标识了张先生哲学思想的一个重要特色,即他重视逻辑解析④,是要"把解析法输入于新唯物论中",以实现辩证法与解析法相结合。

1936年5月,张先生发表他早年哲学思想的一篇代表作,即《哲学上一个可能的综合》。在此文中,他提出"今后哲学之一个新路,当是将唯物、理想、解析,综合于一",并且从方法论、知识论、宇宙论、人生论四个方面提出了"新的综合哲学之大体纲领"⑤。

继此之后,张先生在抗战期间写了一部分"研思札记",在40年代写成《哲学思维论》《知实论》《事理论》《品德论》和《天人简论》五部哲学论稿,此即后来所称的《天人五论》。张先生晚年在《八十自述》中说"我撰写这些论稿,意在实现'将唯物、解析、理想综合于一'的构想"⑥,又曾说他晚年在哲学上"仍坚持30至40年代的一

---

① 《张岱年全集》第一卷,第133页。
② 《张岱年全集》第一卷,第238~240页。
③ 见郭湛波:《近五十年中国思想史》,北京,北平人文书局,1936年,第402~403页。
④ 在《逻辑解析》一文中,张先生说:"逻辑解析可以说是二十世纪初以来在哲学中最占优势的方法,而也是最有效的方法。……作哲学功夫,第一要作解析功夫。"见《张岱年全集》第一卷,第117页。
⑤ 《张岱年全集》第一卷,第262~277页。
⑥ 《张岱年全集》第八卷,第592页。

些观点而略有补充"①。

张先生晚年总结自己的哲学思想,还曾作有《分析与综合的统一——新综合哲学要旨》一文。他说:"我试图将马克思主义现代唯物论与逻辑分析法及中国哲学的优良传统三者结合起来,以分析为方法而以综合为内容,可以称为新综合哲学。"②

根据以上所述,张先生的哲学思想可以说最重视解析(分析)与综合,而其所建构的是一个"新综合"的哲学创新体系。

二、解析与综合的文化创新论

张岱年先生对中国文化问题的研究,始于他在 1933 年 6 月发表的《世界文化与中国文化》一文。1935 年 1 月,上海的十位教授发表《中国本位的文化建设宣言》。张先生参与当时的文化讨论,于同年的 3 月和 5 月发表了《关于中国本位的文化建设》和《西化与创造》两篇论文,提出了"创造的综合"或"文化的创造主义"③等观点,并精辟地指出:"惟用'对理法'(按即辩证法),然后才能见到文化之实相,才不失之皮毛,才不失之笼统。惟用'对理法',才能既有见于文化之整,亦有见于文化之分;既有见于文化之变,亦有见于文化之常;既有见于文化之异,亦有见于文化之同。"④在这里,张先生讲了关于文化的"整与分""变与常""异与同"的三对辩证关系。"整"是指文化的系统性,"分"是指文化要素的"可析取性",所谓"析取"就是解析(分析)和择取,这包括对中国传统文化和外来文化的解析和择取;文化的"变与常"是指文化发展的时代性、阶段性与继承性、连续性;文化的"异与同"则是指文化的民族性、特殊性与世界性、普遍性。

文化的"变与常",是张先生文化观的一个核心观点。他在《世界文化与中国文化》一文中说:"文化以生产力及社会关系的发展为基础,生产力发展到一新形态,社会关系改变,则文化必然变化。"⑤这显然是唯物史观关于文化发展的一个基本原理,即其强调了文化之"变"。张先生对此持肯定态度,认为"现在要仍照样保持中国的旧文化,那是不可能的"。然而,张先生又把语势一转,提出:"中国的旧文化既不能保持原样,那么,是否就要整个地将其取消呢?将其扫荡得干干净净呢?

---

① 《张岱年全集》第七卷,第 405 页。
② 《张岱年全集》第七卷,第 392 页。
③ 《张岱年全集》第一卷,第 229、235 页。
④ 《张岱年全集》第一卷,第 248~249 页。
⑤ 《张岱年全集》第一卷,第 155 页。

不！只有不懂唯物辩证法的人，才会有这种主张。"①自五四新文化运动后期传入马克思主义的唯物史观以来，对其简单化、机械化的一个理解就是只讲文化之"变"而不讲文化之"常"，认为文化"随着物质变动而变动"，"随着社会的需要，因时因地而有变动"，当进入工业社会时，原在农业社会"经济基础"上的中国旧文化就已完全不适应工业社会的"上层建筑"，当"西洋的工业经济来压迫东洋的农业经济"时，"孔门伦理的基础就根本动摇了"，"大家族制度既入了崩颓粉碎的运命，孔子主义也不能不跟着崩颓粉碎了"②。张先生在文化理论上的一个重要创见，就是在20世纪30年代把唯物辩证法与唯物史观密切结合起来，从而恢复了唯物史观在文化理论上的"活的灵魂"，对于要把中国的旧文化"整个地取消""将其扫荡得干干净净"的观点提出了断然的否定，指出"只有不懂唯物辩证法的人，才会有这种主张"。而张先生的一个新见就是文化随着社会的发展而"必然变化"，但是"变中有常"。

张先生说："文化是发展的。文化在发展的历程中必然有变革，而且有飞跃的变革。但是文化不仅是屡屡变革的历程，其发展亦有连续性和累积性。在文化变革之时，新的虽然否定了旧的，而新旧之间仍有一定的连续性。"③所谓文化"有飞跃的变革"，就是随着社会发展阶段的不同，如由农业社会进入工业社会，则文化的发展亦有阶段性，有"飞跃的变革"，所谓文化之"变"主要指此。张先生又把语势一转，指出"文化不仅是屡屡变革的历程，其发展亦有连续性和累积性"，在社会发展进入不同的历史阶段而"文化变革之时，新的虽然否定了旧的，而新旧之间仍有一定的连续性"，此"连续性"就是文化之"常"。

关于文化的"异与同"，也是张先生文化观的一个重要观点。他在《世界文化与中国文化》一文中说："两个生产力发展程度相同的民族，由于地域之不同，其文化虽大致相似而仍不相同，这从古代世界的各民族以及近世欧洲各国的历史可以看出。""民族文化是资本主义社会及其以前的各历史阶段所有的。……社会主义文化是世界性的文化，然而世界性不是无民族性。"④这里所说的"世界性"即是文化之"同"，而"民族性"即是文化之"异"。文化之"同"是蕴含在各民族文化中的普遍性，而文化之"异"就是各民族文化的特殊性。普遍性存在于特殊性之中，只有同时承认这两方面的存在，才不是"以偏赅全"。

依据文化的"变与常""异与同"的辩证关系，张先生说："要保持旧文化，不思与世界文化相适应，结果必归于绝灭而已；同时，如根本唾弃本土文化，要全盘承

---

①　《张岱年全集》第一卷，第154页。
②　参见《李大钊文集》第三卷，北京，人民出版社，1999年，第140～144页。
③　《张岱年全集》第一卷，第153、155页。
④　《张岱年全集》第一卷，第152～153页。

受外来文化,亦终必为所同化而已,其自己的文化也一样归于绝灭。所以,在现在中国,全盘接受西洋文化与谋旧文化之复活,同样都是死路一条。"①张先生既反对全盘西化论,又反对文化原教旨主义的"旧文化之复活",其理据就在于对文化的"变与常""异与同"之辩证关系的认识。

关于如何认识文化的"变与常""异与同",实际上都是以承认文化系统要素的"可析取性"为基础或前提。张先生说:"无疑地,中国文化之过去阶段已经终结,中国必踏入文化上的新阶段,那么,还要保持旧的特点吗? ……中国文化中,是不是有些特点,并不只是农业文化的特点,而是一种根本的一贯的民族的特殊性征,在农业时代前本就存在,在农业时代后仍可存在?"②在这里,张先生要区分中国文化在农业社会的特点与中国文化的跨时代的"根本的一贯的"民族文化特殊性。而后者也正是张先生所强调的中国文化之"常"或中国文化之"异"。

张先生要区分中国文化在农业社会的特点与中国文化的跨时代的民族文化特殊性,这就势必要对中国原有的文化进行分析。他在《世界文化与中国文化》一文中说:"按照唯物辩证法的观点,一种文化中必然含有相互对立的成分,即好的或较有积极意义的和坏的或具有消极意义的成分。唯物辩证地对待文化,就应一方面否定后者,一方面肯定前者,并根据现实需要加以发挥、充实。"③他在《西化与创造》一文中也说:"由'对理'来看,文化固是一个整体,而亦是可分的。""文化并无不可分性,而是可析取的。文化各要素,并非都有不可解的必然联系。"④此即张先生的文化之"整与分"的辩证观点。

一个民族的新时代的文化可以析取前一时代文化系统中的积极成分,亦可析取其他民族文化系统中的优长因素。在这里,承认文化之"整"的系统性已是司空见惯,而许多人因文化的系统性而否认文化是"可析取的"。这貌似对文化持一种系统的"活"的见解,而认为如果把文化系统中的某些要素析取出来,它就已经"死"了。然而实际上,文化之所以是"活"的,就在于它是可以"吐故纳新"的。如果旧文化系统只能保持原样,"不思与世界文化相适应",不能与现代文明相协调,那它在新的时代就已经"死"了。如果其他民族的文化也是一个不可分的系统,那么不同民族文化之间也就不能进行相互交流,只能是要么全盘排拒外来文化,要么全盘接受外来文化。张先生认为,这两种方式都是"死路一条"。因此,文化必须既讲"整"又讲"分"。只有这样,文化才能随着时代的发展而"变中有常",也才能既保持文化

---

① 《张岱年全集》第一卷,第 230 页。
② 《张岱年全集》第一卷,第 232 页。
③ 《张岱年全集》第一卷,第 154 页。
④ 《张岱年全集》第一卷,第 250 页。

的民族性，又能实现文化的现代性。

　　张先生提出的文化之"整与分""变与常""异与同"的观点，的确是"文化之实相"。我认为，迄今为止，尚无其他的观点能过之，这仍是一个对文化的最深刻、最全面、最正确的见解。若要对文化有一个大致正确的认识，或者说对文化的发展有一个大致正确的方向，那么，这几个方面都缺一不可。盖有"分"而无"整"，则对中国文化的系统性缺乏认识；有"整"而无"分"，则中国古代文化只能保持原样，或只能全盘接受西方文化；有"常"而无"变"，则中国古代文化亦只能保持原样；有"变"而无"常"，则不能传承和弘扬中国文化的优秀传统；有"同"而无"异"，则否认了中国文化的民族特色；有"异"而无"同"，则把中西文化绝对对立起来，二者之间无法相互交流。这几种倾向都是错误的。

　　张先生在 20 世纪 30 年代提出的文化的"创造的综合"，以及他在晚年提出的"文化综合创新论"①，实际上都是立足于这一文化的辩证发展观。如他在晚年所作《中国文化的历史传统及其更新》一文中讲"文化发展的基本规律"，第一条是"民族文化的积累性与变革性"②，此即文化的"变与常"的观点；第二条是"民族文化的共同性和矛盾性"③，此即文化的"整与分"的观点；第三条是"民族文化的交流和民族的主体意识"④，又在《关于文化问题》一文中说"中西文化的异同都是相对的……现在讲中西文化的异同，既要注意相异之处，也要注意相同之处，异中有同，同中有异"⑤，此即文化的"异与同"的观点。

　　张先生在晚年所作《文化体系及其改造》一文中讲"文化的体系及其层次"，然后讲"文化体系内部的各种联系"，而在各种联系中，文化各元素之间"有可分离的关系和不可分离的关系，有相容的关系和不相容的关系"⑥。此中所讲的"不可分离的关系"，就是在《西化与创造》一文中所说"有些要素有必然关系，必须并取"；而"可分离的关系"，就是在《西化与创造》一文中所说"有些要素则无必然关系，却可取此舍彼"⑦。张先生举例说，科学与思想自由是不可分离的，故而二者必须并取；而科学与基督教是可分离的，故而可取此舍彼。关于"相容的关系和不相容的关系"，张先生举例说，平等思想与等级思想是不相容的，思想自由与专制主义也是不相容的，过去我们认为社会主义与市场经济不相容，而"事实证明，二者是相容

①　《张岱年全集》第六卷，第 252 页。
②　《张岱年全集》第六卷，第 165 页。
③　《张岱年全集》第六卷，第 165 页。
④　《张岱年全集》第六卷，第 166 页。
⑤　《张岱年全集》第六卷，第 187 页。
⑥　《张岱年全集》第六卷，第 450 页。
⑦　《张岱年全集》第一卷，第 249～250 页。

的", "儒家思想中有跟经济发展相容的部分, 也有不相容的部分"①。作出这些分析, 实际上就是关于文化之"整与分"的理论展开, 其与文化的"变与常""异与同"的观点一起, 构成了张先生晚年的"文化综合创新论"的理论基础。

在张先生的文化观中, 解析(分析)与综合的统一仍是重要的特色。盖无解析则无以综合, 无综合则无以创新, 这对于当今如何认识文化的"古今中西"的关系, 如何既坚持文化的民族主体性, 又要使中国文化适应世界普遍潮流的现代性, 如何实现中国传统文化的创造性转化、创新性发展, "不忘本来, 吸收外来, 开创未来", 仍具有重要的理论意义和现实意义。

(原载《中国哲学史》2020 年第 1 期)

---

① 《张岱年全集》第六卷, 第 450~451 页。

张岱年早期思想中的哲学、理想与解析

张学智

（北京大学哲学系）

内容提要：张岱年先生明确指出，提出生活理想这个问题，是为了使处于文化存亡之际的中国人树立昂扬向上的人生态度，破除科技不如人便万事不如人的萎靡心态，振奋民族文化自信心。在当时文化危机日益深重的情势下，亟需一种哲学思想为中国传统文化争取地盘，对低迷的文化心态做出抗争，为未来文化的走向指明方向。当时所需要的哲学的另一大特征是批评。他所谓"批评"，实际上是他一贯倡导、也是他哲学的方法论——逻辑分析。

关键词：理想；解析；哲学；文化

张岱年先生在 20 世纪 30 年代有一篇重要文章《论现在中国所需要的哲学》，发表于 1935 年 4 月 8 日的《国闻周报》。对当时中国人精神生活的一系列问题：应该采取什么样的生活方式，应有什么样的应对社会危机的态度，需要什么样的生活理想等，此文都作出了深入分析。这篇文章连同几乎同一时期所发表的《关于中国本位的文化建设》《西化与创造》《哲学上一个可能的综合》《生活理想之四原则》等，完整地勾画出张先生此时哲学思想的一些重要侧面。这些方面奠定了张先生一生的思想基础，是他此后许多重要观点的滥觞，甚至决定了他晚年哲学、文化研究的基调。其中最重要的是他对哲学、对理想、对解析问题的看法。本文对这几点略作讨论，以见张先生早年思想的基本特征，以及这些特征对他一生的影响。

一、哲学与理想

张先生基于对 20 世纪 30 年代中国知识界的精神状况的深刻剖析，认为当时最需要的是一种昂扬的志气、一种坚韧的精神，以及对民族文化的充分自信。在《生活理想之四原则》中，张先生开首即说：

> 中国现在需要新的人生理想。新的理想能给人以新的力量。无理想的人，必不会感到生活之意义。无理想的人，必没有与环境搏斗之勇气。唯理想

能鼓舞人的精神，能坚定人的意志，能使人面对逆境而无所惧。①

张先生明确说，提出生活理想这个问题，是为了使处于文化存亡绝续之交的中国人树立昂扬向上的人生态度，破除以为中国科技不如西洋，便觉得万事不如人的萎靡心态，提振民族文化自信心。在张先生看来，当时的中国，虽然"九一八"事变已经过去了四五年，但日本吞并全中国的意图并未显现，国家危亡的忧虑情绪并未蔓延至关内。当时最为紧迫的问题是，在欧美文化的浸润、侵蚀下，中国文化处在深重的危机中。危机的主要表现是知识界文化自信心的丧失和崇洋心态的弥漫。张先生指出，中国当时的知识界有一可忧虑的情形，即"许多学者、教授，一头埋在研究中，却忘了祖国。他们不想为祖国争光，为国家在世界学术界争地位，而只想替个人在世界学术界谋声闻。因而，他们的论文总想用外国文发表，而不思给国人读看；即或有所创发，他们宁向外人报告，而不肯令国人周知。这实是亡国现象之一。今后，治一切学术者，脑子里应存个民族的观念。学术研究工作，一方面固为求真理，一方面也是为求本国学术之独立、本国新文化之创建"②。在张先生看来，学者、教授负有文化创新、提高全民文化素质的任务。而在文化建设中，首要的是建立一种信仰、一种精神，他提出："在创造新文化的过程中，又应有坚定的信仰，不挫的勇气，精进不息的精神。应坚信中国民族是能再度建设起光明伟大的灿烂的文化的，应能战胜无数的障碍困难而不为所阻，应能不断的努力而不以小成自足。中国民族应再度发挥其创造力。"③

张先生提出，在当时文化危机日益深重的情势下，急需一种哲学思想为中国传统文化争取地盘，对低迷的文化心态做出抗争，为未来文化的走向指明方向。张先生说：

> 现在中国需要一种哲学，……本不始于今日，然而今日实乃尤急。不过却也有人不能认识这种需要。一般的识见总以为现在中国只需要科学工艺。当然科学工艺是现在中国所需要的，然而中国所需要的却非止于科学工艺。且如没有哲学，没有统一的思想系统，纵即学会了人家的科学工艺，恐也未足以建立一个独立的文化；而科学工艺或且被枉用以达到不正当的目的，有益的工具成了戕贼人群的利器。④

张先生在多篇文章中都指出，当时中国的文化危机，主要在国人对自己的传统失去自信，在西方的坚船利炮面前自惭形秽。不仅当时第一流的学者、思想家言必称希

---

① 《张岱年全集》第一卷，石家庄，河北人民出版社，1996 年，第 280 页。
② 《张岱年全集》第一卷，第 235 页。
③ 《张岱年全集》第一卷，第 235 页。
④ 《张岱年全集》第一卷，第 237 页。

腊,将自己本民族的文化看得一钱不值,就是一般知识分子和普通民众,也对自己
的文化是否还有生命力发生怀疑。张先生认为,当时知识界的首要任务,是提出一
种哲学,一种能给国人指出光明前途的哲学,一种鼓舞国人信心、提振国人士气的
哲学,这一点至关重要。他大声疾呼:

> 亡国有亡国的哲学,兴国亦须有兴国的哲学。颓废的思想可以促进民族
> 之衰萎;有力的哲学可以激发民族的潜能。中国现在所需要的哲学,乃是一
> 种有力量的哲学,能给中华民族以勇气的哲学。须能从绝望中看出生路,从危
> 险中看出光明,从死中看出生,从否定中看出更进的肯定。须能鼓舞人的勇
> 气,培养人的斗争意志,激励人的坚忍精神。惟其如此,才能把中国从危亡中
> 拯救出,才能有助于民族的再兴。在一时代能有积极作用的哲学,必是能助其
> 民族应付新环境的哲学,有变革现实之力量的哲学。[①]

张先生之所以反复呼吁和召唤新哲学,是因为在他看来,当时国人没有看到哲学的
力量、哲学的用处,常常以为科学可以解决一切问题,只有能解决实际问题的科学,
才是手中的利器,才是应付时代危机的最好工具,才是使中国走向强盛的根本。张
先生认为,当时最为深切的危机,在于医治国人短视、狭隘、自卑诸病症的最有力的
良方——哲学——得不到应有的重视,国人不知道西方诸强国的哲学在其强盛
过程中所起的作用。他指出,意识虽然受生活的决定,但理论却可以做实践的前导。
没有理论做指针的实践,常会是妄作无功的。学科学的人常常藐视哲学,认为哲学
玄虚;喜欢实际的人常常藐视哲学,认为哲学是空谈,其实这都是错误的看法。张
先生的一个睿识是,中国古代哲学是适合中国古代社会的思想形态。古代思想虽已
是陈迹,但它里面包含有真理的因素和永恒的价值,可以为当代人提供认识社会、认
识人生的智慧。西方思想是生活在西方的人的知识结晶,未必能给当时的中国人提
供直接的精神养分,未必能直接满足国人的精神需要。中国人必须创造出适合当下
的中国人需要的哲学。而处在 20 世纪 30 年代的中国,创造新哲学的时机已经成熟。

　　张先生提出,中国当时需要的哲学有四个条件:其一,能融会中国先哲思想之
精粹和西方哲学的长处组成一个大的系统;其二,能激励、鼓舞国人的精神,给国
人以力量;其三,能创造出一个新的一贯的原则,能建立新的哲学方法;其四,能与
现代科学知识相结合。[②] 张先生对以上四个条件进行了深入的解说。

　　第一个条件,实即中国哲学与西方哲学的综合。要想综合在人类历史上发生
过重大影响、古老而延续不断的这两大系统,先要对之进行抉择。对中国古代哲

---

①　《张岱年全集》第一卷,第 239 页。
②　见《张岱年全集》第一卷,第 238 页。

学,要择取其精粹,然后将其发扬光大;对其中不适合现代生活的部分,必须革正、改造。对西方哲学,则要批判吸收。这两项任务,是中国哲学界的责任,不能推给外国人。特别重要的是后者。要吸收西方哲学的长处,首先要迎头赶上西方哲学。所谓迎头赶上,就是以现代西方哲学所达到的水平为基础,就此作更进一步的发展,不重演西方哲学所经过的阶段。这方面德国哲学对英法哲学的赶上并超过是最好的例子。西方哲学的某些偏向,特别它的西方中心论,及因之而有的对东方哲学的轻视,是一定要破除的。张先生强调,综合不是混合或调和,综合必然是一个创新,必然有一个新的一贯的原则作此新哲学的根本,为此新系统的中心。这个原则必不是从别的哲学中取来的,必是新创的。有了这个大原则,才能成为伟大的哲学。没有新方法、新工具是创造不出新哲学的。这些观点,是他晚年倡导的"综合创新论"的基础。

张先生还提出,满足以上四项条件的哲学当具备以下四个特征:一、从某种意义上说应是唯物的;二、应具有理想性;三、是辩证的;四、是批评的。① 其中第一点唯物论和第三点辩证法,是张先生一贯坚持终生不渝的,他在此文中对"唯物"和"辩证"有清楚说明。关于"唯物"二字,他说道:

> 心不能离物而有,物总是心之所待,这是稍有客观态度的人所必承认的。理想须根据现实中的可能:理想固是要对现实加以改造,然而却亦为现实的条件所决定;离开物的基础而只谈理想,不过是空想而已。把宇宙、人生理想化,讲先于自然统乎一切的大心,也不过是自欺而已。②

这是从常识的角度,从一般人所无数次经验而居之不疑处立论。这是张先生哲学思想的出发点,他曾说:"凡一理论,在感觉经验上及生活实践上有充分征验者,亦即能最简捷又最圆满地解释感觉经验并生活实践者,方是可以信持之理论。感觉经验与实践两不足征之问题,便应在讨论之外。"③这一点他在多处文字中反复论证。张先生是个很理性的人,对立论根据的实在性要求很高,不喜神秘的、玄想的东西。虽自谓如扬雄"默而好深湛之思",但此"深湛"建筑在"无征不信",即对经验性的东西作理论分析的基础上。对离开经验,纯靠纵思绪、骋想象、逞臆见的东西,皆斥而不言。在一般追索心的活动、深究心的含蕴到十分精微处以此自炫为深刻者看来,张先生的唯物论基础未免太简单。但张先生有深厚的逻辑分析功力和对经验的朴素信持,故其所信仰的唯物论,并不简单、浅陋。

---

① 见《张岱年全集》第一卷,第 240 页。
② 《张岱年全集》第一卷,第 240 页。
③ 《张岱年全集》第一卷,第 352 页。

关于"辩证"二字,张先生其后在各处所说甚多。在《论现在中国所需要的哲学》中,只大略提到,未作详细论证,但已提出了辩证法的一般法则,尤其重视其中对立双方的斗争与和谐,他说:

> 新哲学欲能综合各哲学之长,欲了解宇宙人生之实相而无所蔽,则更必须是"对理"的(dialectical)。必能见两之一、对之合、相反之相成、矛盾之融结,以及一之两、合之乖、统一中之互违、谐和中之矛盾。如此方能兼综众善,方能融会异见,方能免于顾此失彼,方能不至以偏赅全。对理是解蔽之术,是综合之方。而且,欲能挽救危亡,转弱为强,其哲学尤须是对理的。对理原是对待厄运应付险夷的法门。……善用对理,乃能死以求生,死中得生。[①]

此中之"对理法",即"辩证法"。辩证法一词,在当时十分流行;辩证法的内容,也多一致,无论马克思的唯物辩证法,还是贺麟新心学的"矛盾法"[②]。张先生此处所谓对理法,皆对立面的统一。而通观张先生所谓辩证法,则多讲"两一"。如张先生早年的著名论文《哲学上一个可能的综合》,其中谈到唯物论的人生论应注重的五个方面:天与人之两一,群与己之两一,生与理之两一,义与命之两一,战斗与谐和之两一,[③]皆用"两一"而不用"辩证"。这里明确表示出张先生对张载思想的偏爱。张先生在中国哲学研究上的一大贡献是,提出在程朱理学、陆王心学这两大派之外,宋明理学还有张载、王廷相、王夫之为代表的气学派。对张载的"两一"学说,张先生十分赞赏,认为是辩证法的集中表达。对张载的"两不立,则一不可见;一不可见,则两之用息"(《正蒙·太和》)及"一物两体,气也。一故神,两故化,此天之所以参也"(《正蒙·参两》)诸说深为服膺,认为是唯物辩证法的集中体现,故此处宁用"两一"而不用"辩证"。

对于中国当时需要的哲学,张先生提出"理想的"来做第三个特征。"理想"二字,在张先生体系中用法不同,要稍微费些周折来分析。因为张先生一生持守唯物论甚力,不接受唯心论。而"唯心"二字的英文 idea,许多人译成"理想"。张先生的"理想"却不是哲学上的"唯心",而是一般所谓"理想",即对未来的向往、筹划,它同时能激励、鼓舞国人的精神,给国人以力量。张先生对"理想"二字解释说:

> 然而承认物质实在为根本,却并非甘受物质现实的限制,更须敢于变革现实,克服现实。一个伟大的有力的哲学,必能悬定伟大的理想。不敢悬理想与不敢看实际,是一样的病态。人群是必有一个伟大的理想作其努力的目标,以

① 《张岱年全集》第一卷,第 241 页。
② 见贺麟:《〈黑格尔学述〉译序》,载《黑格尔哲学讲演集》,上海,上海人民出版社,1986 年,第 653 页。
③ 见《张岱年全集》第一卷,第 276～277 页。

一卓越的当然原则作其努力的目标,以一卓越的当然原则裁制其生活,然后才能有所成。一个民族,必须有值得为之牺牲的理想,人民更必须有为理想而牺牲的精神,然后这个民族才能盛强。有这种大理想,才能促起人们的努力,才能鼓舞起人们的勇气。有了这种大理想,人们才会觉得人生有意义,才会觉得人生有价值;没有这种大理想,人们会感到空虚、无谓,因而萎靡、堕退。这种大理想,是一个健全的民族所必须有,而宣示这种大理想者,当是哲学。①

此处之"理想",不是"理想主义"(idealism)的理想,理想主义的"理想"可歧作"唯心主义",唯心主义是张先生深恶痛绝而必欲去之的。此处的理想,是对未来的美好设想,是鼓舞人们突破目前的限制,裁制目前的生活使之达于更高标准的内在动力,是克服萎靡、堕退、消极诸精神障碍的良方。这样的"理想",是张先生的综合哲学必不可少的要素。所以,张先生在重要论文《哲学上一个可能的综合》中提出,"今后哲学之一个新路,当是将唯物、理想、解析综合于一"②。

但张先生又有"理想主义"的提法。所谓理想主义,一是指"唯心主义",二是指唯心主义中重视心的能动作用这一点。前者如写于 1936 年的《人与世界》中,张先生提到,"反哲学"的哲学除神秘主义、逻辑实证主义外,还有"理想主义之一部分"。张先生说:"理想主义中,证世界之美好,证上帝之存在,证心之不朽等理论,应划出哲学自成一科,乃哲学宗教之混合,其目的非在求真,乃在证明预存之信念。以前将此参入哲学中,哲学实深受其大害。哲学最须解蔽,此则自始即存一种目的。理想主义之大部分理论本属虚谬,而此部分理论更非哲学。"③此处之"理想主义",指"唯心主义";"理想主义之一部分",指宗教哲学。唯心主义中的宗教哲学部分,固为张先生所反对,想将之驱出哲学领域。而"理想主义之大部分",也认为其虚妄。理想主义为张先生所认可的,只有其中张扬人变革社会的力量、征服自然的勇气,鼓舞人之士气,增进人之信念这一部分。即他在《哲学上一个可能的综合》中所谓"今后哲学之一个新路,当是将唯物、理想、解析综合于一"的这个"理想"。后者如《哲学上一个可能的综合》中,张先生说:"这个综合的哲学,在性质上则是唯物论、理想主义、解析哲学之一种综合。"④此处之"理想主义",实则取唯心主义之基本原则,即重视人变革世界、变革社会的决定作用,重视悬一理想于前作为努力奋斗的目标、旗帜之鼓舞人心的作用,而不以理想主义之基本原则为宇宙观之出发

---

① 《张岱年全集》第一卷,第 240~241 页。
② 《张岱年全集》第一卷,第 262 页。
③ 《张岱年全集》第一卷,第 351 页。
④ 《张岱年全集》第一卷,第 278 页。

点。所以须知，张先生不喜"唯心主义"这个词，宁可用"理想主义"；对理想主义，不是对其全部，而只是对理想主义中的一部分感兴趣。他欲取来作为他的综合哲学的一部分的，只是其中他认可的合理部分："理想"。张先生的哲学出发点是唯物论，这是他的新的综合哲学的基础。

此外，对"理想主义"，张先生也讲到其补充唯物论的作用。如张先生一再提到，在他的新唯物论中，宇宙是一个历程，这个历程中的存在，是有等级的；这个等级最基础的是物，这是其出发点；其次是生，即承认宇宙具有生机；再其次是心与社会。① 在写于1948年的《天人简论》中，也有"天人本至""物源心流"之说。"本"指本原，"至"指最高成就。"本至"之义多取进化论："人固为物类演化之所至，然而仍须前进不已，日新无息，进复再进，新而又新，以达到更高更上之境界。"②"物源心流"则明确说："物为本源，心乃物质演化而有，为支流，物源而心流。物为一本，生物、有心物为较高级之物。一本而多级。"③张先生此思想是一贯的，其唯物主义基础不变，对唯心主义，则仅看重其补充唯物主义的作用。如张先生从中西哲学思想发展的历史着眼，认为唯心论仅为其中间层级。第一级为原始唯物论时期，第二级为怀疑论和唯心论时期。怀疑论之发展为实证论，而解析派哲学，即出于实证论。第三级是前二级之综合，即兼综唯心论、实证论的新唯物论。故张先生的新综合哲学，便是唯物、理想、解析之综合的新唯物论。对唯心论，张先生虽承认其远有端绪，且在哲学史上占据大宗之地位，但不能作为他的新综合哲学的基础。张先生曾对唯心论有如下之评价："唯心论之根本观点是虚妄的，主观唯心论推至究竟必归于唯我论，绝对唯心论推至究竟必归于上帝创世论。然唯心论乃是哲学史上最发达之哲学，其理论最丰富，其系统最完美，故亦实非无卓然之贡献。唯心论之优长即有见于宇宙之赜，而不以简化为捷径，而其贡献尤在于认识人之力量，心之作用，能知理想之有力，而创立并宣扬伟大的理想以指导人类的前进。"④很清楚，张先生对于唯心论，只取其"理想"；取其理想，也是将之融合到自己的新唯物论体系中，作为其哲学的能动性的方面。他的基本思想，在"物为心、生、理之本，而无先于物者。物的世界即一切，无外于物的世界者，即无离物之存在"⑤。所以，张先生认为所谓"唯物论"，其名称应为"物本论"⑥。他的思想的特质，也应是物本论基础

① 见《张岱年全集》第一卷，第264页。
② 《张岱年全集》第三卷，第216页。
③ 《张岱年全集》第三卷，第218页。
④ 《张岱年全集》第一卷，第265～266页。
⑤ 《张岱年全集》第一卷，第267页。
⑥ 《张岱年全集》第一卷，第267页。

上的"列宁、孔子、罗素"三流合一。

二、逻辑解析

张先生认为,当时所需要的哲学的另一大特点是批评。他所谓批评,实际上是他一贯倡导、也是他哲学的方法论——逻辑分析。因为在他看来,哲学的本质即是批评。哲学必须运用理论思维,理论思维的实质就在于对概念、范畴加以批导、分析、演绎,从中得出结论。他根据英国现代哲学家博若德(C. D. Broad)的观点,将哲学分为两种:一种是批评的哲学,一种是玄想的哲学。玄想哲学即通过玄妙观想,通过整全的直观的思想活动进行新系统的创造。玄想哲学是建设性的,不是毁坏性的;主要在立,不在破。批评哲学即对具体哲学问题进行辨析性研究,此种研究是玄想性哲学系统建立的基础,是全部哲学第一步的、预备性的工作。由此,张先生对哲学的看法便是:

> 哲学研究之目标,是建立广大而一贯的理论系统,然哲学家之工作亦不必专以建立系统为务。有时专门问题之探索,个别概念范畴之剖析,较之建立一个一偏而空洞的系统更为重要。哲学家之工作,与其说是建立系统,不如说是探索问题,发阐原则,即仅就一部分根本问题而充分研究之。[①]

从这里可以看出,张先生所谓批评的,实即是分析的。哲学即是分析问题的学问。分析是哲学的本质。所以,他所理想的哲学,是以分析为方法的。他提出的一个自认为在当时最可行的综合哲学,就是唯物、理想加解析。哲学的最上乘为"致广大而尽精微",致广大靠唯物论与理想论,尽精微则靠逻辑解析。所以他希望的哲学方式是,从事于系统的研究而能免于玄想,进行批评性的探索而能免于支离。

张先生对解析法注重甚早。他进入哲学的门径,就是西方的分析哲学。对此他晚年回忆说:"关于西方哲学,在吾兄申府之引导下,读了一些英文哲学著作。最喜读罗素(B. Russell)、穆尔(C. E. Moore)、怀特海(A. N. Whitehead)、博若德(C. D. Broad)之书,对于此派学者的逻辑分析方法甚为赞赏。"[②]张先生早期在学术文章中表现出的精细分析的路数,还得到中国分析哲学前辈金岳霖先生的肯定,[③]所以一直坚持下来。解析是张先生最为重视、讲得最多的哲学方法。他一生所取得的成就,几可以说全得自解析。从早年《中国哲学大纲》的写作中对逻辑分析方

---

① 《张岱年全集》第三卷,第 7 页。
② 《张岱年全集》第八卷,第 577 页。
③ 见《张岱年全集》第八卷,第 578 页。

法的运用,到中年的"天人五论"对分析方法的阐述,再到晚年代表他一生哲学所得的《中国哲学史方法论发凡》《中国古典哲学概念范畴要论》等,在在皆贯彻了分析方法。特别是他 27 岁写成的《中国哲学大纲》,是运用逻辑方法分析中国古代哲学的典范。以纵的方法叙述中国哲学发展历史的著作在 20 世纪 30 年代的中国学界已经有了几种,其中最著名的是胡适的《中国哲学史大纲》(上)和冯友兰的《中国哲学史》。而以横的方法全面、系统地论述中国哲学问题的,当时尚无有。张先生将此书的副题定为"中国哲学问题史",意即在突出横向的、以哲学问题为纲这一点。

　　令人啧啧称奇的是,张先生写出此书时年只 27 岁,而史料掌握之精熟,问题布局、展开之精严,分析、叙述之深入、有条理,皆俨然老师宿儒。此皆大得力于分析。在此书自序中,张先生说到撰写此书所用的方法,提出四点:一、审其基本倾向,二、析其辞命意谓,三、察其条理系统,四、辨其发展源流。[1] 这四个方面皆需要高超、严密的逻辑分析。比如张先生在对"析其辞命意谓"的说明中即明确指出:

　　　　对于过去哲学中的根本概念之确切意谓,更须加以精密的解析。古人的名词,常一家一谊。其字同,其意谓则大不同。……对于中国哲学之根本观念之意谓加以解析,这可以说是解析法(analytic method)在中国哲学上的应用。[2]

并以道、性、气诸概念在各派哲学中的不同用法为例加以说明。当然同一概念在不同哲学家中意谓不同,这是世界各处哲学之通则。只要是能称得起哲学二字的,都得分析同一字面的不同涵义。张先生做得精绝、人不可及之处,在于对中国哲学问题的分类及其间关系的说明。如将人生论分为天人关系论、人性论、人生理想论、人生问题论;在人生问题论中又分义与利、命与非命、兼与独、自然与人为、损与益、动与静、欲与理、情与无情、人死与不朽、志与功十个方面展开论述。这种分法,尤见出对人生问题把握之深广,充分显示了张先生哲学解析的深厚功力。

　　张先生运用解析法,其中一个重要特点是将逻辑解析与辩证法结合起来。所谓结合,是指:一、逻辑解析需要辩证法;二、辩证法也需要逻辑解析。此点张先生自觉甚早。在写于 1933 年的《科学的哲学与唯物辩证法》一文中,张先生即吸收郎格夫人(S. K. Langer)的观点,认为逻辑解析最为哲学之擅长。因为有些哲学问题,仅凭逻辑分析其所含的概念,就可以解决此问题,如时空问题。还有一些哲学问题,单靠逻辑分析就可以知道此问题无意义而可置于取消之列。还有一些问题,通过逻辑分析不能将其解决,但可显现出其中的矛盾,但又不能证明其为虚妄问

　　① 见《张岱年全集》第二卷,第 2～3 页。
　　② 《张岱年全集》第二卷,第 2 页。

题,如此就可用辩证法去解决。而辩证法自身也需要通过逻辑解析来厘清问题,克服笼统颟顸之病。张先生认为,当时中国哲学界最需要的就是用逻辑方法对中国固有思想来作一番清理、分析。

中国哲学概念富于辩证色彩,讲究动态平衡,但又往往具有模糊、神秘、飘忽不定、边界不清、难以下定义诸特质。概念边界太宽太不严格,往往易陷入诡辩,故皆有运用逻辑解析为之厘清的必要。张先生对辩证法与逻辑解析两方面因为应用不善而产生的弊病有清醒的认识,他说:

> 辩证法似乎颇可以说为我们开拓了一可能之域,以前所认为不可能而加以封闭的领域,由辩证法乃明其为可能。罗素常说新逻辑扩大了可能之域,旧逻辑的大病之一在于太限制思想。辩证法是不是可说亦是最能打破旧逻辑之无理的限制的呢?……解析并不是对于事物强加割剖,原是"循物无违"之所必需。如物是辩证的,循物无违,自当不远其辩证的性质。同时,辩证法是不是需要厘清呢?逻辑解析则正是厘清的利器。在现在的情形说来,辩证法实在太需要厘清了。并且,也许非经严格厘清之后,不能为逻辑解析所容纳。①

此中说到两个方面:一方面是,辩证法对封闭的、拘限的旧逻辑是一个打破和拓展,使之由可能变为现实;另一方面,解析是对原有的秩序、条理加以遵循,亦即"循物无违"。在这个过程中,对诡辩以及荡越无规矩、混乱无条理等貌似辩证实则无理的状态进行理顺、清整。在张先生的观念中,辩证法和逻辑解析是并行不悖、相得益彰的,是哲学活动中的两个有力武器。辩证法是一种慧观,是认识事物的总的立场和态度,它适用于总体之观照。而逻辑解析是一种总的思想方法,处理事物的总的方针,也是一种剖析和分析具体事物的技术。就张先生不喜笼侗,好深湛之思,长于深究细察地解剖事物这一思维特点来说,逻辑解析在他的整个哲学活动中居于首出之地位。张先生的特殊之处是不但始终清醒地、自觉地运用逻辑解析,而且不断对逻辑解析自身进行理论上的阐发和论证。

张先生 1933 年写过一篇《逻辑解析》的文章,集中表达了对逻辑解析的性质、功用,逻辑解析的对象等重要问题的看法。文章开头,张先生即说到了逻辑解析的重要性:

> 哲学中的科学方法即逻辑解析(Logical analysis),或简称解析。逻辑解析可以说是二十世纪初以来在哲学中最占优势的方法,而也是最有成效的方法。多数第一流的哲学著作全是用逻辑解析法写成的。逻辑解析对于哲学实

---

① 《张岱年全集》第一卷,第 176 页。

可以说有根本的重要。如欲使哲学有真实的进步，更不能不用解析。……作哲学功夫，第一要作解析功夫。①

张先生认为，逻辑解析是最基础的工作，但什么是解析，则难以有确定的讲法，因为作为一种方法，许多哲学家都在运用，但罗素所用不同于斯庖尔丁（E. G. Spaulding），石里克所用又不同于维特根斯坦。解析方法是发展的，不可以限于一隅。只可从总的方面说，它是反对思辨悬想的，反对由宏大的不能证实的想象来代替具体的可证实的经验。从根本上说，解析是一种态度，一种求真实、可验证的东西，避免大而无当的态度。

从解析的对象说，哲学上的解析对象，并不是事物，而只是概念、命题、意谓。张先生认为，解析"乃是把不同的意谓分别开，把混淆的语言弄清楚。逻辑解析乃是考察常识中科学中的根本概念与根本命题的意谓"②。"逻辑解析的目的乃是祛除混淆，不使不同的意谓混在一块。解析即厘清（clarify）概念与命题的活动。逻辑解析不是把整个的东西化为破碎的，乃是把混淆化为清楚。"③如讨论本体论，就是将本体、一、多、规律、因果这类概念厘别清晰；讨论伦理学，就是把应当、善、正义等概念及这些概念构成的命题厘别清晰。这都是说，解析是一种态度，一种运思方向。张先生这种看法，在20世纪30年代的中国学人中相当普遍，特别是在重视西方哲学的学者中这一观点具有共同性。这是出于借鉴西方治学方法改造旧的治学方法和著述格局的需要。张先生的独特之处在于，他把解析方法和中国学者惯用的重视经验的思维趋向联系起来，把解析从仅仅分析概念、厘清意谓中超拔出来，用它来分析经验。他在分疏了逻辑解析的性质后对解析与经验的关系特别加以强调：

> 然而逻辑解析并非不管经验，逻辑解析乃是对照着经验考察概念。所谓厘清概念或命题，也即是把这概念或命题对于经验的关系显示出来。从经验把这概念篝绎出来，把命题翻译为关于今有的简单命题。一个命题有没有意义的表准，即在能不能在经验中加以验证，能在经验中验证，便是有意义，否则便无意义。只有在经验中能够加以验证，才是有意谓的；完全不能经验到，全在经验之外，无从判断其真妄，便只是无意谓。所有的有意义的命题都是能够翻译成关于今有或直接可知觉者的简单命题的。④

---

① 《张岱年全集》第一卷，第177页。
② 《张岱年全集》第一卷，第178页。
③ 《张岱年全集》第一卷，第178页。
④ 《张岱年全集》第一卷，第179页。

这里,张先生的逻辑解析是服从于他的根本哲学观点唯物对理法的。解析不仅仅是逻辑的,不仅仅要求概念命题的确定与清晰,还要看概念是否符合经验。也就是说,概念之真不仅是逻辑上的无纰漏,而且也是与经验之观察相吻合的。另外,概念形成过程即经验归纳过程,命题确立过程即经验间的关系的考察过程。所以他才有"逻辑解析乃是对照着经验考察概念"的要求,才有从经验中把概念籀绎出来,把命题转绎为经验间的关系的要求。严格地说,这种解析已不简单是纯"逻辑"的,而是加入了经验的内容。从这个意义上说,张先生的哲学确实可被称为"解析的唯物论"。但这个名称的内涵绝非外在的唯物论加逻辑解析,或形式上的列宁加罗素,而是从内容上、本质上对逻辑解析加以改造,使之与唯物论融为一体,使解析由形式、方法变为与内容不可分的。而所谓经验,也是由对外界的朴素直观而获得。故对中国哲学史重视经验,重视朴素直观,不作纯思辨的逻辑分析,不由逻辑分析而推至极处乃至得出不近常理的结论这一特点,张先生也从展示和分析其优劣,转变为将其融合为其新唯物论的一个方面。

在逻辑解析之外、之后,尚有无其他思维活动?张先生给出的答案是:哲学性的慧观,即在解析基础上的综合。综合不是把诸多零碎饾饤的片段机械地拼合为一个整体,而是在解析所获得的确实但分散的经验材料基础上的某种观照,由此得到的思想结论。慧观与解析是整体的思维活动的两个方面,前者为分析,后者为综合;前者的思维指向在个别,后者的指向在一般;前者是基础性的、工具性的,后者则是归宿、结论。两者不可离,共同完成一个片段、一个单元的思维活动。

这里,张先生既受唯物辩证法的影响,也受他所喜爱的博若德(D. C. Broad)的影响。前者给他以相反者必相融的识度,将解析与综合这两个相反的方面融合在一个统一体中。这就是他说的:"在辩证解析之外,尚有辩证的综合,乃是看出两个相反的概念非绝对的相反而可相融,两个相反的学说、观点,亦非绝对的相反亦可融合。辩证综合与辩证解析在应用时,只是一个历程之两段。由辩证的综合,乃能兼摄各方的真理而不蔽于一曲。"[①]后者的影响在于,提出哲学主要有两种:批评哲学与玄想哲学。张先生反复提到博若德这个观点,且接受此二者中批评哲学更为根本以作己之解析法立论之根据。不过张先生又接受了唯物辩证法,认为批评与玄想可融合为一,批评的哲学重在解析,玄想的哲学重在观照、得出结论。在博若德那里截然两分的东西在张先生这里统而一之了。

笔者在这里还要指出的是,在辩证的综合方面,张先生又受到了罗素观点的影响。在《逻辑解析》中说到解析之后的工作时,张先生说道:

---

① 《张岱年全集》第一卷,第 180 页。

逻辑解析也非否弃"慧观"，而且极需要慧观，所谓"哲学的慧观"（philosophical insight or philosophical vision），在解析上实大有重要。逻辑解析最后之得结果，大概大部分是依靠慧观的。逻辑解析而至于无归宿，无结论，即由无慧观所致。……没有哲学慧观，虽有精密缜细的解析，也难于有结论。慧观与解析乃是不可离的。①

张先生在阐述他的这个观点之后，引用了罗素《人对外界的知识》中的一段话证明己说，这段话是："当用方法所能作的一切事情都已做完，便达到了一个阶段，在此只有直接的哲学慧观能奏效。此时所缺乏者乃是逻辑想象之某种新的努力，以前不曾想过的可能之把握。……真正的可能，一般说来，一经想到，便会很迅速的以吸收表面上相冲突的许多事实之可惊的力量证明自己。"②罗素的话中"当用方法"之"方法"，指逻辑解析；"逻辑想象之某种新的努力"，指解析基础上的综合；"吸收表面上相冲突的事实证明自己"，指哲学慧观。罗素主要是实证论者，但他也讲哲学慧观。张先生甚喜读罗素著作，不仅吸收了罗素的解析法，也吸收了罗素的"哲学慧观"。吸收哲学慧观不仅丰富了他所讲的辩证法的含摄，也加深了他的解析法的内容。从这一点说，张先生善于吸收多元观点充实、强健自己的思想。不过张先生在所有的方法中最青睐的仍是解析法，就像他自己在《逻辑解析》的结尾处所说的："无论如何，解析在各方法中总不能不说是最根本、最基础的方法。在用他法之前，应先用解析。要之，在哲学上，说一句话，要先懂得这句话的意思。解析即要求思想之自觉，解析即不同的意谓之厘别。"③这可以说是张先生对逻辑解析与其他方法的关系最后的结论。对解析方法，他自青年时即自觉运用，一直到老，愈益喜用，愈益倚仗，愈益纯熟。他的重要的哲学见解，都得自解析；对解析的深湛把握，坚持运用，是他取得非凡哲学成就的基石。

（原载《哲学研究》2012 年第 1 期）

---

① 《张岱年全集》第一卷，第179～180页。
② 见《张岱年全集》第一卷，第180页。罗素此书之名张先生译作《人的外界知识》，本文依通行的译法。
③ 《张岱年全集》第一卷，第181页。

张岱年哲学思想四题[*]

程志华

（河北大学哲学系）

内容提要：就哲学理论的探讨而言，张岱年之哲学思想体系大致可以分为四个部分：一为"一本多级"之物本论；二为"真知三表"之经验论；三为"充生以达理"之人生论；四为"文化综合创新论"。综括起来看，这四个方面可呈现张岱年哲学体系的主干，故亦可以成为其哲学体系之框架。

关键词：张岱年；物本论；经验论；人生论；文化综合创新论

张岱年一生学术活动面向极广，他自己讲主要涉及三个方面："一为中国哲学史的教学研究工作；二为哲学理论问题的思考；三为文化建设问题的研讨。"^①在这三个方面，他均有浩繁丰厚的著述。至今，学界对其哲学体系的主要内容依然仁智互见，莫衷一是。在此，笔者择取四个方面加以论述，期以此呈现张岱年哲学体系的主干，并期能就教于方家。

一、"一本多级"之物本论

张岱年认为，人类知识分为两大部门：一为哲学，二为实证科学。那么，什么是"哲学"呢？张岱年说："哲学是一个译名，其西文原意是爱智之意，哲学即追求智慧之学。"^②什么是"实证科学"呢？所谓"实证科学"，即指通常意义的"科学"，是以自然界和人类社会为探究对象的学问。因研究对象不同，"实证科学"又分为自然科学与社会科学两类。进而，张岱年认为，哲学作为一门学问，目的在于通过抽象思辨以"阐明"真理，即"凭思以索隐"^③；科学作为一门学问，目的在于通过实验

---

* 本文获得"河北省百名创新人才支持计划"资助，亦为河北省社科基金项目"牟门弟子研究"（HB09BZX001）之阶段性成果。

① 《张岱年全集》第八卷，石家庄，河北人民出版社，1996年，第571页。
② 《张岱年全集》第八卷，第533页。
③ 《张岱年全集》第三卷，第11页。

以"发现"真理,即"恃器以发覆"①。或者说,科学之目的在于"发现"前未发现之事实,哲学之目的在于"阐明"已发现事实之最适宜的解释。可见,科学与哲学二者既有相同之处,亦有不同之处。相同之处在于二者均以追求真理为目的,但它们追求真理的目的却不相同:一为"利用",一为"明善"。质言之,科学的目的在于提供给人类以生活手段,哲学的目的则在于提供给人类以人生信念。张岱年说:

> 哲学之职分有二:一显真,二明善。科学之职分亦有二:一求真,二利用。研求真知,此哲学与科学之所同;而一则显真以明善,一则研真以利用,为两者之所异。科学供人以达到目的之途术,哲学则示人以应有何目标,而阐明生活之归趋。②

张岱年认为,哲学研究的对象并非"枝节问题",而是"根本问题"。他说:"哲学之研究,实以探索最根本的问题为能事。"③那么,何谓"根本问题"呢? 在张岱年,"根本问题分三方面:一、宇宙事物之根本原则,二、人生之根本准则,三、人类认识之根本规律"④。在此意义上,"凡关于自然世界、人类生活或人类认识之根本问题之研究,统谓之哲学"⑤。不过,就哲学史来看,哲学家的研究侧重点并不相同,因此,便出现了种种不同的"哲学系统"。张岱年认为,综括地看,哲学史上的"哲学系统"大致可分为五种:第一种是"物本论"或"唯物论","以物或实际存在为基本范畴,即谓物为最究竟者,为一切之根本";第二种是"心本体"或"唯心论","以心为基本范畴,即谓心为最究竟者,为一切之根本";第三种是"理本论"或"理性论","以理为基本范畴,即谓理为最究竟者,为一切之根本";第四种为"生本论"或"生命论","以生为基本范畴,即谓生为最究竟者,为一切之根本";第五种为"实证论"或"经验论","以经验或验证为基本范畴,即谓经验为唯一可信者,在经验外之一切皆属虚构"⑥。

张岱年认为,上述五个系统并非都是"真确的"哲学系统。那么,哪种系统是"真确的"哲学系统呢? 他认为,要判断一种系统是否"真确的",须先确定"真确的"哲学系统的标准。在他看来,"真确的"哲学系统须符合三个标准:第一,"不设立超越的概念范畴"⑦。即,以实际经验为依据确定概念范畴,那些虽可思议但于感

---

① 《张岱年全集》第三卷,第 11 页。
② 《张岱年全集》第三卷,第 11 页。
③ 《张岱年全集》第三卷,第 5 页。
④ 《张岱年全集》第三卷,第 6 页。
⑤ 《张岱年全集》第三卷,第 5 页。
⑥ 《张岱年全集》第三卷,第 8 页。
⑦ 《张岱年全集》第三卷,第 9 页。

觉经验无征的概念范畴排除在外。第二,"不设定虚幻的区别"①。即,以人们的共同经验为准设定概念之界限,不采用于经验无征的概念之区别。第三,"不以一偏的概念范畴统赅总全"②。即,不以部分特征代替全体之本性,不以部分经验之概念范畴为解释一切经验之根本范畴。那么,是否存在这样一个"真确的"哲学系统呢?张岱年认为,哲学是以"摹写"客观现实为特征的,由于新事物、新经验不断涌现而没有穷竭,故绝对"真确的"哲学系统将永远是一个"未济"目标。不过,尽管如此,但却存在着一个"最接近""真确的"哲学系统——"物本论"。他说:

> 所谓最哲学的哲学,实以界说之不同而不同。是故,与其讲最哲学的哲学,不如讲最真确的哲学,即最合于客观实在的哲学。从基本观点言之,物本论可谓比较接近于最真确的哲学。③

在张岱年,"物本论"即"唯物论"。他说:"唯物二字出于译语,实亦可译为'物本',乃更显豁。(哲学学说名称,凡唯字皆可改为本字,唯物论应称物本论,唯心论应称心本论,如此可免许多误解。)"④不过,"物本论"并非指原始唯物论或机械唯物论,而是一种"新唯物论",即"最高级"的唯物论。张岱年说:"新唯物论,便是此第三级的哲学之发端。"⑤"新唯物论"之"新",主要在于"不承认旧唯物玄学的所谓本体"⑥,也反对旧唯物论的机械性。那么,什么是张岱年所谓的"物本论"呢?要确定"物本论",得先确定什么是"物",然后再确定什么是"物本"。关于"物",他反对以具体的物为本体,而主张以"自然"即"一般物质"⑦或"最根本的物质存在"⑧为本体。他说:"物即是不藉它而能自己显见者"⑨,而且,"物"是"活泼的,……能自动的……物与动不可分离"⑩。关于"物本",在张岱年,其含义是指"物质为最基本实在。宇宙实为物质的宇宙,物质实为其它更复杂更精微之存在之基本"⑪。他说:

> 物本之义是:一,物为心、生、理之本,而无先于物者。二,物的世界即一

---

① 《张岱年全集》第三卷,第 9 页。
② 《张岱年全集》第三卷,第 9 页。
③ 《张岱年全集》第三卷,第 11 页。
④ 《张岱年全集》第一卷,第 267 页。
⑤ 《张岱年全集》第一卷,第 266 页。
⑥ 《张岱年全集》第一卷,第 72 页。
⑦ 《张岱年全集》第三卷,第 217 页。
⑧ 《张岱年全集》第三卷,第 220 页。
⑨ 《张岱年全集》第一卷,第 266 页。
⑩ 《张岱年全集》第一卷,第 267 页。
⑪ 《张岱年全集》第三卷,第 217 页。

切,无外于物的世界者,即无离物之存在。三,研究方法应以对物的考察为
起点。①

　　基于"物本论",张岱年进而提出了"一本多级""物原心流"和"大化三极"
说。何谓"一本多级"呢? 他认为,宇宙分为"物""生""心"三个基本层次:"物"
为"生""心"之本,即"一本";"生""心"为"物"从低级向高级发展的"产物",即
"多级";"生""心"既遵循"物"之基本规律,而又有其各自的规律,三者统一于
宇宙发展过程之中。他说:"无生之物质为第一级,有生之物质为第二级,有生
而又有知之物质为第三级。"②何谓"物原心流"呢? 在张岱年,上述"三级"有一
个基本关系:"物"为"本原","生""心"乃因物质演化而有,为"支流",故为"物原
心流"。他说:"宇宙演化之大历程是由物质(一般物质),而生物(有生命的物
质),而有心物(有心知的有生物质)。因此,物为基本,生命心知为物质演化而
有之较高级的形态。"③关于"大化三极",他说:"宇宙大化有三极:一元极,二
理极,三至极。"④所谓"元极",是指"最根本的物质存在"⑤;所谓"理极",指"宇
宙大化"的根本原理是"对立而统一"⑥;所谓"至极",指"最高的价值准则"⑦为
"兼和"⑧。很明显,张岱年的"物本论"也就是"辩证唯物论"。

二、"真知三表"之经验论

　　张岱年认为,知识的原始材料是"原给"。在他看来,所谓"知识",指基于知
觉所形成的理论。他说:"所谓知识者,范围甚广,而可分为二层,即一知觉,二
知识。……由知觉而设造符号成立命辞,以推衍为理论,便是知识。知识由知觉
扩充而成,而含括知觉。"⑨具体来讲,知识可以分为三类:一是对于外物之知识,
二是对于自己之知识,三是对于知识之知识。张岱年认为,常常有人怀疑知识
的确定性,其实知识是"确定无疑"的,因为其来源是确定无疑的。知识所涉及
的问题很多,其中的根本问题是知识的来源问题,它是其他一切问题的基础和
前提。那么,知识从

　① 《张岱年全集》第一卷,第 267 页。
　② 《张岱年全集》第八卷,第 596 页。
　③ 《张岱年全集》第三卷,第 217 页。
　④ 《张岱年全集》第三卷,第 220 页。
　⑤ 《张岱年全集》第三卷,第 220 页。
　⑥ 《张岱年全集》第三卷,第 220 页。
　⑦ 《张岱年全集》第三卷,第 220 页。
　⑧ 《张岱年全集》第三卷,第 220 页。
　⑨ 《张岱年全集》第三卷,第 72 页。

何而来呢？他认为，知识的最初形态是"原给"。所谓"原给"，亦称"今有"，是指"被给予"的东西。张岱年说："知识中之不可疑者，谓之原给，亦曰今有。原给或今有，即今所现。"[①]不过，"原给"并不是知识的最基本、最小的单位，最基本、最小的单位叫作"感相"。所谓"感相"，是指"耳闻目见等的感觉内容"[②]。通常来讲，"感相"可分为五大类：形色、声音、气味；活动之感、阻碍之感、坚柔之感；注意之感、警觉之感；饥渴之感、好恶之感、满足之感；想象。

这就是说，人是通过"感相"而知道外在事物的，是由感觉材料而认识外在事物的。在张岱年来看，主体之感官是"感相"形成与否的"枢纽"。比如：有张目之感，就常有"形色"之"感相"显现；有闭目之感，则"形色"之"感相"便消失。不过，"感相"的出现虽有赖于感官，但只有感官这个"所待"还不够，它还需要其他的"所待"。也就是说，感官并不是形成"感相"的全部原因。他说："是故张目乃形色之现起之所待之一部而非起其所待之全体。形色之显现，于张目外，尚有待于其它。形色显现之所待，在心与感官之外者，谓之外在所待，亦可谓之外在根据。此外在所待，实为形色现起之必要条件。"[③]可见，"感相"的形成依赖于两个条件：一为主体，此为"内在所待"，为"能知"；二为客体，此为"外在所待"，为"所知"。也就是说，"能知"与"所知"二者共同作用才会形成"感相"。因此，张岱年说：

> 如谓此映象纯主体所产生，或此映象乃客体之绝对映象，两者皆误。[④]

张岱年认为，"感相"由"主观成分""客观成分"两种成分构成。所谓"主观成分"，又叫"缘能成分"，是指随"能知"的变化而变化的"感相"成分。比如，如果主体变动自身的位置，那么对客体的"感相"就会发生相应的变化。所谓"客观成分"，又叫"缘所成分"，是不随"能知"的变化而变化的"感相"成分。如，外物的几何形状不会随"能知"的变化而发生变化。进而，张岱年认为，"客观成分"又可分为"缘境成分"和"缘体成分"两种：所谓"缘境成分"，是指那些因其他"感相"变化而发生变化的成分；所谓"缘体成分"，是指不会因为环境变化而发生变化的那些成分，即事物自己所具有的"本来容状"。在张岱年，认识的目的就在于认识"缘体成分"，或者说，知识论的任务就在于从"感相"出发去获得外在事物的"缘体成分"。那么，如何获得"缘体成分"呢？他认为，可以通过"感相"之间的互相比较，排除随"能知"变化而变化的"缘能成分"，进而再排除随其他"感相"变化而变化的"缘境成分"，所剩余

---

① 《张岱年全集》第三卷，第 76 页。
② 《张岱年全集》第八卷，第 595 页。
③ 《张岱年全集》第三卷，第 86～87 页。
④ 《张岱年全集》第一卷，第 419 页。

的成分就是"缘体成分"。

不过,知识是有"真妄"之别的。在张岱年,所谓"真知",是指与外在事物之实际情况相符合者;所谓"妄知",是指与外在事物之实际情况不相符合者。那么,如何判断知识之"真妄"呢?张岱年非常欣赏墨家的"三表"思想。《墨子·非命上》曰:"何谓三表?子墨子言曰:有本之者,有原之者,有用之者。于何本之?上本之古者圣王之事。于何原之?下原察百姓耳目之实。于何用之?废(发)以为刑政,观其中国家百姓人民之利。此所谓言有三表也。"以此为基础,张岱年提出了其经过改造的"三表法"。他说:"真知三表:一曰自语贯通;二曰与感觉经验之内容相应;三曰依之实践,结果如所预期。简言之,即一言之成理,二持之有故,三行之有成。"①也就是说,其一,"真知"必须在逻辑上保持自我一致,不能出现自相矛盾;其二,"真知"必须与感觉经验一致,不能违背多人多次之感觉;其三,"真知"必须与实践效果一致,不能是与实践效果相背者。因此,张岱年说:

> 三者一致,然后证明其为真知。真知在于认识、经验、实践三者之一致,亦可云在于认识、经验、实践之一贯。②

在上述三者当中,张岱年特别突出了"实践"的地位。他说:"真知三表,会综为一,可谓真知之标准在于认识经验实践一以贯之。"③这"一以贯之"之根本在于"实践"是检验知识"真妄"的标准。在张岱年看来,"实践"不仅是知识论的出发点,而且也是检验"真知"的标准。具体来讲,其一,知识的产生与形成是"实践"的产物。他说:"行者知之基,感者知之始……知之基础在实践,在生活,在制约反应。"④"有社会而后有知识,知识乃人类在社会活动中产生。"⑤其二,"真知"的检验标准在于"实践",此即其所谓"行之有成"。他说:"新唯物论之基本出发点,乃是知行之合一,理论与实践之统一。实践是新唯物论之意谓表准、真妄表准。新唯物论厘别问题之真妄,分别概念之有谓无谓,判定理论之正谬,俱以实践为表准。"⑥正因为如此,张岱年把"物本论""新唯物论"亦称为"实践哲学"。他说:

> 新唯物论的知识论之精旨,亦可分三点说:一,从社会与历史以考查知识;二,经验与超验矛盾之解决;三,以实践为真理准衡。⑦

---

① 《张岱年全集》第三卷,第222页。
② 《张岱年全集》第三卷,第223页。
③ 《张岱年全集》第三卷,第223页。
④ 《张岱年全集》第一卷,第363页。
⑤ 《张岱年全集》第一卷,第364页。
⑥ 《张岱年全集》第一卷,第264页。
⑦ 《张岱年全集》第一卷,第131页。

三、"充生以达理"之人生论

张岱年认为,人与一般的动物不同,是最高等级的动物。在他看来,人与一般动物的区别主要体现在两个方面:一个方面,人是"自觉"的动物;另一个方面,人是有"理想"的动物。所谓"自觉",是指人具有自我意识;这种意识不仅体现在人意识到自身存在,而且体现在人能够意识到其与外物之关系。所谓"理想",是指人具有价值或意义追求;这种价值或意义追求体现为人与社会的理想,它是人与社会发展的方向引导。综合上述两个方面,张岱年认为人是有价值和意义的动物,即人生是有意义的。他说:"所谓人生之意义,乃指人生与其他事物之关系,亦即人生在宇宙中之位置。"①他还说:

> 人之有知与义,超然于禽兽之上,故人可谓物之至。人可谓有自觉且有理想之动物。人自知其存在,且知人与他物之关系,是谓自觉。人常悬拟尽美尽善合于当然之境界,以为行动之归趋,是谓理想。此所谓理为当然之理,而理想即对于当然之想望。②

那么,什么是人生的价值追求呢? 在张岱年,这种追求主要体现在两个方面:一个方面是"充生",另一个方面是"达理"。他说:"人生之要谊,一言以蔽之,曰充生以达理。充生以达理,即扩充生力,克服生之矛盾,以达到理想境界。"③所谓"生力",指人之改变环境使适于生活的能力。因此,所谓"充生"即指提高人认识世界、改造世界的能力。在张岱年看来,人之生活是充满了生存竞争的,因此,生活不能是"自然而然"的,而应是积极进取的;唯有不断提高"生力",才会改造自然、适应社会,否则就会被淘汰。他说:"人之生活亦即人所固有之生力之显发。凡生存皆有待于争取。生存即争取生存。一切生活现象,皆由生之矛盾而展开。……生存即争取生存,而人生即争取人的生存。"④所谓"理",指人类之理想。因此,所谓"达理"即指提高人之道德水平与社会合理性,以实现至善之人类社会理想。基于这样两个方面,张岱年认为,"人生之历程,即人之竞存进德之历程。竞存则与妨害人之生存者斗争,进德则与妨害生活之合理者斗争"⑤。他说:

---

① 《张岱年全集》第三卷,第 207 页。
② 《张岱年全集》第三卷,第 207 页。
③ 《张岱年全集》第三卷,第 208 页。
④ 《张岱年全集》第三卷,第 208 页。
⑤ 《张岱年全集》第三卷,第 208～209 页。

人生之大务有二：一曰生力之充实，二曰道德之提高。生力之充实，所以扩充其异于无生之物质者；道德之上达，所以发扬其贵于非人之禽兽者。①

在张岱年，"充生"必然涉及自由与必然的关系问题。那么，什么是"自由"呢？所谓"自由"，主要是指人选择上的自由。他说："所谓志意自由，即志意之所决定非不得不然者。"②什么是"必然"呢？所谓"必然"，主要是指自然界与人类社会的客观规律，它表现为对人之选择自由的"限制"。在张岱年看来，这种"限制"至少有三个方面：其一，人为一物，故人之行为不得违背"物之理"；其二，人为一生物，故人之行为不得违背"生物之理"；其三，人居于社会之中，故人之行为不得违背"社会之理"。因此，在这些"限制"之下，人之选择"虽以为自由，而实非自由"，"志意之自由，在于选择之自由。此自由是相对的"。③ 张岱年进而认为，自由与必然的关系即是"力"与"命"的关系："力"指人认识自然与改造自然的能力，它对应"自由"；"命"指自然与社会对人之意志自由的"限制"，它对应"必然"。在他看来，"命"分"相对之命"和"绝对之命"两种：前者指经过人事努力之后可以改变者，后者则是人力所绝对无可奈何者。张岱年说：

> 环境所加于人者，谓之命。命即环境对于人之限制。力即人对于环境之反应。人生之历程，亦即力与命相错交综之历程。力与命，即自由与必然。力由于自己，命系于必然。凡由于外在之环境而非由于人之志意者谓之命。……相对之命即未尽人事之前所遭逢之状况，加以人事之功，则可以改变之；绝对之命，即既尽人事之后犹不能逾越者，为人力所无可奈何。命与人力互为对待。④

同样，"达理"必然涉及道德问题。在张岱年看来，人作为社会性的动物，道德是维持社会生活所必需者。他说："人之生活为群体生活，群体生活必有道德。道德即所以维持群体之存在，令其延续而不绝者也。"⑤那么，什么是"道德"呢？他说："道者当然之理，德者行道而实得之于己。合言道德，兼指当然之理及其实践。"⑥在张岱年看来，道德的基本原则是"公"，即"以己推人"；道德的最高原则是"与群为一"，即"兼善天下"。他说："道德之基本原则为公。道德之端，以己推人。

　　① 《张岱年全集》第三卷，第213页。
　　② 《张岱年全集》第三卷，第210页。
　　③ 《张岱年全集》第三卷，第210页。
　　④ 《张岱年全集》第三卷，第211页。
　　⑤ 《张岱年全集》第三卷，第213页。
　　⑥ 《张岱年全集》第三卷，第213页。

道德之至,与群为一。以己之所欲推人之所欲,道德之始;兼善天下,而以人群为一体,道德之极。"①在张岱年看来,道德的具体表现称为"品德","品德"的具体内容为"仁、智、勇"三达德。关于"三达德"的具体含义,他说:

> 昔哲言品德,兼重知仁勇,此三者谓之达德。……达德一曰仁,仁者相人偶之谓,相人偶者即视人如己。……己欲立而立人,己欲达而达人。乃仁之本旨。……二曰智,惟仁而无智,虽爱人而不明辨祸福,其所行或足以伤人……三曰勇。勇者,力足以胜物而不挫于物。勇亦曰刚,亦曰毅,亦曰强。……自强不息,可谓大勇。②

张岱年认为,"新唯物论"既注重"物本论",也注重"理想论",是二者的"合一"。他主张,哲学作为一门学问,在探讨世界本原问题的同时,还必须关注人的理想问题。也就是说,根据实践创立伟大切实的理想,为人类生活提供努力之方向,是哲学的重要任务。就中西哲学传统对照地看,西方哲学多注重自然论与理想论的对立,而中国哲学则多主张二者的"合一"。他说:"中国过去哲学,更有一根本倾向,即是自然论与理想论之合一。中国哲学家大部分讲自然论的宇宙观,而更讲宏大卓越的理想。西洋的自然主义与理想主义那种绝然对立的情形,在中国是没有的。由此,我们可以说,综合唯物与理想,实正合于中国哲学之根本倾向。"③张岱年主张,"真确的"哲学系统应该正视此一问题,继承中国哲学的优良传统。换言之,"唯物""理想"的有机结合才是"新唯物论"的完整形态。他说:

> 今后哲学之一个新路,当是将唯物、理想、解析,综合于一。……此所说综合,实际上乃是以唯物论为基础而吸收理想与解析,以建立一种广大深微的唯物论。④

四、"文化综合创新论"

张岱年认为,中西文化并无根本不同,只是侧重不同而已。具体来讲,中国文化具有三个方面的特征:其一,在宇宙观上,主张"天人合一"。"天人之际"是中国哲学的总问题,中国古代哲学即是"天人之学"。尽管古代思想家亦有"天人交胜"的思想,但占主导地位的是"天人合一"。与此不同,西方文化中占主导地位的是

---

① 《张岱年全集》第三卷,第213页。
② 《张岱年全集》第三卷,第213~214页。
③ 《张岱年全集》第一卷,第273页。
④ 《张岱年全集》第一卷,第262页。

"天人二分"。其二,在价值观上,儒家强调道德的价值。孔子说"君子义以为上"(《论语·阳货》),"好仁者无以尚之"(《论语·里仁》),认为道德是至高无上的,"儒家的观点可称为道德至上论"①。与此不同,西方文化的重点在强调科学与民主:"近代西方,实验科学高度发展,政治上又发展了民主制度,哲学思想亦高度繁荣,远远超过了中国传统文化。"②其三,在思维方式上,中国文化是辩证思维。他说:"如果说中国古代哲学表现了具有独特风格的思维方式,那就是中国的辩证思维"③,"主要表现为两种基本观点:一为总体观点,二为对立统一观点"④。西方文化则不同,自古希腊开始即形成了解析的思维方式。基于这样三个方面,张岱年说:

> "天人合一"的天人观,以为道德理想高于物质利益的价值观,辩证的思维方式,可以说是中国传统文化的最主要的思想基础。⑤

关于中国文化的未来发展,张岱年既反对"复古主义",亦反对"全盘西化论"。他说:"'文化创造主义'即是一方反对保守旧封建文化,一方反对全盘承受西洋已在没落的资本主义文化。"⑥在他看来,不加分析地全部"保持"旧文化的"复古主义"是死路一条。他说:"我觉得,现在要仍照样保持中国的旧文化,那是不可能的"⑦,"中国人如果守旧不改,则无异于等着毁灭"⑧。他还说:"我们不只主张不复古而已,我们亦主张'反古';我们不只要发挥卓越的文化遗产,我们也要扫除要不得的文化赘疣!"⑨同样,对西方文化不加分析、全部"接受"的"全盘西化论"也是有害的,而且也是不必要的。"全盘西化论"的根据是文化之"不可分性",故如采纳西方文化只能全部接受。张岱年则认为,文化是可以"析取"的,因此并非学习西方文化就得"全盘西化"。他说:"由'对理'来看,文化固是一个整体,而亦是可分的"⑩;"从文化发展上看,文化之可析取,更为显然。如社会主义文化要否定资本主义文化,然而于资本主义文化亦非无所取,对于资本主义文化之有价值的文化遗产,是

---

① 《张岱年全集》第六卷,第60页。
② 《张岱年全集》第七卷,第14页。
③ 《张岱年全集》第六卷,第61页。
④ 《张岱年全集》第六卷,第61页。
⑤ 《张岱年全集》第六卷,第62页。
⑥ 《张岱年全集》第一卷,第260页。
⑦ 《张岱年全集》第一卷,第154页。
⑧ 《张岱年全集》第一卷,第154页。
⑨ 《张岱年全集》第一卷,第256页。
⑩ 《张岱年全集》第一卷,第249页。

要选择的承受的"①。

张岱年进而认为,中国文化的未来发展将是多种优秀文化的"综合"。他说:"社会主义文化必然是一个新的创造,同时又是多项有价值的文化成果的新的综合。"②在张岱年,"综合"包含两层含义:一是中国固有文化中不同学派的综合。中国传统文化由儒、墨、道、法、阴阳诸家共同创造,其"精粹思想"均可为新文化建设提供理论资源。他说:"诸子百家各有所长,儒学定于一尊的时代久已过去了。尤其是对于墨家的贡献应该继承下来。"③二是中西文化的综合。而且,中西优秀文化是"综合"的基本资源。他说:"中国传统文化中有些不可磨灭的贡献,必须选择肯定下来;而西方的文化成就,更须虚心学习,迎头赶上。"④"新中国文化建设的基本方针应是综合中西文化之长而创建新的中国文化,这个观点,针对'东方文化优越论'与'全盘西化论',可以称为'综合创新论'。"⑤他还说:

> 主张兼综东西两方之长,发扬中国固有的卓越的文化遗产,同时采纳西洋的有价值的精良的贡献,融合为一,而创成一种新的文化,但不要平庸的调和,而要作一种创造的综合。⑥

张岱年所强调的是,中国文化的未来发展不能停留于"综合",而必须在"综合"基础上"创新"。他说:"所谓中国本位文化建设的主张,更显明的说,其实可以说是'文化的创造主义'。不因袭,亦不抄袭,而要从新创造。对于过去及现存的一切,概取批判的态度;对于将来,要发挥我们的创造的精神!"⑦在他看来,中国三千年来的文化就是在不断"综合创新"中发展的,这种"综合创新"大致分为三个主要阶段:在春秋战国时期,孔孟仁学的建立为第一次"综合创新";在西汉时期,黄老之学和董仲舒的"新儒学"为第二次"综合创新";在魏晋南北朝、隋唐及北宋、南宋时期,佛教的中国化和理学的建立为第三次"综合创新"。历史地看,这三次"综合创新"形塑了中华文化的基本精神。基于此,张岱年认为,中国面临着又一次新的文化"综合创新";这一次"创新"主要是对中西文化综合基础上的超越。他说:"创新意味着与中国传统文化和近代西方文化都不相同。"⑧不过,这一次"综合创新"

---

① 《张岱年全集》第一卷,第 250 页。
② 《张岱年全集》第八卷,第 624 页。
③ 《张岱年全集》第八卷,第 628 页。
④ 《张岱年全集》第八卷,第 625 页。
⑤ 《张岱年全集》第七卷,第 14 页。
⑥ 《张岱年全集》第一卷,第 229 页。
⑦ 《张岱年全集》第一卷,第 235 页。
⑧ 《张岱年全集》第六卷,第 252 页。

不是无所宗旨的,而须在马克思主义指导下进行,因为中国文化未来发展的方向是社会主义新文化。他说:"社会主义文化应以马克思主义的普遍真理为指导原则,这是确定不疑的。"①他还说:

> 这个新的文化体系,是在马克思列宁主义原则的指导下,以社会主义的价值观来综合中西文化之所长而创新中国文化。它既是传统文化的继续,又高于已有的文化。这就是中国的、社会主义的新文化。②

(原载《现代哲学》2011 年第 3 期)

---

① 《张岱年全集》第六卷,第 64 页。
② 《张岱年全集》第六卷,第 254 页。

张岱年先生早期中国哲学研究之范式意义

蒋国保

（苏州大学哲学系）

内容提要：本文从中国哲学史学科创立初期之实践经验上确立张岱年先生早期中国哲学研究之成就与地位，以为其早期中国哲学研究成就意味着中国哲学史学科创建初期实践之终结，它对当代中国哲学研究，具有三方面的范式启迪意义。(1)创建"中国的哲学"有必要确立统一的书写范式。(2)"中国的哲学"之创建，需要坚守考据功夫的"新考据"。(3)作为张先生早期中国哲学研究成就的集中体现，《中国哲学史大纲》给我们的具体启迪有三："中国的哲学"之研究，"问题"意识的确立是首要的；去经学化而求"纯哲学"是必要的；去西学分析方法而求纯中国叙述方式，是不必要的，也是不可能的。

关键词：张岱年；中国哲学；范式；中国哲学史大纲

张岱年先生在他学术生涯的中期，几乎不能公开署名发表或出版其中国哲学①的研究论著，因而供我们后学研究的张先生的中国哲学论著，绝大多数属于其学术生涯早晚期论著。对张先生早晚期中国哲学研究论著之价值的评价，可能会有分歧，或认为其早期的中国哲学研究论著对我们后学进一步研究中国哲学的启迪、促进作用大；或以为其晚期的中国哲学研究论著对我们后学进一步研究中国哲学的启迪、促进作用大。这会因学养差异、为学旨趣差异而作出相异的判断。我为学一直限于中国哲学，而并不深厚的学养又主要限于儒家哲学，则就我的眼光看自然会认为张先生早期的中国哲学研究论著比晚期的中国哲学研究论著作用更大（指促进中国哲学研究而言）。这就是本文为何将论域限定在"早期"的原因。要问如何划分张先生的学术生涯？我的回答是：张先生学术生涯的早期截止于1957年，而他的学术生涯的晚期开始于1979年。

---

① 中国哲学有广义与狭义之分，广义的中国哲学，系指中华民族生命精神的系统理论；狭义的中国哲学，通常指作为哲学分支学科的中国哲学史，本文中的"中国哲学"范畴，如未注明系取广义，一律特指中国哲学史。

一

张岱年先生的早期中国哲学研究,与中国哲学学科创立之初期实践有密切关系,因而在叙述张先生早年如何研究中国哲学之前,有必要先简要说明中国哲学学科创立初期的基本情形。日本哲学家西周于 1867 年在其著《百一新论》中首先使用"哲学"一词。而"哲学"一词由日本输入中国,具体年代不详,但从王国维于 1903 在《教育世界》上发表《叔本华之哲学及其教育学说》来断,大体可以将汉语"哲学"一词传入我国之时间具体限定在 1901—1903 年这三年内。至于"中国哲学"之称谓,还要晚至 1906 年才出现,证据是:那一年刘光汉(刘师培)在《国粹学报》上发表了《中国哲学起源考》。刘师培坚持"以子通经"的学术取向,其眼中的"中国哲学",主要指中国传统学术范畴中的子学与经学。刘氏的这一认识,大体上反映了他生活的那个时代的学人对中国哲学的普遍认识。此文之后,大约又经历了十年,中国学人对于中国哲学的认识,仍然局限在传统学术范畴中的子学与经学那里,甚至难以彻底摆脱对传统史学内容的执着。这种情形,可以由北京大学所开"中国哲学"课程佐证。北京大学于 1915 年、1916 年有教授正式开讲的"中国哲学史"课程,"从三皇五帝讲起,讲了半年,才讲到周公"[①]。这样来讲中国哲学史,岂不等同于讲中国历史,消解了"中国哲学"作为独立学科的特性,使"中国哲学史"失去了存在的意义。

有学友告知:1915 年、1916 年在北大哲学门教授中国哲学的那位教授叫陈黻宸,据说他的"中国哲学"讲义尚存。我没看过陈先生的那部中国哲学讲义,对其学术价值,不敢妄加评论。这里想说的一点是:大约与陈先生在北大讲授中国哲学同时期,在我国出版了第一部中国哲学专著,即谢无量的《中国哲学史》。该著 1916 年由上海中华书局出版。此著分为三编,第一编为"上古哲学史",第二编为"中古哲学史",第三编为"近世哲学史"。其所谓"上古",是指邃古至秦末;其所谓"中古",是指"两汉至唐末";其所谓"近世",是指"宋元明清"四代。三编均分上下。第一编上限定在"古代及儒家"范围,共设三章,章名依次为"哲学之渊源""六艺哲学""儒家"。"哲学之渊源"章下分三节,节名依次为"邃古哲学之起源""唐虞哲学""夏商哲学"。"六艺哲学"章下亦分节,节名依次为"总论""易教""五教之学"。"儒家"章下分四节,节名依次为"孔子""子思""孟子""荀卿"。第一编下限定在"道墨诸家及秦代"范围,共设六章,章名依次为"道家""墨家""法家""名家""杂

---

① 冯友兰:《三松堂全集》第一卷,郑州,河南人民出版社,2001 年,第 170 页。

家""秦灭古学"。这六章中,只有"道家""法家""名家"三章分节。"道家"章分五节,节名依次为"总论""老子""杨朱""列子""庄子";"法家"章分四节,节名依次为"管仲""申不害""商鞅""慎到";"名家"章分四节,节名依次为"名家之渊源""尹文""惠施""公孙龙"。

第二编上限定在"两汉"范围,共设十二章,各章下均不分节;章名依次为"汉代哲学总论""陆贾""贾谊""董仲舒""淮南子""桓宽《盐铁论》""刘向""扬雄""王充""东汉经术今古学之分及其混合""荀悦""徐干"。第二编下限定在"魏晋六朝唐",共设十章,各章亦不分节;章名依次为"魏晋及南北朝之儒学与经术总论""晋世黄老刑名学之复兴""六朝佛教之盛行""三教调和论""神不灭论与神灭论""文中子""唐代哲学总论""唐代佛教略述""韩愈""李翱"。

第三编上限定在"宋元"范围,共设十九章,各章下均不分节;章名依次为"宋代哲学总论""道学之渊源""周濂溪""邵康节""张横渠""程明道""程伊川""二程同时之性情说""程门诸子""张南轩""朱晦庵""朱子门人""陆象山""象山门人""浙东永嘉之学""魏鹤山及真西山""元之程朱学派""元之朱陆调和派""元之陆学派"。第三编下限定在"明清"范围,共设二十二章,各章下均不分节;章名依次为"明代哲学总论""吴康斋""薛敬轩""曹月川""胡敬斋""陈白沙""王阳明""湛甘泉""罗整庵""王学诸子""刘念台""清代哲学总论""孙夏峰""黄宗羲""顾亭林""李二曲""陆桴亭""汤潜庵""陆稼书""颜习斋""戴东原""彭尺木"。

从以上烦琐罗列可以看出,作为第一部正式公开出版的《中国哲学史》,谢著虽然在中国哲学史之断代上突破了陈黻宸"从三皇五帝讲起"的局限,首次将中国哲学划分为上古、中古、近世三大发展历程,但仍未将中国哲学从传统之经学、史学、子学中独立出来,因而够不上现代学科意义上的第一部中国哲学史。加之其中国哲学史之断代,又被学者断为系承袭日本学者所著《支那哲学史》的分法,所以谢著虽为冠名《中国哲学史》出版的第一部中国哲学专著,但一直未被中国哲学史界作为现代学科意义上的第一部中国哲学史看待。

被中国哲学史界视为第一部现代学科意义上的中国哲学史的著作,是胡适的《中国哲学史大纲》(上)。此著先于 1917 年在北京大学印作讲义,正式出版在 1919年。出版时,此著分为十二篇,篇下有的设章,有的则不设。不设章的为:第一篇,导言;第三篇,老子;第五篇,孔门弟子;第七篇,杨朱。设章的有八篇,其中第二篇题曰"中国哲学发生的时代",下设两章,一曰"中国哲学结胎的时代",二曰"那时代的思潮(诗人时代)";第四篇题曰"孔子",下设五章,一曰"孔子略传",二曰"孔子的时代",三曰"《易》",四曰"正名主义",五曰"一以贯之";第六篇题曰"墨子",下设四章,一曰"墨子略传",二曰"墨子的哲学方法",三曰"三表法",四曰"墨子的宗教"；第八篇题曰"别墨"，下设六章，一曰"墨辩与别墨"，二曰"墨辩论知识"，三曰"论辩"，四曰"惠施"，五曰"公孙龙及其他辩者"，六曰"墨学结论"；第九篇题曰"庄子"，下设两章，一曰"庄子时代的生物进化论"，二曰"庄子的名学与人生哲学"；第十篇题曰"荀子以前的儒家"，下设两章，一曰"《大学》与《中庸》"，二曰"孟子"；第十一篇题曰"荀子"，下设三章，一曰"荀子"，二曰"天与性"，三曰"心理学与名学"；第十二篇题曰"古代哲学的终局"，下设三章，一曰"西历前三世纪之思潮"，二曰"所谓法家"，三曰"古代哲学之中绝"。

胡适的《中国哲学史大纲》（上）甫问世，就受到陈黻宸的质疑，陈先生拿着《中国哲学大纲》讲义对哲学门三年级的学生说："我说胡适不通，果然就不通，只看他的讲义的名称，就知道他不通。哲学史本来就是哲学的大纲，说中国哲学史大纲，岂不成了大纲的大纲了吗？"[①]但是，该著出版后，却在学界引起巨大反响。然在一片赞扬之中，亦有学者不以为然，不点名予以批评。作为这一批评的代表之作，就是钟泰的《中国哲学史》。该著1929年由上海商务印书馆出版，卷首列有著述"凡例"十条，其中有云："中西学术，各有系统，强为比附，转失本真。此书命名释义，一用旧文。近人影响牵扯之谈，多为葛藤，不敢妄和。"从这条著述原则可以看出，钟泰的《中国哲学史》，应是不认同胡适中西哲学相比附的做法，特意与胡适唱反调的产物，尽管他在书中没有提及胡适的名以及胡适的书。

钟著全书分四编，并将四编分上下。卷上含第一编、第二编；卷下含第三编、第四编。第一编：上古哲学史，下设十三章，一曰"上古之思想"，二曰"王官六艺之学"，三曰"老子"（附管子、附《老子》天地不仁以万物为刍狗解），四曰"孔子"，五曰"墨子"（附宋钘），六曰"杨子"，七曰"商君、尸子附见"（附论管商同异），八曰"庄子"（附列子），九曰"孟子"（附曾子、子思，又告子附见），十曰"惠施、公孙龙"（附尹文子），十一曰"荀子"，十二曰"韩非、申子"（慎子附见），十三曰"秦灭古学"。

第二编：中古哲学史，下设二十三章，一曰"两汉儒学之盛"，二曰"贾生"，三曰"董仲舒"，四曰"淮南王安"（附刘向），五曰"扬雄"，六曰"王充"（附王符、仲长统），七曰"郑玄"，八曰"魏伯阳"，九曰"牟融"，十曰"荀悦"，十一曰"徐干"，十二曰"魏晋谈玄之风"，十三曰"刘劭"，十四曰"裴頠"，十五曰"傅玄"，十六曰"葛洪"（附鲍生），十七曰"陶渊明"，十八曰"南北朝儒释道三教之争"，十九曰"范缜"（附萧琛），二十曰"王通"，二十一曰"隋唐佛教之宗派"，二十二曰"韩愈、李翱"，二十三曰"柳宗元、刘禹锡"。

第三编：近古哲学史，下设三十一章，一曰"宋儒之道学"，二曰"周子"，三曰

---

① 《三松堂全集》第一卷，第171页。

"邵子"(附司马温公),四曰"张子",五曰"明道程子",六曰"伊川程子"(附论二程表章《大学》《中庸》),七曰"王荆公"(附苏东坡、苏颖滨),八曰"朱子"(李延平附见),九曰"张南轩"(胡五峰附见),十曰"吕东莱"(附陈龙川),十一曰"薛艮斋"(附陈止斋),十二曰"陆象山"(附论朱陆异同),十三曰"叶水心"(附唐说斋),十四曰"蔡西山、蔡九峰"(附蔡节斋),十五曰"扬慈湖",十六曰"真西山、魏鹤山",十七曰"元明诸儒之继起",十八曰"吴草庐、郑师山",十九曰"刘伯温",二十曰"方正学"(附宋潜溪),二十一曰"曹月川、薛敬轩",二十二曰"吴康斋、胡敬斋",二十三曰"陈白沙",二十四曰"王阳明",二十五曰"罗整庵",二十六曰"湛甘泉",二十七曰"王龙溪、王心斋"(附钱绪山),二十八曰"胡庐山"(附罗念庵),二十九曰"吕心吾",三十曰"顾泾阳、高景逸",三十一曰"刘蕺山、黄石斋"。

第四编:近世哲学史,下设十五章,一曰"清儒之标榜汉学",二曰"孙夏峰"(附汤潜庵),三曰"陆桴亭"(附陆稼书),四曰"黄梨洲",五曰"顾亭林"(张嵩庵附见),六曰"张杨园",七曰"李二曲",八曰"王船山",九曰"唐铸万"(附胡石庄),十曰"颜习斋、李恕谷",十一曰"戴东原",十二曰"彭允初、汪大绅、罗台山",十三曰"洪北江",十四曰"龚定庵",十五曰"曾文正公"。

钟泰是以传统子学①规范中国哲学,其著在断代上只是将谢无量、胡适分法中的"中古"时期又具体分为"中古""近古"两个阶段;而在内容上虽然将中国哲学独立出经学②,但未能将中国哲学与中国学术、思想清晰地区分开来,仍然属于泛化的中国哲学论著,对胡适的《中国哲学史大纲》(上)难以构成实质性的挑战。真正对胡著构成实质性挑战的论著是冯友兰两卷本的《中国哲学史》。该著上卷于1931年由神州国光社出版,上下两卷本则于1934年一并由上海商务印书馆出版;虽篇幅远超谢胡钟各著,但只分为两篇,第一篇"子学时代",第二篇"经学时代"。第一篇"子学时代",下设十六章,一曰"绪论",二曰"泛论子学时代",三曰"孔子以前及其同时之宗教的哲学的思想",四曰"孔子及儒家之初起",五曰"墨子及前期墨家",六曰"孟子及儒家中之孟学",七曰"战国时之'百家之学'",八曰"《老子》及道家中之《老》学",九曰"惠施、公孙龙及其他辩者",十曰"庄子及道家中之庄学",十一曰"《墨经》及后期墨家",十二曰"荀子及儒家中之荀学",十三曰"韩非及其他法家",十四曰"秦汉之际之儒家",十五曰"《易传》及《淮南鸿烈》中之宇宙论",十六曰"儒家之六艺论及儒家之独尊"。第二篇"经学时代",下设十六章,一曰"泛论经学时代",二曰"董仲舒与今文经学",三曰"两汉之际谶纬及象数之学",四曰"古文经

---

① 包括儒学的广义子学。
② 他认为中国哲学源于"六艺之学",然并不等于"六艺之学"。

学与扬雄、王充",五曰"南北朝之玄学(上)",六曰"南北朝之玄学(下)",七曰"南北朝之佛学及当时人对于佛学之争论",八曰"隋唐之佛学(上)",九曰"隋唐之佛学(下)",十曰"道学之初兴及道学中'二氏'之成分",十一曰"周濂溪、邵康节",十二曰"张横渠及二程",十三曰"朱子",十四曰"陆象山、王阳明及明代之心学",十五曰"清代道学之继续",十六曰"清代之今文经学"。附录五篇:一曰"原儒墨",二曰"原儒墨补",三曰"原名法阴阳道德",四曰"原杂家(与张可为君合作)",五曰"孟子浩然之气章解"。

冯友兰的两卷本《中国哲学史》,同胡适的《中国哲学史大纲》相比,不是有头无尾之作,而是对中国古代哲学之整体作系统阐述之作;同谢无量的《中国哲学史》、钟泰的《中国哲学史》相比,冯著之优长,不仅体现在它在量上远远超过谢、钟二著的篇幅,而且体现在它突破了谢、钟二氏传统的叙述方式,属于运用现代哲学方法来阐述中国哲学发展历程之作。因此有学者高度评价它的价值,称之为"是用现代哲学方法编写的第一部中国哲学通史著作,对中国哲学史形成为一门独立学科有一定的开拓性意义"①。但胡适似乎不这么看,因为他在回应冯著对其著的挑战时,特意强调冯著仍然属于传统学术范畴,不承认其现代学术性质。

冯著出版两年后,范寿康的《中国哲学史通论》于1936年由上海开明书店出版。此著是根据范氏于1933年在武汉大学所编"中国哲学史"讲义修改而成的,全书除"绪论",分为六编。第一编:先秦时代的哲学(子学),下设六章,一曰"概说",二曰"儒家",三曰"道家",四曰"墨家",五曰"名家",六曰"法家"。第二编:汉代的哲学(经学),下设五章,一曰"概说",二曰"刘安",三曰"董仲舒",四曰"扬雄",五曰"王充"。第三编:魏晋南北超的哲学(玄学),下设五章,一曰"概说",二曰"清谈——老庄哲学的勃兴",三曰"道教组织的完成",四曰"佛教思想的勃兴",五曰"经学的衰落与分裂"。第四编:隋唐的哲学(佛学),下设三章,一曰"概说",二曰"佛教各宗思想的概要",三曰"儒学的统一及其反响"。第五编:宋明的哲学(经学),下设四章,一曰"概说",二曰"宋明儒家思想的概要",三曰"佛教教宗的衰落与禅宗的隆盛",四曰"道教宗派的分裂与教理的革新"。第六编:清代的哲学(经学),下设五章,一曰"概说",二曰"宋学派",三曰"实行派",四曰"汉学派",五曰"公羊学派"。

范氏在此书"付印题记"中写道:"就内容言,疏漏错误,自知不免;即间有所得,亦多采自当代著作家之说,出诸自创者盖鲜。而余在是书之编撰上最受其补益者,厥推武内义雄、宇野哲人、境野黄洋、小柳司气太、河上肇及梁启超、周予同、胡适、冯友兰、雷海宗诸家。余固不敢掠人之美也。"从范氏这一申明可以看出,他的

---

① 方克立主编:《中国哲学大辞典》,北京,中国社会科学出版社,1994年,第121页。

这部中国哲学史,是兼收中日当代著作家的学术成果的产物,而他所吸收的那些成果,在内容上固然多属于中国哲学史方面的成果,但也当包括中国之经学史、儒学史、思想史方面的成果。而按照范氏自己在该书《序言》中的强调:本书"观点却与当时各家不同,主以唯物辩证法阐述我国历代各家之思想"①,范著区别于谢胡钟冯四著的根本特色在于第一次运用唯物辩证法评析中国哲学。

在范著出版前一年,张岱年先生开始写《中国哲学大纲》,在范著出版后一年,张先生完成《中国哲学大纲》的写作,然《中国哲学大纲》印作讲义,在1943年,距范著出版,却迟了七年多。就《中国哲学大纲》后于《中国哲学史通论》而论,后者对前者有可能产生影响,但迄今我们未发现两者有所交集的材料,所以我暂且不认为范著对张著有过影响。换言之,我认为:在中国哲学史学科创立初期之实践过程中,张的实践,实际上是跨过范著而直接上接冯先生的实践——张著是为了弥补冯著缺陷所著。为了认识这一点,准确地把握中国哲学史学科创立初期实践的"正—反—合"过程,有必要具体叙述张先生是如何实践的。因为无法再现其实践的详情,下面的叙述,只能根据其论著发表前后的历史顺序来把握其实践阶段及其特征。

二

上面的叙述表明,中国哲学史学科之初步创立,大约经历了二十年。这二十年内的中国哲学研究及其成果与不足,就是张岱年先生早期中国哲学研究所要面对的现实与所要解决的问题。可以毫不夸张地说,张先生从他十七八岁开始研究中国哲学史,就清醒地面对当时中国哲学研究的现状,积极回答当时中国哲学研究所提出的问题。

据说,于1927年发表于《师大副刊》上的《评韩》,是张先生的第一篇中国哲学方面的文章,但已佚,无法评说。就我见到的史料来说,张先生公开发表的中国哲学方面的第一篇论文是《关于列子》,于1928年3月分四次发表在北平《晨报》副刊。此文考证列子其人其书,其考证以文献史料为据,决不凭空推断,且力戒孤证,所据以论辩的文献史料相当全面,几乎囊括古今学人论列子其人其书的重要文献史料。在不能利用电脑从网上或电子著作上查阅资料的九十多年前,时年才十九岁的张先生能发表这样性质的学术论文,不仅说明他开始从事中国哲学研究时就注重以史料立证,而且信服乾嘉朴学之学术理念,信守"孤证不足凭"这一学术考证

---

① 范寿康:《中国哲学史通论》,北京,生活·读书·新知三联书店,1983年,第1页。

之方法论原则。

《关于列子》发表后三年,张先生又于 1931 年 6—7 月间在《大公报》上分三期发表了《关于老子年代的一假定》。即便不细看此文,仅从"假定"这个词也不难认定此文亦属于考证性质的论文。与《关于列子》比较,此文对老子其人其书的考证,虽同样注重以史料立证,同样恪守"孤证不足凭"的方法论原则,但在考证的范式上较《关于列子》有新的突破,或者说确立了有别于乾嘉考据范式之新考证范式。问题是,它是什么范式?用张先生自己的用语说,它可以简称为"四个字"范式:"我觉得考证至少须符四个字,即'周''衡''严''微'。各方面都要注意到,都平等的看待。不肯偏倚,更须替反方想理由。方法、步骤要严格,不要轻易得结论。不要滥找证据。小的地方,一毫的差异,都不要轻易忽过。假若你的证据全备,各个证据自会'挤'出一个结论,正卡在那儿,上也不得,下也不得,只是在那儿才行。事实是不犹豫的。"[1] 尤其要重视的是,张先生提出这"四个字"范式,并非一时心血来潮而发,而是针对当时学术论辩之弊端所发:"我觉得这个问题[2]讨论了六七年还不得解决,主要是因为辩论的各方考察的方法与态度,都不十分适当。他们不了解史事的性质,不知史事的错综复杂,他们总想求个直线的说统。他们常满足于单方面的证据,不知道综观各方的证据,更再也不会替反方面设想。对于每一证据之本身,又不分析鉴别其作证资格、作证力量。所以在旁观的人看来,觉得他们是在争胜,不是在共同求真实。"[3]

作为"四个字"范式的首次实践,《关于老子年代的一假定》一文的意义在于它提出了"先不要……先要"这一具体的操作范式:"先不要考老子这个人的时代,先要考《老子》这本书所表现的思想在什么时代才会产生;先不要考《老子》思想之年代,先要考《老子》这本书的性质。在考察前,我们要清清楚楚的把老子、《老子》书、《老子》思想,个个分开。我们毫不可假定这三项之间有任何关系,然后才能做客观的靠实的考较。"[4] 尽管张先生自己宣称该文所运用的考证"方法仍嫌太不严密。距离科学的考证,还有两万八千里"[5],但我认为这个操作范式即便在现今仍具有普遍的工具理性意义,给予我们这样的启迪:客观科学的考证,要避免主观意见的干扰,恪守"先不要……先要"操作范式,就十分必要。因为这个操作范式,以"先不要"力戒主观意见对客观考证的干扰,而以"先要"来保证客观考证的正确路径。

---

① 杜运辉编:《张岱年集》上册,石家庄,河北人民出版社,2017 年,第 60 页。
② 指老子年代问题。
③ 《张岱年集》上册,第 59 页。
④ 《张岱年集》上册,第 60 页。
⑤ 《张岱年集》上册,第 60 页。

1932 年 9 月发表于《大公报》第 8 版《世界思潮》第 2、3 期上的《先秦哲学中的辩证法——中国哲学中的辩证法之上》一文,是张先生公开发表之中国哲学论文的第三篇,它标示着张先生的早期中国哲学研究由重具体人物与著作的考证转向了重整体思想的分析。作为张先生第一篇分析中国辩证法整体思想的论文,该文的范式意义,不仅在于它提供了老子、《易传》、《墨经》、庄子、荀子、《吕氏春秋》这一先秦辩证法思想衍变次序,更在于它以中西哲学比较的视角对中国古代辩证法作出了整体把握:"严格的讲来,说中国哲学里有辩证法,并不恰当,似乎只宜说中国哲学中有与辩证法类似的东西。不过,假若我们能说中国有 philosophy,而不必说中国有与 philosophy 类似的东西,那么,说中国有 Dialectic,似亦未尝不可。中国的辩证法,与西洋的比起来,有显著的不同,然而在最主要的几点上,却是一致的,所以也可以接受'辩证法'这个名字。不过讲中国的辩证法,实切忌随便引用西洋辩证法的种种来附会。其与西洋辩证法的同与异,是须同等的重视的。中国辩证法的元祖可以说是老子。在老子之后,发挥辩证法观念最丰富详密的,是《易传》。《易传》前后的别的哲籍如《墨经》《庄子》《荀子》《吕氏春秋》,也都有片断的类似辩证法的话。到汉代后,《淮南子》、董仲舒、扬雄,都有关于辩证现象的议论;魏之王弼,更比较有新的观察。宋代哲学家中,似乎只有张载、二程,注意到辩证法现象,而张载尤有贡献。元明以后,似乎不见什么发展了;清初的王夫之,曾偶然发表过些新的意见。"[1]这一把握,由于史料的限制[2],固然有不足[3],但它对我们全面把握中国古代辩证法之范式意义是不言而喻的。

上文发表后三个月内,张先生发表的中国哲学方面的论文有四,依次为:《评李季的〈我的生平〉及〈胡适中国哲学史大纲批判〉》《秦以后哲学中的辩证法——中国哲学中的辩证法之下》《评冯著〈中国哲学史〉》《胡适的新著:〈淮南王书〉》。这四篇中,"辩证法下"一文毋庸说系上面提及的"辩证法上"一文的续篇,它值得重视的,我认为主要有两点:一是对秦先后的辩证法理论贡献予以总体评价,强调秦以后辩证法较之秦以前辩证法"实在也有不少的进步",但并"没有了不得的大进步","在大体上则可说没有远离先秦的限际"[4],然而这一见解,显然是可以商榷的;二是他接受了谢无量、胡适用语,以"上古"与"中古"称谓中国辩证法的两大发展时代,但同时强调这"并不是可以拿某一年划作一个迥然相判的界限的,其间实有个

---

① 《张岱年集》上册,第 79 页。
② 未能阅读方以智的《东西均》《易余》以及未能阅全王夫之的哲学著作。
③ 未提及方以智对中国辩证法的杰出贡献以及对王夫之贡献之评价高度不够。
④ 《张岱年集》上册,第 113 页。

过渡时代"①。而这个过渡时代,从秦始皇统一中国起,到董仲舒学说成立、盛行止。张先生明确交代,以董仲舒为中古哲学开端,"系从冯友兰先生说"②。另外三篇,都是书评,从中可以看出张先生对享誉当时之冯(友兰)著胡(适)著的评价。对李季评胡著的观点,张先生既有肯定,也有否定,以为它"在其'反胡适'上,固无大的意义,但里面却有积极的贡献"③。张先生强调:胡著的贡献,在当时虽"已是过去的",但一味地批胡适,否认胡著的功劳,也不可取,因为"胡适确实有过大贡献",他在历史上的地位"已是固定的了"④。对胡适的《淮南王书》,张先生评价极佳,说它"是一本道家哲学的最好的引导书"⑤,但对胡适所谓"道家出于齐学""道家集古代思想的大成"⑥说不认同,予以商榷。他更批评胡适的研究方法,明确指出:"胡适好用西洋的学说来比附、来解说中国的思想,有时便令人'醒',有时便'不切'。"⑦对冯友兰的《中国哲学史》,张先生的评价更好,说它"是现在比较最好的一部中国哲学史"⑧,具有当时其他中国哲学史所不及的四大长处,即史料鉴别"谨严"、探幽寻微"深观"、叙述"条理系统"、评论"不偏"。尽管给予这么高的正面评价,但张先生也不讳言自己对冯著不足的看法,指出它有"两项重要的缺点,即第一对于当时学术的大势及学派源流交互影响,似乎缺少点充分的论述;第二,似乎缺少一个'哲学史论'"⑨。张先生这是在强调著中国哲学史,先要有个"哲学史论",即"哲学史的哲学"⑩作为方法论原则。今天我们讲著什么样的哲学史当先树立什么样的"哲学史观"已是常识,不足为奇,但在八十多年前,张先生提出写中国哲学史要贯彻"哲学史论"的主张,弥足珍贵。这就难怪连张先生自己对这一主张也信心不足,非要特意申明:"'哲学史论'这个名词是我杜撰的,未知当否"⑪。

　　张先生于 1933 年发表的首篇中国哲学论文是《斯辟诺萨与庄子》。此文发表在《大公报》1 月 19 日第 8 版《世界思潮》第 21 期。后一个多月,又在该报之《世界思潮》第 26 期发表《李颜之学——李恕谷逝世二百年纪念》以及《"万物一体"》;再后一个多月,于《世界思潮》第 31 期发表《谭"理"》。此后于《世界思潮》再发二文:

---

① 《张岱年集》上册,第 113 页。
② 《张岱年集》上册,第 113 页。
③ 《张岱年集》上册,第 96 页。
④ 《张岱年集》上册,第 96 页。
⑤ 《张岱年集》上册,第 146 页。
⑥ 《张岱年集》上册,第 147 页。
⑦ 《张岱年集》上册,第 147 页。
⑧ 《张岱年集》上册,第 132 页。
⑨ 《张岱年集》上册,第 133 页。
⑩ 张先生语。
⑪ 《张岱年集》上册,第 134 页。

《中国哲学中之非本体派》(8 月 10 日,第 50 期)、《中国元学之基本倾向——"本根"概念之解析》(8 月 31 日,第 53 期)。综合言之,这六篇论文较之以前的论文,显著的不同在于:它已将中西哲学比较方法运用于中西哲学家之个案分析;它不再局限于中国哲学具体内容与问题,而是触及了中国哲学的基本问题与一般特性。

1933 年在张岱年先生早期中国哲学研究历程里可以说是一个划阶段的年份。此前的八年,是他早年研究中国哲学的第一个阶段,此后(1934—1943 年)的十年,是该研究的第二个阶段。在这个阶段内,张先生撰成或发表的论著,仅六种:《中国思想源流》(1934 年 1 月)、《中国知论大要》(1934 年 4 月)、《冯著〈中国哲学史〉的内容与读法》(1935 年 4 月)、《老子补笺》(1936 年 12 月)、《孔学评议》(1946 年 5 月)、《中国哲学大纲》(1935 年开始写、1937 年 2 月完稿,1943 年印作大学讲义),数量上并不多,但同以前论著比较的话,不难看出在这十年内张先生对中国哲学研究更倾向于全面、系统、整体的综合归纳分析,而其中之杰出成果,就是《中国哲学大纲》(又称《中国哲学问题史》)。张先生在 1937 年的"自序"中,就该著撰述动机与特点这么指出:"近年来,中国哲学的研究颇盛,且已有卓然的成绩。但以问题为纲,叙述中国哲学的书,似乎还没有。此书撰作之最初动机,即在弥补这项缺憾。此书内容,主要是将中国哲人所讨论的主要哲学问题选出,而分别叙述其源流发展,以显出中国哲学之整个的条理系统,亦可以看作一本中国哲学问题史。"[①]这可以具体理解为张著是为弥补胡著、冯著缺陷而著,其特点在于以中国哲学问题提出的历史顺序来叙述中国哲学发展的条理系统。

张先生的《中国哲学大纲》,除"序论",分为三部分。第一部分:宇宙论,下含三层,先为"引端:中国宇宙论之发生",次为"第一篇:本根论",后为"第二篇:大化论"。第一篇"本根论"下设八章,一曰"中国本根论之基本倾向",二曰"道论",三曰"太极阴阳论(附五行说)",四曰"气论一",五曰"理气论",六曰"唯心论",七曰"气论二",八曰"多元论",此后另有"本根论综论";第二篇"大化论"下设六章,一曰"变易与常则",二曰"反复",三曰"两一",四曰"大化性质",五曰"始终、有无",六曰"坚白、同异(附录:形神问题简述)",此后另有"大化论综论"。

第二部分:人生论,下含四层,先为"引端:人生论在中国哲学中之位置",次为"第一篇:天人关系论",再次为"第二篇:人性论",又次为"第三篇:人生理想论",后为"第四篇:人生问题论"。第一篇"天人关系论"下设二章,一曰"人在宇宙中之位置",二曰"天人合一"(补录:天人有分与天人相胜),此后另有"天人关系综论";第二篇"人性论"下设五章,一曰"性善与性恶",二曰"性无善恶与性超善恶",三曰

---

① 《张岱年集》下册,第 1 页。

"性有善有恶与性三品",四曰"性两元论与性一元论",五曰"心之诸说",此后另有"人性论综论";第三篇"人生理想论"除列首之"简引:人道与人生理想"外,下设八章,一曰"仁",二曰"兼爱",三曰"无为",四曰"有为",五曰"诚及与天为一",六曰"与理为一",七曰"明心",八曰"践形",此后另有"人生理想论综论";第四篇"人生问题论"除列首之"简引:人生问题"外,下设九章,一曰"义与利",二曰"命与非命",三曰"兼与独",四曰"自然与人为",五曰"损与益",六曰"动与静",七曰"欲与理",八曰"情与无情",九曰"人生与不朽"(补录:志功问题简述),此后另有"人生问题论综论"。

　　第三部分:致知论,下含三层,先为"引端:中国哲学中之致知论",次为"第一篇:知论",后为"第二篇:方法论"。第一篇"知论"下设三章,一曰"知之性质与来源",二曰"知之可能与限度",三曰"真知",此后另有"知论综论";第二篇"方法论"下设二章,一曰"一般方法论",二曰"名与辩",此后另有"方法论综论"。

　　第三部分之后为全书之"结论:中国哲学中之活的与死的"。"结论"之后,又有"补遗"。

　　《中国哲学大纲》印作讲义后十四年,是张先生早期中国哲学研究的第三个阶段。在这个阶段,他发表的中国哲学方面论文只有十三篇:《评〈十批判书〉》(1947年4月)、《墨子的阶级立场与中心思想》(1954年3月)、《王船山的唯物论思想》(1954年10月)、《张横渠的哲学》(1955年)、《关于张横渠的唯物论与伦理政治哲学》(1955年)、《11世纪卓越的唯物主义者张横渠的哲学思想》(1956年6月)、《关于张横渠的唯物论思想——对〈张横渠是一个唯心论者〉一文的答复》(1956年)、《〈老子〉中唯物主义思想》(1957年)、《荀子的唯物主义思想》(1957年)、《关于中国唯物主义思想的几个问题》(1957年)、《中国古典哲学中若干基本概念的起源与演变》(1957年)、《宋元明清哲学史提纲》(1957年)、《中国古典哲学的几个特点》(1957年)。从这十三篇论文看,张先生在早期中国哲学研究的最后阶段,除了侧重研究中国哲学中的唯物论思想,尤其是张载的唯物论思想外,就总体上讲,并未创造出超越前两个阶段的更杰出的成果。

三

　　从张岱年先生1937年撰成《中国哲学大纲》迄今已八十二度春秋,按中国人通常以三十年为一代计,该著流传已接近三代。有一种观点以为,传统是指一种精神之不断裂的持续,如果一种精神持续三代不断裂,就成为传统。那么,就发扬传统来讲,我们今天究竟能从张岱年先生早期中国哲学研究中得到哪些范式意义的启迪？下面，就这个问题谈三点不成熟的看法，请大家指正。

首先要谈的是：中国哲学研究要不要形成一脉相承的范式传统？从前面的论述不难看出，张先生早期的中国哲学研究，是中国哲学史学科创立初期之实践的重要组成部分，因为张著是弥补胡著、冯著缺陷的产物，在中国早期的六部"中国哲学史"著作中，地位尤其重要。谢（无量）胡（适）钟（泰）冯（友兰）范（寿康）张（岱年）六人的"中国哲学史"著作，不可否认客观上构成了内在联系，即互相解构的联系。解构意味着肯定与否定的对立统一，用"正—反—正（合）"的辩证眼光看，那六部"中国哲学史"著作不妨分为三组，其中谢著、胡著为第一组，代表"中国哲学史"学科创立初期之实践的"正"过程；钟著、冯著为第二组，代表"中国哲学史"学科创立初期之实践的"反"过程；范著、张著为第三组，代表"中国哲学史"学科创立初期之实践的"正（合）"过程。就"中国哲学史"学科创立初期之实践的"正—反—正（合）"过程而论，六部书中以胡著、冯著、张著三书尤为重要；而胡著、冯著、张著三书中，就探讨"金岳霖之问"——是"哲学在中国"还是"中国的哲学"——的启迪意义而言，当以张著更为重要。

张著对创建"中国的哲学"的重要启迪，在下面论述，这里先谈一个问题：张著既然是上述"合"过程的产物，意味着中国哲学史学科创立初期实践的终结，那么照理说，后张著时代的中国哲学研究，如果要创建"中国的哲学"，当承袭张著之书写①范式。张著的书写范式，用张先生自己的用语来表达，不妨称为"问题"范式，则承袭张著书写范式，具体讲就是以"问题"范式书写中国哲学。可是从民国后期一直到现今，虽先后产生了许多中国哲学书写范式，诸如"'唯物、唯心'两条路线"范式、"'儒家、法家'两个阵营"范式、"圆圈"范式、"'范畴'衍演"范式、"究极本体论"范式、"基源问题"范式等，但没有哪一个范式是对张著书写范式（问题范式）的承袭和推进。这表明什么问题？它表明：已有百年的中国哲学（中国哲学史）创建实践，呈多种书写范式并存、多种路径并进的局面，并没有形成统一的书写范式，因而未能形成统一的精神传统。中国哲学（中国哲学史）之所以经历了百年发展历程，却只形成表面形式上的联系，在内在精神上是断裂的，未能形成始终一贯的精神命脉，究其原因，当归咎于在张著后未能承袭与推进张著之"问题"书写范式。

有的学者质疑我的这一观点，在他们看来，确立一元的书写范式，势必导致中国哲学之书写的教条与僵化，而多元书写范式的并存，定会造成中国哲学之书写的生动与丰富。我正视这一质疑，但我至今也未能想通放弃这一观点的道理。在我看来，主张以统一的书写范式书写中国哲学史，未必会损害中国哲学的丰富性，但

---

① 作者从研究与著述一体意义上使用此名词。

若不以统一的书写范式书写中国哲学史,却一定会损害中国哲学精神承续上的一贯性,因为:中国哲学史的书写,如始终不能按照一个共同书写范式"接着讲",却每个时期的每个人各依各的范式、各按各的想法来讲,难以形成大家共同认同的中国哲学当有的书写传统也就不言而喻,不足为怪。现在的问题是:中国哲学的未来发展,是否有必要继续维护这种各讲各的局面而拒绝各家都遵循一个共同的范式而"接着讲"。我的回答是否定的。我认为只有各家都遵循一个共同的范式而"接着讲",才能真正推进中国哲学的发展,否则,中国哲学的叙述,终究不能避免简单形式下的内容重复(例如按年代的先后依次叙述每一个思想家的哲学之各个层面)。那么,如何去构建这样一个大家都认同的中国哲学的书写范式?这是个难以回答的问题。我在这里只能就这个问题谈点肤浅看法。我认为要建立一个贴合中国哲学实际的中国哲学书写范式以便各家遵循,当兼取张(岱年)劳(思光)方(东美)萧(蓬父)四家著述之长,即先从方东美,以"究极本体论"把握中国哲学性质;然后从劳思光,依"基源问题研究法"分析确立中国哲学的"基源问题";再后从张岱年,以中国哲学"问题"所固有范畴反映与梳理中国哲学"基源问题"的内涵、形式与联系;最后从萧蓬父,以"圆圈"的方式揭示中国哲学思想范畴展开与推衍的逻辑。这是一个综合各家长处的范式。至于如何称谓之,待定。

其次要谈的是:当代中国哲学研究要不要放弃考据功夫?张先生早期中国哲学研究成果,考证论文,如《关于列子》《关于老子年代的一假定》,毋庸说,即便是思想分析论文与专著,如《先秦哲学中的辩证法》《秦以后哲学中的辩证法》《中国元学之基本倾向——"本根"概念之解析》《中国知论大要》《中国哲学大纲》,也都采用第一手史料,且史料极其丰富,体现了张先生深厚的乾嘉朴学的考据功夫。张先生的考据功夫,给他创造了杰出的中国哲学研究成果,让我们现今研究张先生学说时不由得思考一个问题,即在当代研究中国哲学是否也要学张先生的考据功夫。当代是信息时代,研究中国哲学的大量第一手史料,通过网上搜索与电子书籍检索,都能轻易搜集到,因此像张先生当年所用的凭两眼与两手搜集史料的"死功夫",在现今似乎失去了效用。但仔细思考的话,会明白这样一个道理:现今固然不必全盘仿效张先生那般的"死功夫",但就现今研究中国哲学仍需要遵循张先生在八十多年前所提倡的"四个字——'周''衡''严''微'"范式来讲,考据功夫对中国哲学研究的效用价值,永远都不会过时。我们今天需要着重思考的问题,不应是考据功夫是否过时这一问题,而是在信息时代如何不放弃考据功夫。较之乾嘉考据,我们在现今运用考据功夫,不妨叫作"新考据"。"新考据"如何发扬旧考据精神,坚守旧考据功夫,我对这个问题曾有实验,那次实验所感,我写入了《由读张岱年先生的信所引起的考证》一文。我将该文附于本文末尾,以说明我所谓"新考据"是如何具体操作的。

最后要谈的是：张著(《中国哲学大纲》)有什么具体范式启示？张先生早期中国哲学研究的成就,无疑集中体现在《中国哲学大纲》,所以张先生早期中国哲学研究的范式意义这个问题,也可以换言为张著《中国哲学大纲》对当代研究中国哲学有什么启迪意义？ 对这个问题,无疑见仁见智,而以我的眼光看,其启迪有三：

其一,张著的重要性不在于内容的丰富超越它著(例如冯著在内容上远比张著丰富),也不在于方法上之创新比它著独特,而在于它的"问题意识"独到：以中国哲学的"问题"规整中国哲学的内容,以中国哲学固有的范畴贯串中国哲学的内容,以中国哲学的范畴之衍演与扩展反映中国哲学的发展。这样的问题意识,应该是对它之前的"中国哲学史"学科创立之实践自觉反思的产物,它促使我们思考这样一个问题："中国哲学史"的书写,要避免书写成"哲学在中国",而真正书写成"中国的哲学",就应该像张著那样以中国哲学的"问题"规整中国哲学的内容,以中国哲学固有的范畴贯串中国哲学的内容,以中国哲学的范畴之衍演与扩展反映中国哲学的发展。

其二,就内容而论,张著与其他五著的一个明显的区别就是：其他五著程度不等地存在着经学与哲学、学术思想与哲学思想混而不分的现象,而张著则比较"纯哲学",彻底舍弃了属于经学及学术思想、政治思想的许多内容。问题是,正如张先生自己所指出的,正因为坚持求"纯哲学",使得张著不免在"取材和论述范围"方面存在明显的缺欠。张著所遭遇的这一矛盾,是否意味着创建"中国的哲学"就一定要遭遇两难问题：求中国哲学之纯粹性势必牺牲中国哲学之丰富性,反之亦然。

其三,如果说胡著、冯著对西方现代哲学方法的运用是自觉的、主动的,那么比较而言,张著对西方哲学方法的运用却是非主动的、不得已的。所以不得已运用西方哲学方法,照张先生自己的解释,是因为谈中国哲学却"以西洋哲学为表准,在现代知识情形下,这是不得不然的"①。"不得不然"云云,显然揭示了这样一个事实：张先生主观上并不想以西方哲学方法来把握中国哲学,但客观上他把握中国哲学又只能以西方哲学为标准。换言之,张先生固然可以做到以中国哲学的固有问题、中国哲学固有范畴展开逻辑来叙述中国哲学的发展历程,但他在界定中国哲学问题的性质(例如是属于宇宙论还是认识论)、把握中国哲学范畴的蕴涵、评价中国哲学思想的价值上,根本就做不到不以西方哲学为标准。张先生所难以化解的这一主客观矛盾,让我们警惕的应该是：将创立"中国的哲学"建立在彻底排除西方哲学方法之运用的前提下的任何构想与实践,对于成功创立"中国的哲学"来说,可能

---

① 《张岱年集》下册,第 1 页。

都是徒劳的。

（原载《衡水学院学报》2020 年第 2 期）

附录：
由读张岱年先生的信所引起的考证

在《忆张岱年先生对我的教诲》博客文中，我说张先生生前至少给我写过五六封信，我只找到了四封，另几封不知是弄丢了还是收在什么文件袋里一时没找到。今晨三点半，失眠，便起床找写方以智论文的材料（都是我手抄的），却无意在一个大信封里发现了张先生写给我的一封信，心中一阵高兴。读完了信，我就有了考证的兴趣，于是检索和查找材料，得出了初步看法，也就有了写这篇博客文的可能。

要考证什么问题？为什么这个考证又是由读张岱年先生的信所引起？看了张先生的信，这个问题就会不言而喻。这里如实转录张先生的信如下：

国保同志：

　　您好！来信收到，

　　"孔子不假盖于子夏"的出处，我亦不记得，可再查《礼记·檀弓》《韩诗外传》《孔子家语》《孔子集语》等书。但查起来很麻烦，不注明出处也可。

　　致堂系宋代学者胡寅的号，他著有《读史管见》，可查《宋史》列传及《宋元学案》。

　　匆匆，祝

　　近好

张岱年
1997-3-13

从邮戳看，此信是第二天（3 月 14 日）从海淀路邮局发出。从信中不难明白，张先生给我写这封信，是因为我写信给他请教两个问题："孔子不假盖于子夏"一语的出处以及"致堂"是代指谁。我当时为什么为这两个问题打扰先生，现在仔细回忆，当是因为在注释申涵光《荆园小语》时遇到这两个问题而自己实在无能力解决。我之注释《荆园小语》，是应安徽人民出版社所约，但这个注释后来不但没有出版，而且交给出版社的稿子后来也被他们弄丢了，底稿在几次搬家后，也找不到了（今晨在发现张先生那封信之后，我又发现了一个草稿，翻翻，竟是为注释《荆园小语》而写,想是该书稿之前言),所以我是否根据张先生的指示,在那时就查出了"孔子不假盖于子夏"一语的出处,现在已记不清。但从我读这封信时对"孔子不假盖于子夏"一语毫无印象来推断,我当时很可能没有查出此语出处,只得以不注释完事。这倒激起我考据的好奇心:当年博学的张先生凭记忆没能解决的问题,今天靠现代的检索技术,能否解决? 我于是通过《四库全书》电子版来检索此语。

我先以"孔子不假盖于子夏"一语来检索,结果只出现了一条,见于金代王若虚《滹南集》卷十一《史记辩惑·取舍不当辨》:

> 《史记》老子列传训诲孔子如门弟子,而孔子叹其犹龙者,盖出于庄周寓言,是何足信而遂以为实录乎? 至于成王剪桐以封唐叔,周公吐握以待士,孔子不假盖于子夏,曾子以蒸梨而出妻,皆委巷之谈,战国诸子之所记,非圣贤之事而一切信之。子由《古史》,迁之妄谬去之殆尽,而犹有此等,盖可恨也。

王氏在此明确指出诸如"孔子不假盖于子夏"语者皆出于"战国诸子之所记"。那么它(孔子不假盖于子夏)见于哪个子学著作呢? 我又以"盖于子夏"来检索,希望能解决这个问题。结果出现了十四条,除了上面的那一条之外,还有十三条,其中多如《晋书》列传卷四十九《嵇康》传所载,为"仲尼不假盖于子夏,护其短也",另苏辙《古史》卷三十二作"孔子行遇雨,弟子欲假盖于子夏氏"(王若虚因此批评苏辙)。但这些记载仍无法解决此语(孔子不假盖于子夏)是否出自战国诸子之口。不过,《太平御览》卷十的记载"《孔子家语》曰:将行遇雨,不假盖于子夏,护其短也",却明确指出此语出自《孔子家语》。问题是,上述两种检索,都没有显示《孔子家语》中记载有此语。那么,问题出在哪里? 难道《太平御览》中的记载有误?

为了弄清这个问题,我只能用死办法,从纸质的《孔子家语》中查找(我用的是《百子全书》本),结果在《致思》篇查到这样的记载:

> 孔子将行,雨而无盖(国保按:雨具),门人曰:"商(国保按:子夏姓卜名商)也有之。"孔子曰:"之为人,甚吝于财。吾人与人交,推其长者,违其短者,故能久。"

一查到《孔子家语》中的这段记载,我立马明白:虽然"孔子不假盖于子夏"或者"仲尼不假盖于子夏"一语不见于《孔子家语》,但该语无疑是后人根据《孔子家语》那段论述概括出来的。今本《孔子家语》不是战国的作品,那么它的那段记载是否亦有所本呢? 为此我又以"甚吝于财"检索,希望能找到战国作品中的记载。结果检索到十条,除了《孔子家语》那条记载,其余九条记载,全是照抄《孔子家语》。至此,可以断定:"孔子不假盖于子夏"或者"仲尼不假盖于子夏",就发生学而言,源自《孔子家语》。

　　今本《孔子家语》,非《汉书·艺文志》所著录的《孔子家语》,而是王肃伪造。王肃伪造这一说法是否亦有所本,现在已难考。我们现在只能考定:先是王肃(195—256)在《孔子家语》中编造了那样的说法,后在房玄龄等编撰的《晋书》之《嵇康传》中被概括为"仲尼不假盖于子夏",再后在南宋时期又转为"孔子不假盖于子夏"。

　　以上考证,因一时兴起而为。待考证结束后,我却意犹未尽,不禁想在此谈谈考证以外的体悟。它有三点:一是古今学术之别。过去靠勤读书、靠记忆强造成的学案性的、材料归类性的学问,因现代的电子技术,已变得毫无学术价值,那么今天做学问,还需要不需要勤读、勤记、勤写? 需要还是不需要,这确实已成为一个问题? 二是过去凭记忆难以考据的问题,我们今天凭电子技术,一般都能考据清楚,那么以资料翔实为长的考据学,就学风讲,在今天还有什么积极的意义? 或者说我们今天做考据的学问,除了有解决具体疑问这一意义外,还有什么普遍性的学术价值? 三是为了培养扎实的学术工夫,我们可不可以拒斥检索之类的电子技术? 我不赞成为了显示自己的为学工夫就彻底地拒斥检索之类的电子技术。但如何一方面利用检索之类的电子技术,另一方面又不至于因此变得懒惰、彻底地放弃传统的"抄书"工夫,也的确成为今天做传统学术研究之学者需认真思考的问题。我不敢说对这些问题都有清晰的认识,我只是提醒自己:在这个一切变得十分功利、十分便利的时代,不以学术为功利之利器,亦不以学术为乡愿之儿戏,有多大的能力做多大的学问,有多大的学问说多大的话,既不自卑学不如人,也不自傲学超众人。我学如我人,功过后人评。

开字义之生面：论张岱年的中国哲学范畴研究

许家星

（北京师范大学哲学学院）

内容提要：中国哲学范畴研究在张岱年的全部哲学活动中居于中心地位，张岱年认为，哲学是由基本概念范畴构成的系统，厘清概念与命题的解析法为研究哲学的根本方法。张岱年的范畴研究，形成了以《中国哲学大纲》和《中国古典哲学概念范畴要论》为代表的两个前后相因而又有所变化的时期。张岱年自觉吸收西方哲学的解析方法，经由对中国哲学范畴的多角度诠解，构造出一个体系精密的范畴系统，实现了对传统"字义"学的继承与发展，形成了中国哲学研究的范畴解析派。

关键词：张岱年；范畴研究；解析法；字义学

中国哲学范畴研究是张岱年先生用力最久、成就卓越的领域。本文试图从四个方面论述他的范畴学，即他对范畴的认识是怎样的？其范畴研究是如何展开的？其研究工作与旨趣是什么？在中国范畴学史上居于怎样的地位，产生了怎样的影响？概言之，张岱年的范畴研究，可谓融哲学观、方法论、范畴解析三位为一体。张岱年站在中西哲学比较的视野，基于对哲学方法论的认识，力图通过系统揭示中国哲学范畴的意义，来彰显中国哲学固有特色。张岱年的中国哲学范畴研究贯穿其漫长的学术生涯，形成了以《中国哲学大纲》为代表的确立期和以《中国古典哲学概念范畴要论》为代表的完善期，在长达半个世纪的跨度内，张岱年的研究体现了稳定性、变化性和回归性的统一。张岱年通过对范畴的诠释、厘清、表彰、创立、统综，形成了一套精密完备的范畴系统，实现了对传统"字义"学的继承与超越。张岱年所开创的问题范畴研究范式主导了四十年来的中国哲学史研究，培育了注重范畴辨析和心知其意的学术群体，为中国哲学在新时期的发展作出了不可磨灭的贡献。

一、哲学即"基本概念范畴之系统"

（一）概念与范畴

张岱年在考察中西概念范畴史的前提下把握概念与范畴之义。他指出"概念"

"范畴"皆西译名词，"范畴"据《尚书》"洪范九畴"而立名，取原则类别义。他在《论中国古代哲学的范畴体系》中提出区别概念与范畴的具体标准：一是普遍性，认为局限于被某一学派使用而不具有普遍意义的概念不能当作范畴，如"三表"等；二是长期性，曾流行一时而后消失的概念如"玄冥"等不能当作范畴；三是公认性，局限于个别思想家自造概念如"直、蒙、酋"等不能当作范畴。当然，张岱年特别注重根据概念自身的价值来判定，而非完全依据其是否普遍流行，如提出张载的"能"、方以智的"反因"等虽不流行，亦可视为范畴。此外，张岱年还区分观念与概念的不同。观念是由观察事物而来的思想，不一定表示事物的类，或只是某个特定事物，如"一""太一""太极"是观念而非概念。他说：

> 凡一家独用的概念或名词，不能算做有普遍意义的范畴。例如墨子所讲"三表"……还有些概念，在一定的历史时期颇为流行，但后来销声匿迹了，例如"玄冥"……又有个别的思想家，喜欢自造生词，如扬雄……也有一些思想家提出了一些独创的概念，虽然没有普遍流行，却是正确地反映了客观实际的某一方面具有较高的理论价值，所以仍可称为哲学范畴。例如张载所谓"能"。①

然张岱年充分意识到概念、范畴之间实不易划清界限，故以"概念范畴"统为书名，即《中国古典哲学概念范畴要论》。

（二）范畴与哲学

张岱年对范畴的认识与其对哲学的理解密不可分。② 他 1933 年发表《爱智》一文，表达了哲学是爱智之学的看法，认为"爱智是古希腊文中哲学的本义，然实亦是一切哲学之根本性质"。爱智的工作，即在于"对事物'深察不已'。……厘清一切科学之根本概念与命题"。由此深察不已，"就产生了知识论"③。反映他 1931—1935 年思想的《人与世界》肯定哲学作为普遍之学，具有最高的指导意义，强调哲学研究不是为了建立个人宏大思想体系，而是深入阐明一项项具体原则。"哲学研究工作，与其说是建立体系，不如说是阐明原则。"④他在《哲学上一个可能的综合》附识中再次指出"问题的研讨实是根本而重要的，系统的建立原当不必急"⑤。这与今人强调构造自己的思想体系以成就一代哲学名家的抱负有所不同。他 1942

---

①　张岱年：《论中国古代哲学的范畴体系》，《张岱年全集》第四卷，石家庄，河北人民出版社，1996 年，第 456 页。

②　胡军：《论张岱年哲学思想的理论特色》，《中国哲学史》2004 年第 3 期。

③　《张岱年全集》第一卷，第 172 页。

④　《张岱年全集》第一卷，第 359 页。

⑤　《张岱年全集》第一卷，第 278 页。

年前后写作的《哲学思维论》第一章"哲学之职分"认为哲学是对自然、人类、认识最根本问题的研究之学,而研究这些问题又以范畴研究为主,范畴乃是世界的根本区别、基本类型。哲学家的工作就体现为对概念的创立、诠释、厘清、表彰、统综。范畴研究对学术而言,就具有了根本性的意义,"故基本概念范畴之研究,可谓一切学术之基础"①。哲学实质是一套概念范畴系统,故范畴就决定了哲学系统的面貌,如所谓唯物、唯心、理性论、生命论、实证论等哲学系统,皆分别以物、心、理、生、经验为基本范畴。他 1982 年出版的《中国哲学史方法论发凡》强调了概念范畴层次研究的重要性,"研究中国古代哲学家的思想,更须精细地考察其中的概念范畴的固有的层次"。并从哲学体系的逻辑结构角度指出命题之间、概念之间的联系和层次关系,"命题与命题的联系,概念与概念的层次,总起来,也可以称为这个哲学体系的逻辑结构"②。新中国成立后,张岱年喜引列宁的一个说法来证明概念范畴对于思想史的重要,并将之视为哲学史研究的重要指导原则,即"从逻辑的一般概念和范畴的发展与运用的观点出发的思想史——这才是需要的东西"③。

(三) 西洋哲学参照下的中国哲学范畴研究

张岱年初涉中国哲学研究之日,即受以西治中之风的影响。他 1942 年撰述的《事理论》自序指出当时普遍存在以西学兼治中国哲学,尤其是治宋明理学的情况:"民初以来,时贤论学,于绍述西哲之余亦兼明中国往旨,于程朱、陆王、习斋、东原之学时有阐发。"④张岱年对西洋哲学持借鉴、分析态度。《中国哲学大纲》开篇序论即讨论了"哲学与中国哲学"的关系,认为"哲学是研讨宇宙人生之究竟原理及认识此种原理的方法之学问",此定义之宇宙、人生、方法,正对应于《中国哲学大纲》划分的宇宙论、人生论、致知论三个部门。尽管中国并无"哲学"之名,但亦有与之相当的学问,如先秦"诸子之学"、魏晋"玄学"、宋代"道学"等。张岱年主张从类型、总名的角度论哲学,视西洋哲学为哲学之特例而非标准。"将哲学看作一个类称,而非专指西洋哲学。"⑤但张岱年既将西洋哲学当作哲学特例,又仍主张将作为"特例"的西洋哲学视为判定中国哲学的标准,"凡与西洋哲学有相似点,而可归入此类者,都可叫作哲学"⑥。因此主张中国古代关于宇宙人生的思想理论,皆可名为哲学。张岱年限定"中国哲学"的具体含义是"中国系的一般哲学",所谓"中国系"针

---

① 《张岱年全集》第三卷,第 6 页。
② 《张岱年全集》第四卷,第 159 页。
③ 《张岱年全集》第四卷,第 165 页。
④ 《张岱年全集》第三卷,第 114 页。
⑤ 《张岱年全集》第二卷,第 2 页。
⑥ 《张岱年全集》第二卷,第 2 页。

对西洋系、印度系而言，强调中国本土产生的哲学，如佛学被排斥在外；所谓"一般哲学"，针对各个具体哲学分支而言，如美术哲学等。从"中国系"之说法，亦体现了张岱年"突出中国哲学固有特色"的民族立场。

鉴于中国哲学无形式系统的情况，张岱年提出应参照西洋哲学来处理中国哲学，使之具有条理系统。他批评了给中国哲学加上系统而有伤于中国哲学本来面目的看法，认为表彰中国哲学的系统，使之系统化、条理化是最为重要的工作。这一工作犹如"穿外衣"，不但无伤于中国哲学的实质，反而使之能更好地被理解，它不过是把中国哲学固有的内在条理揭示呈现而已。"在现在来讲中国哲学，最要紧的工作却正在表出其系统。给中国哲学穿上系统的外衣，实际并无伤于其内容。"①《中国哲学大纲》可谓参照西洋哲学给中国哲学作了一次"穿外衣"工作，为了"穿衣得当"，《中国哲学大纲》在问题选择、次序排列、部门分别及命名等方面，反复修改，费尽心力。而其哲学问题的选择标准，仍不得不以西洋哲学为参照来判别之。"如此区别哲学与非哲学，实在是以西洋哲学为表准。在现代知识情形下，这是不得不然的。"②

在《中国哲学大纲》序中，张岱年据西洋哲学的标准，认为中国哲学可分为五个部门：宇宙论（天道论）、人生论（人道论）、致知论（方法论）、修养论、政治论，并以前三者为主干，认为"正相当于西洋所谓哲学"③。而将修养论与政治论排斥在一般哲学之外，归属于特殊哲学，显然还是受西洋哲学影响。他强调中国哲学知识论虽不发达却不能说没有，如先秦名辩、宋明知识与方法之争等，主张"我们实在应认为中国哲学中有致知论一部门"④。故他对中国哲学范畴的阐发始终结合于中国哲学方法论、知识论。《中国哲学大纲》具体将宇宙论分为本根论和大化论。此本根、大化之名亦显出其突出中国特色的良苦用心。人生论又分为天人关系论、人性论、人生理想论、人生问题论。致知论包含知论（论知之性质、来源、可能、限度、真知等）和方法论（论一般方法论、名与辩等）。⑤《中国哲学大纲》虽以西洋哲学为参

① 《张岱年全集》第二卷，第 4 页。
② 《张岱年全集》第二卷，第 1～2 页。
③ 《张岱年全集》第二卷，第 3 页。
④ 《张岱年全集》第二卷，第 4 页。
⑤ 张岱年《中国哲学大纲》曾以"宇同"之名于 1958 年在商务印书馆出版。此 1958 年版与 1982 年中国社会科学出版社的版本在内容上有所调整。此版宇宙论第三篇为"法象论"，说："在本根论与大化论之外，尚有关于一般事物与现象之研究，此部分理论，本无总括的名称，今强名之曰法象论，亦可曰物象论。"见张岱年（宇同）：《中国哲学大纲》，北京，商务印书馆，1958 年，第 159 页。而 1982 年版则取消了法象论。同样，1982 年版《中国哲学大纲》中的"人生理想论"在 1958 年版中为更具传统气息的"人生至道论"。1958 年版《中国哲学大纲》说："人生至道论即是关于人生最高准则，或人生之最高当然规律之理论。""'理想'一词，乃中国过去哲学中所无有。""名为理想，固然可以，然非完全恰当。"见张岱年（宇同）：《中国哲学大纲》，1958 年，第 265 页。因理想含有高悬目标与一定途径相对立之意，不合乎中国哲学"即理想即途径"的一体说，故张岱年以"人生至道论"名之。早晚对比，可见早年《中国哲学大纲》更强调中国特色。

照,却反对以西洋哲学剪裁中国哲学,说研究中国哲学"最忌以西洋哲学的模式来套,而应常细心考察中国哲学之固有脉络"①。认为只有充分把握了中国哲学的特色,才能避免以域外哲学来错误理解中国哲学。"我们必须了解中国哲学的特色,然后方不至于以西洋或印度的观点来误会中国哲学。"②《中国哲学大纲》归纳了中国哲学不同于西洋、印度哲学的合知行、一天人等六个特色。

张岱年的《中国哲学史方法论发凡》具体展示了西方哲学范畴与中国古代哲学概念范畴的异同。一是有无、同异等最一般概念,中西略同。二是"本体""神"等与西方范畴表面相似,实际意义却有很大区别。三是"气""诚"等特殊意义无法与西方范畴相应,如"气"虽近乎物质而有不同于物质,"诚"作为"古代哲学中最难理解的概念",其含义亦很难与西方范畴完全相应。《中国哲学大纲》在具体分析中还时刻注意与西方范畴的辨析,指出中国哲学讲本体,不同于印度、西洋的"分现象与实在为二"③。

二、"解析即厘清(Clarify)概念与命题的活动"

张岱年的范畴研究建立在对哲学方法的理解运用上。他认为,中国古代哲学的根本特点是三位一体,"就是天道论、伦理学、方法论的密切结合"④。受其兄张申府等影响,张岱年很早即主张把马克思唯物主义、罗素逻辑解析法与孔子思想相结合的三流合一说,倡导唯物、解析、理想的合一。在哲学方法上,特别注重澄清概念的逻辑解析方法,强调对一个概念多层复杂含义的厘清;同时又注重辩证唯物主义,侧重分析概念在时代演变过程中的意义变化。

张岱年 1933 年 10 月发表的《科学的哲学与唯物辩证法》已明确提出了逻辑解析法与辩证法相结合的治学方法,主张"逻辑解析也在需要辩证法",将哲学争论之因主要归于概念不清等,指出解决之道在于"巧妙而精确的应用逻辑解析与唯物辩证法,自当不难消弭"⑤。他 11 月发表的《逻辑解析》充分论述了逻辑解析法是最佳、最要、最有效、最必要的哲学方法,"哲学中的科学方法即逻辑解析,或简称解析,逻辑解析可以说是二十世纪初以来在哲学中最占优势的方法,也是最有成效的方法……如欲使哲学有真实的进步,更不能不用解析。……作哲学功夫,第一要作

---

① 张岱年:《中国哲学大纲·自序》,见《张岱年全集》第二卷,第 3 页。
② 《张岱年全集》第二卷,第 5 页。
③ 《张岱年全集》第二卷,第 43 页。
④ 《张岱年全集》第四卷,第 125 页。
⑤ 《张岱年全集》第一卷,第 176 页。

解析工夫"①。解析法针对玄学方法,其实质就是把概念命题之意义揭示清楚,辨析异同,消除混淆,以求精确。"逻辑解析法在根本上反对玄想。……解析的目的在精确。……解析即厘清(Clarify)概念与命题的活动。"②之所以称为逻辑解析,意在突出所解之对象是逻辑事项(概念命题),然而逻辑解析并非不管经验,它乃是对照经验考察对象。它也非否弃"慧观",而是极需要慧观。除逻辑解析法外,有成效的哲学方法尚有辩证法。辩证法方面很多,其中之一也是一种解析法,即所谓"辩证的解析"。张岱年既主张"一种方法上的多元主义",又坚持解析法乃是一切方法的根本和前提。"无论如何,解析在各方法中总不能不说是最根本、最基础的方法。在用它法之前,应先用解析。"③他1936年发表的《哲学上一个可能的综合》对哲学方法作了全面清晰的表述。在"三合一"的思想背景下再次强调解析法的贡献和意义。"如欲成立一个精密的哲学,更须重视解析派的贡献,即解析法。今后哲学之一个新路,当是将唯物、理想、解析,综合于一。"④他阐发了哲学与解析法的关系:一方面哲学不可脱离解析,解析为哲学之本;另一方面哲学不等于解析,大有超出解析者在。"一哲学不可离解析,解析是哲学之基本工夫;二哲学又不可以解析自限,且在解析法之外亦非无其他方法。"⑤

　　《中国哲学大纲》自序明确了解析法与辩证法的优长,强调要具体分析一家一字具体含义,注意字同意异情况。所谓析其辞命意谓,就是要以解析法对范畴展开多层含义分析。《中国哲学史方法论发凡》是张岱年研究方法论的总结之作,全面阐明了方法与范畴的关系。张岱年在该书中提出"历史的与逻辑的统一"原则,具体要求是"注意考察中国哲学固有的概念范畴,深入理解其本来的涵义"⑥。他以本、道、气等范畴意义演变为例,反对以今律古的比附与盲目拒古的颠顸。"对于任何一个概念范畴,把我们所理解的意义加在古人身上,是不对的;由于古人所提出的概念范畴都有其时代的特定意义而拒绝接受历史遗产,也是不对的。"⑦同时他还强调西方哲学的重要,认为西方哲学具有概念明确、层次显明的特点,对训练思维能力有不可忽视的长处。此外,张岱年多次以司马迁"好学深思,心知其意"作为研治中国哲学史的宗旨,认为此语"应该是哲学史家的座右铭"⑧。此亦与其解析

①　《张岱年全集》第一卷,第177页。
②　《张岱年全集》第一卷,第178页。
③　《张岱年全集》第一卷,第181页。
④　《张岱年全集》第一卷,第262页。
⑤　《张岱年全集》第一卷,第259页。
⑥　《张岱年全集》第四卷,第168页。
⑦　《张岱年全集》第四卷,第173页。
⑧　《张岱年全集》第八卷,第386页。

方法相一致。

三、范畴研究历程：从《中国哲学大纲》到《中国古典哲学概念范畴要论》

（一）以《中国哲学大纲》为代表的范畴研究形成期

中国哲学范畴研究贯穿张岱年的一生。如以 1933 年 3 月发表的《谭"理"》作为他范畴学研究之发轫，以 2000 年春发表的《中国哲学中理气事理问题辨析》为收笔，则其研究跨度长达 67 年之久。前者分析了"理"所具有的五种含义，可谓牛刀初试，显示了张岱年对逻辑解析方法的初步运用；后者以分析法和辩证法精密解析道器、理气、理事、共殊四个基本范畴的意义，坚持了"理在事中"的看法，可谓晚年定见。张岱年 1937 年完成的《中国哲学大纲》（副题《中国哲学问题史》）标志着以问题、范畴为中心的中国哲学史研究新范式的出现。正如自序所言，该书在注重阐明理论体系、理论问题演变的同时，尤注重揭示概念范畴的准确含义。概念范畴作为理论体系与理论问题的基本细胞，是获得真切理解之基础。"内容展示了中国古代哲学的理论体系，注重阐明中国哲学的概念范畴的确切含义。"[①]《中国哲学大纲》写作有一前后相因之迹。如第一篇"本根论"，基本采用他 1933 年 8 月 31 日于《大公报》发表的《中国元学之基本倾向——本根概念之解析》之说而稍加扩充。又如第三部分致知论，亦因革损益他 1934 年发表于《清华学报》的《中国知论大要》，《中国哲学大纲》增加了有关荀子、张载、王船山和戴东原等唯物论学者的论述，且有些观点有所变化。如《中国知论大要》引阳明致知格物说，认为"颇近于德国康德之思想"，《中国哲学大纲》删引文及评语。《中国哲学大纲》改"王夫之"为"王船山"，以示推崇，并引其说长达四页，反映出张岱年此时对唯物论认识的加深和重视。又如《中国知论大要》认为，在关于知之性质与起源问题上，船山与张、程、朱皆属主外派，《中国哲学大纲》则皆划归"兼重内外"派。

（二）以《中国古典哲学概念范畴要论》为代表的完善期

完成《中国哲学大纲》之后的 30 年（1949—1979 年），是张岱年的学术低谷时期，其范畴研究亦陷入低谷。他 1957 年发表的《中国古代哲学中若干基本概念的

---

①　方立天称赞《中国哲学大纲》为"第一部中国哲学范畴史"，是中国哲学范畴研究的开拓之作，见方立天：《第一部中国哲学范畴史——张岱年〈中国哲学大纲〉评述》，《人民日报》1983 年 1 月 21 日第 5 版。王东认为《中国哲学大纲》"既是中国哲学基本问题史，又是中国哲学基本范畴史"，见刘鄂培等编：《张岱年研究》，北京，清华大学出版社，2004 年，第 362 页。

起源与演变》(原刊《哲学研究》)堪称这一阶段的代表性论文①，该文阐发了气、太虚、天、道(天道)、太极、理、神、体用(质用、本体、实体)八个带有最高存在、根源意义的范畴，推崇以张载为代表的唯物主义哲学家范畴，如置气、太虚为首②。此处颇值得注意的是，张岱年对《中国哲学大纲》未论及的"神"这一范畴加以特别表彰③，这与他对张载哲学的日益重视有关。

　　恢复学术工作后，张岱年在 20 世纪 80 年代发表了大量针对理气、本体、理性等重要范畴的论文。如 1982 年《关于宋明"理气"学说的演变》指出理气是宋明哲学之根本，应注意理气这一宋明根本问题的复杂关系及演变历程。1983 年《中国哲学中的本体观念》考察了中国哲学中本体观念的源流，主张可以废除本体观念，保留本原观念。④ 他 1985 年发表的《中国古代本体论的发展规律》辨析了本原、本体、本根说，批评本原与本体对立，本体高于本原的看法，认为"本原观念是一个具有一定科学性的观念，而本体观念却是一个旧玄学的观念"⑤。强调要保持和弘扬中国哲学固有范畴，而主张本根。"讲述中国古代哲学还是适当地采用中国固有的名词为好。把中国古代关于世界本原的学说，称为本体论，不如称为本根论，这样才能显示出中国古代哲学的特色。"⑥此时，张岱年对此前未加重视的"理性"范畴给予重视，他 1954 年整理的《认识》第 68 条曾有数百字讨论理性。1985 年发表的《中国哲学关于理性的学说》指出"理性是一个认识论的范畴，又是一个伦理学的范畴"⑦。1987 年《中国哲学中的理性观念》突出了中国哲学的实践理性，"中国哲学关于理性的学说有一个显著的特点，即非常重视实践理性"⑧。1992 年《中国古典哲学的理性观念》提出中国义理之性的特色在于它既是道德认识力，又包括了道德情感，肯定道德认识与道德情感的联系。坚持中国哲学的理性观念接近于西方哲学所谓实践理性，但反对称为实用理性，因其与中国哲学重道义轻功利宗旨

---

　　① 张岱年曾将该文与《中国哲学大纲》《中国古典哲学概念范畴要论》并提为自己范畴研究的重要工作。陈来所撰《难忘的记忆》视此文为学习张先生治学方法的入门之作，"我那时最佩服的是张先生 1956 年写的《中国古代哲学中若干基本概念的起源与演变》《中国古代哲学的几个特点》，我学习和掌握张先生的治学方法，是从这两篇文章开始的。"见陈来主编：《不息集：回忆张岱年先生》，北京，北京大学出版社，2005 年，第 259 页。

　　② 《张岱年全集》第五卷，第 75～100 页。

　　③ 张岱年 1948 年版《中国哲学大纲》未论及"神"，1982 年版《中国哲学大纲》第 189～192 页补录了"形神问题简述"，但并未论"神"，且未提及张载之说。

　　④ 《张岱年全集》第五卷，第 487～495 页。

　　⑤ 《张岱年全集》第五卷，第 645 页。

　　⑥ 《张岱年全集》第五卷，第 646 页。

　　⑦ 《张岱年全集》第六卷，第 92～111 页。

　　⑧ 《张岱年全集》第六卷，第 278～290 页。

不合。

此时张岱年对范畴研究的意义、方法、目标、演变规律特点等有重要论述。1984 年为《中国哲学史主要范畴概念简释》专门写作《论研究范畴的重要意义》（《全集》漏收）[①]，阐发了对范畴的总体认识，指出"研究哲学史，必须研究哲学范畴的涵义及其发展演变的历史"。研究范畴要注意范畴的发生发展演变的历史性和学派性。强调了范畴的历史性与体系性，提出对范畴评价应区分"历史的陈迹"与"有一定的生命力"的东西。同年发表《略论中国哲学范畴的演变》[②]归纳了中国古代哲学范畴的三个特点：历史性、双重性或两重性、综合性或融贯性，尤指出第三点是中国哲学范畴特有的性质，表现为本体论与伦理学、认识方法与修养方法的密切结合，这使得很多范畴兼具本体与伦理双重意义。

（三）《中国古典哲学概念范畴要论》的范畴研究

该书代表了张岱年的范畴学定论。《中国古典哲学概念范畴要论》写于 1981—1987 年。可以说在此期间张岱年所发表的有关范畴之论述，皆与该书关系密切。张岱年将 1985 年发表的《论中国古代哲学的范畴体系》一文作为全书绪论，体现了他对中国古代范畴的系统思考和理论建构，具有提纲挈领的意义。有几点颇值留意：

一是界定中国哲学范畴的范围、分析范畴理解的双重性。该书"着重论述比较深奥难解、歧义较多的"范畴。根据"哲学的概念范畴都有一个提出、演变、分化、会综的历史过程"之观点，指出既存在同一范畴在不同思想家、学派那里会有不同理解的情况，亦存在不同学派思想家对于别家所用概念范畴理解不同的情况。强调以"好学深思，心知其意"之方法来相通相喻。肯定中国虽无范畴之名，却实有自己独特的范畴系统。特别表彰韩愈提出的定名、虚位说分指形式范畴与实质范畴。

二是重点讨论了范畴体系的层次与演变。指出哲学范畴有两种顺序：形成的历史先后次序和范畴之间的逻辑顺序。范畴体系由众多彼此相关的范畴构成，各范畴体系又有其逻辑层次：或从普遍到特殊，或从简单到深奥。范畴提出与使用具有复杂性，如同畴异义，即"虽然采用同一范畴，但赋予以不同的涵义"；旧畴新

---

① 该书将《中国哲学史研究》杂志所设"中国哲学史主要哲学概念范畴简释"专栏发表的 44 篇论 44 对范畴的文章，由许抗生负责结集为《中国哲学史主要范畴概念简释》一书，1988 年由浙江人民出版社出版。该文本应收入《张岱年全集》第五卷（1977—1984），但被漏收，当补入。

② 《张岱年全集》第五卷，第 578～587 页，该文为张岱年在 1983（《张岱年全集》误为 1985）年西安中国哲学范畴讨论会上的发言。

义,即后来使用者对范畴赋予了产生时所没有的意义。

　　三是提出中国古典哲学主要范畴,并加以分类,使各归其位,各范畴之间呈现一定逻辑关系。据历史顺序列举先秦至明清各时代之学派、著作、人物主要哲学范畴 20 类,指出《论语》《老子》《易传》在范畴发展史上影响最大,提出的范畴成为主要范畴。在人物上突出了唯物主义学者,如张载、方以智、王夫之、戴震皆单列之,而程朱、陆王则以学派混之。在时代上突出了先秦、宋明。① 批评《字义详讲》(即《北溪字义》)、《性理大全》所列概念范畴次序缺乏逻辑性,但却体现了对方以智的偏爱。表彰宋明理学范畴形成了一个通贯、综合的范畴体系。指出范畴逻辑层次有两种可能:一是从普遍到特殊,如朱熹《近思录》、亚里士多德等。二是从浅近到高深,即由"简"至"赜"。《绪论》考察了范畴总体系的两个方面:从普遍到特殊的逻辑顺序和历史先后顺序。又将范畴分为单一和对偶两大类,并分别列表说明之。78 个单一范畴被分为最高、虚位、定名三类。最高范畴指表示世界本原或最高实体的范畴,虚位范畴指各家通用而可以加上不同规定的范畴,定名范畴指具有确定内涵的范畴,三类范畴之间并不构成逻辑关系。10 个最高范畴为:天、道、气(元气)、太极、太一、虚(太虚)、玄、太和、无极、理。内含"玄、虚"而没有"有无","有无"被置于定名范畴。张岱年的说明是:何晏、王弼虽倡"以无为本",实则仍以道为最高范畴。同样,陆王虽倡"心即理",而仍以理为最高范畴。据此,则"无"与"心"皆非最高范畴。在《中国哲学大纲》中"有无"属大化论范畴,《中国古典哲学概念范畴要论》中属自然哲学概念范畴。所列 10 个虚位范畴为:德、善、美、本(本原、本根)、体(本体、实体)、用、实、元、是(是非)、真(真伪)。据《中国哲学大纲》之解,"本""体"皆当属最高范畴。《中国古典哲学概念范畴要论》正文亦将本体、实体、体用列为自然哲学概念范畴,其余 58 个皆为定名范畴。此虚位与定名实不好定。其次,《绪论》以括号表示范畴的多种含义,如本与(本原、本体),或者直接将一个字的两种含义分列两个范畴,如神的形神之神与神化之神,或者以组合词来限定范畴多义之特指义,如气(元气)、贵(良贵),这是由范畴多义性与形体单一性矛盾所造成的。又次,提出对偶范畴总表,得 48 对概念范畴,据内容分为天道、人道、知言三部分,但对偶范畴亦存在一多对应问题。如"同"既与"和"对,又与"异"对。诚与伪、明皆对。有无、形神、神化、命力皆属天道范畴,并辟出象数、宇宙等天道范畴。以理势为人道范畴,似亦可视为天道范畴。以知言为沟通天道人道的一类范畴总名,体现了对知言的重视。格物致知被置于"知言"下。诚伪为人道范畴,真伪则为知

---

　　① 方立天指出《中国哲学大纲》具有两头重中间轻的不足,即先秦、宋明内容丰富,汉至唐单薄。见刘鄂培等编:《张岱年哲学研究》,第 499 页。

言范畴。此皆见出划分之交错复杂,实难以精确。

四是范畴划分的相对性与暂时性。张岱年觉此两种划分皆太烦琐,选出最重要最具有中国特色者 16 对:天人、有无、体用、道器、阴阳、动静、常变、理气、形神、心物、力命、仁义、性习、诚明、能所、知行。其中前 11 条为天道范畴,第 12~14 为人道,末两条为知言。尽管对范畴加以多般划分,张岱年明确指出因为范畴体系的不确定与确定性兼具,范畴关系的复杂性决定了范畴分类划分的相对性和模糊性、暂时性,故我们不可拘泥于此类划分。

> 中国古代哲学范畴体系,既有确定性,又有不确定性……哪些概念范畴是主要的,哪些概念范畴不是主要的,其间有如何的统率、从属的关系,难免人人异说,所见不同……我们虽然可以列出一个范畴总表,不过是一个暂时的总结而已。①

五是范畴的循旧与立新。张岱年肯定荀子"若有王者起,必将有循于旧名,有作于新名"原则的正确性。认为对传统哲学范畴,应采取或继承,或改变,或创作的分别态度。如对"宇宙""自然"等范畴必须继承沿用,有些则须加以新解和改变后再继承,天人问题如理解为自然与人的关系,则"天人仍可以作为哲学的基本范畴"②。"体用"只能作唯物主义解,指物体与作用。批评"各派唯心主义者所谓体都是思维的虚构,不可沿用"③。"诚"本来具有天道和修养境界双重意义,为避免"赋予自然解以道德意义"的错误,"诚"只能作为一个道德规范,不能以之为表实有的范畴。张岱年考虑到新旧范畴的衔接、继承,对之进行改造、创作,列"新旧概念范畴对比表"。指出哪些为因循旧有概念者,如"精神""矛盾"等;哪些为新旧虽异名而类似者,如"理性"(德性)、"对立"(对待)等;哪些为以新代旧,表现时代进步者,如"历程"代行、"主体"代内、"客体"代外。并把"有循于旧名,有作于新名"视为"我们新中国的哲学工作者的光荣任务"④。

我们亦注意到张岱年范畴划分的不一致性。《中国古典哲学概念范畴要论》主体内容分自然哲学、人生哲学、知识论三部分,其中自然哲学分为上下,略对应于《中国哲学大纲》的本根论与大化论,分别有 15 个、20 个范畴;人生哲学部分为 15 个范畴,知识论部分为 10 个范畴,分别对应《中国哲学大纲》人生论、致知论。就名称而言,反不如《中国哲学大纲》更强调中国固有特色,而突出了普遍性一面。如

---

① 《张岱年全集》第四卷,第 465~466 页。
② 《张岱年全集》第四卷,第 466 页。
③ 《张岱年全集》第四卷,第 467 页。
④ 《张岱年全集》第四卷,第 470~471 页。

《中国哲学大纲》极其重视的"本根""真知"皆无。① 《中国古典哲学概念范畴要论》采取的划分标准多样，很难彼此对应。如自然哲学部分的上下之分，划分标准并不明晰，如据《中国哲学大纲》宇宙论、大化论之分，则被纳入自然哲学范畴上者皆应为宇宙论范畴，即近乎《要论·绪论》之最高范畴。然"有无""自然""阴阳"又被《绪论》视为非最高范畴者，其余被纳入此类者皆属最高范畴。

《中国古典哲学概念范畴要论·绪论》与正文之范畴，亦存在所收不同与所分不类的情况，这是比较少见的，尤其是二者写作时间相隔很近，本来《绪论》作为全书之总论，自然是与正文保持一致的。② 《绪论》与正文分类不一致者，如《绪论》强调"诚只能作为一个道德规范"，归为人道范畴，但正文将之列入自然哲学概念范畴，突出了"诚"表示客观世界的客观规律性，表示客观实在与客观规律性的统一。批评不能把王夫之的"诚"理解为仅具客观实在义，而更强调了它的规律义。③ 正文又在知识论范畴下将"诚"与"真"并列，认为道家之"真"即儒家之"诚"，表示如实义。又如"理势""自然"皆被《绪论》列于人道论，正文则纳入自然哲学范畴。《绪论》把自然与有为、自然与名教列入人道对偶范畴，但正文仅列"自然"为自然哲学范畴上。《绪论》中"理欲"是人道对偶范畴，正文仅列"理"（法则）于自然哲学范畴上。

此外，所论范畴不一致者。如《绪论》未提及"当然"，而正文列"当然"于人生哲学概念范畴。《中国古典哲学概念范畴要论》与《中国哲学大纲》的不一致，同样表现为分类不一与范畴不对应。分类不一者，如"诚"在《中国哲学大纲》中是人生论，《中国古典哲学概念范畴要论》则置"诚"于自然哲学、知识论范畴，相差甚远。《中国哲学大纲》中的"命与非命"为人生问题，《中国古典哲学概念范畴要论》置"命""命与力"为自然哲学范畴下，"命力"被视为天道对偶范畴。《中国古典哲学概念范畴要论》置"和""太和"于自然哲学范畴下，或许划归为人生问题更妥当（"中庸、中"即被置于人生范畴）。《中国哲学大纲》置"动静"于人生问题，《绪论》置于自然哲学范畴下。范畴不对应方面，如《中国哲学大纲》人生问题的损益、不朽、践形范畴皆不见于《中国古典哲学概念范畴要论》。《中国哲学大纲》曾废除的"法象"却置于《中国古典哲学概念范畴要论》自然哲学范畴下。《中国古典哲学概念范畴要论》居

---

① 钟肇鹏曾指出《中国哲学大纲》"不用认识论、知识论，而用中国哲学里致知一词称致知论。……有浓厚的中国哲学味道，给人以亲切感。"见钟肇鹏：《综合创新，发展中国哲学》，《哲学研究》1999 年第 5 期。可见学者已经注意到《中国哲学大纲》的"中国"意识。

② 如前所述，《绪论》单独发于 1985 年第 2 期的《中国社会科学》，《中国古典哲学概念范畴要论》的撰写则是"从 1981 年到 1987 年"，1987 年 12 月初步定。二者的不对应性既与张先生年事已高、思想变化有关，亦与范畴难以精确划分的客观因素相连。

③ 《张岱年全集》第四卷，第 558 页。

然没有"义利"(保留了"仁义")这一《中国哲学大纲》人生问题之重要范畴,亦未收入《中国哲学大纲》补录的"志功"。《中国哲学大纲》特补录"形神",《中国古典哲学概念范畴要论》拆为"形质""精神"而分别讨论。《中国古典哲学概念范畴要论》补充诸多《中国哲学大纲》所无范畴,如自然哲学范畴下的"元亨利贞""生""生命",人生哲学范畴下的"当然""良贵",知识论下的"心术""道心"。这种差异显然体现了张岱年 20 世纪 30 年代与 80 年代思想的差异变化,值得重视。二者相较,《中国哲学大纲》更突出范畴的中国固有特色,《中国古典哲学概念范畴要论》更强调范畴的普遍意识。[①]

(四)范畴研究的枢纽地位

张岱年对范畴的研究贯穿于他哲学探究的各个方面,而不仅限于专论范畴之作。他在关于史料考察、理论建构、伦理阐发、人物研究、文化论、价值论等方面的研究中,始终贯彻着对概念范畴的分析。历史事实考辨方面,如他 1931 年发表的《关于老子年代的一假定》开展了据概念先后来判定年代的作法,通过分析道、天、无为、不言之教的含义判定老子在孔子之后。哲学建构方面,如他的《事理论》以对概念范畴为中心,讨论了事与理的问题,主张理在事中,批评理在事先说。伦理思想方面,如他 1957 年发表的《中国伦理思想发展规律的初步研究》第五节分析了中国历史上仁义礼智、忠孝、廉耻等基本道德观念。历史人物研究方面,他于 20 世纪 80 年代发表了大量关于孔子、庄子、王船山、张载、扬雄、管仲等的评价,皆贯穿着以思想范畴评价人物的特点。如《谈孔子评价问题》提出孔子最高的和中心的思想是仁范畴。[②] 中国文化方面,他 1982 年写出的《论中国文化的基本精神》概括出中国文化刚健有为、和与中、崇德利用、天人协调四种精神。[③] 凡此,皆显示了张岱年治学实以范畴分析为中心。

(五)从范畴研究看张岱年思想的变化与回归

如果将张岱年的范畴研究大致划分为早(1949 年前)、中(1949—1990 年)、晚(1990 年后)三个阶段,并对之加以细致比较,则可见他的思想在保持稳定一致之时,亦体现了一定的变化,晚年思想在一定程度上表现为向早期思想的回归。如他

---

① 张岱年 1996 年专门撰写《论当然》,指出"当然"是人生哲学重要概念,出现较晚,至朱熹才将之作为一个范畴,分别"所当然"与"所以然"实质是一个自然规律与道德准则的关系问题。所论较《中国古典哲学概念范畴要论》有很大扩充。见张岱年:《论当然》,《北京大学学报》1996 年第 5 期。

② 《张岱年全集》第五卷,第 393~399 页。

③ 《张岱年全集》第五卷,第 418~427 页。

1936 年写的《生活理想之四原则》提出"四个合一"，即"理生合一"（义利、理欲的统一）、"与群为一"、义命合一、动的天人合一。① 他 1937 年完成的《中国哲学大纲》视"一天人"为中国哲学六个固有特色之一，论说了与天为一、与理为一。张岱年在20 世纪 90 年代特别重视"合一"思想，如 1990 年完成的《儒学奥义论》概括儒学七个特色，分别为：天人合一、仁智合一、知行合一、义命合一、以和为贵、志不可夺、刚健自强。其中包含四个合一。② 他 1993 年写作的《中国文化的基本精神》概括出中国文化精神的四个特色：天人合一、以人为本、刚健有为、以和为贵，亦是突出了天人合一。③ 而在张岱年 20 世纪 50—80 年代的论著中，则似少见此类"合一"之论。其次，张岱年对中国哲学中唯物与唯心的认识亦存在变化。早期，他并不认为中国哲学是以唯物与唯心之争为主线，而是刚柔与理气之争。如他在 1934 年写成的《中国思想源流》中提出中国思想发展是曲折的，西洋哲学的"整个历史是唯物与唯心，怀疑与独断之争"，而中国则非如此。"在中国则不然，在中国是刚柔、损益、动静、为与无为之争，在宇宙论上则是理气之争"。④ 且此时对张、王之学似乎并未充分认同，说"在中国彻底唯物的只有荀子、韩非子、颜元、李塨"⑤。而他在 1958 年版《中国哲学大纲》新序中对此作了自我批判，自认最大的缺点是"没有达到承认'哲学史是唯物主义与唯心主义斗争的历史'的科学水平"⑥。《中国哲学大纲》1982 年再版序言反思该书最大缺陷是没有明确阐发两种基本倾向既相互对立又互相联系的情况。他 1992 年写成的《中国古代哲学中关于德力、刚柔的论争》则从价值论立场分析了儒道两家对德力、刚柔范畴的理解。比较《中国哲学大纲》与《中国古典哲学概念范畴要论》在范畴部门的划分，可知最大区别在于《中国哲学大纲》对人生论给予了更多重视，细化为天人、人性、理想、问题四个分部门，《中国古典哲学概念范畴要论》则统为一类。

---

① 张岱年 1993 年写作的《分析与综合的统一——新综合哲学要旨》论及此篇论文，指出"这篇论文虽有一定的深度，但是用了一些不通俗的偏涩名词，其文字表达是不恰当的。"见《张岱年全集》第七卷，第 392 页。

② 《张岱年全集》第七卷，第 1～12 页。

③ 《张岱年全集》第七卷，第 378 页。

④ 《张岱年全集》第一卷，第 193 页。

⑤ 《张岱年全集》第一卷，第 193 页。张岱年《中国思想源流》一文结语云："中国民族现值生死存亡之机。应付此种危难，必要有一种勇猛安毅能应付危机的哲学。此哲学必不是西洋哲学之追随模仿，而是中国固有的刚毅宏大的积极思想之复活，然又必不采新孔学或新墨学的形态，而是一种新的创造。"见《张岱年全集》第一卷，第 199 页。

⑥ 张岱年：《中国哲学大纲·新序》，北京，商务印书馆，1958 年，第 1 页。

四、贡献与影响："有循于旧名，有作于新名"

（一）范畴研究的贡献

张岱年在《哲学之职分》中，把哲学概括为研究概念范畴的工作，包括"创立概念范畴，诠释概念范畴，厘清概念范畴，提出若干重要概念范畴而特别表彰之，统综一切概念范畴而厘定其相互关系"①。并对范畴解析设定了一个深、准、全的标准。张岱年力图把握范畴的准确含义，对一词多义的情况，采取分而论之、"复现"、加限定语等办法，有时甚至显得前后矛盾。如"诚"，《中国古典哲学概念范畴要论》分置于自然哲学范畴、知识论范畴下，《中国哲学大纲》则置于人生理想论下。张岱年加以特别表彰的范畴，为墨家"兼爱""三表"，名家"指""名"，理学"理事""当然""格物致知"；但尤表彰了唯物主义学者荀子、张载、王夫之、方以智等的概念范畴，如气、太虚、神、太和等。张岱年曾撰文专论的范畴，主要有"理、理气、事理、神、理性、本体、天人、当然"八个，体现了对带有本原意义、决定哲学倾向范畴的重视。当然，他对人生范畴亦颇留意，如表彰孟子"良贵"说。张岱年对某些概念的态度早晚有些变化。如《中国哲学大纲》颇重"两一"，但《中国古典哲学概念范畴要论》则重"两端"，而以"两一"为辅，体现由重对立到重和谐的变化。张岱年在"统综一切概念范畴而厘定其相互关系"上的工作引人瞩目。他在《中国哲学大纲》《中国古典哲学概念范畴要论》中参照西洋哲学，给中国哲学范畴制定了一个条理清晰、层次井然的体系，但由于范畴多义的客观存在与分类的绝对单一性存在着无法避免的矛盾，故对范畴体系的划分、归类，不可能做到完美而只能是近似。除了基础性的"循于旧名"的工作外，张岱年更期待"作于新名"的"创立概念范畴"。张岱年提出以"兼和"替代"中庸"的看法，认为中国哲学最高价值准则应为兼和，其义是"兼赅众异而得其平衡"②。此建立在要求日新进步的思想追求上，认为"中庸易致停滞不进之弊，失富有日新之德。今应以兼易和，以兼和易中庸"③。此外，张岱年提出的独到思

①　《张岱年全集》第三卷，第 6 页。

②　《张岱年全集》第三卷，第 220 页。

③　张岱年：《历史之"中庸"》，见《张岱年全集》第一卷，第 461 页。张岱年 1954 年整理的《认识》讨论了历史中之现实即当时所有可能中之中庸者，提出历史上当然与实然并不相合。《中国古典哲学概念范畴要论》人生论列"和、太和"条，详述张载、王夫之的太和观，提出"相互和谐是主要的，世界上存在着广大的和谐。这是儒家哲学的一个根本观点。"见《张岱年全集》第四卷，第 586 页。张岱年肯定"以和为贵经常作为中华文化基本精神"，提出"中是儒家哲学的基本观念，又称为中庸。"见《张岱年全集》第四卷，第 632 页。张岱年提出中庸的观念认为凡事皆有一个标准，过犹不及，并"要求维护这个标准，坚持这个限度，防止向反面转化，没有促进发展变化的观点，这是中庸思想的局限，……就成为前进的障碍了。我们现在要对中庸观念进行全面的分析。"见《张岱年全集》第四卷，第 635 页。

想还包括：本至之辨、充生达理、物统事理、群己一体等。充生达理说融入人生经历，并对传统义利、理欲之辨加以反思而提出了义利结合、理欲并存的看法。

（二）对字义学的继承发展

张岱年肯定朱子《近思录》编撰体现了从全体到部分的排列逻辑。但却对陈淳《北溪字义》看不上眼，认为其杂乱无章，肤浅不堪，简直降低了朱子的理论水准。尽管如此，张岱年的范畴学在一定意义上却是对理学字义学的继承与发展。《中国古典哲学概念范畴要论》所论范畴，理学"字义"著作大都已有所论述。彼此之差异，正反映了关切不同所在。

其一，理学字义基本上可视为对朱子《四书集注》字义解的再发挥，它以《四书集注》为诠释中心和标准。而张岱年主要以西方哲学的本体论、宇宙论、认识论为标准来选取中国哲学范畴。

其二，与此相应，传统字义著作，皆以道德修养范畴为中心，《中国古典哲学概念范畴要论》于此未加特别重视，故多有所未收。如《北溪字义》中的"一贯""敬""忠信""忠恕""鬼神""经权"皆未被《中国古典哲学概念范畴要论》收入。程端蒙等《性理字训》单列"孝""悌"，亦未为《中国古典哲学概念范畴要论》收入。陈普《字义》则分别收有 153 个（今本存 138 个）字义，认为性命道德五常诚敬等字义是六经四书之精华，是进入经书的要领所在。其所列"人""物""止""一"等字义颇为新颖，且以"公私""理""诚"等几个具有伦理修身意义的字义作为全部字义核心。

其三，即便同样收入者，所论亦有详略之分。如《中国古典哲学概念范畴要论》虽收入"命"，然所论较略。《北溪字义》则以"命"为全书开端，对之展开长篇论述而极表重视。盖命实为传统哲学极重要范畴，于个人道德成就关系极大。[①]

其四，传统字义体著作所论字义，有着鲜明的理论针对性和工夫实践意味。如《北溪字义》特立"佛老""鬼神"加以批判，同时还涉及对陆象山、老庄、魏征等的批判。陈荣捷认为《北溪字义》乃"陈淳人生目的之所托。《北溪字义》乃为人生而作，非为字义而作也"[②]。故其所论字义皆有深切的人生体会，如对科举的反思，对义利之别的强调等。张岱年的范畴研究亦特别注重分析中西概念之别，突出中国固有范畴的本来意义，饱含着他对中国思想文化的热爱，体现了他个人实践修为的境

---

① 这里应提及唐君毅的《中国哲学原论》，该书《导论篇》以 400 页篇幅仅论述了理、心、名、辩、言、默、致知格物、道、太极、命十个范畴，如论"命"者即有 70 多页内容。在写作方式上，唐君毅与张岱年有一致之处，皆注重从历史演变的角度分析范畴的具体含义。见唐君毅：《中国哲学原论：导论篇》，北京，中国社会科学出版社，2005 年。

② 陈荣捷：《朱子新探索》，上海，华东师范大学出版社，2007 年，第 300 页。

界,如刚健而积极的人生观。

其五,在范畴分类及范畴间关系处理上,传统字义学亦颇有可取之处,体现了具有鲜明中国特色的理论思维。如程若庸《增广性理字训》列字义 183 个,将所有范畴分为造化、情性、学力、善恶、成德、治道六大门类,其中"造化门"24 个字义与《中国古典哲学概念范畴要论》颇多相契,所独特者在"乾坤、造化、鬼神"。"性情门"之"魂魄"则未被《中国古典哲学概念范畴要论》《中国哲学大纲》收入。"学力门"则多为传统哲学之工夫修养论,《中国哲学大纲》认为此属于特殊哲学者,未加重视。其实自"突出中国哲学固有范畴"观之,实有重视之必要。《中国古典哲学概念范畴要论》置"格物致知"为知识论范畴,《增广性理字训》则置于"学力门"。"学力门"值得留意的尚有以下字训:主静、慎独、博文、约礼、尊德性、求放心、知言、养气、克己复礼。"善恶门"所列"过、骄、吝、尤、悔、异端","成德门"之"道统""天德"颇有特色。"治道门"所列亦不乏可取处,如新民、时中、絜矩、过化、存神、皇极等。《中国古典哲学概念范畴要论》之"几""良贵""道心",《中国哲学大纲》之"践形""理欲"见诸此。陈普《字义》列字 138 个,安排亦见特色,如以天开头,次为太极,乾坤、元亨利贞随后;于太极无极外,列皇极;于阴阳后紧随刚柔;于鬼神后为主宰、造化、变化、幽明、屈伸、消息、盈虚等。其他两部近乎字义的著作,如真德秀《西山读书记》亦列有 40 门,虽非字义之作,然亦存在以字义统领全书之意味,设"元亨利贞"一项,所设"圣贤气象""天地之心"较为新颖。朱公迁《四书通旨》以 98 个字义重新安排《四书》全文,首置"天"字,同于《中国古典哲学概念范畴要论》以"天"为首。所设"名分"亦见于《中国古典哲学概念范畴要论》。所列较为新颖者,如一、耻、文质、节操、过等。

其六,在有关范畴的理论论述上,理学字义体著作亦颇多精彩之论,堪与张岱年范畴思想相参照。首先,在解释宗旨上,字义体自觉定位为以通俗、简明、易懂、准确的方式来传播理学思想,具有范畴教科书和字典的性质。如朱子称赞程端蒙《小学字训》虽短小却不易,堪称"一部大《尔雅》"[①]。《北溪字义》被称为"东亚最早的哲学辞典"[②]。而《中国哲学大纲》,尤其是《中国古典哲学概念范畴要论》亦具有简明准确的性质和参考便利的功用。其次,陈淳等人皆对字义训释有自觉的理论思考。在如何处理范畴多种义项及相近范畴间关系上,陈淳提出了"玲珑透彻"的原则,反映了古人"两即"的思维模式,而不同于西方的直线思维。他说:"性命而

---

① 黎靖德编:《朱子语类》卷一百一十七,《朱子全书》第 18 册,上海,上海古籍出版社;合肥,安徽教育出版社,2002 年,第 3676 页。

② 张加才:《〈北溪字义〉与理学范畴体系的诠释和建构》,《厦门大学学报》2004 年第 3 期。

下等字，当随本字各逐渐看，要亲切。又却合做一处看，要得玲珑透彻，不相乱，方是见得明。"①提醒读者应注意诸范畴间同中有异、分中有合、相互渗透的特点，做到明而不乱，灵而不滞。元儒陈栎大为赞叹该书玲珑精透的特点，"《字义》一书玲珑精透，最好启发初学性理之子弟"②。此一特色体现了陈淳提出的"大凡字义，须是随本文看得透方可"③的诠释原则。陈淳以"道"字为例，指出在不同文本语境中它具有不同含义。陈淳再三提醒应注意字义间的脉络关联，认为彼此"非判然二物"；同时又指出"浑然中有界分"的原则，应当仔细辨析字义之别。由此，陈淳提出"不可泥着"看的要求，体现了处理范畴关系的灵活性原则。对字义的辨析既要逐字分明，又要合聚有序。鉴于字义的复杂性、丰富性，陈淳在"五常"的阐释中提出"竖观""横观""错综观""过接处观"等多角度审查字义的方法。客观而论，张岱年先生对范畴关系的论述，更着眼于哲学视域下的宏观部门之分，在处理具体范畴的方法上，似亦有未及陈淳这般深细之处。

（三）范畴学的学术传承

张岱年的中国哲学范畴研究，可以说主导了大陆四十年来中国哲学史的发展。一方面，他建构了一个完整、全面、深刻、准确的中国哲学范畴体系，实现了对传统字义之学的突破，形成了以问题和范畴为主干的中国哲学史研究新模式，开辟了中国哲学史抒写的新路径。另一方面，他的范畴学研究以逻辑解析方法与历史考察方法为主，形成了简明、精准、清晰的分析特色，对中国哲学史研究方法产生了重要影响。张岱年通过教学、著述等工作，培养了一批优秀的学者，使范畴研究成为中国哲学史研究的主流模式。在张岱年的带动下，20 世纪 80 年代以来出现了大批直接以若干范畴研究为题的范畴学论著。一是通论中国哲学范畴之作，有关于范畴体系之论，如汤一介 1981 年发表的《论中国传统哲学范畴体系的诸问题》。有关于具体范畴之作，如葛荣晋 1987 年出版的《中国哲学范畴通论》论述了 28 个范畴。二是专论中国哲学范畴的某一部门之作，如张立文分别于 1988 年、1995 年出版的《中国哲学范畴发展史》之《天道篇》《人道篇》对天道、人道部门范畴加以专门探讨。三是特定范畴论述，如方克立 1982 年出版《中国哲学史上的知行观》对知行观的研究，张立文 1991—1996 年主编出版的"中国哲学范畴精粹丛书"对天、道、性、心等范畴的研究。其中尤以对气范畴的研究成果突出，如程宜山 1986 年出版《中国古

---

① 陈淳：《北溪字义》，北京，中华书局，1983 年，第 1 页。
② 陈栎：《定宇集》，四库全书第 1205 册，上海，上海古籍出版社，1988 年，第 241 页。
③ 陈淳：《北溪字义》，第 41 页。

代元气学说》、李存山 1990 年出版《中国气论探源与发微》等。四是专论某一学派范畴的著作,如蒙培元 1989 年出版的《理学范畴系统》对理学范畴的专门论述。五是以问题加范畴的著作,如方立天 1990 年出版《中国古代哲学问题发展史》,继承了《中国哲学大纲》以问题为纲、范畴为目的研究方式,通过对宇宙生成论等十二个哲学问题的深入论述,阐发了众多哲学范畴。应提及的是,张岱年通过著书育人工作,使以范畴解析与历史考察相结合的治学方法得到了很好的传承发展。如陈来从方法论上定位为张岱年先生治学方法的正宗传人和心知其意派①,其《朱子哲学研究》以对朱子理气、心性、格物问题讨论为主,而融范畴的精密解析于其中。刘笑敢、李存山、王中江等张门弟子治学皆具此特色。作为张岱年再传弟子的学者,为文亦颇具"资料详尽、分析透彻"的特长。张岱年所倡导的范畴解析方法,作为实现"心知其意"治学目标的根本路径,极大地促进了中国哲学研究的条理化、系统化。它不仅对四十年以来中国哲学研究产生了巨大影响,而且这种影响还将继续发挥下去。

总之,范畴分析可谓张岱年治中国哲学的基本方法和根本特色,这与他以"基本概念范畴之系统"为哲学的哲学观,重视逻辑解析方法的方法论,追求"好学深思,心知其意"的研究目标是一致的。范畴分析贯穿张岱年漫长的学术生涯,构成其全部哲学工作的枢纽,比较其前后期范畴研究的代表作《中国哲学大纲》和《中国古典概念范畴要论》,可察觉张岱年范畴研究工作的一以贯之和因革损益。特别有意味的是,尽管张岱年的中国哲学范畴分析是自觉接受西方现代哲学方法的结果,但他的研究事实上与宋代理学兴起的"字义"研究有着实质上的继承与发展关系,故他的范畴研究可一言以蔽之:传统字义学的新生面。今日对张岱年的学术纪念,就是传承光大他的范畴研究,在"有循于旧名"的基础上,努力作出"有作于新名"的成绩,实现刘鄂培先生所期望的"岱宗巍立苍松劲,星火传承代有人"的学术兴盛局面。

(原载《清华大学学报(哲学社会科学版)》2020 年第 5 期)

---

① 陈来说:"我自己的学问方法始终信守和实践着张先生的治学方法,并以此指导我的学生。……我可以自豪的说,我是张先生治学方法的正宗传人。……我算是心知其意派。"见陈来主编:《不息集——回忆张岱年先生》,北京,北京大学出版社,2005 年,第 267～268 页。

唯物·理想·解析

——张岱年先生《道德之"变"与"常"》

高海波

（清华大学哲学系）

内容提要：张岱年先生早期受其兄张申府影响，试图将"罗素、列宁、孔子，三流合一"，具体来说就是"将马克思主义现代唯物论与逻辑分析方法及中国哲学的优良传统三者结合起来"。张先生对于新旧道德关系的"变"与"常"的讨论也体现了这一点。张先生肯定道德受社会物质基础变动的影响，肯定道德具有时代性、阶级性，这些地方体现了张先生的道德观本质上是唯物主义的。不过，从唯物辩证法的角度，张先生分析出道德、新旧道德具有对立统一的方面。张先生将道德区分为阶级性与超阶级性、残忍性与道德性、相对与绝对、变革与连续性等方面，并对此进行了深入讨论，由此可见其对于唯物辩证法和逻辑解析方法的纯熟运用。另外，张先生早期（1933 年前后）受其兄张申府的影响，对于中国传统文化的优良成分、中国传统美德的关注主要集中在"仁"上，故在《道德的"变"与"常"》一文中，认为道德的"根本大原则"是仁。当然，张先生并非简单重复其兄的观点，而是有所发展。总的来说，张先生在《道德之"变"与"常"》一文中所体现的方法论和道德观可以说是其"新唯物论"唯物、理想、解析思想及方法的一个具体运用，对我们认识和理解张先生早期思想具有较为典型的案例意义，也为我们理解张先生后来的道德观提供了一个很好的基础。

关键词：张岱年；《道德之"变"与"常"》；道德；变与常；对立统一

一、张岱年先生的早期思想

张岱年先生中学时代即对哲学产生了浓厚兴趣，"阅读了先秦诸子及宋明理学的书，经常思考关于宇宙人生的理论问题"。1928 年进入北平师范大学（后改为"北京师范大学"）学习后，受其兄张申府影响，读了罗素（Bertrand Arthur William Russell）、穆尔（C. E. Moore）、怀特海（Alfred North Whitehead）、博若德（C. D.

Broad)等的著作,对逻辑分析方法深感兴趣。"同时又读了马克思、恩格斯、列宁的哲学著作,对于辩证唯物论(包括唯物史观)与唯物辩证法深表赞同"①。张岱年先生长兄张申府"既推崇唯物论,又深喜罗素哲学,同时肯定孔子关于仁的学说,多次讲'列宁、罗素、孔子,三流合一'"②。列宁代表唯物论与辩证法的哲学,罗素代表逻辑分析方法,而孔子则主要指中国哲学的优良传统。张申府试图将上述三者融合起来,为中国创造一种新的哲学,张岱年深受其影响。在 1933 年 4 月 27 日发表在《大公报·世界思潮》专栏上的《关于新唯物论》一文中,张岱年说:"本刊编者曾云:'我的理想:百提(罗素)、伊里奇(列宁)、仲尼(孔子),三流合一。'吾以为将来中国之新哲学,必将如此言之所示。将来之哲学,必以罗素之逻辑解析方法与列宁之唯物辩证法为方法之主,必为此二方法合用之果。而中国将来如有新哲学,必与以往儒家哲学有多少相承之关系,必以中国固有的精粹之思想为基本。"③此处所说的"本刊编者"即系其兄张申府。张岱年先生在《学术自传》中曾说:"30 年代之初,吾兄申府在天津《大公报》编辑《世界思潮》副刊,使我有机会在《世界思潮》副刊上发表一系列有关哲学的文章。"④在 1936 年所写的《哲学上一个可能的综合》一文中,张先生将上述思想简明地概括为"唯物·理想·解析"。在其中,张先生说:"此所说综合,实际上乃是以唯物论为基础而吸收理想与解析,以建立一种广大深微的唯物论。"⑤在 1993 年写的学术自述中,张岱年也说:"于是我试图将马克思主义现代唯物论与逻辑分析方法及中国哲学的优良传统三者结合起来,以分析为方法而以综合为内容,可以称为新综合哲学。"⑥张先生在该文前面的按语中也说:"自以为平生致思主要试图将现代唯物论的普遍真理与中国古典哲学中的唯物论精粹思想及 20 世纪初期分析学派的逻辑分析方法综合起来,以分析为方法,以综合为内容,亦可谓融合中西的一种尝试。"⑦

关于这种新唯物论的理想一面,张先生说:"新唯物论不但讲存在决定人的心意,而又注重改造环境、变革世界。"⑧"然而,新唯物论虽颇注重理想,而对于理想之研讨,实不为充分,而其注重分析,不充分乃更甚。中国哲学是最重生活理想之研讨的,且有卓越的贡献,我们既生于中国,对于先民此方面的贡献,实不当漠视,

---

① 张岱年:《张岱年自选集》,重庆,重庆出版社,1999 年,第 1 页。
② 张岱年:《心灵与境界》,北京,北京联合出版公司,2014 年,第 263 页。
③ 张岱年:《张岱年哲学文选(上)》,北京,中国广播电视出版社,1999 年,第 56 页。
④ 张岱年:《张岱年自选集》,第 1 页。
⑤ 张岱年:《张岱年全集》第一卷,石家庄,河北人民出版社,1996 年,第 262 页。
⑥ 张岱年:《张岱年自选集》,第 352 页。
⑦ 张岱年:《张岱年自选集》,第 351 页。
⑧ 张岱年:《张岱年全集》第一卷,第 262 页。

而应继承修正而发挥之。"①可见,从 20 世纪 30 年代起,将唯物、解析、中国传统(很重理想)综合起来创建一种新的综合哲学就是张岱年先生的哲学志向和哲学工作的主要内容。张先生将其落实到对"新唯物主义"的阐释及中国传统哲学的梳理、诠释,以及传统文化、传统道德、传统价值的批判继承中。本文主要结合张先生的其他相关论述,重点考察张先生 1933 年所写的《道德之"变"与"常"》一文中的道德观及其分析方法,试图揭示张先生如何运用其新唯物论哲学及其方法来分析、评价道德问题。

二、道德之"变"与"常"

早在 1933 年 8 月 3 日的《大公报》"世界思潮"专栏中,张先生就写了《道德之"变"与"常"》一文,在该文中,张先生直截了当地指出:"西哲言道德,最切实者,实推马克思与罗素。"②张先生首先引用并阐发了马克思关于道德的阶级性及罗素"旧道德中残忍与迷信成分甚多"的观点③。他指出旧道德具有阶级性,实际重在强调"在下阶级对于支配阶级的服从",其中有很多针对"在下阶级"的残忍成分。旧道德中的这些成分应该受到批判。张先生的这部分论述很显然是受了马克思的唯物史观和罗素道德观念的影响。接下来,张先生话锋一转,指出:"吾人言旧道德含残忍成分及其有阶级性,然亦非谓旧道德当全部摒弃,其中因亦有非残忍之成分及非为阶级之工具者在,是亦不可不辨。"④由此,张先生指出,须用唯物辩证法来解决道德问题,不能只强调道德的阶级性和"残忍成分"而忽视了道德亦有积极的一面。这是符合辩证法的对立统一观点的。张先生说:"旧道德中有虽旧而新者存:于此当明道德之'变'与'常'的辩证法。"⑤张先生特别用了"常"与"变"这一对中国传统概念来表示道德的继承性与革新性。张先生用"常""变"关系来讨论道德问题,实际上是出于他个人对新唯物论的一种独特理解。在同年 4 月 27 日的《大公报》"世界思潮"专栏中的《关于新唯物论》一文中,张先生就指出"宇宙有规律,一切皆在变动,而变中有常"⑥。此文发表后,据张先生 1988 年 2 月对此文的"附识"说:

① 张岱年:《张岱年全集》第一卷,石家庄,河北人民出版社,1996 年,第 263 页。
② 张岱年:《张岱年哲学文选(上)》,北京,中国广播电视出版社,1999 年,第 85 页。
③ 张岱年:《张岱年哲学文选(上)》,第 85 页。
④ 张岱年:《张岱年哲学文选(上)》,第 86 页。
⑤ 张岱年:《张岱年哲学文选(上)》,第 86 页。
⑥ 张岱年:《张岱年哲学文选(上)》,第 53 页。

　　这篇文章是 1933 年发表的，内容所谈主要是个人当时对于辩证唯物论的体会，盖有多以己意进行诠解之处。此文发表后，前辈熊十力先生对我说："你的文章说新唯物论讲'变中有常'，我看过许多新唯物论的书，没有看到这样的话。"我当即表示，这只是用自己的语言加以解释而已。[①]

可以看出张先生早期试图用"变"与"常"来理解唯物辩证法中的变化与变化之规律关系问题。草于 1942 年、修订于 1948 年的《天人五论》一书可以代表张先生在新中国成立之前的"新唯物论"的体系，在该书第五章《理与性》中，张先生首先讨论了"常"的概念，具体阐发了"变"与"常"的关系：

　　一切实有皆在变化之中，然而变中有常，常即变之不变。变即是事与事先后相异，常即是异中之同。事逝逝而不已，而亦现现不已。今事非昔事，后事非前事。然而今事与昔事、后事与前事之间，亦有其共同之点，即在事事变化相续之流中重复而屡现者，是谓常，亦曰恒，亦可谓之恒常。[②]

　　首先，张先生关于一切皆变，"事逝逝不已"、世界是一"事事变化相续之流"的思想实际上也是受了怀特海过程哲学的影响。张先生大学毕业论文写的就是怀特海（张先生译为"怀悌黑"）的教育哲学，后来发表在 1934 年 5 月 31 日的《师大月刊》第 12 期中。在《怀悌黑的教育哲学》一文中，张先生概括怀特海的自然哲学说：

　　怀悌黑以为，自然之最根本最重要的要素有二：一是"事象"（event），一是"物相"（Object）。事象是倏忽生灭的；物相是永存的。……

　　自然便是事象之复合，也可说是个大事象，也就是一个四度的事象的绵续体，这四度的事象的绵续体即我们的真实世界。……

　　事象之最重要的性征是"逝"，每一事象都只是一个"此今"（here-now），霎间便逝去。[③]

　　其次，张先生同年 8 月对道德之"变"与"常"关系的讨论，实际上是其"张氏唯物辩证法"在分析道德问题上的具体运用。张先生指出：

　　道德依时代而不同，随社会之物质基础之变化而变化；然在各时代之道德中，亦有一贯者在，由此而各时代之道德皆得名为道德。可谓各时代的道德之演化是循一定方向而趋的，亦可谓各时代之道德同为一根本的大原则之表

---

①　张岱年：《张岱年哲学文选（上）》，1999 年，第 58 页。
②　张岱年：《张岱年全集》第三卷，第 159 页。
③　张岱年：《张岱年全集》第一卷，第 213 页。

现。此大原则为古代道德所表现，亦为今世道德所表现，且将来道德亦将不违之。①

张先生认为，道德具有时代性，会随社会的物质基础变化而发生改变，这是道德之"变"。这一论述明显是根据马克思唯物史观。在1936年的《人与世界》一书中，张先生专列一节，题为"道德之常与变"，几乎与1933年这篇文章的标题完全一致。张先生在这里将道德的起源及变动的根源揭示得更为清楚："道德起源于社会生活之需要。"②张先生根据唯物辩证法的观点指出：世界是充满矛盾的，落实到人类社会内部，群体内部也有矛盾，但人类社会的存在又不能只有矛盾冲突，否则人类社会终将因矛盾而毁灭，故人类群体也需要消弭冲突，而消弭冲突就需要遵守一定的共同约束，"这种约束便是道德的起源"③。

尽管道德随时代的物质基础的变化而变动，但各时代的道德却可以说共同趋向一个大的方向，或者说都是同一根本大原则的不同表现。各时代的道德中所表现的根本大原则，即为"变中之常"。在《人与世界》中，张先生也说：

> 道德可分为两方面：一是共性；一是形态。道德共性是一切道德之共同本质；形态则是道德的现象。就道德形态而言，道德以时代而不同，各时代有各时代的道德。社会是进步的，生活常在变迁；道德源于生活需要，于是道德也常在变迁。但在变迁之中也有恒常者在，这便是道德的共性。④

张先生在这里是用"形态"和"共性"一对概念来描述道德的"变迁"与"恒常"的关系。当然，道德的根本基础在于生活需要，生活需要随时代变迁，故道德形态也在变迁，"各时代有各时代的道德"，但道德的本质却是相对稳定。根本原因就在于，生活实际上就是人类解决生的保持、存续的问题，只要人类存在，能够有利于个体和群体保存、持续其生命的思想行为就是道德的，反之就是不道德的。

> 人既有生，必保其生。自保其生而伤害他生，便是不道德。如自保其生而亦保人之生，遂己之生而亦遂人之生，即是道德。⑤

由此决定了道德有其共性、恒常者在。

在《道德之"变"与"常"》中，张先生将贯穿古今道德的"根本的大原则"称为道

---

① 张岱年：《张岱年全集》第一卷，第160页。
② 张岱年：《张岱年全集》第一卷，第395页。
③ 张岱年：《张岱年全集》第一卷，第395页。
④ 张岱年：《张岱年全集》第一卷，第396页。
⑤ 张岱年：《张岱年全集》第一卷，第396页。

德之"常"。"此根本的大原则贯通于一切时代的道德中,为各时代道德中之一贯者,在此意谓上,可谓道德之'常'。"①张先生在此处特别注曰:"'常'非全然不易之谓,程子有云:恒非一定之谓。"也可以看出,张先生以"常""变"概念来讨论道德问题,既是对唯物辩证法的具体运用,也结合了中国哲学的优良传统。

关于"变""常"这对概念,张先生在 1935 年所写的《中国哲学大纲》"大化论"篇第一章中,以"变易与常则"为题专门进行了讨论。张先生在其中指出:"中国哲人都认为变化是一根本的事实,然不止此,更都认为变化是有条理的。变化不是紊乱的,而有其不易之则。变化的不易之则,即所谓常。常即变中之不变之义,而变自身也是一常。"②也可以明确看出张先生在《道德之"变"与"常"》一文中的"变""常"概念来自中国传统哲学,张先生是以中国传统哲学概念来理解新唯物论中的变化与规律的关系。

关于道德之常,又必须注意到,张先生所说的"根本大原则"非脱离时代的先验原则,即"此根本的大原则亦非自古固存全然不易者,其本身原在创造与完成之中"③。在同年稍早的《谭"理"》一文中,张先生肯定:"《谭"理"》讨论理事关系即个别事物与共相的关系,论证共相即寓于个别事物之中而不能脱离具体事物。"④在 1935 年的《哲学上一个可能的综合》一文中,张先生批评了认为理是先验存在的唯心论:"或认为有超时空先宇宙离物自存而为一切之根据之理,皆唯物论所反对。"⑤在谈到理与物的关系时,张先生也说:

> 理即在事物之中,非先于物,非离物而自存,离物则无所谓理。理有二:一根本的理,或普遍的理,即在一切事物之理,此理无始无终,与宇宙同久,但亦非先事物而有。二非根本的理,即特殊事物之理,则有此特殊事物乃有此理,无此特殊事物即无此理。如未有生物则无生物之理,未有人类则无人伦之理。此理有始终,有起段。⑥

也就是说,即使普遍之理,虽永远存在,也并非离事物而独存,"先事物而有"。至于道德之"根本大原则"乃系"人伦之理",更是人类的特殊之理,与人类相始终,而不可能是先验之理。所以在《人与世界》中,讨论到道德的常变关系时,张先生特别指出:"道德的共性虽属恒常,却非自古固存,非先道德形态而有。未有道德现象之

① 张岱年:《张岱年哲学文选(上)》,北京,中国广播电视出版社,1999 年,第 87 页。
② 张岱年:《张岱年全集》第二卷,第 130 页。
③ 张岱年:《张岱年全集》第二卷,第 130 页。
④ 张岱年:《张岱年哲学文选(下)》,北京,中国广播电视出版社,1999 年,第 606 页。
⑤ 张岱年:《张岱年全集》第一卷,第 267 页。
⑥ 张岱年:《张岱年全集》第一卷,第 276 页。

时,实无其本性可说。"①

张先生进一步指出,在各时代,受时代的限制,此"根本大原则"只能有一定程度的表达。随着时代的发展,人类的进化,此"根本大原则"所受到的限制越来越少,"逐渐获得较充分彻底之表现"。这体现了张先生是用一种发展进化的眼光来看待古今道德的变革问题,认为相对于旧道德而言,新道德始终在进化之中②。张先生认为,这是将相待(相对)与绝待(绝对)的辩证法运用于道德的分析,即各时代的道德是有欠缺的,是相对的,但在不同程度上皆表现一根本的原则,此一根本原则则是绝对的。就新、旧道德的关系而言:

> 旧道德为不彻底的,为不圆满的,新道德较之旧道德为更彻底的、更圆满的。在此意义上言,新道德乃旧道德之变革,亦旧道德之发展,旧道德之充实;新道德乃是脱除旧限制的根本原则之更充分的表现。③

也就是说,一方面,道德随时代的进步而进步,因此,道德是发展的。另一方面,新道德与旧道德又是对立统一的关系,新、旧道德之间既有变革性(新道德系变革旧道德而成),又有连续性(新道德系旧道德的发展、充实)。"新道德与旧道德之间是有连续性的,新道德非完全否定旧道德。"④"变革之时亦有所保持,且系发展之。"⑤新道德的进化发展过程,就是不断摆脱时代限制,而逐渐充分、圆满表现道德根本原则(绝对、常)的过程。

值得注意的另一点是,张先生在该文中指出道德的"根本大原则"是"仁""兼""公",是"外得于己内得于人"⑥。在阐述旧道德不当完全被摒弃时,张先生也指出"即如吾国旧道德中如仁如信,皆何尝可废"⑦。张先生在此文中对孔子"仁"的重视,似是受了其兄张申府的影响。在前文中,我们曾引用了张岱年先生的说法——其兄张申府"肯定孔子关于仁的学说",由此也可以推断出这一点。张申府曾说:"仁,科学法,数理逻辑,辩证唯物论,既是历来以至未来文化中最好的东西,而且也缺一不可,当应合而一之。"⑧在《我与中国20世纪》一文中,张先生更明确说其对"仁"的重视,受其兄张申府影响。"吾兄申府曾提出'列宁、罗素与孔子,三流合

① 张岱年:《张岱年全集》第一卷,第396页。
② 张岱年:《张岱年哲学文选(上)》,第87页。
③ 张岱年:《张岱年哲学文选(上)》,第87页。
④ 张岱年:《张岱年哲学文选(上)》,第87页。
⑤ 张岱年:《张岱年哲学文选(上)》,第88页。
⑥ 张岱年:《张岱年哲学文选(上)》,第87页。
⑦ 张岱年:《张岱年哲学文选(上)》,第86页。
⑧ 张申府:《张申府集:下册》,石家庄,河北人民出版社,2015年,第662页。

一',即将列宁的唯物辩证法与罗素的逻辑解析法与孔子的仁的学说汇综起来。我
颇受启发。"①此时,张先生认为中国旧文化中优秀的东西就是"仁",在同年 6 月 15
日的《大公报》"世界思潮"专栏中,张先生发表了《世界文化与中国文化》一文,在该
文中,张先生说:

> 中国文化对全世界的贡献在于注重"正德",而"正德"的实际内容又在于
> "仁"的理论与实践。孔子谓仁即"己欲立而立人,己欲达而达人",其意义就是
> 与人共进,相爱以德。……
>
> 中国古代哲人所苦心焦虑的就是如何使人能有合理的生活,其结晶即
> "仁"。他们总觉得人必须"正德",然后人生才有价值。……
>
> 中国表现"正德"的"仁"的理论与实践,是有价值的,应予以发扬。②

同时,张申府也重视墨子:"真正唯物论者最能救世济人……特别像中国的唯
物大师墨翟……而墨翟,德谟克利特,马克思,列宁,尤其是比较被周知的特别仁知
勇兼备的人。"③张先生对墨子"兼"的强调,似也受其兄影响。在《人与世界》中,张
先生说:"孔子所说之'仁',墨子所说的'兼',都可以说是有所符合于道德共性。"④
不过张先生并不墨守其兄的看法,而是发展了张申府对于中国传统的重视,在
1936 年 5 月所写的《哲学上一个可能的综合》一文中,张先生说:"但我认为,关于
中国哲学,不但应重视孔子,也应重视道家和墨家的贡献,更应该发挥王船山、颜习
斋、戴东原的进步思想。"⑤

另外,关于旧道德中不可废者,张先生特别举了仁、信、忠、耻等道德概念,认为
它们"亦有非残忍之成分及非为阶级之工具者在"⑥。"忠信、忠恕之忠,皆系对人
民尽心之义。""此外旧道德中之'耻'字亦不可废,人而无耻,将何以为人?"⑦张先
生在 1992 年撰写的《试论新时代的道德规范建设》一文中,也将这几个概念包括其
中,只是对它们作了一些新的阐发,如"公忠""仁爱""信诚""廉耻"等,张先生将其
视为社会主义新时代的几个重要道德规范。这也表明张先生很早就自觉肯定中国
传统道德中的某些内容具有正面的积极价值,而非只是统治阶级的工具而仅具残
忍的成分。同时也体现了张先生很早即重视中国传统中道德理想的发掘和继承,

---

① 张岱年:《张岱年全集》第二卷,第 561 页。
② 张岱年:《张岱年哲学文选(上)》,第 79~80 页。
③ 张申府:《张申府集:下册》,第 306~307 页。
④ 张岱年:《张岱年全集》第一卷,第 397 页。
⑤ 张岱年:《张岱年哲学文选(下)》,第 562 页。
⑥ 张岱年:《张岱年哲学文选(上)》,第 86 页。
⑦ 张岱年:《张岱年哲学文选(上)》,第 86 页。

可以说是对其后来"唯物・理想・解析"之"新唯物论"综合哲学中"理想"一面之创造努力。

最后，还需要特别强调的是，张岱年先生对于道德的"变"与"常"，即时代性、残忍成分、阶级性、变革性与超时代性、不可废者、阶级性、连续性关系的分析，实际上是运用了唯物辩证的分析方法。用张先生的说法是："旧道德中有虽旧而仍新者存：于此当明道德之'变'与'常'的辩证法"①；"此即将相待与绝待（相对与绝对）之辩证法应用于道德"②。即要正确地理解新旧道德的关系，必须以对立统一的方法来解析新、旧道德之不同特性之关系，如此才能对新、旧道德之间的关系形成全面正确的认识。首先，要用发展的眼光来看问题，承认道德具有时代性，此即道德之"变"；其次，也要认识到发展中又有其一定的趋向、根本原则，这方面可以代表发展的规律性，此中即包含道德之"常"。但此道德之常（绝对）并非是脱离具体时代的抽象原则，而是就存在、表现于具体的时代道德中（相对）。另外，新旧道德之间既有革命性又有连续性，二者也是辩证的关系。这也是道德之"变"与"常"的辩证关系的体现。故在该文的最后，张先生特别总结说："道德是辩证的，道德是对立之统一：在根本上，道德是自我发展与自我克制之矛盾统一，……道德之'变'与'常'，各时代的道德的一贯原则，亦对立统一"；"新旧道德之对待关系，亦对立而统一的，变革之而同时亦有所保持，且系发展之"。③ 张先生在此文中运用唯物辩证法来讨论道德之"变"与"常"的方法和观点，日后成为讨论道德问题的主要方法和观点。

关于张先生解析的方法，在《道德之"变"与"常"》一文中表现得似乎不是很突出，但如果仔细分析，张先生对道德之阶级性与超阶级性、时代性与超时代性、道德与非道德性（残忍性）、变革性与连续性、相对性与绝对性等对立关系的分析论述，实际上就体现了其将逻辑分析方法与唯物辩证法结合起来的努力。在 20 世纪 30 年代，当时有一派唯物主义者认为辩证法与逻辑解析方法是对立的，张先生不同意这种看法，试图将这两种方法综合起来："新唯物论中许多根本观念，并未有明确之界说，许多重要的命辞，亦未有明确的解释；在今日，唯物论已差不多成了一个很暧昧的名词，而对理（引者按：张先生早期又将'辩证法'译为'对理法'）又几乎成了一个很神秘的术语，这实是需要用解析法来厘清的。""在一意谓上，解析法亦为对理法之所含。对理法之一方面，即见统一中之对立，见表面相类者之不类，见

---

① 张岱年：《张岱年哲学文选（上）》，第 86 页。
② 张岱年：《张岱年哲学文选（上）》，第 87 页。
③ 张岱年：《张岱年哲学文选（上）》，第 88 页。

同中之异,见一中之多,此即解析。"①可见,张先生之所以能在《道德之"变"与
"常"》一文中,分析出道德上述多个方面的对立关系,就是自觉运用了解析的方法。
而在《人与世界》中,张先生更展示了他令人叹服的解析能力。针对道德的共性与
形态之间的关系,张先生将其进一步解析为六点:

(1) 道德的共性是恒常的,道德形态随人类生活之变迁而变迁。

(2) 道德的共性虽属恒常,却非自古固存,非先道德形态而有。未有道德现象
之时,实无其本性可说。

(3) 各时代的道德,又各有其特性,但此非根本之性,此种特性可名为次性。

(4) 道德形态与其共性之间,可能有矛盾,道德形态常不能完全表现共性,而
有与共性相矛盾之点。

(5) 道德之变迁,可以说是进化。其进化之意义在后一时代之道德较之前一
时代之道德,可以说是共性之更充分的显现,即其与共性矛盾之点较少。后一时代
的道德,可以说是比前一时代的道德更圆满,可以说是更彻底的道德。

(6) 道德之发生与发展,亦可以说是处在与非道德的矛盾中,由无道德而有道
德。而道德与非道德相矛盾,初时道德之中含有非道德,渐渐乃能克服非道德,而
有较圆满的道德。

这一分析比《道德之"变"与"常"》一文中关于道德的时代性与其"根本的大原
则"之关系的分析又更加明确清晰。张先生指出,道德形态是随生活需要而变迁,
道德之共性是恒常的;不过这种恒常性也非先验的,而是离不开人类的生活形态,
用他喜欢的理、事关系的概念来理解,即"理在事中";另外,他又分析出"根本性"
与"次性",用来表达道德之共性与形态,"常"与"变"的关系;张先生还分析了道德
的矛盾性问题,用来解释形态与共性、"变"与"常"之间辩证发展进化的开显关系。
最后张先生总结说:"各时代的道德形态与道德之一贯的共性,即道德的变与常,
可以说是道德之根本两一。"即道德之"常""变"关系即道德之最根本的辩证(两一)
关系的中国表达,从中可以分析出一套讨论道德问题的有效方法,从而帮助我们厘
清新、旧道德之间的关系,处理好道德的变革与继承之关系问题。张先生有关道德
之"变"与"常"关系的基本观点,后来成为他处理道德问题(以及文化问题)的基本
方法,体现了他自觉运用唯物辩证法和逻辑分析方法来处理中国问题的努力。

张先生在 20 世纪 80 年代之后,继续关注道德问题,不但出版了专著《中国伦
理思想研究》,而且还专门撰写了三篇文章讨论中华传统美德与建设社会主义新道
德之间的关系。

---

① 张岱年:《张岱年全集》第一卷,第 270 页。

在《建设新道德与弘扬传统美德》一文中,他从时代性与连续性的角度来论述对于传统道德的批判与继承问题。他说:

> 要解决这个问题,须先了解道德的时代性与连续性。道德因时代不同而不同,但是也有一些道德规范不仅适用于一个时代而具有较长时期的适宜性,虽然不是永恒的原则,而是长期内必须遵守的准则。[①]

在《中国伦理思想研究》一书中,张先生则是从道德的阶级性与超阶级的普遍性角度来论证道德的变革性与继承性之间的关系:

> 历史上不同的阶级有其不同的道德,这是道德的阶级性;而古往今来,任何阶级的分子都必须遵守一定的道德,这可谓道德的普遍性。人类道德是随时代的变化而变化的,这是道德的变革性;而后一时代的道德是从前一时代的道德演变而来的,前后之间也有一定的继承关系,这可谓道德的继承性。[②]

可以看出,张先生是采取了马克思主义辩证分析方法,承认道德有其时代性、阶级性、变革性的方面,因此他指出,我们不能原封不动肯定全部中国传统道德并将其运用到新时期的社会主义道德建设。另一方面,他又肯定道德有其超越时代、阶级的普遍性、继承性,因此他认为部分传统美德可以用于新时代的道德建设,或者经过某种批判转化,以适应新时代的需求。这些说法都与《道德的"变"与"常"》一文中的方法与观点一脉相承。可以说《道德的"变"与"常"》一文虽简短,但其中的方法和观点奠定了张先生后来道德观及分析方法的基础。

三、小 结

张先生早期受其兄张申府影响,试图将"罗素、列宁、孔子,三流合一",具体来说就是"将马克思主义现代唯物论与逻辑分析方法及中国哲学的优良传统三者结合起来"。张先生对于新、旧道德关系的"变"与"常"的讨论也体现了这一点。张先生肯定道德受社会物质基础变动的影响,肯定道德具有时代性、阶级性,这些地方体现了张先生的道德观本质上是唯物主义的。同时,从唯物辩证法的角度,张先生分析出道德、新旧道德具有对立统一的方面。可以说,唯物辩证法构成了张先生道德分析的利器,在这一利器的分析下,道德的"变"与"常"、时代性与超时代性、阶级性与超阶级性、残忍性与道德性、相对与绝对、变革与连续性的关系都被清晰而全

---

① 张岱年:《张岱年自选集》,重庆,重庆出版社,1999年,第425页。
② 张岱年:《中国伦理思想研究》,南京,江苏教育出版社,2005年,第47页。

面地呈现出来。让我们由衷地感叹张先生对于唯物辩证法（具体运用时又结合了逻辑分析方法）的纯熟运用。另外，张先生早期（1933 年前后）受其兄张申府的影响，对于中国传统文化的优良成分、中国传统美德的关注主要集中在"仁"上，故在《道德的"变"与"常"》一文中，他所认为的作为不变的道德"根本大原则"是"仁"。当然，张先生并非简单重复其兄的观点，而是有所发展，在 1936 年写的《哲学上一个可能的新综合》一文中，他认为应该在孔子之外，肯定墨子、庄子以及张载、王夫之、戴震等人思想的意义。这可能与其对中国传统中的唯物辩证法、气论的挖掘有着密切的关系。但不管怎么说，张先生在《道德的"变"与"常"》一文中所体现的方法论和道德观可以说是其"新唯物论"唯物、理想、解析思想和方法的一个具体而微的运用，对我们认识和理解张先生的早期道德思想和方法论具有较为典型的案例意义，也为我们理解张先生后来的道德观提供了一个很好的基础，乃至于对我们今天进行中华传统美德的"两创"具有重要的方法论启示。

（原载《衡水学院学报》2020 年第 3 期）

张岱年先生的张载诠释[*]

赵金刚

（清华大学哲学系）

内容提要：张岱年先生十分重视对张载思想的诠释,他特别重视以张载为代表的宋明理学中的气学传统,对张载思想中的核心概念都给予了十分详细的诠释。更为重要的是,张载的思想融入了张岱年先生自身的哲学建构当中。张岱年先生以唯物论定位张载的思想,并非单纯地套用理论,而是基于他对"哲学问题"的把握而立论。张先生尤其注重对哲学命题进行分析,在坚持唯物论定位的同时,立足张载文本的内在逻辑对概念范畴进行合理诠释。

关键词：张岱年；张载；气学；析辞与察理；新唯物论

张岱年先生晚年自号"渠山拙叟","渠"指横渠（张载）,"山"指船山（王夫之）。此"号"可以说代表了张先生自身的思想取向与哲学自觉。张先生认同辩证唯物论[①],注重阐扬中国哲学中的唯物主义与辩证思想传统[②],其自身的哲学思想在一定意义上是"接着"横渠、船山的气论讲的[③]。张岱年先生对横渠有独特的偏爱,此种偏爱一方面体现在他以众多文字不断诠释张载,从早年到晚年不曾间断,即论述了张载的生平、考证了著作的基本情况,也对其思想进行了全方位的分析；另一方面也体现在横渠的思想内在地进入了张岱年先生自身的哲学创造,张载思想作为张先生建构自身"新唯物论"哲学的重要资源,被吸收进张先生本人的哲学系统当中,如《天人五论》当中就认为变化的基本规律就是"两一"[④],张载讲的"义命合一"也被吸收进《理想生活之四原则》。

晚近,港台新儒家等关于张载的诠释在大陆流行起来,不少学者按照牟宗三等学者的思想构架重新解释张载,横渠的思想在不同于以往的诠释模式中得到呈现。

* 本文系基金项目：国家社科基金青年项目(18CZX028)之阶段性成果。

① 张岱年先生讲："我信持唯物论,这是我平生致思的基本方向。"(《张岱年全集》第七卷,石家庄,河北人民出版社,1996年,第405页。)

② 陈来：《张岱年学术思想评述》,《时代与思潮》1990年第1期,第161页。

③ 参李存山：《张岱年先生学术思想述要》,《高校理论战线》2001年第6期。

④ 张岱年：《天人五论·天人简论·永恒两一》,《张岱年全集》第三卷,第219页。

但我们也有必要重新回顾张岱年先生对张载思想的论述,审视他对张载思想解释的诸多"洞见"。张岱年先生以唯物论定位张载的思想,并非单纯地套用理论,而是基于他对"哲学问题"的把握而立论。更为重要的是,张先生注重对哲学命题进行"分析",在坚持唯物论定位的同时,立足张载文本的内在逻辑对概念范畴进行合理诠释。本文尝试梳理张岱年先生对张载一些问题的诠释,以期展示张先生诠释的问题意识。

一、唯物与气学

张岱年先生首先在"中国唯物论史"的脉络中把握张载思想,并从他对"哲学问题"的理解出发,将宋明理学分为理学、心学、气学三系,在三系中定位张载哲学的位置。

早在《哲学上一个可能的综合》(1936年)一文中,张先生就给出了他对"物"以及"唯物论"的基本判断[1],同时梳理了对中国古代唯物论脉络的理解,认为惠施、荀子、《易传》都具有唯物论倾向,而"宋以后哲学中,唯物论表现为唯气论。唯气论成立于张载。到清代,唯气论的潮流乃一发而不可遏"[2],王夫之、颜元、戴震等都是唯气论的代表。张载思想以为"一切皆一气之变,太虚也是气,而理亦在气之内,心也是由内外之气而成"[3],而参照对"物"和"唯物论"的理解,张先生认为张载讲的唯气论其实就是唯物论。在这一脉络当中,张载的独特性其实已经呼之欲出。

在《中国哲学大纲》(1937年,以下简称《大纲》)中,张先生将宋明理学分为唯理、唯心、唯气三系。张先生晚年回忆道:

> 近几十年来,研究中国哲学史的,大多认为宋明理学分为两大学派,即程朱学派与陆王学派。我在此书中首次提出:自宋至清的哲学思想,可以说有三个主要潮流,一是唯理论,即程朱之学;二是唯心论,即陆王之学;三是唯气论,即张载、王廷相、王夫之以及颜元、戴震的学说。这一论点到近年已为多数哲学史家所承认了。[4]

① 张先生讲唯物强调"物本","物为心、生、理之本,而无先于物者"。参张岱年:《哲学上一个可能的综合》,《张岱年全集》第一卷,第267页。张先生以唯物论诠释张载等思想家始终是立足于他对唯物论的理解和对气论思想的具体诠释之上。

② 张岱年:《哲学上一个可能的综合》,《张岱年全集》第一卷,第272页。

③ 同上。

④ 张岱年:《我与中国20世纪》,《张岱年全集》第八卷,第511页。李存山先生认为:"在中国学术、思想和哲学的研究史上,张先生的《中国哲学大纲》'首次提出'宋明理学分为程朱理学、陆王心学和以张载、王夫之为代表的唯气论三个派系,这是张先生研究中哲史的一个重要创获和基本论点。"(李存山:《张岱年先生的中国哲学史研究》,《哲学研究》2004年第6期,第23页。)

张先生还认为《大纲》的一个独特意义就在于"着重讲述了中国哲学中的唯物论学说与辩证法思想,对于宋代以来的张载、王廷相、王夫之的唯物论特加表扬"。当然,此种分系与着重讲述并不是凭空拔地而起,而是基于对"哲学问题"的把握与选出。他认为,"讲整个中国哲学的系统,则须对于所有哲学家所讨论的一切哲学问题,都予以适当的位置。求中国哲学系统,又最忌以西洋哲学的模式来套,而应常细心考察中国哲学之固有脉络"①。可见,张先生是以"问题"求"脉络",要基于中国古代思想家关于宇宙人生的思想理论,去谈中国哲学的发展问题。张先生对宋至清的哲学三个主要潮流的分别②,便是基于不同哲学家对宇宙人生问题的基本立场所下的判断,"以气解说宇宙,即以最细微最流动的物质为一切之根本"③。"张岱年给出的气学范畴有独特含义,即指宋元明清儒学中与理学和心学相对的学说。气学主张以气为首出、以气为本体,通过气解释一切事物与现象,故又被称为气本论或气一元论。"④当然,气学的传统在中国古代是个"断裂"的、缺乏明确"自觉"的传统(此点张先生亦有说明),不似传统学派有明确的传承脉络,尤其是和朱子学、阳明学相比。气学传统,是基于"问题"的继承,而非人物的直接授受⑤。而在现代哲学史诠释中,理学、心学、气学三系的确立有赖于新的哲学视野、问题意识的引入,对张岱年先生来讲,这一视野就是"唯物论",背后含有他对哲学的理解。

在这样一个气学脉络中,张载的位置十分重要,前代哲学家不似他那样系统地对"气"进行诠释,而之后清代气学的阐扬也是以张载的论述为基础。张先生在《大纲》中讲:"张载的学说最宏伟渊博,他以气及太虚说明宇宙。宇宙万有皆气所成,而气之原始是太虚。气即是最细微最流动的物质,太虚便是时空,以气与太虚解说宇宙,实可谓一种唯物论。"⑥"唯气的本根论之大成者,是北宋张横渠(载)。张子认为气是最根本的,气即是道,非别有道。宇宙一切皆是气,更没有外于气的;气自本自根,更没有为气之本的。"⑦张先生始终认为到张载,才建立了关于气的系统的学说,宋代以后哲学关于气的学说都是以张载对于气的解释为根据,"张子之不传的唯气哲学,到王夫之才得到比较圆满的发挥"⑧。即使新中国成立后,在突出

① 张岱年:《中国哲学大纲·自序》,《张岱年全集》第二卷,第3页。
② 具体见张岱年:《中国哲学大纲·序论》,《张岱年全集》第二卷,第28~29页。
③ 张岱年:《中国哲学大纲》,《张岱年全集》第二卷,第72页。
④ 胡栋材:《气论研究:回顾与展望》,《河北师范大学学报(哲学社会科学版)》2014年第6期,第92页。
⑤ 参见胡栋材:《气论研究:回顾与展望》,第91页。
⑥ 张岱年:《中国哲学大纲》,《张岱年全集》第二卷,第22页。
⑦ 张岱年:《中国哲学大纲》,《张岱年全集》第二卷,第76页。
⑧ 张岱年:《中国哲学大纲》,《张岱年全集》第二卷,第27页。

强调唯物主义的氛围中,张先生依旧高度评价张载思想的独特定位,将他视为中国唯物论思想发展的一个重要环节,认为"张载是宋代伟大的唯物主义哲学家","建立了自己的唯物主义体系,把唯物主义提到新的水平"[①],"明、清时代的唯物论大体上是在张载的影响之下孕育并发展起来的"[②]。可以说张先生一贯在"唯物论/气学"中定位张载思想的位置,把握张载哲学的基本问题,前后期表述可能有所差异,但对张载思想的着力阐扬则是一致的。新中国成立后,当张先生发表一系列关于张载思想的著述后,即引起不少反对意见(如吕世骧、邓冰夷、陈玉森等),但张先生始终坚持自己的判断,并从哲学文本的解读、问题的解析上予以回应。

二、析辞与察理

张先生对张载的诠释,不仅前后期定位一致,其方法更是具有连贯性,注重把握张载思想的基本问题、基本范畴,并对它们进行细致的解读,分析命题、范畴的理论内涵。《大纲》讲此书重视的方法有"审其基本倾向""析其辞命意谓""察其条理系统""辨其发展源流"[③],可以说这些方法都贯穿在张先生一生对张载的诠释当中。

在《大纲》中,张先生就指出"张子的宇宙本根论中,最根本的观念有四,即气、太和、太虚、性","次根本的观念又有四,即道、天、易、理"[④]。对这些概念的基本内涵,张先生一一分析,以为"张子所讲之根本观念虽不一,实皆统于气,故张子之说可谓为气论"。

1955 年,张先生写成《张载——十一世纪中国唯物主义哲学家》这一小册子,从宇宙观、辩证观念、认识论、伦理学说、政治思想等方面全面介绍张载的思想,但张先生并不是机械地论述,他依旧是从张载的"根本观念"出发诠释张载思想,如宇宙论所讲为"虚气""性神""道理"等问题,辩证观念则强调"变化""两一",认识论讲"穷理""德性、闻见之知",伦理学说则为"天地、气质之性""兼爱""理欲""义利",政治思想关注《西铭》的诠释以及张载对井田的叙述。具体论述虽有唯物、唯心二元对立的框架,但依旧十分重视阐发观念的基本含义以及在哲学史中的位置。

1956 年发表的《中国唯物主义思想简史》对张载宇宙观的概括更为精炼,分析

① 张岱年:《宋元明清哲学史提纲》,《张岱年全集》(增订版),北京,中华书局,2018 年,第 139 页。类似的定位亦参见《张载——十一世纪中国唯物主义哲学家》第一部分。
② 张岱年:《张载——十一世纪中国唯物主义哲学家》,《张岱年全集》(增订版),北京,中华书局,2018 年,第 363 页。
③ 张岱年:《中国哲学大纲·自序》,《张岱年全集》第二卷,第 2~3 页。
④ 张岱年:《中国哲学大纲》,《张岱年全集》第二卷,第 76 页。

亦极具条理。张先生概括道：

> 张载的宇宙观有比较丰富的内容，其中最主要的观点是：第一，天地是根本的，人心是从生的。……第二，一切存在都是"气"。气就是有运动有静止、有广度有深度的实体。第三，"太虚"是气的本来实体。第四，气有聚散而无生灭。实际只是"有"，而无所谓"无"。第五，天就是太虚，天是无思虑的。第六，道就是气的变化过程，也叫作"太和"。第七，气包含有自己运动自己变化的本性，叫作"神"。第八，气的聚散变化有一定的规律，叫作"理"。①

可以看到，张先生以清晰的现代汉语对张载核心的范畴作了描述、阐释，在厘清基本含义的同时，对张载的思想倾向作了判断，认为张载是"唯物主义宇宙观"。这一清晰的"辨名析理"式的诠释方式同样延续到《宋元明哲学史提纲》（1957—1958年），且该书对张载的叙述，范畴、概念更加明确，从"天人本末""气与太虚""气之性——神与能""万物之理""变化与两一""见闻之知与德性所知""'天地之性'与'气质之性'""'民吾同胞'与'爱必兼爱'""'井田'与'均平'"九个角度细致、明晰地阐释了张载哲学的主要内容。可以看到，张先生对张载哲学的叙述，其基本气质与基本方法是一贯的，从"气"出发解释张载哲学的各种"名义"。特别是"概念分析"的方法，更是张先生哲学史研究的基本倾向。这正是他强调的，哲学为研究根本问题之学，注重阐明中国哲学的概念范畴的确切含义的生动例证。

这里需要特别说明的是张先生对张载虚气关系以及"神"的含义的阐释，这关系到目前中国哲学界对张载哲学的主要分歧②。

早在《大纲》中，张先生就认为，张载思想中"气未聚而无形之状态，是谓太虚，乃气之原始，气之本然"，所谓"本体"，"本者本来，体者恒常"，"太虚恒常，故可谓至实"③。虚、气、物乃是聚散关系，"虚气物三者，虽异实一"④。张载此一思想之提出，张先生特别强调其对佛老的回应。讲宋明理学，他就讲："新儒家以古代儒家

---

①　张岱年：《中国唯物主义思想简史》，《张岱年全集》（增订版），北京，中华书局，2018年，第77页。认识论部分则简要分析了"合内外"以及"德性、闻见之知"。

②　学界目前对张载的诠释较为多样，主要分歧体现在对"太虚即气"以及"神"的解释上。而此种分歧背后则是以张岱年先生为代表的"气论"诠释路径与以牟宗三为代表的"太虚神体"的诠释模式。参许宁、徐路军：《张载哲学本体论的现代诠释》，《宝鸡文理学院学报（社会科学版）》2014年第2期。相对于张岱年先生讲太虚为气，牟宗三提出"太虚神体"一说，认为"太虚"不是指气，而是内在于气的超越性本体，张载的宇宙论不能定性为"唯气论"的自然哲学，而是在"道德的形上学"观照之下的"本体宇宙论"。当然，张岱年先生与牟宗三对中国哲学"本体"观念理解的差异，是诠释路径差异背后的重要原因。此外，我们还可以讲，张岱年先生与牟宗三对"气"之积极、消极判断，同样是二人给出不同解释的关键。

③　张岱年：《中国哲学大纲》，《张岱年全集》第二卷，第77页。

④　张岱年：《中国哲学大纲》，《张岱年全集》第二卷，第78页。

思想为本,而融合老庄思想、佛教思想以及道教思想,更有所创造,以建成新的系统。"①张载等新儒家是回应佛教提出的问题而有独创,在这个意义上新儒学不是对佛老的"抄袭"。

新中国成立后,学界引入唯物、唯心构架诠释张载,针对佛老而立论这点在一定程度上得到了强化,但依旧是从哲学发展的脉络中看张载哲学的发生。张先生讲"张载的唯物论哲学体系是在与佛教唯心论进行斗争中建立起来的",主要回应的是佛教"一切唯心"以及"因果轮回"等思想②。以往哲学界未能从哲学上解决佛教的观念,而张载从"哲学基本问题"方面提出了论证。张载对世界物质性的论证,有力地回应了佛教,而其中特别重要的则是以虚气关系论证"无无"。张载反对虚能生气,亦反对万物是太虚中显现③,"虚空其实并非空无所有,而乃是气散而未聚的状态",太虚作为气的本体,并非与不实的现象对应的所谓真实存在,"本体就是本来的实体"④。"太虚、气、万物,乃是同一实体的不同状态"⑤,"太虚即气"的"即"是"是"的意思。

关于"神",张先生认为张载所说之"神"是气的运动变化内在的动力,"神是自然世界的本性","是过程的根源","神与性是二而一的,是气所固有,内在于气之中的。这神、性即能变的动力"⑥,"神不在气之外"⑦,神的"不测"表示"变化的复杂性、灵活性、非固定性","并不是表示变化没有规律"⑧。对张载之"神",张先生作了本性化的诠释,当然对神与性的差别,张先生未作过多论证。

张先生对"虚气关系""神"等的阐释,其实都是立足于张载文本的内在"咬合",重视文本内部的互证,而不是单纯地以一套哲学观念"悬"在文本上方。张先生其实已经注意到张载使用的名词,可能引起的误会,进而导致对张载哲学作出不同方向的解读,特别是"神"与"本体":

> 神不是物体,而只是一种本性。……他又说:"虚静照鉴,神之明也。"(《正蒙·神化》篇)这所谓"明"、"照鉴",是指太虚的光亮透明,但更容易引起误会。有人根据这些话,认为张载讲的太虚是精神性的,所谓神是神灵或精神。其实,这是误解或故意曲解。但张载有些文句的意义不够明确,也是他的

---

① 张岱年:《中国哲学大纲》,《张岱年全集》第二卷,第21~22页。
② 张岱年:《张载——十一世纪中国唯物主义哲学家》,第323页。
③ 张岱年:《中国唯物主义思想简史》,第79页。
④ 张岱年:《张载——十一世纪中国唯物主义哲学家》,第328页。
⑤ 张岱年:《宋元明清哲学史提纲》,第141页。
⑥ 张岱年:《宋元明清哲学史提纲》,第143页。
⑦ 张岱年:《张载——十一世纪中国唯物主义哲学家》,第332页。
⑧ 张岱年:《张载——十一世纪中国唯物主义哲学家》,第333页。

一个缺欠。^①

　　张载所采用的名词中,有一些是容易引起误会的,使一部分人把他解释成唯心论者。最突出的是"神"与"本体"二词。张载继承《易传》的用法,以神字来表示物体的运动变化的本性。有些人不肯细心钻研,就说张载是一个有神论者。例如清末民初的学者章炳麟就说过:"唯张氏尚亦淫于神教。"(章炳麟《检论》卷四《通程》篇)这其实完全是误解。其次,本体一词在中国古典哲学中有一定的意义,即本来的恒常的状态之意。西洋哲学输入以后,翻译名词中有本体、现象二词。所谓本体是现象背后的实在之意。有些人用西洋哲学中所谓本体来了解中国古典哲学中的本体这个名词,于是认为,张载既然讲"太虚无形,气之本体",就是认为太虚是唯一的实在,而气不过是不实在的现象罢了。再给"太虚"以唯心论的解释,于是张载又称为唯心论者了。这种解释也是不对的。^②

　　可以说张先生这些论述放在今天的张载哲学研究当中,依旧具有很强的针对性,甚至已经隐含了对"太虚神体"的批评。张先生点出了对张载哲学作非气学阐释的理解关键。我们亦可看到,张先生虽用唯物、唯心的架构解读张载,但背后含有他对此二者的独特理解,在基本文本解读上,张先生立足中国哲学自身特质。

　　今天,我们可以"解锁"围绕在张载身上的"唯物""唯心"框架,不再单纯地按照"唯物论"理解张载以及中国哲学"气的思想",以新的哲学观重新诠释"气论";但在范式扬弃的同时,张先生对张载思想诠释的基本方法则是需要我们正视和继承的,特别是从文本和核心范畴出发"审意""析辞""察理""辨源"更加必不可少。

三、史 论 圆 融

　　蒋国保指出:"在所有的推崇中国传统唯物论哲学的现代学者中,唯有张岱年哲学堪称'新气学',与张岱年哲学相比,其他现代学者对中国传统唯物论哲学的推崇,只具有哲学史家或理论家之客观研究以及理论印证的意义,而不具有哲学家构建哲学体系的意义。"^③张岱年先生能够自觉地"接着"横渠等古代唯物论哲学家,与辩证唯物主义等现代哲学"综合",才产生出其独特的哲学体系,这一体系既区别

---

① 张岱年:《宋元明清哲学史提纲》,第145页。
② 张岱年:《张载——十一世纪中国唯物主义哲学家》,第336页。
③ 蒋国保:《张岱年"新气学"与中国哲学之现代发展》,《中共宁波市委党校学报》2015年第2期,第37页。

于新理学、新心学,也与其他对外来哲学的"翻版"不同,是对中国传统哲学的创造性发展。

其实张岱年先生对横渠等思想家的哲学史中,本身就包含他的哲学洞见,哲学史研究与哲学建构在张先生那里构成了一种良性的有机互动——张先生选择重点诠释张载等唯物论思想家,本身就与其哲学判断、哲学选择密不可分,而通过对张载等人的研究,亦丰富了自身哲学的内容。对读《天人五论》和张先生对张载的诠释,会发现张载之哲学与张先生自身哲学气质多有契合之处。特别是张先生认为其《事理论》"此篇所谈,则与横渠、船山之旨为最近,于西方则兼取唯物论与解析哲学之说"①。篇中概念与问题之阐述,多有可与横渠呼应之处,如以理为"变中之常",以"历程""流行"为"事之相续"。

又如张先生讲"永恒两一",认为"一切事物皆在变化迁流之中",而"变""在于对立之相互作用","凡物莫不含有对立之两方面。对立两方面相推相摩,相攻相克,而变化以起"②。讲此对立之"两一",即可与张载思想呼应。张先生一方面以唯物辩证法丰富对张载"两一"之诠释,而另一方面则以张载之思想证成、扩充辩证法的基本内容,以"永恒之两一"统摄辩证法的基本概念、基本原则。

唯物论受某些人质疑之一大原因在于他们认为唯物论很难直接推导出一套积极的道德哲学,宇宙论、本体论会与道德哲学打成两截③。从哲学史诠释的角度,张先生并不认为张载等人的伦理道德学说与肯定世界的物质性相冲突,在分析张载讲的"天地之性"与"气质之性"时,张先生讲,"这'天地之性'也就是'气之性',即气的本性,即物质世界的一般的本性","张载认为,假如人们能够认识自己的本性与一切人、一切物相同,就会泛爱一切人、一切物。于是他断定这普遍的本性即是道德的基础,这样就赋予'天地之性'以道德的意义。他又认为,'气质之性'乃是偏杂不纯的,应该加以改变。因此,他提出了'变化气质'的学说"④。可见,从中国古代唯物论史的角度出发,世界的物质性并不与道德的可能冲突。⑤ 而张先生自身的哲学建构,既讲"实有""实在",也要讲理想、道德,"建立一种兼重'生'与'义'、既强调生命力又肯定道德价值的人生观,提出人生之道在于'充生以达理'、'胜乖以达和'等命题"⑥。张先生认为,"人生之大务有二:一曰生力之充实,二曰道德之提

①　张岱年:《天人五论》,《张岱年全集》第三卷,第 114 页。

②　张岱年:《天人五论》,《张岱年全集》第三卷,第 218～219 页。

③　参王南湜:《马克思主义道德哲学何以可能?》,《天津社会科学》2015 年第 1 期。

④　张岱年:《宋元明清哲学史提纲》,第 148 页。

⑤　其实牟宗三一直认为道德的确立需要"逆觉体证",从"气"出发无法建立积极的道德哲学。

⑥　张岱年:《天人五论·品德论·自序》,《张岱年全集》第三卷,第 202 页。

高。生力之充实,所以扩充其异于无生之物质者;道德之上达,所以发扬其贵于非人之禽兽者"①。而张先生在《天人五论》建构其"理生合一""兼和"等思想时,张载的哲学论述也成了重要的支撑。张先生晚年重视中国古代伦理思想研究,认为"中国古代哲学中,伦理学说是和本体学说以及关于认识方法的学说密切联系、互相贯通的"②,人与自然的统一关系是中国古代伦理学的重要特点,而在讲这一关系时,张载对"天人合一"的论述是张先生重要的思想资源。

张载可以说是张岱年先生一生着墨最多的中国古代思想家。观察张岱年先生对张载的诠释,有助于我们思考张先生对哲学问题、哲学史研究方法、中国哲学基本脉络的理解,也有助于我们进一步理解张先生自身的哲学建构,特别是对今天如何"综合"中国古代哲学的资源,而兼采重长,实现中国哲学的创造性发展有着极其重要的借鉴意义。

(原载《衡水学院学报》2020 年第 5 期)

---

① 张岱年:《天人五论·品德论·序德》,《张岱年全集》第三卷,第 213 页。
② 张岱年:《中国伦理思想研究》,《张岱年全集》第三卷,第 501 页。

中国哲学研究

中国哲学与价值取向

宋志明

（中国人民大学哲学院）

内容提要：中国哲学研究宇宙论，研究本体论，研究思想方法论，研究知行观，最后都归结到价值问题上，使以人为本、内在超越的哲学精神得以充分地体现。中国哲学的使命，在于为中华民族指示价值取向。中华民族是世界上独一无二、绝无仅有的一个非宗教的民族。大多数中国人不信奉宗教，但不等于说没有信念。这种信念靠中国哲学所提供的价值理念来维系。中华民族价值取向，可以归结为真、善、美、圣、群等五点。这对于培养社会主义核心价值观具有积极意义。

关键词：真；善；美；圣；群

中国哲学研究宇宙论，研究本体论，研究思想方法论，研究知行观，最后都归结到价值问题上，以价值观为归宿，从而使以人为本、内在超越的哲学精神得以充分地体现。归根结底，中国哲学要给中华民族指示价值取向。

在价值观方面，中国哲学有一个基本的观点，那就是认为价值的根据不在彼岸世界，就在此岸世界，主张在天人合一中寻找价值根源。用比较晦涩的话表述，就是强调价值的此岸性，选择内在超越的取向。这正是中国哲学的最大用处。"用"在何处？就是起着价值导向的作用，鼓励人们追求"真、善、美、圣、群"五个价值目标。也许有人问：学习中国哲学有什么用？我们可以借用庄子的话来回答，叫作"无用之大用"。学习中国哲学，对于你从事具体职业，对于你成为某种人，显然没有多大帮助，可以叫作"无用"；但可以在精神上给你以指导，帮助你树立正确的价值观，帮助你成为一个堂堂正正的人，这就叫作"大用"。"做人"是"做某种人"的前提，所以叫作"无用之大用"。诚如伟大的物理学家爱因斯坦指出的那样，仅仅靠知识和技能并不能使得人类获得快乐而又有尊严地生活。虽然通过专业教育可以使人成为一部有用的机器，但不能造就和谐的人格。他强调，学生必须对美和良好的道德有深切的感受，倘若仅有专业知识，不过更像是一条经过良好训练的狗。

中国人的精神世界，可以不靠宗教来支撑，但不能不靠哲学来支撑。在我们中华民族这样一个大的群体中，宗教的价值观的影响力不大，不占据主导地位。中国人的价值世界,不是靠宗教观念支撑起来的,而是靠哲学理念支撑起来的。这种哲学理念,主要由儒、道两家共同打造而成。中华民族是世界上独一无二、绝无仅有的一个非宗教的民族。大多数中国人不信奉宗教,但不等于说没有信念。这种信念靠中国哲学所提供的价值理念来维系。概括起来说,在中国哲学的指导下,中华民族价值取向,定位于以下五点。

一、"真"的取向

在中国哲学的指导下,中华民族选择的第一个价值目标,就是求真。那么,什么是真呢?怎样求真呢?中国哲学给出的答案是:道就是真,求道就是求真。

对于何为真的问题,道家的观点很明确:真就是道,道就是真。道家所说道,有两方面的意义:一方面,是指自在的天道;另一方面表示人应当追求的理想的、超验的精神境界。道家的核心论点叫作"道法自然":"人法地,地法天,天法道,道法自然。"(《道德经》第三十五章)所谓"道法自然",就是说道是道自身的原因,道只取法乎它自己,不能再向外追溯了,没有其他因素可以为道所取法。道以自身为法,所以道就是本真。人取法乎自然之道,也就求得了本真。

道家强调,本真乃是不为任何人为因素所干扰的纯真。道作为本真,既然是自为的,当然就是无为的,而不可能是有为的。在"真"的前面,道家往往加个"天"字,这就是"天真"一词的来历。什么叫作"天真"?就是不受任何主观意图的干扰,纯任自然。普通人只有在小时候,才配得上"天真"二字,因为那个时候,还没有任何人为的想法。在老子看来,婴儿的状态,就是得道者的状态,婴儿才配得上"天真"二字,配得上"无为"二字。试看:婴儿想哭就哭,想笑就笑,从来不考虑别人对他有什么看法;妈妈给他什么就穿什么,绝不想要绫罗绸缎,不在乎衣服款式;饿了就吃妈妈的奶嘛,妈妈的奶是唯一的食物,也是最好的食物,他绝不会有对山珍海味的奢望。普通人一旦长大了,就背离了那个原初的本真,就背离了大道;只有得道之人才会葆有本真,与大道为一。老子盛赞无为的婴儿,批评有为的成年人。在《老子》一书中,经常出现"如婴儿之未孩(读为咳)""比于赤子"之类的句子。婴儿或赤子之所以在老子心目中有那么高地位,因为那是得道者的形象,而道就是真。老子和庄子都认为,真就是不假人为,就是不矫揉造作。简单地说,就是不要装像。你装像,总是不真的;真用不着装像,该哭就哭,该笑就笑。这才叫作"率真",才叫作"真人",也就是得道之人。"真人"的反面就是"伪善"。道家褒扬"真人",实则是对现实人格中伪善性的贬斥。真人之"真",体现在行为实践中,而不是挂在口头上。倘若有人自我夸耀说:"我虽然长大了,但我很天真。"那是自欺欺人。当你自称天真的时候,其实早已不天真了,不过是装天真而已。天真怎么能自己说呢？婴儿不会说话的时候,那才是天真;你都能说能闹了,还自我标榜什么天真,纯粹是假装天真。借用网络语言说,那叫作"卖萌"。

　　儒家对真的理解,也是建立在道上。不过,儒家所说的道,指的是人道,表示一种理想的、入世的人格所应有的精神境界。儒家强调人道是自为的,不认同那个本真的天道。儒家心目中的"真",不是自然意义上的"真",而是人文意义上的"真"。换句话说,"真"不意味着"自然",而意味着"应然"。人道作为"真"来说,就是人的一种应然心态。这种心态,可以叫作"真",也可以叫作"诚"。在儒家眼里,"真"与"诚"是同等程度的观念,通常以"求诚"代替"求真"。孟子鼓励每个人效法义理之天,主张做人要像天那样诚实。"是故诚者,天之道也。思诚者,人之道也。"(《孟子·离娄上》)"思诚"就是以"天"作为终极的价值目标,扮演好天民的角色,力求进入天人合一的精神境界。所谓天人合一,也就是天人合诚、天人合善,不抱任何功利目的,并没有进入天堂或极乐世界的念头。这是一种哲学意义上的内在超越,有别于宗教意义上的外在超越。在儒家那里,"求诚"与"求真"是一个意思。所以,儒家非常重视树立"诚"的观念。所谓"诚",其实就是自觉了的"真"。朱熹对"诚"的解释就是"真实无妄",就是"见天理之本然"。在何为"真"的问题上,儒道两家共同的选择,都是以"道"为真。区别在于,儒家注重人道,由真引申出"诚",提倡有为的人生态度;道家注重天道,倡导无为的人生态度。"求真"是儒道两家共同倡导的价值取向,也是中国人最基本的价值理念。道家主张无为,儒家主张有为,无为和有为既是相反的,又是相成的。儒道互相补充,满足人们不同的精神需求,都有助于人格的完善。如果说儒家的价值导向是"张"的话,那么,道家的价值导向则是"弛"。"张而不弛,文武弗能也;弛而不张,文武弗为也。一张一弛,文武之道也。"(《礼记·杂记下》)儒道两家的价值导向构成互补效应,共同培育中国人的民族性格。中国人的精神世界中,庄子的"逍遥游"思想是一种不可缺少的元素。正如冯友兰所说:"儒家墨家教人能负责,道家能使人外物。能负责则人严肃,能外物则使人超脱。超脱而严肃,使人虽有'满不在乎'的态度,而却并不是对于任何事物都'满不在乎'。严肃而超脱,使人于尽道德的责任时,对于有些事,可以'满不在乎'。有儒家墨家的严肃,又有道家的超脱,才真正是从中国的国风中培养出来的人,才真正是'中国人'。"①诸葛亮"淡泊以明志,宁静以致远"的名句,可以说是关于儒道互补的生动写照。

---

　　① 　冯友兰:《三松堂全集》第四卷,郑州,河南人民出版社,1986年,第363页。

二、"善"的取向

在中国哲学的指导下,中华民族选择的第二个价值目标,就是求善。求真是对终极价值表示关切,而真善美是联系在一起的,求真必然要涉及如何求善的问题。所谓求善,就是对道德价值表示关切,探寻主体需求同社会存在的必然性相统一的途径。这两方面统一起来,并且使主体需求得到满足,那就是善。这里所说的"主体",不是指个体,而是指群体。善跟人群体性需求有关系。什么是善?在通常情况下,维系社会相和谐就是善;反之,就是恶。善不是个人的价值判断,而是群体的价值判断。求善根基于求真。在如何看待善的问题上,儒道两家有共同点,也有分歧。

道家强调善就朴,以朴实为善。在道家看来,所谓善,就是不讲究形式、不加雕琢,"如婴儿之未孩(读为咳)"。倘若有人仅仅在形式上做文章,而脱离了实质,那就谈不上善了。道家要求把善的实质和善的形式区分开来,对于社会上流行的徒具形式的道德规范,持否定态度。道家指出,那些道德规范的倡导者,如果不是善的实行者,那就是十足的伪君子。真正的善应当体现在行动中,而不是把道德规范、纲常伦理之类的词汇老挂在口头上。那些把纲常伦理老挂在嘴上的人,未必就是善人。关于善的形式、表达、礼义、教化等,道家都不买账,认为这种道德说教不仅无助于善的推广,反而会助长伪善风气。对此,老子的批评是:"礼者,忠信之薄而乱之首。"(《道德经》第三十八章)庄子说得更刻薄,认为礼义之类的道德规范,不过是统治者玩弄的工具而已,其本身没有善可言。他的说法是:"圣人不死,大盗不止。"这里的圣人,是指儒家所标榜的圣人,也就是倡导道德伦理规范的圣人。庄子指出,圣人所制定的道德规范,仅仅是一种工具,与善的实质没有关系,任何人都可以使用,甚至强盗头子也不例外,这叫作"盗亦有道"。比如,儒家津津乐道的"仁、智、勇"三达德,不但治国者可以使用,强盗头子也可以使用。在作案的时候,强盗头子带头冲锋陷阵,这不就是"勇"吗?强盗头子判定作案的地点和对象,那不就是"智"吗?作案以后分赃,讲究公平合理,论功行赏,这不就是"仁"吗?你看,"仁、智、勇"三达德,强盗头子一样不少。如果没有三达德作为工具,当不成大的强盗,只能当个小贼。庄子的结论就是:"圣人不死,大盗不止。"(《庄子·胠箧》)道家反对把善形式化,反对形式主义,主张实质主义,反对伪善,有合理的一面,但是他们把善的内容和善的形式两个方面对立,也有失于偏颇。

儒家主张把善的内容与善的形式统一起来。儒家认为,光有善的实质是不行的,你还得通过恰当的形式把善的实质表现出来。用孔子的话来说,那就是:"质胜文则野,文胜质则史。文质彬彬然后为君子。"(《论语·雍也》)内容形式应当恰到好处地结合在一起,那就是文质彬彬的君子,也就是理想的人格。

在善的内容和善的形式之间关系的问题上,儒道两家有分歧;但在求善的取向上,并没有分歧。至于如何实现善,选择的路径不一样。正因为有差别,儒道才可以互补,构成相反相成的关系。我们不能说道家是一个非道德论者。道家也是道德的倡导者,但是反对伪道德,反对把善概念化、形式化。儒家主张尽善尽美,文质彬彬,倡导中和之善;道家倡导纯朴之善、内秀之善,主张做人朴实无华,对人真情相待,向往无为洒脱的人格。在求善这个话题上,儒道两家看法有别,但不妨碍它们之间构成互补关系。

三、"美"的取向

在中国哲学的指导下,中华民族选择的第三个价值目标,就是求美。美跟善不一样,主要是指主体需求跟自然存在的必然性相符合并得到满足。此外,美与善的不同还在于,善涉及人与人之间的利害关系,而"美"不涉及人与人之间的利害关系,只涉及人跟自然之间的和谐关系。在如何求美这个的话题上,儒道两家有共同的憧憬,都把美作为人们的一个价值追求的目标;不过,对于美的理解,儒道两家还是有差异的。

我们先说道家。道家把"美"同"道"紧紧相联系,以道为美,以自然为美。道家把美区分为两种类型:一种类型是世俗之人眼中的美。世俗所说的美,乃是一种相对的美,因为这种美是跟丑相对而言的:"天下皆知美之为美,斯恶矣;皆知善之为善,斯不善矣。"(《道德经》第二章)世俗所谓美,以丑作为前提,没有以"道"为根基,所以道家不能认同。另一种类型是得道之人眼中的美,乃是一种绝对的美,乃是合乎道的美,一种不加雕饰的美,自然的美,纯真的美。道家反对迷恋形式上的美,而主张以道为根基的实质美。对于徒具形式的美,道家没有好感。老子说:"五色令人目盲,五音令人耳聋,五味令人口爽,驰骋畋猎,令人心发狂,难得之货,令人行妨。"(《道德经》第十二章)一味地追求五色,追求色感上的享受,叫作"目迷五色",根本体味不到真正的颜色之美;一味地追求五音,追求宫商角徵羽等乐感享受,根本体味不到真正的声音之美;所谓驰骋畋猎,也就是骑马打猎,对于男性说,并不能体味到真正的阳刚之美;所谓贵难得之货,也就是穿金挂银、讲究穿戴,对于女性来说,并不能体味到真正的阴柔之美。在老子看来,这些世俗的美的理念,非但不是真美,反而是对真美的戕害。你说穿金挂银有什么好处?连晚上走路都提心吊胆,生怕被坏人抢了去,"令人行妨"啊!如果没有金,没有银,没有财,也没有色,像乞丐一样,在哪儿睡觉都心安舒坦,绝没有坏人来骚扰。

老子认为,自然有大美而不言。以道为美,才是真正的美;朴实无华,才是真正的美;师法自然,才是真正的美。道家的美学观对中国的绘画和书法影响极大,所谓"师法自然"其实就是老子"道法自然"原则的变体。有人问郑板桥:"您竹子画得这么好,跟谁学的呢?"郑板桥回答:"我没跟任何人学,是跟竹子学的。"道家主张师法自然,主张返璞归真,反对人为雕饰,认为刻意雕饰必将弄巧成拙,无美可言。道家只认同内容美,不认同形式美,用庄子的说法,叫作"德有所长,形有所忘"(《庄子·德充符》)。在庄子笔下,那些得道之人都长得奇模怪样,没有一个是帅小伙儿。帅小伙儿徒有外表之美,心里没有得道的体验,不值得赞佩;而那些长得奇模怪样的丑人,时刻与道为一,很有感召力,很多人都追随他。真正的大美,在自然之中,所以道家是主张到山林里去修行。为什么到山林里去修行,因为山林里有大美,而在朝廷里没有大美可言。

儒家的美学观跟道家不一样。关于"美"这个话题,儒家谈得不多。儒家通常把关于"美"的话题伦理化,同"善"混在一起谈。在孔子那里,尽管美和善还有一些区别,不过已经把二者搞到一起了,向往"尽善尽美"的境界。孔子听过《武乐》,也就是描写武王伐纣战斗场面的音乐,称赞其"尽美",但因其有杀伐之音,谈不上"尽善",尚有些令他遗憾。他听了《韶乐》之后,感觉大不相同了。《韶乐》是尧三代之治的音乐,孔子听后,连连赞叹"尽善尽美",竟然使他如醉如痴,陶醉于其中,以至于三个月吃肉都不觉得香。到孟子那里,完全把善与美等同起来了。他对"善"的界定是"可欲之谓善";对"美"的界定是"充实之谓美"(《孟子·尽心下》)。他将求美寓于求善之中。在儒家那里,基本没有单独的美学可言,往往把美学同伦理学合在一起谈论。在现代汉语中,仍然保留着这样的痕迹,比如我们现在说的"五讲四美",就是例证。"五讲四美"中那个美,指的是心灵美,而不是形象美。"心灵美"本身并不是一个关于美学的话题,而是一个关于伦理学的话题。

尽管儒家强调美善一致,但也反对把美庸俗化。道家鄙视披着伪装的美,儒家何曾不是如此?孔子主张中庸,坚决反对乡愿。乡愿伪装成中庸,欺名盗世,令人生厌。孔子"恶紫之夺朱也;恶郑声之乱雅乐也;恶利口之覆邦家者"(《论语·阳货》),理由是:紫表面上与朱相近,而骨子里却是黑的。在反对伪美这一点上,儒道两家可以互补。

四、"圣"的取向

在中国哲学的指导下,中华民族选择的第四个价值目标,就是求成为圣人。什么是圣人？圣人就是指最像人的那个人，也就是完美的人、没有缺陷的人、合乎理想的人。圣人不仅仅是儒家的价值理念，也是道家的价值理念。在老子《道德经》中，多次出现"圣人"这个词。庄子也认同圣人，不过，他又加上两条，把圣人同至人、神人相提并论。无论圣人，还是至人，抑或神人，指的都是他心目中的理想人格。圣人是中国哲人所设计做人的终极价值目标，说圣人的层面，就到头了，不必再追溯。中国哲学不羡慕神，也不羡慕仙，到圣人这里就打住。中国哲人的忠告是：你别想着当神仙，当神仙干吗？当圣人不是挺好吗！圣人是儒道两家所共同向往的理想人格。他们提供的超越理念，说到底还是做人，而不是非人。不过，圣人并不是凡人。以圣人的标准来衡量，凡夫俗子还不能算是完整意义上的人，还需要提升。怎么提升呢？儒家的主张是修身，而道家的主张是悟道。儒道两家对何为圣人的理解，并不完全一样，成圣的路径不完全一样。

　　道家的圣人观，强调这样几点。第一点，圣人是一个与道为一的逍遥之人。"至人无己、神人无功，圣人无名。"（《庄子·逍遥游》）圣人不为自己设置功利目标，无所求，因而也就无所失。这是一种达观的人格，潇洒的人格，超脱的人格。第二点，强调圣人是一种超凡脱俗的散淡之人。圣人之为圣人，只是一种人格的高尚，跟他在社会上的地位，没有必然的联系。道家所说的那个圣人，往往生活在田野山林中，拒绝在朝廷里当官。在道家眼里，那些在朝廷里当官的人，都是一些凡夫俗子，人生境界不高。圣人犹如闲云野鹤，心甘情愿地在山林里修行，像陶渊明那样，"不为五斗米折腰"。第三点，圣人是超越的人格，是由"技"进于"道"的高超之人。对于道家称羡的圣人，方东美有个妙喻，说道家眼中的圣人，犹如"在太空中的人"，超越于地球之外。

　　至于儒家称羡的圣人，方东美也有个妙喻，称其为"在时空中的人"，仍在地球之上。儒家的圣人观跟道家的圣人观不一样，有鲜明的入世主义诉求。儒家特别强调，圣人是仁德的化身。圣人是什么？圣人就是凡人的楷模。圣人对于凡人来说，那叫作"出乎其类拔乎其萃"。圣人具有强大的感召力，他就是凡人的精神导师。据孟子的说法，圣人可以使懦夫变得有勇气，可以使那个贪心之人变得清廉。总之，圣人就是凡人的一面镜子，凡人以圣人为效法的榜样。儒家的圣人观还有一个特点，就是把"德"放在首位。道家还有德才兼备的倾向，重德而不忽视才。例如擅长解牛的庖丁，由"技"进于"道"，可以说既有"才"，也有"德"。在儒家看来，圣人只有"德"就够了，至于有"才"与否，并不重要。

　　王阳明有个比喻，强调做圣人只讲究做人的成色如何，不必讲究分量是多少。或许你在社会上的地位很低下，但你仍旧可以成为圣人；或许你在社会上的地位很高，高官得做，骏马得骑，但是你未必成得了圣人，可能还是大号的俗人。

儒道两家的圣人观也有共同点,那就是都主张超凡入圣、提升人格。在超凡入圣这一点上,儒道两家是互补的。儒家的圣人更有入世的品格,道家有一种超脱的品格,共同铸成理想人格理念,确立成圣的价值取向。

五、"群"的取向

在中国哲学的指导下,中华民族选择的最后一个价值目标,就是求合群。所谓"群",指的就是理想的社会。求成为圣人是中国哲学关于理想人格、关于个体价值目标的设计;而求合群是中国哲学关于理想社会、关于群体价值目标的设计。在讲究合群体性这一点上,儒道两家应当说是共同的。不过,他们设计的理想社会模式不一样,达到这一理想社会的路径也不一样。

道家心目中的理想社会,是个什么样的社会呢?老子的说法叫作"小国寡民":国家很小,人民很少,"使有什伯之器而不用,使民重死而不远徙;虽有舟舆,无所乘之;虽有甲兵,无所陈之。使民复结绳而用之。甘其食,美其服,安其居,乐其俗。鸡犬之声相闻,民至老死,不相往来"(《道德经》第八十章)。老子并不是反对人与人之间有正常交往,只是反对打着关心他人的旗号,干着干预他人的勾当。按照老子的说法,民与民为什么会有矛盾呢?为什么打架呢?为什么会造成社会的不和谐呢?就是因为有人企图干预他人的缘故。如果每个人都干自己的事儿,你干你的事,我干我的事儿,谁都不干预谁,"老死不相往来",那还能打架吗?老子认为,社会成员之间、社会团体之间、国家之间,原本是一个相安无事、和平共处的关系,很不幸,竟被干预主义者破坏了,从而造成社会不和谐的乱局。

庄子把这个道理就讲得更透彻。他指出,人与人之间互相关心,看起来很美,其实不然。他打一个比方说,这就像两条鱼在即将干涸的小沟里"相濡以沫"。那两条鱼多么互相关心啊,我用我的唾液滋润着你,你用你的唾液滋润着我。你看,这是一幅多么感人的相亲相爱的图景啊!可是,庄子却不表示欣赏。他提出的问题是:这两条鱼有多少"沫"啊?过不了多久,这两条鱼一起干死了。所以,"相濡以沫,不如相忘于江湖"(《庄子·大宗师》)。两条鱼在浩瀚大海里,谁都不管谁,那不正是和谐吗?道家对和谐社会的理解,不是积极的,而是消极的,那就是相互尊重、相互不干预、和平共处。道家不主张主动地关心他人,理由是许多人常常打着主动地关心他人的幌子,行干预他人之事。这正是造成社会矛盾的根源。每个人把自己管好了比什么都重要,为什么非得干预社会、干预他人呢?道家的社会和谐理论,固然有些消极,但对和谐的向往也是真诚的。道家绝不是鼓励人去做害群之马,也不鼓励人自封为社会的领袖。道家的希望是,谁都不要争当社会领袖。"夫唯不争，故天下莫能与之争。"(《道德经》第二十二章）不争的社会，就是理想的社会，就是太平的社会，就是和谐的社会。道家不主张主动地关心人，但是主张消极地尊重人。"不相往来"就是对人表示尊重，"相忘"也是对人表示尊重。所谓尊重，就是不要干预别人的活动空间和生存空间。道家的不干预主义未必完全是一个负面的说法，也有它的正面意义。

道家的和谐理念是"消极地不为恶"，而儒家的和谐理念则是"积极地为善"。儒家眼中的合群体性，不是一个消极的合群体性，而是一个积极的合群体性；儒家眼中的理想社会，不是个体组成的小国寡民，而是群体至上的大一统社会。儒家设计的理想社会是大同之世和小康之世。关于大同之世，《礼记·礼运》写道：

> 大道之行，天下为公。选贤与能，讲信修睦。故人不独亲其亲，不独子其子，使老有所养，壮有所用，幼有所长，矜寡孤独废疾者，皆有所养。男有分，女有归。货恶弃于地也，不必藏于己；力恶其不出于身也，不必为己。是故谋闭而不兴，盗窃乱贼而不作，故外户而不闭。是为大同。

有的论者认为这里是对中国古代原始共产主义社会的历史回忆，有的论者认为这里是在虚构空想社会主义的乌托邦，恐怕都是误解。其实，这里讲的是道德意义上或价值意义上的社会理想，并非某种社会制度。如果说是"乌托邦"的话，那么，讲的是道德意义上的乌托邦，并非制度意义上的乌托邦。大同说的主旨在于倡导合群的价值观念，并非在设计制度模式，因此，是围绕着价值理想展开论述的。第一句话讲的不是所有制问题，强调的是群体意识至上，而不是个体意识至上；第二句话讲的是社会群体的价值导向问题；第三句话和第四句话讲的是社会群体对所有社会成员应该抱有的态度；第四句话强调的是社会成员对于社会群体应有的奉献精神；第五句话是对理想社会图景的描述，即人人都具有高尚人格，精神文明高度发达，关心他人、关心社会群体蔚然成风，人际关系高度和谐，完全消灭争斗、盗窃等丑恶的社会现象。至于物质文明发展到何种程度，并未论及。

儒家把大同定位为社会群体的终极价值目标，并且认为实现这一目标需要有个过程。要实现大同，必须经由"小康"阶段。关于"小康"，《礼运》写道：

> 今大道既隐，天下为家。各亲其亲，各子其子，货力为己。大人世及以为礼，城郭沟池以为固，礼仪以为纪，以正君臣，以笃父子，以睦兄弟，以和夫妇，以设制度，以立田里，以贤勇知，以功为己。故谋用是作而兵由此起。禹、汤、文、武、成王、周公，由此其选也。此六君子者，未有不谨于礼者也。以著其义，以考其信，著有过，刑仁讲让，示民有常。如有不由此者，在执者去，众以为殃。是为小康。

　　"小康"这个词初见于《诗经·大雅·民劳》："民亦劳止,汔可小康。"《礼运》构想的小康之世,其特点是:第一,没有体现大道,家庭意识占主导地位;第二,由于家庭意识为主导,社会成员为己,要靠礼仪制度协调人们之间的利益关系,规范人们的行为,要靠君主治理国家、惩恶扬善,要靠军队保卫国家;第三,由于礼仪制度合理和君主勤政为民,可以形成以国家为单位的、以家庭为细胞的相对和谐的社会。在倡导合群这一点上,大同与小康是一致的,区别在于大同以"大道"维系群体,小康以礼仪制度维系群体。儒家构想的理想社会突出群体的价值,要求个体服从群体,对于中华民族的形成和发展具有极大的影响力。在一定程度上可以说,儒家的群体价值观为中华民族的凝聚力提供了理论支撑。

　　在合群体这一价值取向上,儒道两家路径上虽有差别,但目标恐怕是共同的。两家都主张人与人和谐相处,建构和谐的理想社会。我们今天倡导建立和谐社会,恐怕既是儒家思想的继承和发扬,也是道家思想的继承和发扬。儒道共同倡导的真、善、美、圣、群,已经成为中华民族主流的价值理念。这五个价值理念虽然在历史上没有完全实现,但其积极的导向意义不能抹杀。它对于人性的优化,对于社会的优化,均起到导向作用,而这正是传统哲学的现代价值之所在。

　　社会主义核心价值观不是从天上掉下来的,也不是从外国引进来的,而是中华民族价值观合乎逻辑的发展,体现出时代性与民族性的统一。社会主义核心价值观有两大基本诉求:一是发展,二是稳定。它提出"富强、民主、文明、和谐"等社会建设目标,着眼于发展;提出"自由、平等、公正、法治"等关于美好社会的表述,也是着眼于发展。至于它提出"爱国、敬业、诚信、友善"等道德规范,则着眼于稳定。毋庸讳言,在中国哲学中,关于发展的资源,不够丰富;而关于稳定的资源,却极其丰富。中华民族"真、善、美、圣、群"的价值取向,包含着"爱国、敬业、诚信、友善"等道德规范。我们培育社会主义核心价值观,应当学会从中国哲学中寻找资源支撑。

(原载《党政干部学刊》2014 年第 12 期)

人性的结构与目的论善性
——荀子人性论再论[*]

李景林

（北京师范大学哲学学院）

内容提要：后儒对荀子的批评，主要集中在其"性恶论"。荀子论人性的结构，强调人的实存活动及其情欲要求必受制于心知及其抉择之支配，据"心之所可"以规定其实现的途径与行为的原则，由之而获得其正面（善）或负面（非善或恶）的道德价值和意义，而非直接现成地顺自然而行。荀子针对孟子的性善论而言"性恶"，其实质是强调人性中本无"现成的善"，而非言人性中具有"实质的恶"。荀子善言"类"，以为人之类性及理或道规定了其存在之终极目的，故人作为一个"类"的存在，本内在地具有一种自身趋赴于善的逻辑必然性或目的论意义之善性。是以其在政治上并未导致外在强制之说，在道德上亦主张自力成德，而未导致他力的救赎说。其政治伦理哲学的体系，亦由此而获得了一种终始相扣的理论自洽性。人的实存"从心之所可"的人性结构论与目的论的善性说，共同构成了荀子人性论学说的整体内涵。

关键词：性恶；实质之恶；人性内容；人性结构；目的论善性；理论自洽

一、引　言

我 1986 年发表《荀子人性论新论》^①，提出"从心之所可"的人性结构论来讨论荀子人性论的内涵。近年来，荀子的研究，有渐成显学之势。最近，尼山书院举办荀子公开课，我有幸受邀参加此项工作。借此机会，我重新阅读《荀子》，在进一步阐发三十多年前所揭示的人性论结构的基础上，尝试对荀子人性论及其伦理政治哲学思想的理论自洽性和必然性作出自己的解释。

后儒对荀子的批评，主要集中在其性恶论。或谓其失大本，如小程子所说：

---

* 本文项目来源：国家社科基金重大项目"中国传统价值观变迁史"，项目批准号：14ZDB003。
① 载《吉林大学社会科学学报》1986 年第 4 期。

"荀子极偏驳,只一句性恶,大本已失。"①或谓其轻忽源头而重末流,如阳明所说:"孟子说性,直从源头上说来,亦是说个大概如此。荀子性恶之说,是从流弊上说来,也未可尽说他不是,只是见得未精耳。"又谓孟子言性善,是"要人用功在源头上明彻",荀子说性恶,是"只在末流上救正"②。甚或认为两千年之学为荀学,是专制乡愿之根源。如谭嗣同《仁学》说:"二千年来之政,秦政也,皆大盗也;二千年来之学,荀学也,皆乡愿也。""文革"中,又以之为法家。

荀子两大弟子韩非、李斯,虽皆为法家,却不能说荀子为法家。法家之人性论,以人性本有"实质之恶",故在政治上专主外力的强制。西方的基督教,主人性恶说,其所谓性恶,亦以人性本有"实质之恶",故在道德上主张他力的救赎。荀子虽言"性恶",然其所谓"性恶",并非性中本有"实质之恶",故荀子的人性论,在政治上并未导致外在强制之说。在道德上,荀子仍以教化之本原出于人自身。其言人所以区别于动物者在"义",而"义"非由外来,而本诸人性自身。故荀子言教化,仍由乎自力,而非由外来。其思想学说,并未脱离儒家的精神方向。同时,荀子的人性论对人的生存现实之"恶"的来源所作深入思考,亦成为后儒之人性论所不得不认真面对的一个重要的反思向度。

荀子的人性论,要为他的道德法则——礼——提供一个人性的根据。一方面,他主张所谓的"性恶"说,因为"性善则去圣王,息礼义矣;性恶则与圣王,贵礼义矣";另一方面,他又强调,人"皆有可以知仁义法正之质,皆有可以能仁义法正之具"③。前一方面,是要通过人性说明礼义的必要性,后一方面,则是要为其道德伦理系统建立起一个人性论的根据。这看起来似乎矛盾的两个方面,在荀子的学说体系中,却是统一的。

要理解荀子的人性论及其伦理政治学说的理论自洽性,需要从三个方面来思考其人性论:第一,人性的内容;第二,人性的结构;第三,人性实现的目的论指向。

二、人性之内容

中国古代哲学家言性,皆以性为先天或天然如此。告子有"生之谓性"之说④。孟子亦认为"良知""良能"为人"不学""不虑"而先天所本具者⑤。《礼记·乐记》也

---

① 《二程遗书》卷十九。
② 见《传习录下》。
③ 见《荀子·性恶》,以下引《荀子》书,只注篇名。
④ 见《孟子·告子上》。
⑤ 《孟子·尽心上》:"人之所不学而能者,其良能也,所不虑而知者,其良知也。"

说："人生而静,天之性也。"都表现了这一点。荀子亦如此。《性恶》篇说："凡性者,天之就也,不可学,不可事……不可学,不可事而在人者,谓之性。"说的亦是这个意思。

荀子人性论的一个突出特点,是出于天人之分的观念,特别强调人性中并无现成的、实质性的善恶之内容。

"天人之分",是荀子思想的一个核心观念。荀子强调要"明于天人之分",即要弄清楚天与人的不同职分。关于天的职分,《天论》说:

> 不为而成,不求而得,夫是之谓天职。

又:

> 列星随旋,日月递炤,四时代御,阴阳大化,风雨博施,万物各得其和以生,各得其养以成。不见其事而见其功,夫是之谓神。皆知其所以成,莫知其无形,夫是之谓天。

可见,荀子所谓"天",就是自然。列星、日月、四时、阴阳、万物都是自然现象。它们的生成变化完全是一种无意识、无意志、无所为而为的活动。"天"的运行及万物的生成,是"无求""无为""无形",即完全自然的。同时,荀子认为,天道运行,有其客观的必然性,与人事无关。《天论》说:"天行有常,不为尧存,不为桀亡。"又:"天不为人之恶寒也辍冬,地不为人之恶辽远也辍广。""天行"即天道。天道运行有其客观规律,不以人的意志为转移,亦不为人的道德高下而变其常。同样,社会的治乱也与自然现象无关。《天论》论证说,日月、星辰、瑞历,"禹桀之所同";万物春夏生长,秋冬收藏,亦"禹桀之所同",但"禹以治,桀以乱"。这说明,"治乱非天也","治乱非时也"。治乱在于人为,与天道无关。

荀子所谓"人",就是指利用人的自然资质所进行的创造。所以,"人"又被称作"伪"。这伪,就是指相对于天或自然的人为。《性恶》说:

> 可学而能可事而成之在人者,谓之伪。

又:

> 礼义法度者,是生于圣人之伪。

人有先天的知与行的能力,这属于天或自然;而人以他先天的知、能所进行的一切创造,通过后天的学习和行为所获得的东西,则属于"人"或"伪"。荀子认为,"人"或"伪"的本质,是人所创造的群体伦理生活。人与自然和自然物的区别,在于其人为的创造,而其根据,则在于其"群""分""义"的伦理规定。群即人的社会群体生活。"分"即伦理的等级秩序。"辨"亦是分。礼的作用即在于分别①。《乐论》说，"礼别异"，亦此义。义者宜也。"义"，标明了这个社会伦理秩序的合理性（"宜"）。人的职责，从根本上讲，就是躬行其伦理之道。在这一点上，荀子与孔孟的思想是一致的。

这个"天人之分"，落实于人性论，就是性、伪之别。关于性、伪之别，《性恶》说：

> 凡性者，天之就也，不可学，不可事。礼义者，圣人之所生也，人之所学而能，所事而成者也。不可学，不可事而在人者，谓之性；可学而能，可事而成之在人者，谓之伪，是性伪之分也。

"性"即人直接得自于自然者（"天之就"）。《礼论》也说："性者，本始材朴也；伪者，文理隆盛也。"就是说，性指人未经加工的自然素质。"伪"即人为。通过学习和现实的修为所获得的东西，属于"人""伪"，不能归之于性。

按照这一定义，人性所包括的内容是多方面的。荀子所言"天"，不仅包括自然事物及其规律，人也是自然的产物，因此，人的一切天生才质，也都属于天或自然的范畴，统可归属于"性"。《天论》言：

> 天职既立，天功既成，形具而神生。好恶喜怒哀乐臧焉，夫是之谓天情；耳目鼻口形能各有接而不相能也，夫是之谓天官；心居中虚，以治五官，夫是之谓天君。

"天"指天然性，即直接得之于自然的东西。"天官"，指人以感官交接于外界事物的能力。耳、目、鼻、口和身体（"形"）各具交接（"接"）外物而不可替代（"不相能"）的特定方式（如声、色、香、味、触等）和能力。"天情"，指"好恶喜怒哀乐"等自然的情感和情绪，当然也包含此诸情感之表现于外的欲望欲求。"天君"，指"心"对人的精神生命及种种精神生命活动之统摄和主宰的作用。《解蔽》所谓"心者，形之君也而神明之主也，出令而无所受令"，亦是讲此"心"作为"天君"，是人的存在作为一个形神统一的整体之内在的主宰。"天情""天官""天君"，皆"天之就"，出自天然，得于自然，当然都属于"性"的内容。

值得注意的是，荀子所言"性"，亦包括人的"注错习俗"的道德抉择及其修为的能力。《荣辱》篇说：

> 凡人有所一同：饥而欲食，寒而欲暖，劳而欲息，好利而恶害，是人之所生

---

① 如《非相》说："人之所以为人者何已也？曰：以其有辨也……故人道莫不有辨，辨莫大于分，分莫大于礼。"《王制》说："水火有气而无生，草木有生而无知，禽兽有知而无义；人有气有生有知亦且有义，故最为天下贵也……人何以能群？曰：分。分何以能行？曰：义。"

而有也,是无待而然者也,是禹桀之所同也;目辨白黑美恶,耳辨音声清浊,口辨酸咸甘苦,鼻辨芬芳腥臊,骨体肤理辨寒暑疾养,是又人之所常生而有也,是无待而然者也,是禹桀之所同也;可以为尧禹,可以为桀跖,可以为工匠,可以为农贾,在执注错习俗之所积耳,是又人之所生而有也,是无待而然者也,是禹桀之所同也。

在这段有关人性的论述中,"人之所生而有也,是无待而然者也,是禹桀之所同也"的天然内容,不仅包括人的"好利而恶害"的自然趋向,包括交接并感知感受分辨事物的能力,同时亦包括人的本诸其道德抉择而付之践履,通过"注错习俗"的修为,以使自己获得不同的人格成就的能力。

这就把人性的内容扩大到人之作为整体性的各个方面:情欲、感知、心之主宰、判断、抉择和伦理行为的能力。就此诸人性的内容说,荀子从未言其本身现成地为恶或者为善。其善恶之几,乃存在于上述人性内容之结构方式中。

三、人性之结构

前述人性之各项内容,并非平列杂陈、相互无关。这些人性的内容,在其整体的结构中乃能展现出其作为人性之固有的特质。

关于人性的结构,《正名》说:

> 性者,天之就也。情者,性之质也。欲者,情之应也。以所欲为可得而求之,情之所必不免也。以为可而道之,知所必出也。

又说:

> 欲不待可得,而求者从所可;欲不待可得,所受乎天也。求者从所可,受乎心也……治乱在于心之所可,亡于情之所欲。

儒家论人性,必落在心性论的整体论域中来讲,而非仅对"性"作抽象要素的分析。荀子亦如此。荀子所理解的人性,乃表现为一个情、欲"从心之所可"的结构整体。而这个情欲"从心之所可"的结构,同时亦规定了人的行为之必然的方式。前引《天论》讲"心居中虚,以治五官,夫是之谓天君",《解蔽》讲"心者,形之君也而神明之主也",亦是强调人的形躯、情感、欲望表现,必然地受制于心的判断和主宰作用。人性各要素的内涵,必须在这样一个"从心之所可"的结构整体性中才能得到合理的理解。

"以所欲为可得而求之,情之所必不免也。以为可而道之,知所必出也。"这个

"可",乃表现为一种人心的判断和抉择。《正名》说:"不事而自然谓之性,性之好恶喜怒哀乐谓之情,情然而心为之择谓之虑,心虑而能为之动,谓之伪,虑积焉,能习焉,而后成,谓之伪。"《解蔽》说:"类不可两也,故知者择一而壹焉。""心不可劫而使易意,是之则受,非之则辞……故曰心容,其择也无禁,必自见。""情然而心为之择",这个"择",指心的选择作用。选择依于心之知,可以有多重选项,而心必因其所"是"或认为"可"者而接受之,因其所"非"或认为不"可"者而排拒之。"知者择一而壹焉",就是指心的这种自我决断与主宰作用。"心容,其择也无禁,必自见",则是强调,心之包容广大,必然于人之情、欲及其所发之行为,表现其对后者之判断与抉择作用。

因此,在荀子的人性论系统中,人的情欲和形躯及行为"从心之所可",乃是人性诸内容必然的一种结构和实现方式。人的情欲和形躯及其行为表现,无例外地处于与心知及心之抉择的必然关系中。即使是一个顺情欲而行的酒肉之徒、作奸犯科的罪犯,其行为及其价值亦是出于其心知之选择决断。《王制》说:"水火有气而无生,草木有生而无知,禽兽有知而无义,人有气、有生、有知,亦且有义,故最为天下贵也。"自然物(如禽兽)可有感受之"知",但无理性(所谓"义")之"知",因此只能依其直接的生理感受和欲望而行。人却不同。"以所欲为可而求之,情之所必不免也","必不免",是强调人包括其情欲在内的生存实现的一切行为,都必然地被置于心知及其抉择的支配之下,据"心之所可"规定其实现的途径与行为的原则,由之而获得其正面(善)或负面(非善或恶)的道德价值和意义,而非直接现成地顺自然而行。荀子善言"类"。这一点,正是荀子所说的人与禽兽在"类"性上的本质差异。

这样一来,人行之"善""恶",必表现为一种依于人性先天结构规定的动态展显,而非实质性的现成存在。或者说,在人性中,并无现成、实质性的"善"和"恶"的存在。这一点,是理解荀子人性论的关键所在。过去,学者对荀子人性论有不同的看法,论者多谓荀子主性恶,又或谓荀子主性朴,或谓荀子主性善情恶,或谓荀子主心善情恶,亦有少数人认为荀子主性善者。凡此种种,似多未能注意及此点。

我们所谓"现成的""实质之恶",指人性在时间性上先天具有自身否定性的"恶"的既成定向和实质内容。如基督教据人的存在之分裂来规定人性之内容,故以人性中具有与生俱来现成存在的实质之恶①,因此,肉身性和情欲乃被视为根植于人的存在而无法凭自力摆脱的魔鬼或恶之根源,人须倚靠他力的救赎而非仅凭

---

① 黑格尔说:"基督教正是从绝对的分裂为二开始,从痛苦开头,它以痛苦撕裂精神的自然统一,并破坏自然和平。在基督教中,人一生下来就作为恶出现,因而在其最内在处,就是一个对自身来说的否定东西;而当精神被驱回到自身时,它发现自己跟无限者,即绝对本质是分裂为二的。"(黑格尔:《宗教哲学讲座·导论》,济南,山东大学出版社,1988 年,第 15 页。)

自身的努力去获得肯定性的道德价值①。如法家以"自为"为人性中仅可以利用而不可以改变的实质内容,据此,其在政治上特别强调君主集权,主张通过外在的强制以建立社会的稳定秩序。在先秦的人性论中,又有世硕所主张的"性有善有恶",亦即"性本自然,善恶有质"之说②,似亦认为人性中有实质和现成的善、恶。又《孟子•告子上》记载有时人的"有性善有性不善"论,与世硕之说大体相近。后儒受佛家影响,亦有主"性善情恶"之说,循"灭情以复性"的途径以达人的存在之实现者③。

而在荀子所表述的人性结构中,人之肉身实存及其情欲表现,乃处于与"天君"之必然的结构关系中,必在其受制于"心之所可"的选择和主宰下,乃付诸行为,由之而获得其现实性和存在的意义。因此,在荀子看来,人的实存及其情感欲望并无独立的存在和实质性的善、恶特质。在《荀子》书中,并无有关人的实存和情欲为邪妄或恶的表述。《正名》篇对此有一段颇具代表性的论述:

> 凡语治而待去欲者,无以道欲而困于有欲者也。凡语治而待寡欲者,无以节欲而困于多欲者也。有欲无欲,异类也,生死也,非治乱也。欲之多寡,异类也,情之所也,非治乱也。欲不待可得,而求者从所可;欲不待可得,所受乎天也。求者从所可,受乎心也……人之所欲生,甚矣;人之所恶死,甚矣。然而人有从生成死者,非不欲生而欲死也,不可以生而可以死也。故欲过之而动不及,心止之也;心之所可中理,则欲虽多,奚伤于治?欲不及而动过之,心使之也;心之所可失理,则欲虽寡,奚止于乱:故治乱在于心之所可,亡于情之所欲……性者,天之就也。情者,性之质也。欲者,情之应也。以所欲以为可得而求之,情之所必不免也。

在这段话中,荀子据其人性结构说对人的情、欲之表现方式及其善、恶之发生机理,作了深入的分析。

要注意的是,此处所言"治、乱",实即荀子所谓的"善、恶"。《性恶》篇说:"孟子曰:人之性善。曰:是不然。凡古今天下之所谓善者,正理平治也;所谓恶者,偏险悖乱也,是善恶之分也已。"荀子批评孟子据人的自然资质言性善,是对天人、性伪之辨的混淆。与之相对,荀子乃以社会之"正理平治"与"偏险悖乱"作为"善、恶"区分之根据。这是从社会伦理体系之"治、乱"的角度规定"善、恶"的内涵。董

---

① 如《新约•罗马书》说:"凡有血气的,没有一个因行律法能在神面前称义。"

② 见《论衡•本性》篇。《论衡•本性》篇评论各家,皆言"未得其实",独认为世硕的"性有善恶"说"颇得其正",是其"性本自然,善恶有质"的说法,亦可以看作其对世硕"性有善有恶"说的解释。

③ 如李翱《复性书》:"情者妄也,邪也。邪与妄,则无所因矣。妄情灭息,本性清明,周流六虚,所以谓之能复其性也。"

仲舒《春秋繁露·深察名号》："性有善端,动之爱父母,善于禽兽则谓之善。此孟子之善。循三纲五纪,通八端之理,忠信而博爱,敦厚而好礼,乃可谓善。此圣人之善也……吾质之命性者异孟子。孟子下质于禽兽之所为,故曰性已善。吾上质于圣人之所为,故谓性未善。"董子之说,显然是循荀子此一思想的进一步发挥。

由此可知,"有欲无欲,异类也,生死也,非治乱也。欲之多寡,异类也,情之所也,非治乱也",乃言人之情欲本身,并无现成实质的"善、恶"。

"有欲无欲,异类也,生死也",杨倞注:"二者异类,如生死之殊,非治乱所系。"此解不通。此言"异类""生死",乃指有生之物("生")与无生之物("死")的区别而言。前者"有欲",后者"无欲",此存在物自然种类之异,与善、恶无关。

"欲之多寡,异类也",则指人与禽兽自然类别之异。动物之欲,发而由乎本能,甚少而恒定不变,食草动物只能食草,食肉动物只能食肉。故禽兽之欲是"寡"。人却不同,人有知以分,物与欲"相持而长"①,由是其欲望花样翻新,靡有穷极。故人之欲是"多"。是"多欲"与"寡欲",亦天然类别之异,与善恶无关。

"情之所也",杨倞注:"情之所,言人情必然之所也。"此解颇含混不清。据下文"治乱在于心之所可,亡于情之所欲。性者,天之就也。情者,性之质也。欲者,情之应也。以所欲以为可得而求之,情之所必不免也"的说法,可知这个"情之所也",指的就是"情"以应物乃为"欲"。是此处虽主要论"欲",却同时涉及"情"和"性"的内容及其结构整体。质而言之,人的"情欲"本身,本自天然,无关乎"善、恶"。

情欲不假人为,出自天然,故说情、欲"不待可得","所受乎天"。是言情欲本身无现成实质之善恶内容。不过,情欲作为人的实存之内容,内具生命动力的性质,必然要表现于行为。然人的情欲之发,必在其实存当下的境域中,缘心之"所可""所是"而涉着于物,见之于行。是"善、恶"发生之几,出自人心缘境而生之"所可""所是"的是非判断与抉择作用。"治乱在于心之所可,亡于情之所欲",说的就是这个意思。

值得注意的是,在这里,荀子特别列举"生、死"这一存在之临界状态,以凸显心之"可"的抉择对于人趋归于"善"之绝对和必然性意义:"人之所欲生,甚矣;人之所恶死,甚矣。然而人有从生成死者,非不欲生而欲死也,不可以生而可以死也。"生与死,为人的生存之临界状态。人之所欲,莫过于生;人之所恶,莫过于死。是人之大欲,莫过于欲生而恶死。然人有时却能够慷慨赴死,是人心之"所可""所是"使之然也。此即康德所说的人的"自由意志"。人的情欲要求,常受制于其对象,此为自然的因果律。人与自然物(如动物)的区别,即在于人能打破因果律的链条,其

---

① 见《礼论》篇。

行由乎"我"来自作决定。"人有从生成死者",即凸显了这一人之异于禽兽的独特品质。无独有偶,《孟子·告子上》"鱼我所欲也章"亦有类似的表述:"生亦我所欲也,义亦我所欲也。二者不可得兼,舍生而取义者也。生亦我所欲,所欲有甚于生者,故不为苟得也。死亦我所恶,所恶有甚于死者,故患有所不辟也……是故所欲有甚于生者,所恶有甚于死者。非独贤者有是心也,人皆有之,贤者能勿丧耳。"孟荀对同一生存事实有共同的认可,其差别在于二者对此生存抉择之动力机制有不同理解:孟子将之归于仁义礼智内在于实存之当下认可;荀子则将之归于人心缘境而生之"所可""所是"。

这里便产生一个重要的问题:既然"善、恶"必于情欲"从心之所可""所是"之现实境域中发生,而非情欲现成实质性地所具有,何以荀子又屡称"性恶"?我们可以从《性恶》篇的一段话来理解这一点:

> 今人之性,目可以见,耳可以听。夫可以见之明不离目,可以听之聪不离耳。目明而耳聪,不可学明矣。孟子曰:今人之性善,将皆失丧其性故也。曰:若是则过矣!今人之性,生而离朴,离其资,必失而丧之。用此观之,然则人之性恶明矣。所谓性善者,不离其朴而美之,不离其资而利之也。使夫资朴之于美,心意之于善,若夫可以见之明不离目,可以听之聪不离耳,故曰目明而耳聪也。

显然,荀子言"性恶",是针对孟子之"性善"而言的。

荀子并不否定孟子所谓的人本具先天资朴之美、心意之善。当然,孟子所谓性善,并不局限于此。孟子的人性论,是由性、心、情、气、才的统一而言人的存在本有先天本善之才具[①]。"所谓性善者,不离其朴而美之,不离其资而利之也",荀子对孟子性善的这个评论,有断章取义之嫌。不过,荀子这段话的思想逻辑是很清楚的。在荀子看来,由乎前述人性的固有结构,人之初生,便必已出离质朴,处身于文明之中。因此,人之自然资质不可执恃,人行之"善、恶"道德价值,在人性中虽有结构性的根据,却无现成实质性的内容,当求之于"性"之外。

《性恶》篇又说:"今人之性,生而有好利焉,顺是,故争夺生而辞让亡焉;生而有疾恶焉,顺是,故残贼生而忠信亡焉;生而有耳目之欲,有好声色焉,顺是,故淫乱生而礼义文理亡焉,然则从人之性,顺人之情,必出于争夺,合于犯分乱理而归于暴。故必将有师法之化、礼义之道,然后出于辞让,合于文理而归于治。用此观之,然则人之性恶明矣,其善者伪也。"我们要特别注意"顺是,故……"这个句式及其用

---

① 请参阅李景林:《从论才三章看孟子的性善论》,载《北京师范大学学报》2018 年第 6 期。

法。"人生而有好利""生而有疾恶""生而有耳目之欲,有好声色焉",此皆出于自然之情欲,并无"善、恶"之义。如前所论,荀子据"正理平治"与"偏险悖乱"定义"善、恶"之义。又《解蔽》篇说:"心知道,然后可道","心不知道,则不可道而可非道"。因此,由"师法之化,礼义之道"所生之"治"或"善",乃由人心之"可道"所生;"顺是,故……"所生之"暴"、"乱"或"恶",亦是由人心之"可非道"所生。二者悉出于"心之所可"即现实行为原则之选择,而非为情欲之现成本有。荀子强调"人之情固可与如此可与如彼"[1],认为性"吾所不能为","然而可化"[2],故主张"道欲"而反对孟子之"寡欲",是皆以性及情欲无现成实质性之善、恶,而将其发而为"善、恶"之几,完全落在心知抉择之"可"上来理解。

孟子以仁义内在于人的实存,人性本具先天的道德内容而言人性本善。荀子则据人之肉身实存及其情欲表现"从心之所可"之结构以言"善、恶"之机理,而以"善、恶"在人性中有结构性的根据却无现成实质之善、恶。就"善、恶"之存否言,这个人性的结构,可以说是一个"空"的结构。"无之中者必求于外"[3],人所当求者为"礼义"之道。而礼义之"善",则"生于圣人之伪"[4]。换言之,人的情欲要求必然受制于人心之所"可",而这所"可"的内容,却产生于人为或"伪"的实存过程[5]。荀子以性中无善恶的现成内容,其针对孟子之人性善说,故言"人之性恶,其善者伪也",以凸显躬行礼义对于实现人道之善的必要性。《性恶》篇说:"性善则去圣王,息礼义矣;性恶则与圣王,贵礼义矣。"又:"古者圣王以人之性恶……是以为之起礼义,制法度,以矫饰人之情性而正之,以扰化人之情性而导之也,使皆出于治,合于道者也。"[6]就表现了这一点。

四、目的论之善性

荀子的人性结构论,既凸显了礼义教化的必要性,同时,亦蕴涵了人达于"善"的可能性。《性恶》讲"涂之人可以为禹","涂之人""皆有可以知仁义法正之质,皆有可以能仁义法正之具",就表明了这个"善"的可能性。不过,仅此两点,还不足以

---

① 见《荣辱》篇。
② 见《儒效》篇。
③ 见《性恶》篇。
④ 见《性恶》篇。
⑤ 由"伪"所形成的"心之所可"之内容,本有两端,一是以礼义为行为之原则,一是以功利为行为之原则。不过,在荀子的看来,人对功利原则的选择固然亦出于"心之所可",但人的情欲好利恶害的自然趋向,却使人心易于"不可道而可非道"(《解蔽》),"顺是,故……"这个句式的用法,就强调了这一点。
⑥ 见《性恶》篇。

保证荀子学说在理论上的自洽性。

黑格尔把哲学的逻辑系统理解为一个由开端展开"转变成为终点",并重新回复到开端,"自己返回到自己的圆圈"。一种真正的哲学,必须要达到这种"自己返回自己,自己满足自己"①的自足性。海德格尔主张,对存在的理解要求我们以适当的方式进入一种解释学的循环,亦提示了这一点。荀子其实也具有这样的理论自觉。《王制》篇曾提出有一个首尾闭合的理论的圆环:

> 以类行杂,以一行万;始则终,终则始,若环之无端也,舍是而天下以衰矣。天地者,生之始也;礼义者,治之始也;君子者,礼义之始也。为之,贯之,积重之,致好之者,君子之始也。故天地生君子,君子理天地;君子者,天地之参也,万物之总也,民之父母也。

在荀子看来,人的存在及其伦理的体系,应是一个终始相扣的自足自洽的系统。荀子所建构的这个以"君子"为中心的理论圆环,在形式上当然是终、始衔接的。不过,从内容来看,此系统之终始相扣的自足性,尚需作进一步的说明。

依照前述荀子的人性结构论,人的实存、情欲,虽必受制于人心之"所可""所是",而此"可""是"的内容,却须由"伪"或人为的实存过程来规定,故此人性结构本身,尚存在一种向着"善、恶"两端开放的可能性。从这个角度看,"天地生君子,君子理天地"这个理论圆环,尚未自成一个终、始衔接密合,"自己满足自己"的自足系统。为确保"天地生君子"或"善"这一理论环节的必然性,荀子选择了一种目的论的进路,其所理解的人的"善"性,由此则可以称作一种"目的论的善性"。

荀子特重"类"这一概念。《劝学》:"施薪若一,火就燥也;平地若一,水就湿也;草木畴生,禽兽群焉:物各从其类也。"《大略》:"均薪施火,火就燥。平地注水,水流湿,夫类之相从也如此之著也。"《非相》:"以人度人,以情度情,以类度类,以说度功,以道观尽,古今一度也。类不悖,虽久同理。"是言"类"乃宇宙万有之存在方式。故"伦类以为理"②,"类不悖,虽久同理",事物之理,亦即物"类"之理,故吾人亦须就事物之"类"以把握其内在的道理。这样,此"类"性之"理",便构成为事物存在的内在原因及其发展和趋赴之目的。就此而言,荀子所理解的"目的",颇与西方的内在目的论学说相类。

人亦如此。人作为一个类,亦具有其内在的理或道。《非相》篇:"人之所以为人者,非特以其二足而无毛也,以其有辨也……夫禽兽为父子而无父子之亲,有牝牡而无男女之别。故人道莫不有辨,辨莫大于分,分莫大于礼,礼莫大于圣王。"《王

---

① 黑格尔:《小逻辑》,北京,商务印书馆,1980 年,第 59 页。
② 见《臣道》篇。

制》篇："水火有气而无生，草木有生而无知，禽兽有知而无义；人有气有生有知亦且有义，故最为天下贵也。力不若牛，走不若马，而牛马为用，何也？曰：人能群，彼不能群也。人何以能群？曰：分。分何以能行？曰：义。"是言人作为一个"类"之异于禽兽的本质特征，即在于其所具有的群、分、礼、义的伦理规定。此亦即"人道"或"人之道"。《儒效》篇说："道者，非天之道，非地之道，人之所以道也，君子之所道也。"这个"君子之所道""人之所以道"，对于荀子来说，就是"礼义"。故《礼论》篇说："礼者，人道之极也。"这个人道之"极"，即言"礼义"作为人这个"类"之"道"，同时亦标明了人的存在之实现所趋赴的终极或最高目的。

孔子的学说，为一"仁智"统一的平衡系统。孟、荀皆认可这一点[1]。但思孟一系，乃内转而略偏重在"仁"或人的情志一端，以智思一面为依情而发用的自觉作用，故注重在体证性的内省反思。荀子则略重在"知"或"智"的一端。如《儒效》篇说："彼学者：行之，曰士也；敦慕焉，君子也；知之，圣人也。"《解蔽》篇："向是而务，士也；类是而几，君子也；知之，圣人也。"《儒效》篇："志安公，行安脩，知通统类，如是则可谓大儒矣。"《性恶》篇："多言则文而类，终日议其所以，言之千举万变，其统类一也，是圣人之知也。"是皆以"知之"为"圣人""大儒"的最高境界。可见，重"知"，是荀子学说的一个重要的思想特点。这个"知"的内容，当然就是礼义或"统类之道"。此对"知"或"智"的偏重，使得荀子的学说具有了一种趋向于"辨合符验"的现实指向性[2]。

不过，我们要注意的是，荀子之重"知"，乃是在肯认仲尼子弓"仁智"统一的思想结构之前提下对"知"的强调，故此"知"，仍是以"仁"为内容规定的自觉，而非单纯向外的认知。因而，此"知"乃具有自身的限度，而排除了其向"非道"任意开放的可能性。《解蔽》篇说：

> 凡以知，人之性也；可以知，物之理也。以可以知人之性，求可以知物之理，而无所疑（定）止之，则没世穷年不能遍也。其所以贯理焉虽亿万，已不足以浃万物之变，与愚者若一……故学也者，固学止之也。恶乎止之？曰：止诸至足。曷谓至足？曰：圣也。圣也者，尽伦者也；王也者，尽制者也。两尽者，足以为天下极矣……向是而务，士也；类是而几，君子也；知之，圣人也。

又《正名》说：

---

① 《孟子·公孙丑上》："仁且智，夫子既圣矣夫！"《荀子·解蔽》："孔子仁智且不蔽。"
② 如《性恶》篇说："凡论者，贵其有辨合，有符验。故坐而言之，起而可设，张而可施行。今孟子曰人之性善，无辨合、符验，坐而言之，起而不可设，张而不可施行，岂不过甚矣哉！故性善则去圣王，息礼义矣；性恶则与圣王，贵礼义矣。"

> 凡人莫不从其所可,而去其所不可。知道之莫之若也,而不从道者,无之
> 有也。假之有人而欲南无多,而恶北无寡,岂为夫南者之不可尽也,离南行而
> 北走也哉?今人所欲无多,所恶无寡,岂为夫所欲之不可尽也,离得欲之道而
> 取所恶也哉?

这两段论述,很好地表明了"知"或"智"之限度及其终极目的或指向性。

《解蔽》此语,指点出了学之所"止"及其限度与终极指向。人心向外的认知,必建基于其存在与德性的实现,乃能获得自身肯定性的价值和意义。"学也者,固学止之也",就指出了这一点。"至足""两尽""为天下极",这足、尽、极,即此学之所"止"的终极目的。这为学之终极目的,包括"尽伦"和"尽制"两方面的内容。尽伦,是其内在性的道德或伦理目的;尽制,则是其落实于实存表现之政治或制度目的。"两尽者,足以为天下极",是言此两者的统一,乃构成了人的存在和人类社会的终极目的。这个终极目的之人格表现,就是圣、王。

《正名》此语,乃回归于前述人性"从心之所可"的结构,来标识这"所可""所知"的目的性指向。"凡人莫不从其所可",是强调人的情欲要求从心"所知""所可"之抉择定向,而获得其实现原则与途径的必然性。这与禽兽之欲由诸本能的直接性有本质的区别。从人性结构本身的可能性而言,这"可"乃包涵着向善与向恶两个向度。如《解蔽》篇说:"心不可以不知道。心不知道,则不可道而可非道。""心知道,然后可道。可道,然后能守道,以禁非道。"心是否"可道",即选择"道"作为情欲实现之原则,关键在于其能否"知道"。人之选择"非道"为自身生命实现之原则而流为"恶",乃源于其"不知道"。而从人的存在"类"性之理、道所规定的终极目的而言,人心必然趋向于由"知道"而"可道",从而实现其"正理平治"之"善"。"知道之莫之若也,而不从道者,无之有也",说的就是这个意思。譬如人之"欲南"而"恶北",终必将取夫向南而非向北之道。故人作为一个"类"的存在,本内在地具有一种自身趋向于善的逻辑必然性或目的论意义之善性。

荀子推重仲尼子弓,认为孔子之学"仁智且不蔽",其论心知,亦以"仁智"之合一为前提。故其学虽偏重于"知"或"智",然其所言"知",却仍是一种落实于知情本原一体的体证之知。《解蔽》篇对此有极精辟的论述:

> 心者,形之君而神明之主也,出令而无所受令。自禁也,自使也,自夺也,
> 自取也,自行也,自止也。故口可劫而使墨云,形可劫而使诎申,心不可劫而使
> 易意,是之则受,非之则辞。故曰:心容,其择也无禁,必自见,其物也杂博,其
> 情(精)之至也,不贰。

又：

> 知道：察，知道；行，体道者也。虚壹而静，谓之大清明。万物莫形而不见，莫见而不论，莫论而失位。

又引《道经》"人心之危，道心之微"以论心知云：

> 夫微者至人也。至人也，何强，何忍，何危！故浊明外景，清明内景。圣人纵其欲，兼其情，而制焉者理矣；夫何强，何忍，何危！故仁者之行道也，无为也；圣人之行道也，无强也。仁者之思也，恭；圣人之思也，乐。此治心之道也。

荀子把人理解为一个形、神合一的存在整体，而"心"则为其最终的主宰。此所言"心"的功能，包括本原一体而不可分的两方面内容："形之君""神明之主"。"形之君"，是言"心"为人身及其行为之主宰。"神明之主"，是言"心"为人的精神活动之主体。心虽涵容广大，却表现为一种统一性的精神活动（"其精之至也，不贰"）。"心"之主宰作用，乃是一种"出令而无所受令"，自我决定而非由乎他力的主动的精神活动。其"知"，乃表现为一种身心、知情、知行本原性合一的体证性自觉。

"知道：察，知道；行，体道者也"①，即是把"知道"理解为一种知、行内在合一的体证性之知。如前所说，荀子以"知"来标识圣人大儒的精神境界。但这"知"，却是内在包涵着践行体证的"知"，而非一般的对象性认知之知。《儒效》篇说："不闻不若闻之，闻之不若见之，见之不若知之，知之不若行之，学至于行之而止矣。行之，明也；明之谓圣人。"此"明"，亦可谓之"清明"或"大清明"，即圣人、大儒知通统类，道心精微，无物不照，从容中道当理之自由的境界。《解蔽》篇谓此为"治心之道"，从荀子对"心"作为人的知行本原合一之主宰的理解看，此"明"或"大清明"，亦可看作"治心"所复归和实现的心之本然。前引《正名》说："凡人莫不从其所可，而去其所不可。知道之莫之若也，而不从道者，无之有也。"此处的心知说，则指点出了人能"知道"之逻辑与存在性的根据。凡圣同类，禹桀不异。故此亦人"皆有可以知仁义法正之质，皆有可以能仁义法正之具"之逻辑与存在性的根据。

可见，仅从"从心之所可"的人性结构论向着"伪"的实存过程之开放性而言，荀子所建构的理论圆环，在"天地生君子"这一环上容有缺口而不能自圆之处。而荀子在目的论这一论域中，则又指点出人作为一个"类"的存在之"知道"和趋向于"善"的可能性与终极指向性。这在逻辑上避免了人类存在对于"恶"之无限制的开

---

① 或将此语断句为"知道察，知道行，体道者也"，不通。此语实言"知道"包括"察"即自觉和"行"即体道"两方面内容。相对而言，"察"属"知道"，此为狭义的"知道"；"行"属"体道"。此两面共属一体而不可分，是之谓真正的"知道"。故笔者将此语读断为"知道：察，知道；行，体道者也"。

放性,而将之收归于那个终始无端的圆环,而复成一自足的系统。尽管现实中仍会存在"心不知道而可非道"的众人,但在人类存在的整体性上,"天地生君子"这一善性之指向,却由此获得了其自身的逻辑必然性。同时,"心不知道而可非道"的不同层级之众人的存在,亦保持了荀子所倡导的礼义教化的必要性这一理论维度。

五、结　　语

综上所论,人的实存"从心之所可"的人性结构论与目的论的善性说,共同构成了荀子人性论学说的整体内涵。荀子针对孟子的性善论而言"性恶",其实质是强调人性中本无"现成的善",而非言人性中具有"实质的恶"。

强调人性无现成的善,这无疑是正确的;但荀子以此批评孟子,对孟子或许是无意的曲解。孟子举"四端"为例说明人心当下必时有"善端"之呈露。不过,细绎《孟子》全书可知,其所谓"善端",并不局限于"四"端,举凡不忍、不为、恻隐、羞恶、辞让、恭敬、是非、孝悌、亲亲、敬长、耻、忸怩、无欲害人、无穿踰、无受尔汝、弗受嘑尔、不屑蹴尔之食等种种情态,皆可称为"善端",皆可由之推扩而成德,据以建立合理的人伦秩序。孟子言良心,包涵良知与良能,"能、知"的共属一体被理解为人心(良心或本心)的原初存在结构。"善端"即是人心"能、知"共属一体的原初存在方式在具体境域中的一种当场性和缘构性的必然情态表现,并非某种预设性的现成天赋道德情感。孟子由此证成了其性本善的学说体系①。

孟子之心性论,乃即心言性,并落在情上论心。其所言心,本具"能、知"一体的逻辑结构。但孟子重反思内省的特点,却使此一结构的意义缺乏明晰的逻辑表述,故隐而不彰。借助于荀子据其人性结构论对孟子的批评,由之反观孟子之心性说,后者乃可以从其对立面上反射出自身心性结构的理论意义。

不过,荀子对天人、性伪之分立性的理解,使其人性结构仅具形式的意义而流为一"空"的结构,故只能从此结构之外另取一目的论原则,以成就其终始相扣的理论圆环。是其理论的体系,似圆而终至于非圆。因而,儒家的伦理道德系统,终须建基于思孟一系的人性本善论,才能成为一个自身周洽完满的思想体系。思孟的学说在儒学史上能够蔚成正宗而不可或替,良有以也。

(原载《北京师范大学学报》2019 年第 5 期)

---

① 详细论述请参阅李景林:《从论才三章看孟子的性善论》,载《北京师范大学学报》2018 年 6 期。

《四书》学的忧乐情怀与宋儒的内圣之道[*]

《四书》学的忧乐情怀与宋儒的内圣之道[*]

朱汉民

朱汉民

（湖南大学岳麓书院）

内容提要：以人文关怀、人生意义为出发点的中国哲学，既呈现出忧患意识，又包涵有乐感精神，其实应该用"忧乐圆融"来概括。宋代士大夫在推动儒家哲学化的内圣外王之道建构过程中，其出发点就是一种兼容忧乐的情怀。宋代士大夫既有强烈的忧患意识，同时又追求"孔颜乐处"的超然境界。宋儒通过挖掘《四书》中的忧乐情怀，找到了儒学及中国哲学的深层精神。他们还进一步对《四书》作出创造性的诠释，将《周易》的宇宙哲学与《四书》人格哲学结合起来，建构出一种超越精神的内圣之道和天人一体的性理之学。

关键词：《四书》学；内圣之道；忧患意识；孔颜之乐

中国哲学以人文关怀、人生意义为出发点。关于中国哲学、中国文化的特质，存在两个完全不同的看法：徐复观、牟宗三用"忧患意识"概括，而李泽厚却以"乐感文化"表达。这两种观点影响均很大，究竟哪一种说法更为合理？庞朴综合上述两种说法，认为忧、乐两种精神的结合，构成了中国人文精神特质。

宋儒既有强烈的忧患意识，同时又追求"孔颜乐处"的超然境界。理学家通过挖掘《四书》的思想资源，以表达自己对人文世界的忧患与喜乐的进一步思考，进而建构一种既有人文关怀、又有精神超越的内圣之道。其实，宋代士大夫在推动儒家内圣之道的哲学建构，其出发点正是一种忧乐之情的人文关怀。

一、《四书》的忧患意识与宋儒的社会关切

宋代士大夫普遍具有浓厚的忧患意识，既有《四书》记载的儒家士人的精神传统，又有着现实的社会政治原因。

首先考察《四书》的士人精神传统。在早期儒家的子学著作中，记载和保留了

---

* 基金项目：国家社科基金重点项目"四书学与中国思想传统的重建和整合研究"，项目批准号：15AZD032。

孔子及其弟子们大量有关对君王无德、士人无耻、天下无道的强烈忧患。孔子深刻表达了他对天下无道的责任,一直强调"天下有道,丘不与易也"。孔子进一步思考天下无道的原因,他认为是由于社会普遍缺乏仁爱精神,而仁爱精神的推广又离不开教育。所以孔子反复强调:"德之不修,学之不讲,闻义不能徙,不善不能改,是吾忧也。"(《论语·述而》)"君子忧道不忧贫。"(《论语·卫灵公》)可见,孔子已经进一步将自己对社会政治的忧患,转化为对文化教育的忧患。《孟子》一书也大量记载了孟子对社会政治、文化思想等方面的种种忧患,并进一步指出忧患意识的价值与意义。他说:"君子有终身之忧,无一朝之患也。"(《孟子·离娄下》)孟子相信,人无远虑,必有近忧,因而君子不能够消极地忧患灾患的来临,而是保持积极地防患于未然的心理准备。所以忧患意识的重要价值,就是要强调持久、不变的戒惕心理,即所谓保持一种"终身之忧"的精神状态,所以才达到"无一朝之患"的结果。《孟子·告子下》曰:"生于忧患,死于安乐。"也是强调忧患的精神状态是为了使人提高警觉,心存戒惕而临危不乱。

《四书》元典奠定了儒家士人的精神传统,特别是对宋代士大夫形成的忧患意识有直接影响。如果说汉唐时期的儒家士族衍化为因文化垄断而成为既得利益者的"准贵族"的话,宋代士大夫则主要是来自白衣秀才,他们是一个从民间士人上升到庙堂士大夫的政治—文化的社会群体,他们与先秦儒家诸子既有着相近的精神文化的血缘联系,又有着相似的人生经历和文化情怀,故而自然和早期儒家士人的人格精神十分一致。他们从《四书》元典中寻找人格典范、思想资源,《论语》《子思子》《孟子》表达出来的士君子的忧患意识和人格精神,成为宋代士大夫的精神源泉与效法典范。早期儒家士人表现出来的关怀现实、心忧天下的人格精神,对宋代士大夫产生了深刻的影响。

当然,宋代士大夫拥有强烈的忧患意识,还与两宋面临的内忧外患的严峻现实分不开。宋代有一个政治现象值得注意:士大夫处于政治核心地位的两宋时期,恰恰面临内忧外患的严重政治局面。士大夫群体在承担与君主"共治天下"政治权力的同时,相应也就承担了重大的政治责任,这一重大政治责任很快也转化为士大夫群体对内忧外患局面的忧患意识。一方面,宋朝面临严重的内忧,宋初为了防范割据势力和各种政治力量篡权,强化中央集权而推动政治、军事、科举等方面的变革,在为防止地方割据势力而强化中央集权的同时,又产生了许多新的积弊,特别是出现了冗官、冗兵和冗费等问题,逐渐导致国力贫弱、民生艰难。另一方面宋朝面临"外患",宋开国虽然结束了五代十国分裂割据局面,却又相继陷入了辽、西夏、金和元政权的威胁,宋朝立国后的数百年间,始终受到外患的侵扰,游牧民族的南下侵夺始终是两宋的大患。所以,在宋朝建立后不久,"内忧""外患"的矛盾开始显现,处于政治中心的宋代士大夫看到了问题的严重性,他们普遍持有一种浓厚的忧患意识。本来,两宋时期士大夫群体是凭借自己拥有的文化知识、政治理念、价值信仰而参与政治的,并且获得了与君主共治天下的机遇,所以他们能够成为参与朝政的政治主体,而且往往会成为一种政治清流,并不会像其他如军阀、后宫、宦官等权贵政治力量一样,容易导致对权力的贪婪与对民众的傲慢。相反,当士大夫群体坚守自己的政治理想与价值理念,必然会积极推动对内忧外患严峻现实的变革。所以,士大夫越是成为政治主体,他们感到的责任也越大,随之他们的忧患意识也越强。两宋以来内忧外患的严峻现实,确实引发了士大夫的强烈忧患与革新意识。范仲淹向仁宗帝呈上《答手诏条陈十事》,指出明黜陟、抑侥幸、精贡举等十项变法及政治经济军事和文化教育等方面的改革办法。范仲淹说:"立朝益务劲雅,事有不安者,极意论辩,不畏权幸,不蹙忧患。故屡亦见用,然每用必黜之。黜则欣然而去,人未始见其有悔色。"①王安石一直怀有很强烈的犹患意识,他说:"顾内不能无以社稷为忧,外则不能无患于夷狄,天下之财力日益穷困,而风俗日以衰坏。"②他主导的熙宁变法,就是为了解决这一"常恐天下之不久安"的严重忧患。

由于《四书》就是一套充满士人忧患意识的儒家经典,宋儒可以通过诠释《四书》,来表达自己的人格理想。在宋儒对《四书》的诠释传统中,特别强调士人的人文情怀、政治责任,也特别强调士人的家国情怀、天下担当,希望能够唤起宋代士大夫的忧患意识。二程将《论语》中记载的孔子、子由、颜子等人表现出来的责任承担及其忧患意识,统统理解为"圣贤气象":

> 凡看文字,非只要理会语言,要识得圣贤气象。如孔子曰:"盍各言尔志。"而由曰:"愿车马,衣轻裘,与朋友共,敝之而无憾。"颜子曰:"愿无伐善,无施劳。"孔子曰:"老者安之,朋友信之,少者怀之。"观此数句,便见圣贤气象大段不同。③

孔子、子由、颜子等人表现出来的无非是士人从政所应该承担的政治责任与忧患情怀,但是二程将这一种本来是士人期望承担的政治责任与忧患意识,提升为一种"圣贤气象",以作为士大夫效法的人格典范,宋儒的这一看法其实是有重要的现实原因。

由此可见,宋代士大夫在社会政治、思想文化领域全面崛起,他们拥有的强烈

---

① 富弼:《范文正公仲淹墓志铭》,见四川大学古籍整理研究所:《全宋文》卷 610,成都,巴蜀书社,1991年,第 58 页。
② 王安石:《临川先生文集》,北京,中华书局,1959 年,第 438 页。
③ 程颢,程颐:《河南程氏遗书》卷 22 上,见《二程集》,北京,中华书局,1981 年,第 284 页。

政治责任、忧患意识，一方面与他们的政治地位、社会身份的提升有密切关系；另一方面与他们自觉继承先秦儒家士人的人格精神有密切关系。宋儒在诠释早期儒家士人的子学典籍即《四书》元典时，实现了他们在现实中面临的内忧外患与《四书》文本忧患意识的精神沟通和心灵对话。两宋以来内忧外患的严峻现实，是宋代士大夫激发起忧患意识的现实原因；而一千多年前儒家士君子的人格精神，则是宋代士大夫激发起忧患意识的精神源泉。所以，追溯宋代士大夫忧患意识的精神渊源，可以在先秦儒家士人的子学系统及经典传记之中找到，特别是在《论语》《孟子》《大学》《中庸》中找到。宋代士大夫从早期儒家子学中获得相关的思想资源，《论语》《子思子》《孟子》表现出来的士人精神传统，既为宋代士大夫精神崛起提供了丰富的思想资源，同时也激发了宋代士大夫重建与自己精神契合的《四书》学。由此可见，以《四书》学为代表的宋学之所以蓬勃兴起，不仅仅是一种新的知识传统的建构，更加重要的是表达了一种新的士大夫精神传统的建构。

所以，宋儒一方面仍然关怀现实、心忧天下，希望实现博施济众的经世事业，故而仍然关注国家政治治理；另一方面，宋儒的学术旨趣重心已经从汉代的"外王"转向宋代的"内圣"，宋儒往往相互劝勉、自我期许要成为"圣人"，普遍向往、追求"圣贤气象"的人格理想，使宋学具有"内圣之学"的特点。所谓"宋学精神"，其实也就是宋代士大夫精神。宋代士大夫坚持对知识、道德和功业的不懈追求，倡导一种有体有用的学术精神，特别强调由士大夫掌控的"道统"要主导由朝廷掌控的"治统"，这一切，均体现出宋代士大夫的政治自觉与文化自觉。由于宋学兴起代表了士大夫的文化自觉，他们无论是在庙堂执政，还是在学府执教，均表现出鲜明的政治自觉和文化自觉。他们倡导、建构一种体现士大夫主体意识的道统论，其实正是在推动一场士大夫主体意识的宋学运动。

二、《论语》的孔颜之乐与宋儒的精神超越

宋代士大夫追求的"圣贤气象"，还表现出另外一个侧面，即对"孔颜乐处"的精神超越和人格理想的无限向往与不懈追求。在宋儒对"圣贤气象"的诠释中，"圣贤"不仅仅追求"以天下为己任""忧国忧民"，更能够具有"孔颜之乐"的超越精神和人格特质。宋代士大夫对"孔颜乐处"的精神境界、人格理想的追求，也是通过《四书》学的诠释来完成的。特别是《论语》《孟子》中记载了早期儒者积极入世的乐观精神和人生境界，往往成为宋代士大夫的向往、仿效的典范。

"孔颜乐处"源于《论语》。《论语》中多处记载孔子对精神快乐的追求，如孔子曾自述"饭疏食饮水，曲肱而枕之，乐亦在其中矣"（《论语·述而》），"知之者不如好

之者,好之者不如乐之者"(《论语·雍也》),"发愤忘食,乐以忘忧,不知老之将至"《论语·述而》)。在这里可以看到,孔子并不因为事业困顿、颠沛流离而忧伤痛苦,恰恰相反,他坚持认为士君子应该将快乐学习、快乐生活作为自己的人生目标。特别是孔子对学生颜回有一段评价是:"一箪食,一瓢饮,在陋巷,人不堪其忧,回也不改其乐。贤哉,回也!"(《论语·雍也》)孔子非常欣赏颜回能够超越物质生活条件、达到一种纯粹精神快乐的人生境界,肯定这一种"乐"的状态高于"忧"。"孔颜乐处"代表了作为个体存在、感性生命的儒家士人,一直将"乐"作为自己的生命本真和人生理想。

在汉唐儒家那里,并没有对孔子、颜回关于人生之乐表达出特别的关注。但是,原始儒家追求"乐"的人生境界,在宋代士大夫那里得到强烈的呼应。《论语》中有关"孔颜之乐"的问题,很快成为一个士大夫普遍关注、热烈讨论的重大问题。从两宋开始,士大夫群体普遍盛行以"孔颜之乐"的人生境界相劝勉,而且,他们也将"孔颜之乐"作为求圣之学的一个十分重要的、关键的学术问题。

一个十分有趣的思想史现象就是,北宋那些著名的、有创造性的新儒家学者,他们进入圣门,似乎都是从体悟"孔颜之乐"开始的。他们对"孔颜之乐"境界的体悟,又总是与《论语》《大学》《中庸》《孟子》的思想有着直接的联系。宋学学者群体中,几位有创始之功的学者,诸如范仲淹、胡瑗、张载、周敦颐、程颢、程颐等重要学者,他们进入圣学门槛、建构道学学术,往往总是与"孔颜乐处"的问题思考相关。张载年少时喜谈兵,范仲淹告诫他:"儒者自有名教可乐,何事于兵!"范仲淹还将《中庸》作为领悟"名教可乐"的主要经典。胡瑗主讲太学时就以《颜子所好何学论》为题试诸生。道学宗师周敦颐,就是一个追求"孔颜之乐"的士大夫。史书记载他"人品甚高,胸中洒落,如光风霁月"[1]。周敦颐也以这一种人生境界启发、培养弟子。程颢、程颐兄弟十四五岁从学于理学开山周敦颐,周子教他们"寻颜子仲尼乐处,所乐何事"[2]。程颢、程颐由"孔颜之乐"的人生追求而走向道德性命的义理建构,成为理学的奠基人。

为什么"孔颜之乐"会成为这些重要宋学开拓者普遍关注、深入思考、引发创新的重要学术问题?这一学术问题的思想史意义在哪里?宋代士大夫普遍追求"孔颜之乐",他们往往将是否达到"乐"的境界作为得道与否的标志,表达的恰恰是这些承担着沉重政治责任、社会忧患的士大夫群体另一精神面向和思想追求。他们认定,从孔子、颜回到子思、孟子,都无不追求这种"心下快活"的人生境界,从个体

---

① 黄庭坚:《濂溪诗》,见《全宋文》,第 104 册,卷 2279,上海,上海辞书出版社,2006 年,第 249 页。
② 程颢、程颐:《河南程氏遗书》卷二上,见《二程集》,第 16 页。

存在、感性生命的角度来看,宋代士大夫同样会积极寻求爱莲观草、吟风弄月的快乐人生。宋儒认为,要达到这种精神上的"快乐""气象",离不开《四书》体系的学术资源,包括身心修炼工夫与超越现实的精神境界。《四书》学之所以在宋代兴起,恰恰是因为它们能够满足宋代士大夫寻求"圣贤气象""社会忧患""孔颜之乐"的精神需求,成为这一个时代能够表达时代精神的经典依据。

　　作为政治精英的士大夫不仅仅是社会角色,还是感性个体,他们也会面临个人的是非、得失、生死问题,他们意识到,个人的忧、苦、烦、闷等消极情绪,其实源于自己对得失、是非、荣辱的偏执。那么,他们应该如何处理自己个人的忧虑、烦恼等消极情感等问题?佛老之学提供的方案是以自己的内心平和为最高目标,故而主张通过精神修炼,从而能够面临是非、得失、生死问题时达到"不动心""无情""空寂"的精神状态与心理状态。但是儒家思想的最高目标是以内圣与外王为一体,通过"正心诚意"的内圣修身是为了"治国平天下"的外王事业。所以,儒家人格理想的"圣贤""君子",总是会充满家国情怀、天下牵挂。理学家胡宏谈到"圣人"时,认为他们和凡人一样有着丰富的个人情感与人生体验:"凡天命所有而众人有之者,圣人皆有之。人以情为有累也,圣人不去情;人以才为有害也,圣人不病才;人以欲为不善也,圣人不绝欲;人以术为伤德也,圣人不弃术;人以忧为非达也,圣人不忘忧;人以怨为非宏也,圣人不释怨。"[1]他认为,圣人和众人一样,也是一个有着情、才、欲、忧、怨的个体存在,特别是儒家的圣贤、士君子必须承担起社会关切、家国情怀的忧患意识与外王事业,他们常常感到需要学习佛老的精神超越境界,在面对人间不平、痛苦时保持"不动心""无情"甚至是"空寂"的精神状态与心理状态。所以,儒家的圣贤、士君子作为个体存在,他们需要有一套处理忧患、痛苦等不良情绪的修炼方法和精神境界。唐宋以来,儒家士大夫也一直在深入思考,如何化解个人的忧、怨等不良情绪,提升喜、乐等积极情感。

　　应该说,魏晋隋唐以来,佛道对这些问题均有过深入的思考和实践,其中佛教更是积累了丰富的思想资源。魏晋隋唐时期,佛教大规模传入和发展,其通过精神修炼而化解个体的不良情绪,对士大夫精神生活产生深刻影响,进一步引导宋儒更加关切通过提升个人的精神境界,以化解忧怨等不良情绪和提升喜乐等积极情感。所以,从个体存在来说,新儒家精神修炼的目标就是所谓"寻乐""心下快活",北宋儒林流行"寻孔颜乐处",以及他们在修身中以是否"乐"为目标,即所谓"反身而诚,乃为大乐"[2]。这些所谓的"乐",其实是一种超越了个人忧、苦、烦、闷等各种消极

---

① 胡宏:《知言疑义》,见《胡宏集》附录一,北京,中华书局,1987年,第333页。
② 程颢、程颐:《河南程氏遗书》卷二上,见《二程集》,第17页。

情绪,从而达到身心的安泰、自在、舒展、洒落的超越境界,这一超越人生境界与天理论的人文信仰、哲学建构有关。宋儒罗大经说:"吾辈学道,须是打叠教心下快活。古曰无闷,曰不愠,曰乐则生矣,曰乐莫大焉。夫子有曲肱饮水之乐,颜子有陋巷箪瓢之乐,曾点有浴沂咏归之乐,曾参有履穿肘见、歌若金石之乐,周程有爱莲观草、弄月吟风、傍花随柳之乐。"①罗大经将修身目的确定为"教心下快活",这既是一种"爱莲观草、弄月吟风、傍花随柳"的感性快乐,又是个人实现了对自己感性生命的超越,是考察一个人是否"得道"的重要标志。所以,宋儒的"寻孔颜乐处",首先必须能够超越个人忧、苦、烦、闷的消极情绪,通过修身使自己"世间一切声色嗜好洗得净,一切荣辱得失看得破",这一精神超越的思想根基必然是哲学与信仰。

　　故而在两宋时期,《四书》学成为宋代士大夫特别关注、热烈讨论的核心经典。因为宋代士大夫特别在意是否达到"圣贤气象"的崇高境界,是否在承担重要政治责任的同时还能够具有洒落自得、闲适安乐的心境。他们通过阅读《论语》《大学》《中庸》《孟子》中的孔子、颜子、曾子、子思、孟子等先圣先贤对"乐"的追求,进一步表达出自己对自由、自在、自得、自乐的向往与追求。理学开山祖周敦颐在《通书·颜子》说:"颜子'一箪食,一瓢饮,在陋巷,人不堪其忧,而不改其乐'。夫富贵,人所爱也。颜子不爱不求,而乐乎贫者,独何心哉? 天地间有至贵至爱可求,而异乎彼者,见其大而忘其小焉尔。见其大则心泰,心泰则无不足,无不足则富贵贫贱处之一也。处之一则能化而齐。故颜子亚圣。"②在这里,周敦颐通过对《论语》中"颜子之乐"的诠释,认为这是一种"见其大而忘其小",其实是指颜回达到了人与天道合一的精神境界。这一个"大",恰恰是周敦颐在《太极图说》《通书》中建构起来的"太极""诚"的宇宙本体。所以,这里所谓的"颜子之乐",其实就是依据于"圣贤之道"而达到的崇高境界。譬如程颢也是通过挖掘《论语》《孟子》和《中庸》的思想资源,而建构这样一种"颜子之乐"的精神境界,他在描述仁者精神境界时说:"学者须先识仁。仁者浑然与物同体……孟子言,'万物皆备于我',须反身而诚,乃为大乐。若反身未诚,则犹是二物有对,以己合彼,终未有之,又安得乐?"③仁本来是《论语》中的核心道德思想,而宋儒进一步将仁提升为一种哲学意义的形而上之本体。我们注意到,程颢建构的仁学本体论,其首要目的并不仅仅是为仁学提供一种知识学依据,更是为他们满足"孔颜之乐"的情感需求,为"仁者浑然与物同体""乃为大乐"提供一种精神的依据。所以,为了达到"浑然与物同体""反身而诚"的"乐"

---

①　罗大经:《鹤林玉露》卷二,见《影印文渊阁四库全书》第 865 册,台北,商务印书馆,1986 年,第 270 页。
②　周敦颐:《通书·颜子第二十三》,见《周敦颐集》,北京,中华书局,2010 年,第 32～33 页。
③　程颢、程颐:《河南程氏遗书》卷二上,见《二程集》,第 17～18 页。

之心灵境界,程颢等道学家从早期儒家士人孔子、颜子、曾子、子思、孟子那里,从他们对"乐"的追求中找到了自己的精神同道,并由此走向内圣之道的哲学思辨。

三、宋儒的忧乐意识与内圣之道建构

我们已经谈到,从北宋开始,士大夫群体非常向往"圣贤气象"的人格理想,通过追求一种"孔颜乐处"的生活态度与精神境界来体现这一种"圣贤气象"。宋儒强调"圣贤气象"的最重要标志不是外在的政治功业之"用",而是一种内在的精神境界之"体"。这一"内圣"的心理状态、精神境界究竟是一种什么状态?从宋儒的学术论述和现实追求来看,"圣贤气象"往往体现为情感心理、精神情怀的忧与乐两个方面。尤其值得关注的是,宋儒之所以需要建构出一套有关内圣外王之道,其实是源于生活世界的忧乐人生,宋儒哲学建构的精神动力、价值源泉来源于他们的人文世界。

首先,宋儒将自己的忧乐情怀归结为一种内圣之道,有一个基本的思想前提与价值承担,即他们的忧乐应该是与天下苍生休戚相关的情怀。在宋儒看来,尽管所有人均有忧与乐的情感,但圣贤、士君子表达出来的忧与乐,是应该不同于常人的。普通人的忧与乐可能是源于自己个人的利欲、需求与境遇,而圣贤、士君子的忧乐却总是直接关联人民幸福、国家安泰、天下和美。所以,北宋时期的许多儒家士大夫,总是将圣贤、君子的忧与乐与天下的忧与乐联系起来。欧阳修曾经谈到圣人的忧乐情感所体现的精神境界:"圣人忧以天下,乐以天下。其乐也,荐之上帝祖考而已,其身不与焉。众人之豫,豫其身耳。圣人以天下为心者也,是故以天下之忧为己忧,以天下之乐为己乐。"①欧阳修所推崇的"圣人忧以天下,乐以天下",正是强调圣人并不执着于个人的忧与乐,而是将天下的忧与乐看作自己的忧与乐。这一北宋时期士大夫普遍推崇的道德精神与人格理想,在范仲淹著名的《岳阳楼记》中表达得更是特别充分,也就是所谓"先天下之忧而忧,后天下之乐而乐"。其实,这一类思想观点,均是强调圣贤、士君子的社会担当、天下情怀的责任意识,要求士大夫有君子、圣贤的社会责任和天下情怀,将个人的忧乐和天下的忧乐联系起来。这其实恰恰是宋儒追求的内圣外王之道。

但是,宋代士大夫不仅仅是强调要将个人忧乐与天下忧乐联系起来,我们进一步探究时还可以追问:宋儒为什么会以"忧"与"乐"这两种不同类型的情感描述"圣贤气象"?这两种不同类型的情感分别体现出什么不同的人文意义?

---

① 欧阳修:《易童子问》卷一,见《欧阳修全集》,北京,中华书局,2001 年,第 1109 页。

两宋时期的儒家士大夫作为政治主体和文化主体进入到历史舞台,他们总是对自己的政治责任、社会使命有强烈的承担意识,所以他们对两宋的内忧外患十分敏感,他们追求现实的外王事业,完全有可能因此而沉溺于忧虑、痛苦、烦恼等消极情绪之中而难以自拔。从宋儒的思想言论和生活实践会发现,当他们在追求外王事业的过程中,必然会承担社会之苦、国家之难的沉重压力,故而忧患必然成为他们精神世界的焦点和重心。许多现代学者就是从这个意义上肯定儒家人格理想及中国文化特征是忧患意识。但是,为什么宋代士大夫总是不得不经历这样的人生磨难和生命悲苦?宋儒并不相信我们的生活世界之外还存在一个极乐世界,他们不能够依赖因果报应、上帝赏罚的宗教信仰来解决或化解他们面临的严峻精神问题。要如何才能够完成精神自我的救赎,以回归到生命本质的心灵平静、精神愉悦、身心安泰?

儒家内圣外王的理想人格一旦落实在世俗的生活世界,也会面临个体存在、感性生命具有的消极情感。儒家士大夫当然希望回归心灵平静、精神愉悦、身心安泰的生命状态,并以此作为根本精神导向,这时候,"乐以忘忧""曾点之志""乐是心之本体"等思想观念就成为他们情感世界的追求和目标。可以说,宋代新儒家之所以追求"孔颜之乐",恰恰在于他们有一个特别重要的精神向度,就是解决他们在社会关切、家国情怀中产生的忧患问题。他们之所以需要寻乐,是根源于他们从事外王事业必然面临的入世之忧;而他们也需要化解、超越内心沉重的忧患,故而迫切需要一种超然之乐。所以,"圣贤气象"既能够凸显宋代士大夫的责任意识,同时也能够表达士大夫的超然境界。许多现代学者也正是从这个意义上,肯定儒家人格理想及中国文化特征是乐的精神。所以,宋代士大夫"圣贤气象"的精神追求,既可能体现为"忧患意识",更应该体现为"孔颜之乐"。所以说,宋代士大夫并不希望永远陷于"忧患"之苦,也不希望溺于一己之"乐",故而只能够是兼顾社会责任的忧患意识与个体生命本真的乐天精神,最终达到一种忧乐圆融的精神境界与理想人格。

而且,宋儒不仅仅是拥有强烈的忧乐情怀,还以此忧乐情怀为基础建立了一套系统的心性哲学。人们往往认为哲学是理性智慧的产物,而宋儒"致广大、尽精微"的高深哲学为什么会与"忧"与"乐"的情感世界相关联?

这时,我们就来到理学"内圣之道"的问题意识与思想核心。宋代士大夫在积极入世中为什么会具有浓厚的"忧患意识"?他们又为什么能够在忧患处境中追寻"孔颜乐处"?其实二者均与"士志于道"的精神信仰有关。儒家士人的信仰是道,但恰恰是魏晋隋唐以来,儒家信仰之道受到了严重的挑战。许多有事业追求和精神追求的士大夫往往是出入佛老,在佛道的宗教信仰和空无哲学中寻求精神宁静。宋儒必须为自己的"忧患意识""孔颜乐处"找到信仰的依据和哲学的基地,这样他们才能够坚定"忧患意识"的意志,才能够真正实现"孔颜之乐"的精神升华。所以,《周易》的宇宙哲学成为宋儒建构信仰依据和哲学基地的重要典籍。

这里举宋儒解释《周易》中《困》卦的一个例子,我们能从中看到宋儒的宇宙哲学与忧乐意识的密切关系。《困》似乎象征作为政治主体的两宋士大夫面临的历史困局,他们一旦进入现实世界就不能不具有浓厚的忧患意识。但是宋儒希望一切"志于道"的圣贤、士君子,能够在困局与忧患中保持乐观的人生态度。范仲淹对于《困》卦的"泽无水",主张:"困于险而又不改其说,其唯君子乎,能困穷而乐道哉!"①胡瑗也是如此:"唯君子处于穷困,则能以圣贤之道自为之乐,又能取正于大有德之人以为法则,故所行无不得其道,所以获吉而无咎矣。"②程颐进一步强调:"大人处困,不唯其道自吉,乐天安命,乃不失其吉也。"③"君子当困穷之时,……知命之当然也,则穷塞祸患不以动其心,行吾义而已。"④可见,范仲淹、胡瑗、程颐在诠释《困》卦的卦义时,均强调两点:其一,任何穷塞祸患的困境均不可动摇士君子坚守道义、不改志向的决心;其二,必须要在"君子困穷"的境遇中坚持以道自乐。可见,宋儒对《困》卦卦义的阐发,已经深入到理学内圣之道的核心问题,即如何以乐观、积极的态度,去面对、解决多灾多难的现实困局。程颐认为:"以卦才言处困之道也。下险而上说,为处险而能说,虽在困穷艰险之中,乐天安义,自得其说乐也。时虽困也,处不失义,则其道自亨,困而不失其所亨也。能如是者,其唯君子乎!若时当困而反亨,身虽亨,乃其道之困也。"⑤君子虽然处于困穷艰险的时势中,他无法获得个人命运的亨通,但是他仍然应该通过坚守道义、乐天安义并自得其乐,这就是所谓的"孔颜之乐"。

为了坚定自己的"乐道"精神,宋儒重新建构了内圣之道,即建立一套以无极太极、理气道器的宇宙论为哲学基础的心性之学。宋儒建构了天人一体的性理之学与居敬穷理的修身工夫,他们坚持所有人均可通过心性修养而获得"圣贤气象",这是宋代士大夫能够获得精神上的自我救赎的唯一可能。宋儒特别是在《四书》的经典文本中,找到了他们迫切需要的如何能够达到忧中有乐、乐不忘忧、忧乐圆融的生活态度和精神境界。

宋学本来是一种内圣外王之道,宋儒当然希望在内圣之道和外王之道两方面均有进一步拓展。但在宋学的发展演变过程中,宋儒越来越意识到内圣的根本性,

---

① 范仲淹:《范文正公文集》卷七,《易义·困》,见《范仲淹全集》,南京,凤凰出版社,2004年,第125页。
② 胡瑗:《周易口义》卷八,《困》,见《影印文津阁四库全书》第3册,北京,商务印书馆,2006年,第503页。
③ 程颐:《周易程氏传》卷四,《经下·困》,见《二程集》下册,第940页。
④ 程颐:《周易程氏传》卷四,《经下·困》,见《二程集》下册,第941页。
⑤ 程颐:《周易程氏传》卷四,《困》,见《二程集》下册,第941页。

特别是宋代士大夫的忧乐情怀和对理想人格的向往,故而逐渐将内外兼顾的宋学转型为以内圣为主导的性理之学。什么是"性理之学"?元代理学家吴澄说:"所谓性理之学,既知得吾之性,皆是天地之理。"①当一个人体认到"吾之性"即是"天地之理",由自我的内在心性可上达宇宙之理,他承担的"忧患意识"就具有了崇高的精神价值,而他的"孔颜之乐"才能够提升到一种真正的精神超越。所以,追求内圣之道的宋儒更加热衷于形而上维度的思想建构,对理气、道器、人心、道心、天命之性、气质之性等问题表现出特别的兴趣,他们将《周易》的宇宙哲学与《四书》的人格哲学结合起来,建立起形而上思辨与形而下生活紧密相连的内圣之道。但是我们必须强调,宋儒向往的内圣之道,以及其身心性命的形上追求,其实是源于他们追求外王事业过程中的生活世界。

(原载《清华大学学报(哲学社会科学版)》2021 年第 1 期)

---

① 黄宗羲、全祖望:《草庐学案·草庐精语》,见《宋元学案》卷九十二,北京,中华书局,1982 年,第 3038 页。

"仁"的层次与蕴含
——张岱年先生释孔子之"仁"

向世陵

（中国人民大学国学院）

内容提要："仁"作为孔子最重要的思想原则，其涵义可以区分为不同的层次和类别。张先生以"己欲立而立人，己欲达而达人"为孔子提出的关于"仁"的界说，并以此为据划分出了孔子论"仁"的较深层次和较浅层次，讨论了"仁"最主要的涵义或核心涵义，并对超过"仁"与未达于"仁"的境界（或标准）进行了揭示和分析。

关键词：仁；较深层次；较浅层次；超过仁；不及仁

凡提起"仁"的概念，都会想到孔子。"仁"之一词虽不出于孔子，但经过孔子的提炼和归纳，最典型地展示了孔子思想的特色，并成为以"仁"为核心的仁学体系。此后，"仁"不但成为儒学的核心概念，也渗透到诸子思想和佛道文化之中，赋予传统中国的伦理规范、法制建设、社会稳定以精神指向，体现了古代先贤应对世事的理智能力，是中国传统文化中最有代表性的思想范畴。

一、"仁"的较深与较浅层次

"仁"在传统社会，首先是一种思想观念，但同时也是具有强烈现实品格的道德原则和实践依据。因而"仁"本身是可以再分析的，它实际上是由不同的蕴含和不同的层次所组成的包容性的范畴。这在孔子创立他的仁学的时候，就已经是如此。

张岱年先生的专著《中国伦理思想研究》中，第六章是《仁爱学说评析》，从此章标题便可看出，张先生是以"仁爱"来定位孔子的仁说的。当然，在他这里还包括墨子的兼爱和老子的慈爱[①]，但本文只涉及孔子的仁爱。

张先生认为，"仁"虽然在一般意义上被孔子提高为最重要的道德原则，但依据

---

① 张岱年：《中国伦理思想研究》第六章《仁爱学说评析》，见《张岱年文集》第六卷，北京，清华大学出版社，1995 年，第 577 页。又，此章内容（《仁爱学说评析》）先期发表于《孔子研究》1986 年第 2 期。

其涵义,可以将它区分为不同的层次和类别,譬如较深层次、较浅层次或最主要的涵义、核心涵义等①。下面参照张先生所举孔子言"仁"之例,作一具体分析。

(一) 较深层次的涵义

孔子言"仁"处很多,张先生认为重要的也不少,譬如所引:

> (1) 子曰……"夫仁者,己欲立而立人,己欲达而达人。能近取譬,可谓仁之方也已。"(《论语 · 雍也》)
>
> (2) 颜渊问仁。子曰:"克己复礼为仁。一日克己复礼,天下归仁焉。为仁由己,而由人乎哉?"(《论语 · 颜渊》)
>
> (3) 仲弓问仁。子曰:"出门如见大宾,使民如承大祭。己所不欲,勿施于人。在邦无怨,在家无怨。"(《论语 · 颜渊》)
>
> (4) 樊迟问仁。子曰:"爱人。"(《论语 · 颜渊》)

在这中间,作为"仁"的较深层次或较高层次的代表的,张先生认为主要是首末两条。在这两条中,"爱人"比较简要,"己欲立而立人,己欲达而达人"则是"爱人"的具体规定。而这个具体规定,就是"仁"的最主要的涵义。

所以首末两条表述了"仁"的较深层次的涵义,其理由,首先在是否具有新意。以此为标准,第二、第三的中间两条,"克己复礼""出门如见大宾,使民如承大祭"是引用前人成语;而"己欲立而立人,己欲达而达人""爱人"则是孔子自己提出。孔子自己提出的,体现了孔子的创新思想,因而应当属于较深层次②。

其次,是要承认人人都有自己的意志,有自己独立的人格。因为"仁"是关于人我关系的准则,它的前提和出发点是别人也是人,而且和自己是一样的人。孔子虽然没有明确提出这一观点,但他讲过人与人之间本性相近,鸟兽不可与同群,具有了人的"类"的意识。"能近取譬,可谓仁之方也已。""能近取譬"就是推己及人,这就必然承认别人也是人。同时,"三军可夺帅也,匹夫不可夺志也"(《论语 · 子罕》),别人不但是人,而且也有自己独立的意志。那么,"爱人"这一"仁"的主旨的落实,就是要肯定人人都有自己独立的人格,要容许别人做和自己一样的事③。故"夫仁者,己欲立而立人,己欲达而达人"便被张先生认定为孔子关于"仁"的界说④。

---

① 张岱年:《中国伦理思想研究》第六章《仁爱学说评析》,见《张岱年文集》第六卷,第 579～580 页。
② 张岱年:《中国伦理思想研究》第六章《仁爱学说评析》,见《张岱年文集》第六卷,第 579～580 页。
③ 张岱年:《中国伦理思想研究》第六章《仁爱学说评析》,见《张岱年文集》第六卷,第 580 页。
④ 张岱年:《探索孔子思想的真谛——六十年来对孔子思想的体会》,见《张岱年文集》第六卷,第 228 页。

　　在"爱人"与"己欲立而立人,己欲达而达人"之间,"爱人"表示个人对于别人应有的态度,"己欲立而立人,己欲达而达人"则既表示个人对于别人的态度,也表示了个人对于自我的态度。"己欲立""己欲达"肯定了个人的主体性,"立人""达人"则承认别人的主体性。孔子的"仁"的观念,就是古代关于个人主体性的思想,也是古代的人道主义思想①。那么,张先生意下孔子仁说的核心涵义,就是指承认人的独立人格和人的主体性。独立人格是心理学的概念,主体性则是哲学的概念,但二者都与独立意识和自主判断相关联,故也可以相通。在此意义上,爱人就是"我"(主体)能够独立自主地去爱、去承认他人的价值。

　　至于"爱人"本身,既然人是"类"的概念,爱人在名义上就是爱一切人,即孔子自己所说的"泛爱众"(《论语·学而》),它表述了人类之爱的基本原则。但同时,张先生也认为,爱是有贵贱等级的,并引《左传·昭公二十九年》孔子批评晋国铸刑鼎为例,说明这表现了明显的阶级性。在 20 世纪 80 年代的著作中,阶级分析法还较为流行,尽管在今天已淡出了人们的视野。

　　张先生从肯定人人有独立的人格解说"仁",凸显了注重人的权利和意志品质的现代性立场。可能正因为如此,对中间两条即"克己复礼为仁"和"己所不欲,勿施于人",则只是一般地肯定其重要性,没有给予太多的关注。

　　就第二条"克己复礼为仁"来说,由于突出了"克己复礼"和仁礼关系这一孔子仁学的最重要的话题,在 20 世纪七八十年代曾被广泛讨论,至今仍有不少文章涉及。其讨论之细,甚至将"克己复礼为仁"句中的每一个字都拆开进行论辩。张先生认为"克己复礼"是引用前人成语,但也说明仁与礼有密切关系,遵礼而行是仁的主要表现。礼既是表现,就属于形式一方,而仁则是内容。但仁的内容是什么则没有明确揭示,所以未被归入仁的较深层次涵义之列。不过,如果站在"克己复礼"就"是"仁,即以礼解仁的一方,这一条倒刚好说明,仁不能离开礼而独行,无礼不成仁,仁与礼是相互依赖的关系。那么,如何依循制度规范去践行和阐扬仁德,应该也进入了仁的较深或较高层次的涵义。

　　在第三条,张先生引其中"出门如见大宾,使民如承大祭"二句,亦说明是前人成语,没有给予解释。从孔子答仲弓问仁全句的语气和语义看,孔子所答重点在仁德体现在何处及其实践效果,而非直指仁的涵义本身。但在今天,这一条的核心部分已成为"己所不欲,勿施于人"。在中西文化比较的视野中,这被当作黄金法则或

---

　　① 张岱年:《论"孔子之是非"》,见《张岱年文集》第六卷,第 218~219 页。

金律(银律)的消极形式①。在儒家的语言系统中,这也就是"恕","恕"实际就是"互惠"②。罗哲海以为,无论是金律或银律,抑或积极或消极的形式,"无论自己对他人有所行为或不行为,均非头等重要之事,决定性的在于彼此设身处地的考量,而不论客体的身份为何"③。这种彼此设身处地的考量是互惠的:我若施于人,人当回报我;我不想别人怎样对待我,我也就不应当这样对待人。互惠无疑存在利益的交换,但互惠的基点仍在互爱,故其交换的效果是正面的,不但从效果的层面肯定了爱的价值,而且使仁爱的践行具有了可持续性的保障。张先生对此没有正面论述,但他肯定"'仁'要求人我兼顾,彼此互助,这应是人际关系的一个根本原则"④,实际也蕴含有互惠的思想。

(二) 较浅层次的涵义

"仁"的较浅层次,张先生也称为较低层次,一共举有两条,如下:

> 司马牛问仁。子曰:"仁者其言也讱。"曰:"其言也讱,斯谓之仁已乎?"子曰:"为之难,言之得无讱乎?"(《论语·颜渊》)
>
> (樊迟)问仁。曰:"仁者先难而后获,可谓仁矣。"(《论语·雍也》)

不过,虽然谓之较浅或较低层次,但并不等于不重要,譬如上面孔子答司马牛问仁,张先生便是将其与前面较深层次的四条排列在一起⑤。这两条孔子言仁,为何层次较浅或较低,张先生没有给出理由,但不妨作一点分析。

前面四条孔子答"问仁",都是就"仁"之德自身作出解释;但这两条情况不同,孔子不是直接解释仁之德为何,而是以具有仁德的人的言行去间接说明仁,而且还都与难易问题相关。在前者,有仁德之人说话迟钝,迟钝则意味着慎重。为何是如此?因为实行起来难度大,话语表达自然就很慎重了。在后者,有仁德之人先付出

---

① 罗斯特说:"黄金法则具有积极与消极两种形式。例如,基督耶稣的教义'无论何事,你们愿意人怎样待你,你也要怎样待人'被视为积极的,儒家的教导'己所不欲,勿施于人'则被视为是消极的。"参见 H. T. D. 罗斯特著,赵稀方译:《黄金法则》,北京,华夏出版社,2000 年,第 12 页。又见罗哲海:"在《论语》里面,金律的表现形式多半属于消极性质。除了孔子的'己所不欲,勿施于人'之外,《论语·公冶长》中亦有子贡之语:'我不欲人之加诸我也,吾亦欲无加诸人。'这种消极性质的语句也被某些人称作'银律'。"见《轴心时期的儒家伦理》,陈咏明、瞿德瑜译,郑州,大象出版社,2009 年,第 171 页。

② 罗哲海云:"在西方汉学研究的文献中,'恕'字大多被译作 reciprocity,亦即互惠。"见《轴心时期的儒家伦理》,陈咏明、瞿德瑜译,郑州,大象出版社,2009 年,第 171 页。

③ 罗哲海:《轴心时期的儒家伦理》,陈咏明、瞿德瑜译,第 172 页。

④ 张岱年:《探索孔子思想的真谛——六十年来对孔子思想的体会》,见《张岱年文集》第六卷,北京,清华大学出版社,1995 年,第 228 页。

⑤ 张岱年:《中国伦理思想研究》第六章《仁爱学说评析》,见《张岱年文集》第六卷,第 579~580 页。

艰辛,然后才能收获果实。这说明,孔子虽然讲过"我欲仁,斯仁至矣"(《论语·述而》),但这只是就可能和趋势而言;进入现实,就必然要跨越"难"这一关口。联想到从《尚书》以来知易行难的一般认知立场,孔子可能想要表明实现仁德之不易及其相关联的慎重的态度。也正因为如此,孔子从不轻易许人为仁人。

可是,如此释"仁"为何被归于较浅或较低的层次呢?回顾前文,较深层次是突出人的独立人格和人的主体性,而这两条是在"仁者"已经成立的情况下,披露仁者在跨越"难"关之后的心态,都属于实用的层面,无关乎精神价值层面的人格独立或主体性问题,在理论上就相应被归属到了较低的层次。

二、超过"仁"与不及"仁"的两端

张先生在提出仁有较深和较浅层次之外,又提出有超过仁和未达到仁的上下两端的情形,并分别给出了相关的例证和思考。

(一) 高于"仁"的境界或标准

高于"仁"的境界,即孔子答子贡问仁的前半句——"博施于民而能济众"。如下:

> 子贡曰:"如有博施于民而能济众,何如? 可谓仁乎?"子曰:"何事于仁! 必也圣乎! 尧舜其犹病诸……"(《论语·雍也》)

孔子这段话历来的正解,都认为是博施济众超越了"仁"而达到了"圣"的境界;同时,还要强调即便是"圣"如尧舜亦难以充分实现(有遗憾)。张先生正是如此,认为博施济众超过了仁,是较仁更高的境界[1]。

但是,这或许并非是孔子的本意。因为"仁"与"圣"在孔子的区分,主要不是境界高低,而是牵连到执政地位和所能支配的财富多寡等问题。"圣"在当时人的心中,往往是跟"王"联系在一起的,譬如尧舜禹汤、文武周公等。那么,孔子的"何事于仁"不一定是指圣超过了仁的境界,联系后文,可以理解为不仅仅是仁的境界,还一定有圣王(救助天下)的功德了吧! 但(救助天下必然涉及物质财富的充裕问题,所以)尧舜也很难真正办到啊!

同时,"博施济众"本身并没有一个确定的量的标志。我的理解,只要是广泛地施惠(非限定于亲亲)和接济众人,就可以叫作"博施济众"。结合秦汉以后历史实

---

[1]　张岱年:《探索孔子思想的真谛——六十年来对孔子思想的体会》,见《张岱年文集》第六卷,北京,清华大学出版社,1995 年,第 228 页;亦参见《中国伦理思想研究》,第 580 页。

践看,在"天下一家""博爱之谓仁""民胞物与""一体之仁"等儒家仁爱—博爱观念的浸染渗透下,自上至下的各级官吏中,有不少在掌握一定权力和物质资源的情况下,是力求在所管辖和力所能及的范围内去"博施济众"的。远的不说,在宋明时期,程颢任晋城县令,史载其"度乡村远近为伍保,使之力役相助,患难相恤,而奸伪无所容。凡孤茕残废者,责之亲戚乡党,使无失所。行旅出于其途者,疾病皆有所养"①,这可以说是一定程度的"博施济众"。陆九渊治荆门去世后,当地父老李敛等有祭文云:"古之君子,所居民爱,所去民思,而况贤刺史之亡,其遗爱在人,真有不可解于心者。我民将子子孙孙尸而祝之,社而稷之,以至于无穷也。"②"遗爱在人",孔子当年闻知子产去世时,便曾哭之曰:"古之遗爱也!"③而这种"遗爱",明显是通过陆九渊"博施济众"的惠民功德展示出来并被后人所铭记的。

王阳明作为一方执政大员,为帮助消除民众的苦痛,完全不顾及"自不量力"之类的嘲讽,所谓"吾方疾痛之切体,而暇计人之非笑乎"④? 相对于孔子,阳明已有一定的地位和物质手段作为后盾,因而也够在一定条件下支撑他"博施济众"的实践。

杨东明、高攀龙、钱一本等创办"同善会",其宗旨是使"寒者得衣,饥者得食,病者得药,死者得槥"⑤,强调以财力助人。由"仁爱"到"博施",正是仁德推广的真实过程。在他们这里,结合"己欲立而立人,己欲达而达人",只要人人立诸己、人人都能力所能及践行仁爱,会合起来,其施惠自然广博而能泛爱天下,博施济众已经在实践之中。

那么,"博施济众"就不应当被视作超过或高于仁(而无法实施)的境界,而应当被看作与仁属于同一境界而又扩展到物质施济的范围。换言之,"仁"与"博施济众"之不同,不是境界高低(质)而是爱之实施的范围大小(量)的问题。

(二) 不及"仁"的境界或标准

不及"仁"的境界或标准,张先生也举有一条。如下:

> (宪问)"克、伐、怨、欲不行焉,可以为仁矣?"子曰:"可以为难矣,仁则吾不知也。"(《论语·宪问》)

---

① 《宋史》卷四百二十七《道学一·程颢传》。
② 陆九渊:《年谱》,《陆九渊集》卷三十六,钟哲点校,第 513 页。
③ 《史记》卷四十二《郑世家》。
④ 王阳明:《语录二·答聂文蔚》,吴光等编校《王阳明全集》,上海,上海古籍出版社,1992 年,第 80 页。
⑤ 高攀龙:《同善会序》,《高子遗书》卷九上,文渊阁《四库全书》本,台北,商务印书馆,1986 年,第 1292 册,第 560 页。并参见《墨子·尚贤下》:"有力者疾以助人,有财者勉以分人,有道者劝以教人。若此则饥者得食,寒者得衣,乱者得治。若饥则得食,寒则得衣,乱则得治,此安(乃)生生。"

　　张先生以为,这段话说明"克伐怨欲不行"还没有达到仁的标准①。与上面"己欲立而立人,己欲达而达人"的孔子关于"仁"的界说和宗旨相比较,"克伐怨欲不行"的境界自然较低。但径直断定为未达到仁,似乎也过于绝对。在字义的层面,参考《中庸》"仁者人也"的定义,可以将"己欲立而立人,己欲达而达人"解作"己欲立而立仁,己欲达而达仁",即呈现一种积极正面地确立起仁德的心境和行为;而"克伐怨欲不行"还只达到祛除或避免不善的心理和行为的产生,尚未正面确立起仁的德行,所以孔子没有直接给予"仁"的评价。

　　不过,值得注意的是,在本段孔子答问仁中,也使用了"难"之一词。联系上面"仁"之较浅层次的二"难"以及《论语》中其他言"难"处②,"难"在孔子仍是一种值得称许的实践工夫,突出了人的毅力和胸怀在践行仁德中的作用。孔子肯定"难"而又言"仁则吾不知也",一方面说明"难"与"仁"之间尚有距离;但另一方面也意味着"难"与"仁"之间的界限其实不好划分。因为"己欲立而立人,己欲达而达人"要实现,也不能说不难。或许可以说,"难"是实践仁德的必经工夫,而"仁"则是"难"走到一定阶段的产物,二者之间不应该截然分割开来。

　　综上所述,张先生对孔子之"仁"层次和涵义等的论说,为我们打开了分析孔子仁说的一扇门窗,虽然如何确切界定"仁"之涵义还可以具体讨论,但借此门窗而入,或许可以窥视到孔子论"仁"的更为丰富的蕴含。

参 考 文 献

张岱年.张岱年文集:第六卷[M].北京:清华大学出版社,1995.
H.T.D.罗斯特.黄金法则[M].赵稀方,译.北京:华夏出版社,2000.
罗哲海.轴心时期的儒家伦理[M].陈咏明,瞿德瑜,译.郑州:大象出版社,2009.
司马迁.史记[M].北京:中华书局,1982.
脱脱等.宋史[M].北京:中华书局,1985.
陆九渊.陆九渊集[M].钟哲点校.北京:中华书局,1980.
王阳明.王阳明全集[M].吴光等编校.上海:上海古籍出版社,1992.
高攀龙.高子遗书[M].影印文渊阁四库全书第1292册.台北:商务印书馆,1986.

（原载《衡水学院学报》2019 年第 6 期）

---

① 张岱年:《中国伦理思想研究》第六章《仁爱学说评析》,见《张岱年文集》第六卷,第580页。
② 其他诸如"色难""才难""为君之难""贫而无怨难""难乎有恒矣",等等。

从经学到经学史

景海峰

（深圳大学国学院）

内容提要：经学是儒学的主体，谈儒学离不开经学，但儒学与经学的关系颇为复杂，大致可分为"前经学时代""经学时代"和"后经学时代"，而每一时段的情况又很不一样。在经学解体之后，现代学术中的儒学话语基本上与经学剥离开来，变成哲学思想等形式；而经学的历史资料则流布于史学、文献学等领域，或收缩为狭小的经学史研究。这种状况已持续了百年，所形成的"经学"观念也渐成定势，使其疆域狭窄，形象枯寂，成一死学问。实际上，广义的经学既包括了围绕经典所展开的各种整理和训释工作，也涉及对这些文本所蕴含的思想义理的诠解与发挥；既有以文字、音韵、训诂等小学功夫为中坚的学问形式，也有问道求理的形而上致思趋向。作为训诂与义理并存的大系，新的经学建构首先要冲破"以小学为经学"的狭窄观念和"即经学史以为经学"的无奈之举，将经学放到中国文化历史的宏阔视野中来理解，由经典诠释入手阐明其意义，使之从纯粹材料化的身份中解放出来。

关键词：儒学；经学；"汉学"与"宋学"；中国经学史；经典诠释

围绕着儒家经典所展开的诠释活动，包括文献考证、辑佚与辨析、各种注解，及意义阐发等，构成了经学的主要内容。经的结集和形成过程，有赖于远古材料的搜集、整理与编排，这些创作积累和筛拣工作经历了漫长的时段，孔子的出现可以说是一个节点。在他之前是思想的积蕴和材料的不断丰厚，经过孔子之手之后，经的架构初步形成，经的意义也逐渐凸显，进入到经学的前发展期。在经历了诸子百家的思想较量和充分融会之后，特别是秦汉大一统在意识形态的实验方面，经过了复杂的拣择与颠簸，最终确立下"罢黜百家、独尊儒术"之国策，"五经"立于学官，治经成为学者的共业，"经"开始系统化、建制化和威权化，进入到了所谓"经学时代"。直到晚清，随着西学的传入和新知识形态的日渐显豁，这一以经学为主轴的思想大时代方告终结。正像冯友兰先生所说的：

> 在经学时代中，诸哲学家无论有无新见，皆须依傍古代即子学时代哲学家之名，大部分依傍经学之名，以发布其所见。其所见亦多以古代即子学时代之

哲学中之术语表出之。此时诸哲学家所酿之酒，无论新旧，皆装于古代哲学，大部分为经学，之旧瓶内。而此旧瓶，直至最近始破焉。[①]

从宏观上来看，中国古代学术在先秦时期为"前经学时代"，经学尚处于萌芽和积累的阶段；汉武之后，经学大昌，成一主流，是为经学时代；晚清以还，作为官学的经学体系宣告瓦解，由此进入到所谓"后经学时代"。也就是说，在古典学术之形态下，经学不仅是中国学问的主脑和领头羊，而且对全部的知识系统都有一种很强的涵盖性和穿透力，经学是纲，众知识是目，纲举目张。这一高度笼罩性的状态，于古而言，人人如处须臾不可离的空气当中，不可能跳出经学来看经学；所以，具有现代史学意义的经学史研究，只会在经学落幕之后发生，而所谓客观的历史叙述，只能是置身度外的蓦然回望而已。

一、儒学与经学

首先需要厘清的是经学和儒学的关系。从概念上来讲，显然儒学的外延要比经学的外延大得多，经学只能包含在儒学当中，是儒学的一个组成部分，属于下位概念；因为除了经学之外，儒学还包含了其他的一些内容。就经学的内涵而言，比之儒学的内涵，它又有其特定的所指，与泛泛地讲儒学相比，经学更具有某种定向性，也更为具体。如果说儒学是一种思想流派、学术体系、文化形态，和中华文明演进的历史是缠绕在一起的，那么经学就是其源源不绝的思想燃料库和航向校准器，与经典的整理和解释活动融合为一体，具有鲜明的文献学色彩。但经学和儒学的关系，严格说来又不是部分与整体的关系，或者是占有多大比例的问题，其交叠和融合的情状，是很难用计量的方式和外在的尺度来表达的。一如何为儒学，论辩不绝，于今难休；什么是经学，在现代意识的重新理解与定位中，也是众说纷纭，难有共识。

儒的起源向为学界探讨之一大事由，有其儒即有其学，或曰儒学自孔子始。按照清儒阮元（1764—1849）的说法，《周礼》"太宰九两系邦国"。"三曰师，以贤得民；四曰儒，以道得民。"（《天官》）"联以师儒，师以德行教民，儒以六艺教民。"此"周初已然"的分合同异情形，到了"儒术为盛"的孔子时代，"孔子以王法作述，道与艺合，兼备师、儒，颜、曾所传，以道兼艺，游、夏之徒，以艺兼道，定、哀之间，儒术极醇，无少差缪者"[②]。此"三德""三行"（师氏）、"六艺""六仪"（保氏）的周礼，集于孔子一

① 冯友兰：《中国哲学史》下册，北京，中华书局，1961年，第492页。
② 阮元：《拟国史儒林传序》上册，《研经室集》，北京，中华书局，1993年，第36页。

身,圆融至极。到了孔子之后,正像《史记·儒林列传》所描述的:

> 自孔子卒后,七十子之徒散游诸侯,大者为师傅卿相,小者友教士大夫,或隐而不见。故子路居卫,子张居陈,澹台子羽居楚,子夏居西河,子贡终于齐。如田子方、段干木、吴起、禽滑釐之属,皆受业于子夏之伦,为王者师。是时独魏文侯好学。后陵迟以至于始皇,天下并争于战国,儒术既绌焉,然齐鲁之间,学者独不废也。于威、宣之际,孟子、荀卿之列,咸遵夫子之业而润色之,以学显于当世。①

从这段话看,七十子后学所为,并不都涉及文献,甚或与经无关,所以早期儒学的范围要远大于经解活动。到了战国后期,"儒术已乖",其淆乱之情景亟须自我反思。于是乎,荀子力辟"上不能好其人,下不能隆礼"的陋儒(《荀子·劝学》)、"不隆礼,虽察辩"的散儒(《劝学》),讥讽"括囊,无咎无誉"的腐儒(《非相》)、"公修而才"的小儒(《儒效》);而极力颂扬"在本朝则美政,在下位则美俗""志安公,行安修,知通统类""善调一天下者"的大儒(《儒效》)。《儒效》篇明确将儒分为三等:"呼先王以欺愚者而求衣食"者为俗儒;"法后王,一制度,隆礼义而杀诗书"者为雅儒;"举统类而应之,无所疑作,张法而度之,则奄然若合符节"者为大儒。而荀子加以肯定的唯有大儒,尤其是其"虽隐于穷阎漏屋,无置锥之地,而王公不能与之争名;用百里之地,而千里之国莫能与之争胜"(大儒之征)和"与时迁徙,与世偃仰,千举万变,其道一也"(大儒之稽)的独特品格。而这里所说的大儒,显然并不是以经业为胜的那部分人。

当然,荀子的儒学标准表面上是以仲尼、子弓为典范,说其"通则一天下,穷则独立贵名。天不能死,地不能埋"(《儒效》),歌颂备至;而实际上,他所塑造的大儒形象已明显地带有战国末期的色彩。"一制度""天下为一海内宾"的政治理想,"隆礼尊贤而王,重法爱民而霸"的治国之术,均与孔子相去甚远;而这正是应对了时代要求,能"与时迁徙,与世偃仰"的荀记儒学。所以谭嗣同说,"荀乘间冒孔之名,以败孔之道","尊君统以倾孔学"②。陈黻宸(1859—1917)也指出,"荀子每以儒自标异,常竞竞置辩于大儒、雅儒、俗儒、贱儒之间",是为了确定他自身的"后世儒学之尊"③。荀子之后,《庄子·天下》定儒学为道术全者,首举"内圣外王"之说;《韩非子·显学》言儒分为八,提出"将谁使定后世之学乎?"的问题;《淮南子·俶真训》强调"儒,孔子之道也"的本源意义;《史记·太史公自序》更是对儒学的内涵作

---

① 司马迁:《史记》第十册,北京,中华书局,1959 年点校本,第 3116 页。
② 谭嗣同:《仁学》下册,《谭嗣同全集》,北京,中华书局,1981 年增订本,第 335 页。
③ 陈黻宸:《中国通史》下册,《陈黻宸集》,北京,中华书局,1995 年,第 777 页。

了简明扼要的概括,第一次从整体上评价了儒学的是非功过①。但这些叙述,或语焉未详、失之简略,或用词笼统、难辩曲直,所以对儒学的定准,在总体上未必能超越荀子的范围。

西汉早期的三类儒者,构成了秦火之后儒学身份认同的三大类型:一是那些"不知时变"、固守旧训的经师老儒(如申培公、辕固生等);二是"知当世之要务",能在官场上大显身手的那部分儒生(如公孙弘等);三是真正能创造性地发挥儒家资源、将儒学推动前进的人物(以董仲舒为代表)。但随着"五经"立于官学和经学形态的程式化,儒生的生命格局日渐僵固,"儒"仅为经师而已。刘劭《人物志》所分"十二流业","能传圣人之业,而不能干事施政,是谓儒学"。说明到了东汉,儒生已难以执掌权柄,只是在精舍或太学中皓首穷经而已。故《隋书·经籍志》有谓:"儒者,所以助人君明教化者也。圣人之教,非家至而户说,故有儒者宣而明之。其大抵本于仁义及五常之道,黄帝、尧、舜、禹、汤、文、武,咸由此则。《周官》:太宰以九两系邦国之人,其四曰儒,是也。其后陵夷衰乱,儒道废阙。仲尼祖述前代,修正六经,三千之徒,并受其义。至于战国,孟轲、子思、荀卿之流,宗师之,各有著述,发明其指。所谓中庸之教,百王不易者也。俗儒为之,不顾其本,苟欲哗众,多设问难,便辞巧说,乱其大体,致令学者难晓,故曰'博而寡要'。"②这是在解说《太史公自序》里所描述的儒者,也是对儒学趋于治经一途之后的状况说明。

而当时的经学异端王充(27—97),在世儒(经师)以外,另辟一类,称之文儒。《论衡·书解》有一段专辨"二儒在世,未知何者为优"的问题。按照世俗的看法,文儒不若世儒。世儒是经学界的主流,生前常位,死后学传;而文儒则极度边缘,寂寞异常。但王充却认为:"文儒之业,卓绝不循,人寡其书,业虽不讲,门虽无人,书文奇伟,世人亦传。"在《超奇》篇里,将这两类儒者划分为四等:"能说一经者为儒生,博览古今者为通人,采掇传书以上书奏记者为文人,能精思著文连结篇章者为鸿儒"。世儒(儒生和通人)"世间多有",而文人、鸿儒则"万不耐一"。所以,"通人胜儒生,文人逾通人,鸿儒超文人"。王充心目中的鸿儒是(刘)向歆父子、扬雄、桓谭等,誉之为"世之金玉""奇而又奇"。实际上,王充的说法在当时仅为异数,而经学形态下的儒学典范是唯以"五经"为依归的。从经学内部而言,师传弟受,严循家法,"笃守遗经,罕有撰述"。所谓"凡学皆贵求新,唯经学必专守旧"③。此"治经必

---

① 《史记·太史公自序》谓:"夫儒者以六艺为法。六艺经传以千万数,累世不能通其学,当年不能究其礼,故曰'博而寡要,劳而少功'。若夫列君臣父子之礼,序夫妇长幼之别,虽百家弗能易也。"(引见中华书局点校本,第十册,第3290页)此番话所描述的儒者,似是以传经作为其主业的,比较接近于汉初经师老儒的形象。

② 魏征等撰:《隋书》第四册,北京,中华书局,1973年点校本,第999~1000页。

③ 皮锡瑞:《经学历史》,周予同注释本,北京,中华书局,2008年,第139页。

宗汉学"的定式,实为经学时代的主流,历两千年,少有变改。

略显脱轨的可能是宋学,"章句训诂不能尽餍学者之心,于是宋儒起而言义理,此汉、宋之经学所以分也"①。唐代韩愈在《原道》中提出了"道统"说,二程继之。程颢拈出"天理"二字,高高标举;程颐抛开韩愈,以程颢上接孟子。朱熹谓:"道统之传有自来矣"②,以"人心惟危,道心惟微,惟精惟一,允执厥中"十六字为心传密法。又作《六先生画像赞》,修《伊洛渊源录》《近思录》等,清理道学谱系,确定理学正脉。《宋史》立《道学传》,肯定朱子为"程氏正传"、道统主脉,自此以后,八百年程朱理学于经学时代别开生面,独树一帜。道统论这一排他性很强的认同诉求,是宋儒在儒、释、道三足鼎立,往还消长的大背景下,所做出的一种特殊的自我识别,相对于经学定位,明显有另起炉灶的意思。所以,清初的反理学思潮要竭力扭转这一歧出,将儒学重新纳入到经学的轨道中去。顾炎武倡"经学即理学",反对舍经学别立他说。乾嘉考据学更是以"复汉"为旗帜,尽弃宋明儒的心性义理道统。嘉、道年间,汉学、宋学之争渐成对垒之势,当时阮元有一个调和的说法,颇值得注意。他认为"《宋史》以道学、儒林分为二传,不知此即周礼师、儒之异,后人创分,而暗合周道也"。两汉经学,"经师家法,授受秩然",但于周礼师教"未尽克兼",往后更是"传授渐殊"。而濂、洛、关、闽,"阐发心性,分析道理",恢复了师教的传统。"是故两汉名教得儒经之功,宋明讲学得师道之益。"③所以,理想的儒学应该是"道与艺合,兼备师儒";而仅有六艺儒经,或者是"有师无儒",那都是不完备的。这个解释,从儒学的源头处为汉、宋分家找到了根据,同时也显现出儒学形态的复杂性。

经学为儒学之大流,尤其是汉武以后的"经学时代",经学不仅是儒学的主干,而且有几淹天下之势,舍经学则无儒学。在狭窄化的儒学观念里,儒学就是经学,离开了经学,则儒学便无从谈起;这样,儒学的丰富性和多样性就被削减到了最低的程度。如果是按照这一观念来理解和定位儒学,那么在经学解体之后,儒学也就不复存在了,更遑论新时代的发扬与转型。对于此一隐忧,面临儒学只是被作为历史材料来处理的现代大势,试图做思想之弘扬的一派学者,便发出了异样的声音,以示抗争。史学家蒙文通(1894—1968)说:

> 盖至秦汉之间,而儒之宏深莫可与为伦也。惟晚周之学重于议政,多与君权不相容,而依托之书遂猥起战国之季。始之为托古以立言,名《太公》《伊尹》之类是也;继之为依古以传义,则孔氏六经之事出焉。诡古之事为伪书,依古

---

① 皮锡瑞:《经学历史》,北京,中华书局,2008 年,第 90 页。
② 朱熹:《中庸章句序》《四书章句集注》,北京,中华书局,1983 年,第 14 页。
③ 阮元:《拟国史儒林传序》《研经室集》,北京,中华书局,1993 年,第 37 页。

之事多曲说。然以学术发展之迹寻之,曲说伪书者,皆于时理想之所寄,而所谓微言大义者也。此儒家之发展造于极峰。至汉武立学校之官,利禄之路开,章句起而儒者之术一变而为经生之业。伏生、韩婴、贾谊、董子之徒,殆犹在儒生经师之间,《新序》《说苑》为书尚有儒生面目于十一。石渠、白虎以降,委曲枝派之事盛,破碎大道,孟、荀以来之绪殆几乎息矣。始之,传记之学尚存周末之风;终也,射策之科专以解说为事;自儒学渐变而为经学,洙泗之业,由发展变而为停滞,由哲学而进于宗教。孟、荀之道息,而梁邱、夏侯之说张。[①]

从现代新儒家或新宋学的立场来看,儒学并不仅限于经学,其早期形态之宏阔,立意之高远,极强的现实关怀和政治抱负,远非狭窄化的经学内容所可涵盖,将儒学仅仅看作是"经生之业",是自限其小,而被极端限定之后的经学面貌,更是背离了儒学之大道。故此,哲学家熊十力晚年著《原儒》(1956 年)一书,提出"儒"有两源:一个是尧、舜至周文、武的政教垂范,"可称为实用派";一个是伏羲《易》卦所导源的穷神知化之辩证思维,"可称为哲理派"。孔子综汇此"尧舜政教"和"大易辩证"两大传统,创立了儒家学派。他说:"孔子上承远古群圣之道,下启晚周诸子百家之学,如一本众干、枝叶扶疏。及至汉武、董生,定孔子为一尊,罢黜众家之说,勿使并进。实则窜乱'六经',假托孔子以护帝制。不独诸子百家并废,而儒学亦变其质、绝其传矣。"[②]在他看来,狭小化的经学格局是原始儒学之歧出,造成了经学兴而儒学废的结果,故此一经学形式极为不利于儒学的发展;所以,现今解释和认定儒学,就必须要上溯其源,而不为汉以后之经学形态所狭限和遮蔽,失却儒学的真精神。

二、经学的范式

广义的经学既包括了围绕"五经"或"十三经"所展开的各种整理和训释工作,也涉及对这些文本所蕴含的思想义理之诠解与发挥;既有以文字、音韵、训诂等小学工夫为中坚的学问形式,也有问道求理的形而上致思趋向;也就是说,经学既包含了"汉学",也容纳了"宋学",是汉宋交融、训诂与义理并存的大系统。这样一种扩大化的经学理解,首先针对的是体制保障的经学形态被现代性冲击瓦解之后,业已形成和普遍接受的"以小学为经学"的狭窄观念,如果不冲破这一科学实证性的、技术操作化的学问理念,就无法打开经学的视野,也无法容纳更多现代诠释学的内容,更不可能将已死的"经学"从纯粹材料化的身份当中反转过来,乃至起死回生。

---

①　蒙文通:《经史抉原》,《蒙文通文集》第三卷,成都,巴蜀书社,1995 年,第 146 页。
②　熊十力:《原儒》,《熊十力全集》第六卷,武汉,湖北教育出版社,2001 年,第 438~439 页。

实际上,在经学形成和发展的漫长历史中,它的内容是在不断变化的,正是通过反复的调整与更新,其思想积蕴才越来越丰厚,得以保持长久的生命力;它的形式也不是始终如一、凝固不变的,而是随着时代的改变产生了各式各样的典范,呈现出整体面貌的丰富性与复杂性。

从经学的产生看,起初并无清晰的样态和即成的范式,三代文化遗产和稍有系统的先王旧典也不是现成的、完整的,更缺乏形式上的整体性和内在的统一性,所以还难言其实。孔子作为儒家学派的创立者,最主要的工作就是删削整理这些遗典并诠释和提升其思想内涵,进而形成了最初的对于"经"的理解与解释。虽说孔子于诸经有述作之劳和拔举之功,于文献之内容也有思想诠释和义理发挥之循例,但这并不构成所谓经学的范式,还只能说是起了个头,是某种开端。从孔子开始到经学形成较为确定的模式,经历了一个很长的时期,这其中就包括了经典文献的来源、孔子与六经的关系、经典的传承与扩展等复杂的问题,而对于这些内容的历史叙述和意义阐释则构成了"前经学史",当然也是后续经学成形与发展的重要基础。单从文献学的角度看,这些文本的整理、集结和流传,乃至系统化、经典化,实际上是一个很复杂的过程,刘师培指出:

> 六经本先王之旧典,特孔子另有编订之本耳。周末诸子,虽治六经,然咸无定本。致后世之儒,只见孔子编订之六经,而周室六经之旧本,咸失其传。班固作《艺文志》,以六经为"六艺",列于诸子之前,诚以六经为古籍,非儒家所得私。然又列《论语》、《孝经》于"六艺"之末,由是孔门自著之书,始与六经并崇。盖因尊孔子而并崇六经,非因尊六经而始崇孔子也。①

也就是说,先王旧典本有的范式,如周公之"六艺"(礼、乐、射、御、书、数)或《王制》之"四术""四教"(诗、书、礼、乐)等,经过孔子改造之后,或遭到淘汰,或发生变化,成为新的公共话语。旧有典范的破解和新典范的开创是交织在一起的,所谓"经学开辟时代,断自孔子删定六经为始"②,或谓"今独以传经为儒,以私名则异,以达名、类名则偏"③,孔子的学说是历史的"转折点",也是思想的"二传手",古今交汇,又足开范式。自孔子后,传统的"六艺"之学发生了转换,新的经学形式初显端倪,经历了汉初的时代大变革,儒家定于一尊,经学时代来临,经学的范式也由此确定下来。

---

① 刘师培:《经学教科书》,陈居渊注,上海,上海古籍出版社,2006 年,第 28 页。
② 皮锡瑞:《经学历史》,周予同注,北京,中华书局,2008 年,第 19 页。
③ 章太炎在《原儒》一文中将"儒"析为三义,"儒有三科,达众、类、私之名":达名为儒,术士之称;类名为儒,知礼乐射御书数;私名为儒,"游文于六经之中,留意于仁义之际,祖述尧舜,宪章文武,宗师仲尼"。此三义考之于三代学术,皆有渊源,和汉代的传经之儒有所不同;但新、旧内容往往搅扰在一起,以古义论今称,故有"异"有"偏"。见氏著《国故论衡》,上海,上海古籍出版社,2003 年,第 106 页。

但西汉之"五经"立于学官所形成的最初经学范式,只是适应了大一统帝制的需要,而并非儒家文化的全部,也不是儒学的唯一选择。按照经学家马宗霍(1897—1976)的归纳与分析:"自六经燔于秦而复出于汉,以其传之非一人,得之非一地,虽有劝学举遗之诏,犹兴书缺简脱之嗟,既远离于全经,自弥滋乎异说。是故从其文字言,则有古今之殊;从其地域言,则有齐鲁之异;从其受授言,则有师法家法之分;从其流布言,则有官学私学之别。"①此今文、古文之差别,齐地、鲁地之相异,师法、家法之不同,官学、私学之殊绝,之所形成的特有格局,完全是西汉时期的历史条件与文化环境所造成的,之后经学的发展,这些问题有的时隐时现,有的则不再被提及,范式发生了转变。故一时代有一时代之经学,一时代有一时代之范式,正像刘师培所说的:

> 且后世尊崇六经亦自有故,盖后儒治经学,咸随世俗之好尚为转移。西汉侈言灾异,则说经者亦著灾异之书;东汉崇尚谶纬,则说经者亦杂谶纬之说。推之魏晋尚清谈,则注经者杂引玄言;宋明尚道学,则注经者空言义理。盖治经之儒,各随一代之好尚,故历代之君民咸便之,而六经之书遂炳若日星,为一国人民所共习矣。②

所谓"一代之好尚",便是标志着时代风气的转移,是经学在形式上不断追求革新、内容也随着时代的变化而改变的明证。虽然都是经学,都打着孔子的旗号,但旧瓶装新酒,范式不一样。"浸假而孔子变为董江都、何邵公矣,浸假而孔子变为马季长、郑康成矣,浸假而孔子变为韩退之、欧阳永叔矣,浸假而孔子变为程伊川、朱晦庵矣,浸假而孔子变为陆象山、王阳明矣,浸假而孔子变为顾亭林、戴东原矣,皆由思想束缚于一点,不能自开生面。"③借着经学之名和经典诠释的方式,反映的却是时代的思潮、学术的走向,也表达了个人的情感,从而形成每一时段的特有风气和明显有别的研究范式。

除了时代风气使每一个时代的经学内容都表现出差异性之外,在注释经典的形式上也采用了不同的方法,从而形成了注释学问的多姿多彩。同为"汉学",东汉不同于西汉,同样是"今文经学",清代与西汉又大相径庭,高举"复汉"大旗的乾嘉考据家也并非走的是纯粹古文经学的路子。④ 更何况与"汉学"对峙严重的"宋

---

① 马宗霍:《中国经学史》,郑州,河南人民出版社,2016 年影印本,第 35 页。
② 刘师培:《经学教科书》,陈居渊注,上海,上海古籍出版社,2006 年,第 28 页。
③ 梁启超:《清代学术概论》,北京,东方出版社,1996 年,第 78~79 页。
④ 刘师培就说过:"近代汉学,未必即以汉人治经之法,治汉儒所治之经。"蒙文通在《经学导言》中引之,表示赞同。见《经史抉原》,成都,巴蜀书社,1995 年,第 43 页。

学",其诠释经典的立场、态度和方法,就更是与传统的语文学方式相去甚远了。就经典系统而言,在不同的时代,除了数量上的变化,有裁并或扩充,所倚重与喜好的内容也差别极大;宋代更是发展出了"四书"体系,与传统的"五经"形态形成了鲜明的对比。就经学发展的历史来看,每一时代都有每一时代的气度和风格,清代《四库》馆臣总结道:

> 自汉京以后,垂二千年,儒者沿波,学凡六变。其初专门授受,递禀师承,非惟诂训相传,莫敢同异,即篇章字句,亦恪守所闻,其学笃实谨严,及其弊也拘。王弼、王肃稍持异议,流风所扇,或信或疑,越孔、贾、啖、陆,以及北宋孙复、刘敞等,各自论说,不相统摄,及其弊也杂。洛、闽继起,道学大昌,摆落汉唐,独研义理,凡经师旧说,俱排斥以为不足信,其学务别是非,及其弊也悍。学脉旁分,攀缘日众,驱除异己,务定一尊;自宋末以逮明初,其学见异不迁,及其弊也党。主持太过,势有所偏,材辨聪明,激而横决,自明正德、嘉靖以后,其学各抒心得,及其弊也肆。空谈臆断,考证必疏,于是博雅之儒引古义以抵其隙,国初诸家,其学征实不诬,及其弊也琐。[1]

这六个时段的经学显现出了不同的面目,有着不一样的范式,孰为正宗,言人人殊,所谓"要其归宿,则不过汉学、宋学两家互为胜负。夫汉学具有根柢,讲学者以浅陋轻之,不足服汉儒也。宋学具有精微,读书者以空疏薄之,亦不足服宋儒也"[2]。汉宋相争,也是难断曲直。所以经学并无固定的模式,只能在历史发展的脉络中来把握其特征、确定其框架和描述其面貌。就《四库总目》所言的六个时段,皮锡瑞评价道:"二千年经学升降得失,《提要》以数十言包括无遗,又各以一字断之。所谓拘者,两汉之学也;杂者,魏、晋至唐及宋初之学也;悍者,宋庆历后至南宋之学也;党者,宋末至元之学也;肆者,明末王学也;琐者,国朝汉学也。"[3]每一段的经学都有其优长,也有其缺憾,只能说不同的范式有着不同的特点,不能用简单的、僵固的和排他的眼光来看待经学,更不能用一个标准来理解经学,从而忽视了经学内涵的丰富性和复杂性。

从经学的历史来描述经学的内容、概括经学的特征和总结经学的一般规律,有一点"即经学史以为经学"的味道,或者是从经学史本身来说明何为经学,这也是目前通行的方式。从皮锡瑞的《经学通论》(1907 年)以来,史著类的不论,大凡"概论""通志"之类,有一点讲经学原理的意思,或者是想总结经学的普遍性问题的著

① 永瑢等撰:《四库全书总目》,北京,中华书局,1965 年影印本,第 1 页。
② 永瑢等撰:《四库全书总目》,北京,中华书局,1965 年影印本,第 1 页。
③ 皮锡瑞:《经学历史》,周予同注,北京,中华书局,2008 年,第 347 页。

作,也基本上是从历史来入手,而与史著的区别不大。这一方面说明经学的内容太广博了,浩瀚无涯,不论是从哪个角度来归纳总结,都会有遗漏或缺憾,难概其全也难尽其实;另一方面,在现代学术的学科分类和描述方式上,已经很难应对经学这样的学问形式,也没有办法妥帖地安放其位置、合理地说明其情状,所以要想加以概括和总结,难乎其难。何为经学? 就只能在历史线索当中予以说明,也只能在历史表达之中来展开理解与解释,经学的范式便一定呈现出的是复数,而不可能是唯一。在经学解体之后,对应着现代学术的分类系统,材料化的经学碎片被分别装置或随意安放到各研究领域,已经没有了完整性;而文、史、哲的部类性研究活动,是各自按照现代的学科理念在运行的,在处理这些材料的时候,流畅自如,亦没有不适感和焦虑感。只有试图完整地理解和说明经学,或不想以切割和裂散的方式来解释经学的时候,这个问题才表现得突出起来,何为经学,也变得模糊和难解。现代观念的错位和学科化的强硬配置,使得经学的整体身份扭来扭去、无所适从。经学材料化,最适宜文献学和历史学的方法,于是乎"以史学代经学",经学的范式在整体上被史学化;或者冲破经、史、子、集四部之分的界线,合说"经史""经子",以呈现其整体性。但这样的处理方式,依然是有问题的。李源澄(1909—1958)认为,经学既包含了史学和子学的内容,但又非史学、非子学,是子、史合流之学问,具独立之精神,不能化而为史学或子学,更不能用子、史来代替之。他说:"所谓经学者,惟汉儒之通经致用、宋明儒之义理之学足以当之。汉儒之学偏于政治,在吾先儒则以为外王之学;宋儒之学偏于内心修养,在吾先儒则以为内圣之学。以今日术语言之,则一为社会科学,一为哲学。"[①]这接近于熊十力所谓"以经学代宗教",而此经学是偏向于哲学的。就目前的学术状况而言,既要保持住经学身份的完整性,又不能使其角色下移而混同于文史,在现代学科中的确是一个难题,或者从根本上是无法解决的。

三、经学史的现代书写

经学成为历史,也就意味着作为实体性存在的经学已经消亡,而经学只是在历史记忆和历史叙述中保持了鲜活的意义。的确,今天的经学知识绝大部分是通过历史的书写而呈现的,经学史也就成为这些知识传递与普及的主要方式。历史上,也曾有对经学的发展沿革、经义大旨,特别是诸经传授的谱系进行记述,并试图加以总结的著作。如南宋的章如愚在《群书考索》一书中,就溯源诸经传授而为之图;

---

① 李源澄:《经学通论》,上海,华东师范大学出版社,2010 年,第 5 页。

明代朱睦㮮的《授经图》又博采各史"艺文志""儒林传"等资料,将授经的源流广而扩之。清初万斯同的《儒林宗派》、朱彝尊的《经义考》等,或搜罗经学家之名氏,或广辑历代经籍之书目,于经学的历史材料皆有梳理。但总体说来,历史上的经籍之著或者各类的"志""考"等,多为书目、人物记传,很难构成谱系学意义上的史述,更不要说严格的经学史了。就一如历史上有《儒林传》,但并没有真正的"儒学史";虽有各式各样的经学资料,但很难说有系统的"经学史"。除了零碎材料和整体史述的差别之外,更为重要的是对于历史书写的看法,现代史观所呈现出来的种种细节显然是过去所难以想象的,这一类的著作只能在"现代的"研究之中诞生。

经学解体后,在历史的回眸中出现了经学史的研究,有经学而无经学史,经学史兴则经学已亡,这大概就是历史的吊诡,实则为现代与传统的分野。

现代的经学研究和经学史写作是在晚清西学东渐的大潮中出场的。其时,西潮汹涌,时势大变,旧体制摇摇欲坠,附着于科举考试的经生之业和经学教育也难以为继。随着翻译典籍的增多,西方的近代知识体系和广泛学术内容渐为国人所熟悉,大量的新报刊、新文化机构,特别是新式学堂的出现,培养出了新一代的知识人,他们不满足于旧有的经学形态,而力图在整体的知识状况上有一个根本的改变。当时的各类学塾、经堂已经开始有限地容纳了一些西学知识,并逐渐地向新式学校过渡;而教会学校和新办学堂则从一开始就是以西方的知识体系和教学方式为主的,也甚或程度不等地涉及一些经学的内容。这种新旧交错的状况延续了很长一段时间,情形也十分复杂,默会积蕴,此消彼长,最后便渐渐地生发了新的学制和新的教育系统①。清廷在 1904 年颁布了张之洞奏请的《学堂章程》,1905 年正式废除科举考试;至此,新的知识体系便逐渐取代了传统的经学形式,成为时代的主潮。为了适应这一根本性的转变,给保留在新式教育系统中的经学知识重新量身定做相应之课程,便开始有了各式经学教科书的写作。以学校课程和教科书的形式登场的经学史,在刚开始编撰的时候,可能只是旧经讲换了个名目或者汇编些资料,到后来才有了能与其他课程相并举的模样。比如最早的教本,像黄炎的《经学》、马贞榆的《经学课程》、京师大学堂编的《经学讲义》、梁鼎芬的《经学文钞》(曹元弼辑)、王舟瑶(京师大学堂最早的经学教习)的《经学科讲义》等②,大致都出现在废科举之前,但影响均不大,如今已罕闻。真正能够代表那个时代经学转换之状况,并且足以为现代意义的经学史书写创辟范式的,当推刘师培的《经学教科书》和

---

① 可参阅朱贞最近出版的《清季民初的学制、学堂与经学》一书,北京,社会科学文献出版社,2019 年。该书对晚清新旧教育体制的转换和中西教学内容的变化述之甚密,特别是对经学由传统形态进入到现代学校教育的全过程做了仔细的分析和论证,资料十分的翔实。

② 参见曾军编著的《经学档案》,武汉,武汉大学出版社,2011 年,第 334～335 页。

皮锡瑞的《经学历史》,而这两部著作均出现在 1905 年。

作为古文经学殿军的刘师培,出身于经学世家,以累代精研《春秋左传》而闻名;但他同时也是近代的思想革新者和新学术的接引人,属于新知识的开山人物。他的民族主义思想和排满立场,使之很早就杀出了旧学营垒,而不为传统的经学观念所束缚,经学在他的手中是"保存国粹、激励种姓"的武器,同时也是宣揭近代革命思想的重要工具。1905 年,当时的国粹派阵营深感"伦理、经学二科为吾国国粹之至重要者",但"未闻有编辑成书者,坊间有一二,则不完不备,草率特甚;致学者,欲稍窥国学,亦苦无门径"。所以为了拓展其"化经学为国学"的新式教育之需,特委托刘师培来编纂一部经学教材①。刘氏的《经学教科书》分为两册,每册各 36 课,第一册约略相当于一部经学史,而第二册是一部《易》学概论。在《序例》中,他首先表明了"治经学者,当参考古训,诚以古经非古训不明也"的偏古文家之立场,认为:"六经浩博,虽不合于教科,然观于嘉言懿行,有助于修身。考究政治典章,有资于读史。治文学者,可以审文体之变迁。治地理者,可以识方舆之沿革。是经学所该甚广,岂可废乎?"②在肯定经学有现代价值的前提下,将其内容和新学术的伦理道德、政治制度、文史地理等科目对应起来,并把经学史划分为四个时期:"大抵两汉为一派,三国至隋唐为一派,宋元明为一派,近儒别为一派。"此四派即为四个时段,而并非学派之义。尽管刘著的内容极为简略,一课也就是寥寥几段话,但其文字极其精炼,言简意赅,脉络清晰,材料也丰赡详备,线索焌然,故一经问世,便获好评。当时的学部判为"教科书宗旨纯正,文理明通,诚如该举人所云。该举人学会著书尤宜勉益,加勉此案"③。《经学教科书》是经学史的典范之作,亦是现代式书写的开端,因为它和旧有的经学形态已经划开了界线,不是用经师的口吻,于孔子、六经已无崇信之态,而多评判之语。

作为今文家的皮锡瑞,也是在任教湖南诸高等学堂时,为应对经学课程之需,而写了《经学历史》一书。与古文家的混一经、史,降经为史,甚或以史代经相比,皮氏的经学立场可能要传统一些,仍坚守旧有的治经理念。在其后写的《经学通论》一书中,他强调了治经学的几条原则:

> 前编《经学历史》以授生徒,犹恐语焉不详,学者未能窥治经之门径,更纂《经学通论》,以备参考。大旨以为:一、当知经为孔子所定,孔子以前,不得有经;二、当知汉初去古未远,以为孔子作经,说必有据;三、当知后汉古文说出,

① 朱贞:《清季民初的学制、学堂与经学》,北京,社会科学文献出版社,2019 年,第 124 页。
② 刘师培:《经学教科书》,陈居渊注,上海,上海古籍出版社,2006 年,第 3 页。
③ 《学部大臣批据禀》,载《国粹学报》第 3 年第 1 号(1907 年 3 月)。

乃尊周公，以抑孔子；四、当知晋、宋以下，专信古文《尚书》、《毛诗》、《周官》、《左传》，而大义微言不彰；五、当知宋、元经学虽衰，而不信古文诸书，亦有特见；六、当知国朝经学复盛，乾嘉以后，治今文者尤能窥见圣经微旨。执此六义以治诸经，乃知孔子为万世师表之尊，正以其有万世不易之经。经之大义微言，亦甚易明。①

这些"大旨"，除了旧经学的基本立场之外，亦鲜明地表达了今文经学的观点，所以之后遭到了很多古文家及史学家的指责。章太炎谓之"大诬谬"，其曰："《经学历史》，钞疏原委，顾妄以己意裁断，疑《易》、《礼》皆孔子所为，愚诬滋甚！"②马宗霍同样说："晚世有皮锡瑞为《经学历史》，始自具裁断，与但事钞疏者稍殊。惟持论既偏，取材复隘，其以经学开辟时代断自孔子，谓六经皆孔子作，尤一家之私言，通人盖不能无讥焉。"③这里所谓"通人"，当是指史学立场或现代学术的眼界，认为皮著尚未超脱旧经学的窠臼。周予同也评价道："他这部书，假使粗忽的翻阅，似乎不能将经古今文学、宋学的发生、变迁、异同、利弊一一显示给我们。他不能超出一切经学的派别来记述经学，而只是立在今文派的旗帜之下来批评反对派。诚然，就经学说，他是没有失掉立场；但是，就史学说，他这部书就不免有点宣传的嫌疑了。"④这是站在现代学术批判的角度，直陈皮著之"旧"，显然带点苛责的味道。尽管人们对皮锡瑞的《经学历史》有着这样那样的批评，但它无疑比刘师培的书影响更大，对现代经学史的写作起到了长久的范导作用，誉为奠基之作也不为过。皮著将经学史分为开辟、流传、昌明、极盛、中衰、分立、统一、变古、积衰、复盛等十个时代，对每一个时段的经解之特点、经籍与人物、成绩与不足等，均做了清晰的说明，起承转合，线索通贯，不愧为一部完整的经学史名著。后经周予同详注之后，流传极广，影响深远。

　　进入民国后，经学存废，又曾几度波澜，随着经学课程被西学和新公民科目所取代，经学教科书的需求也戛然而止。特别是大学亦取消了经学一科，经学的内容被肢解到了文、史、哲各专业里面，经学彻底瓦解了。在这种情况下，经学史的写作很难有持续的发展，在品质上也不可能得到提升与突破。就像民国时期的"国学"所具有的过渡性质一样，经学更不可能在现代学科的分布当中得到独立发展的空间，而只能若存若亡，以碎片化的形式保留或游弋在文、史、哲各学科之间。独立的

---

① 皮锡瑞：《经学通论·自序》，吴仰湘点校，北京，中华书局，2017 年，第 1 页。
② 章太炎：《驳皮锡瑞三书》，《章太炎全集》（四），上海，上海人民出版社，1985 年，第 20 页。
③ 马宗霍：《中国经学史·序》，郑州，河南人民出版社，2016 年影印本，第 2 页。
④ 周予同：《经学历史·序言》，见皮著《经学历史》，北京，中华书局，2008 年，第 11 页。

经学没有了,独立的经学史写作也只能是昙花一现,很快就被夹裹在了文献或史学的主流当中,在专门史的研究领域内获得一点有效的庇护。这种极度边缘化的状况,随着时代思潮的演变,时起时落,有时境遇会好一点,有时可能又被完全遗忘。经学的命运决定了经学史研究的处境,就像社会上不时出现的“读经热”一样,有不一样的时代背景,就有着不一样的章法,而现代学术研究的要求与规范,却始终笼罩在“现代的”经学史书写的头上。所以尽管这一百年来,此类的经学史写作时断时续,不绝如缕,也不时地有几种佳作出现,但总的来讲,范式性的根本突破却是很难,更不用说对现代学术能在整体上发生重大影响了。林庆彰在总结与反思这一类的经学史写作所存在的问题时,特别指出了以下几点:

> 其一,前人经学史的负面影响,除皮锡瑞《经学历史》较具备史的观点外,其他各书几乎人名、书名和引录资料排比而成。读者从这些著作中,几乎嗅不出经学思想演变的痕迹,这一类经学史,当然使学子望而生畏……其二,经学内容包含太广,学者兼顾不易……其三,经学的资料缺乏统一的整理……其四,缺乏新方法的刺激……经学是我国特有的学问,并无现成的理论可取资,以致各本经学史的著作皆陈陈相因,读者不易引起兴趣。[①]

这些根本的缺陷,说到底是时代的问题,也是经学命运的问题,而不仅仅是一种学问的兴衰和一个学科的处境问题,时代的大环境造就了学问的基本格局,经学的衰落不可能想象代以经学史来救挽。在现代学术发展的大势下,经学研究只能在极其有限的范围内存留和发挥作用,这还需要看整体的人文学术环境和传统文化现代转化的效应。正像叶国良等人在论及今天研究经学的态度时所指出的那样:“吾人研究经学,应确实掌握(开放性和时代性)这两项原则。无可讳言,当代经学,衰微已极;但吾人相信,若能抱持下述几项态度,经学并非仅是古董之学。”这些态度包括:一是放弃经书为圣贤作、经义皆善、违背经旨为恶的观点,择善而从;二是扬弃大汉沙文主义,抱持平等宏观的态度;三是开放故步自封的研究视角,吸收当代各学科的研究方法和成果;四是批判违反人类文明发展的经说,阐扬具有时代意义的经旨。[②] 这样的一种态度,清楚地表达了当代的经学观念和经学史研究的立场,充分反映了现实的境况,也是符合时代要求的。我们对于经学史的定位和理解,不可能脱离开现代与传统的大格局,也不可能完全沉迷在历史的回望之中。

(原载《学术月刊》2019 年第 11 期)

---

① 　林庆彰:《经学史研究的基本认识》,载《中国经学史论文选集》,台北,文史哲出版社,1992 年,第 2 页。
② 　参见叶国良等著《经学通论》,台北,大安出版社,2005 年,第 34～37 页。

如何做中国哲学：取向与入径
——以孟子研究为例[*]

刘笑敢

（北京师范大学哲学学院）

一、关于研究方法的若干思考

我今天讲的题目是关于如何理解孟子性善论的。一来我对孟子的理论有兴趣，对人性问题本身也有兴趣，二来对这个问题的不同理解涉及研究方法的问题，而对于研究方法的问题，学界似乎重视不够，这可能是中国哲学发展不够理想的重要原因或根本原因。今天的讲题主要是关于这两个方面的。

今天我们有很多学科。如果一个学科对于研究什么、如何研究缺乏自觉性，那么它就不可能是一个成熟的学科。这是我对中国哲学这一学科的忧虑。当然，在中国哲学研究中名家、名作很多，我喜欢的、尊敬的学者也很多。但是，作为一个学科，对于这个学科本身的对象、方法、目的缺少交流探索，这恐怕是中国哲学这个学科的明显不足。当然，中国哲学有自己深厚的传统，如经学传统、注疏传统、诠释传统、修身传统等，但是这些传统在近代遭到严重挑战，如何面对挑战，与时俱进，是我们考虑得还不够的问题。从批判封资修到提倡国学，形势大好，但是这是外部的变化，中国哲学内部虽然也有变化，有新发展，但方法的自觉意识似乎不够，这方面的讨论似乎不多。我认为这是一个不足或遗憾。

说到这里，我感到首先要思考一个问题，也就是我们是不是应该要走出王弼、郭象和朱熹的阴影？什么阴影呢？就是不分辨诠释对象和诠释者自己的思想的不同。这里所说的王弼、郭象和朱熹的阴影是什么意思呢？就是王弼、郭象、朱熹通过注释的形式做诠释，通过诠释建构了自己的思想体系，于是对经典的注释变成了他们自己的哲学体系的建构。但是，对经典的注释、解说和建构自己的思想体系，

---

[*] 本文根据 2018 年 11 月 30 日在首都师范大学哲学学院的演讲稿改写。感谢白奚和陈鹏教授邀请，感谢陈凌霄编辑提供录音稿，感谢袁紫麟同学作初步整理。本文经过笔者本人校阅、补充、改写，一切错误或不当之处概由笔者本人负责。

这应该是两种不同方向、不同目标、不同目的的工作，二者的混淆会妨碍中国哲学成为一个可以和其他学科并驾齐驱的现代学科。

这一点我们中国哲学界没有足够清醒的认识，包括牟宗三这样的大哲学家也没有清醒的认识。他说王弼讲的就是老子，郭象讲的就是庄子。但是，王弼如果讲的是老子，王弼能算是哲学家吗？一定是王弼注老子表达的思想跟老子不一样我们才可能把王弼当哲学家。如果王弼讲的就是老子本人的思想，那么他就不能算哲学家。郭象注《庄子》也是这样，朱熹注《四书》也是这样。可以说，中国最主要的哲学家基本上都是通过注释或者诠释的形式建构他们的哲学体系的。这是我们中国哲学史发展的一个特点，这个特点不见得都是缺点，但是我们首先得清楚地看到这个特点，至于为什么会这样？就是另一个值得讨论的问题①。在这种情况下，我们今天做中国哲学，是不是还要借助讲朱熹来讲 21 世纪的中国哲学，借着讲康有为来讲 21 世纪的中国哲学？是不是还只能走这条路，有没有可能突破一下？也就是说应不应该走出这个传统的阴影？可不可以走出来？如何走出来？

这个传统隐含着研究中国哲学的两种取向：一种是客观的、历史的、文本的取向。有人认为这种取向是考据学、文献学的内容，这是不对的。思想研究也有一个了解历史、忠实于历史的问题，比如老子讲的"自然"，庄子讲的"自然"，王弼讲的"自然"，郭象讲的"自然"是不一样的。但是我们不下功夫就觉得都一样，长期以来，文献学、考据学都没有注意"自然"这个词的思想内容的演化。我们现在讲的"自然"往往和 nature 对译。但英、德、法文中 nature 这个词大概是 12 世纪到 14 世纪之间出现的，相当于"自然界"的词义是 16 世纪或 17 世纪才出现的。而中文把"自然"这两个字当作"自然界"是 20 世纪开始的，由此可以看出用 nature 或自然界的意思来理解老庄思想肯定是有问题的②。很多人认为"天人合一"就是人与大自然的和谐，"道法自然"也是人与大自然的和谐，这似乎是顺应了现代潮流，但也是把古代的思想解释成现代的思想，误把古人当今人③。

那么这种理解方式为现代社会提供新的思想资源了吗？其实没有。只是换了一个说法在重复已经流行的重视大自然、应该保护大自然这个思想。只是换了一个中文的古语来重复现代流行的思想。这里就是从历史上来考察，看来好像是文字工作，是文献学的，实际上关涉的是思想史和思想理论本身，关涉到古人的自然到底是什么思想，在现代社会有什么意义，把这个思想脉络弄清楚，不仅可以澄清

---

①　参见刘笑敢：《诠释与定向》第一、第四、第五章，北京，商务印书馆，2009 年。

②　参见刘笑敢：《关于老子之自然的体系义》，载金泽、赵光明主编《宗教与哲学》第六辑，第 97～108 页。

③　参见刘笑敢：《天人合一：学术、学说和信仰——再论中国哲学之身份及研究取向的不同》，《南京大学学报》2011 第六期，第 67～85 页。重刊于《中国哲学与文化》第十辑，重印，2012 年 9 月，第 71～102 页。

我们对思想史的认识，而且可以从古代找到现代和西方所没有的思想内容，甚至可以挖掘和引申出有现代意义的新思想。这绝不仅仅是文献学、训诂学的内容。

有一个研究西方哲学的教授写了一本关于庄子的专著，他寄给我一本，希望我做些评论。他给我发了非常一个简单的电邮，强调他不在乎庄子讲的是什么意思，我理解这样的话我就不必讨论他讲的庄子思想是否符合庄子的文本。但是，他没有说他在意的是什么，就是说他没有说明他的目的、目标是什么，那么我如何评论这本书的成果呢？你告诉我你在乎的是什么，然后我才好评论。比如，你是否在意庄子思想与某位西方思想家的异同？你是否想将某种西方理论引入庄子思想发展出新的庄子理论？我不知道他是没有明确的想法，还是不便说出他的想法或目的。我感觉做中国哲学研究的似乎对研究目的的考虑不多，或者不能很好地表达自己的目的和方法。

另一个问题就是路径或者入径的问题。这是我自己发明的词，不是故意要发明一个新词，而是想回答一个问题：我们要理解或诠释中国古代哲学经典是否必须通过某种西方哲学的概念或理论框架？比如，理解孟子是不是必须通过康德哲学？是不是说不用西方的概念就不能理解和解释中国哲学，或者解释通了也不叫哲学或不够哲学？这就涉及路径的问题。是不是必须经过西方哲学来讲中国哲学才叫哲学？不经过西方这些来讲中国哲学可以不可以，或者用西方的哲学来讲中国哲学可以达到什么效果，好的效果还是产生问题？我们有没有这个自觉意识。这个自觉意识是最重要的。

一般来讲，我们的研究有两种入径，一是质朴的、直接的研究，二是迂回的、切入的研究。对于这两种入径，又有自觉的和不自觉的之分。能够明确自己的取向，进而选择路径，就是自觉的，相反，就是不自觉的。对于一个研究成果的评价，要认定其取向，考察其入径，以不同的标准判断得失利弊。下面就孟子研究以安乐哲和牟宗三为例来讨论这个问题。

二、牟宗三与安乐哲：两种迂回的入径

我们先来讨论关于孟子人性论的两种迂回的诠释，以安乐哲和牟宗三为例。安乐哲和牟宗三都有一个现代需要的取向，但是所做的是两种不同的迂回切入。安乐哲用的是所谓的杜威的哲学以及过程哲学，牟宗三用的是康德哲学。这里面，牟宗三和安乐哲的取向不够明确，他们是想讲孟子自己的、古代的、本来的思想，还是想讲今人应该怎样定义人性，或者我们应该把什么当作人性，这是两个不同的取向，但是他们似乎没有这种区别的意识。

牟宗三引入西方理论,强调人的本性善,强调是形而上的人性善。他借用的是康德的意志自由、自我立法、绝对善的理论。他讲的是实际上是本质主义理论。安乐哲也引入西方理论,但他引入的理论是反对本质主义的,强调人性的自我完成,认为人性是可以变的,是应当不断改变发展的。他自己说引用的是杜威的过程哲学,可是杜威不是过程哲学的代表,杜威应该是实验主义的代表,是反本质主义的。

（一）牟宗三的曲折入径

孟子讲性善,首先要讲人有共同性。他的论证,就是强调凡是同类之物都是相似的。孟子说:"故凡同类者,举相似也,何独至于人而疑之? 圣人,与我同类者。……故曰,口之于味也,有同耆焉;耳之于声也,有同听焉;目之于色也,有同美焉。至于心,独无所同然乎? 心之所同然者何也? 谓理也,义也。圣人先得我心之所同然耳。故理义之悦我心,犹刍豢之悦我口。"(《孟子·告子上》)

人的感官标准是一致的,即使圣人与我也是同类者,都是有共同性的,这点是孟子所肯定的。不同人的耳、目、口、鼻等感官都有共同的好听、好看、好吃、好闻的标准,难道心就没有吗? 注意,这是孟子论证的要害之处,从感官的共同标准推论到心也有共同标准。心的共同性表现为理、义,只是圣人比我们早认识到这一点而已。在喜欢理义上我们跟圣人也是一样的。喜欢理义让我们心里满足愉快,就像小烤乳猪让我们吃起来那么舒服是一样的。这是孟子的论证方式,从感觉的共同性推论出人心的共同性,即理义的共同性。

但是牟宗三却别开生面,提出耳目感觉的共同性不等于人心的共同性。辨别出这两种共同性是他的高明之处,他强调视觉、听觉、味觉这种共同性不同于心的共同性。感官的共同性不是严格意义的共通性,而心的共同性才是严格意义的普遍性。牟为什么要区分这两种共同性的不同呢? 因为他要将心的共同性从感官的共同性中剥离出来,并定义为严格的普遍性,这样有了严格意义的普遍性才可以和康德的意志自由、道德自律联系类比起来,也就跟陆象山、王阳明的良知合为一体了。

牟宗三强调感官感觉的共性不等于人性的共性,这是他的一个重要的立论基础。义理的共同性不同于视觉、听觉的共同性,这样一切开,牟宗三就可以把孟子同康德联系起来。但是同时,他把孟子立论的基础给砍掉了。孟子的论证强调的就是眼耳鼻舌的共同性和我们人心的义理共同性是一样的。如果说不一样,那么孟子的论证就垮了,他的论证也就完全不成立了。所以这个里面就涉及一个问题:我们对牟切割孟子的两种共同性应该如何评价?

首先,我们从牟对孟子的诠释是否忠于孟子思想的角度来看。从这个角度来看,牟否定了孟子论证的基础,而不是对孟子的忠实诠释。就是说牟宗三的思想或者牟宗三对孟子的解释实际上有康德的成分,有宋明儒的成分,有孟子本人的东西,还有他自己的理论见解。如果我们说牟宗三对孟子的诠释是 X,这个 X 实际等于 A+B+C。也就是说牟宗三的诠释结果是 X,这个 X 既不是 A,也不是 B,也不是 C,而是 A+B+C。所以如果我们从忠实于原文的角度来看,牟的诠释是不可取的。

但是,如果我们从现代的、主观的、创造的取向来看呢?从这种取向来说,是否忠于原文就不那么重要了。如果说 X 不是 X,而是 Y,这不一定不对,不一定不好,它有可能是一个成功的或不成功的现代的创造或建构。那么,这个现代创造好不好,有意义没意义,我们要不要接受?这就是另外的问题了,要有另外的评价标准,但是首先可以肯定它是一种创造性的尝试。总之,从第一种取向来说,从忠于孟子思想的角度来看,牟宗三是不及格的。但是从创造一个新的理论体系来说,牟宗三似乎成功了,至少很多人认为他成功了。

这就是说,区别两种定向,那么对两种定向产生的结果就应该有两种不同的标准,而不是轻易地从某一个标准出发评价所有的诠释作品。

(二) 安乐哲的诠释路径

安乐哲强调我们不应该用西方式的本质主义,或者形而上学的共同性来理解孟子的性的概念。他反对用西方的概念用于孟子解释,这在原则上是合理的,但不能完全排除用西方哲学概念来解释中国哲学。关键在于我们要意识到用西方哲学的概念来解释中国哲学的思想会带来一些问题、困难,或困惑。我们要面对这些困难,要正视这些问题。至于要不要用这个方法,在想明白了这些问题以后可以处理,可以决定要不要用,怎么用。

安乐哲特别反对用西方的 nature 来理解或翻译孟子的性,他认为 nature 代表的是一种古典的目的论的概念,是普遍的本质主义的,所以不能用 nature 来翻译孟子的人性。他反对把孟子的人性做目的论解释,反对把孟子的人性看作普遍的本质的不变的超越。这是有一定道理的,因为孟子思想的确没有西方式的形而上的普遍性角度。他主张用杜威的理论来解释孟子的性,并且将之称为过程哲学。不过,我感觉他的理论更像是存在主义,是自己的存在决定自己的本质。大约二三十年前,他主张应该把孟子的人性翻译成 character,近年来主张将孟子的性翻译为 becoming,也就是特别强调不断的变化。这和中文的性字的字意不和,性字带有共性和稳定性的意思,牛有牛性,马有马性,牛性不同于马性,性本身就是一类事物的共性,这种共性不是随时变化和生成的。当然,这种稳定性和普遍性不是西方形而上学的共性和普遍性，不是本质主义的共性。但不能因此就说孟子所说之性没有共性，没有稳定的内容。孟子讲人人都有四端，这就是共性。这个共性不是绝对不变的同一，但不能因此将孟子的性说成不断变化，说成是个人成就。思想也不吻合。

安乐哲似乎混淆了两种取向：一种是忠实地理解孟子自己的思想，一种是为了现在社会需要来重新解释孟子，建构新的孟子思想。安乐哲似乎一方面强调不应该用 nature 理解孟子的性，因为 nature 有本质主义的含义，这似乎在追求孟子思想的本义；另一方面他又自觉地把自己所推崇的现代过程哲学当作理解孟子思想的最好方式，这好像还是要"准确"理解孟子思想，但明显地将两千年前不可能有的过程哲学和杜威理论注入了孟子思想，这就混淆了古、今、中、西，混淆了尽可能准确理解、解释古代经典和现代的理论建构这两种不同工作。

作为西方哲学家，安乐哲可以说我们在跟古代的哲学家对话，所以不必重复古人的思想，这当然是一种谈论中国哲学的路数，但是为什么一定要说这是对孟子性善论的正确理解或更好的理解呢？这就是需要思考的一个问题，一个与研究目的、研究方法相关的问题。如果说孟子思想过时了，我们应该与时俱进，改造和发展孟子的思想，这当然是可以的、应该的。但是，现在用过程哲学的思想来讲孟子的人性，就可以说是对孟子思想的正确或最好的表述吗？或许可以这样说，但是要给出论证。而安乐哲并没有说明他为什么认为应该这样读，或者说为什么这种读法更好。从他的原文来看，他已经预设了过程哲学的立场，认为人的自己的存在决定着自己的本性，从这种立场出发，对孟子哲学的最好解读当然应当是可变的，而且是不断变化的，是需要自我完善的。

总之，安乐哲讲人性不是内在生来就有的、不可改变的，而是一种成就，是自己努力的最后达到的一个结果，是一个过程。他把人性看作这么一个过程，我成就了我自己的人性。那么他强调了人性是一个动态的过程，是不断地变化的，人性是自己创造的行为，实际上这是存在主义的理论。

安乐哲似乎将心与性等同起来了。他认为杜威的"heart and mind"是对中文的心字的翻译。这个"心"字是很难翻译的，因为我们说的心可以是 heart，heart 就是跟感情密切联系的，那 mind 就是理智的思考的心。我们的心可以思考，但是也是感情的发源地。所以现在有人翻译的就是 heart/mind，我们的心的确有两个意义，所以这样翻译是可以接受的。但是，有的时候我们讲心的情感意义时就不涉及人的理智的方面，而我们讲心的思考功能的时候（比如说荀子讲的心），思考功能的心跟我们的这个心还是不一样的，所以 heart and mind 这种翻译还是有些问题。他说我们的心是在变化，变成什么，不是 being，而是 becoming，这个对应在形式上非常漂亮。不过,他讲孟子的性是变化的,是变成什么,而不是一种人所共有的特点,这是他的性的观念,与孟子的本意不符。

我认为安乐哲是在创造一种新的理论,而不是理解和解释孟子本来的思想。如果作为一种重构,当然是可以的,因为诠释学都讲重构或建构。但是只讲重构或建构还是不够的,因为重构或建构可能有两种取向:一种是重新建构孟子的思想,一种是假借孟子说过的话发展出自己的想法。这两种取向其实不一样的,一个是忠于思想家本人思想的重构,一个是发挥他的思想,将它变成自己的思想。严格说来,这不是重构,而是创构,即创造性的重构。这里面就涉及创新,而这个创新是不是有系统性,是否严密,是否成功? 这是另一个问题,和它是否符合孟子的思想是完全不同的问题和做法,需要再做讨论。

三、孟子人性说的素朴性解读

上面已经讨论了在研究中国哲学中有一个取向、入径的选择问题。取向应该是自觉的,定向可以说是客观的,是客观性的取向。我们是想了解历史上的孟子,还是想利用孟子的思想创造一个新的哲学理论,来回答 21 世纪的问题,这就是一个自觉的取向问题。

伽德默尔的诠释学已经说明,想忠于文本,回到真实的孟子,或者回到真实的王弼、老子,这是做不到的。这个问题就涉及实然和应然这两个维度,即事实是一回事,应该怎么做又是一回事。事实上没有一个医生可以保证自己一辈子手术不出错,事实上,没有一个飞行员可以保证一辈子绝对不出事故,事实上没有一个法官可以保证一辈子判案是一点错都不出的。但是我们应该要求一个法官判案就是不要出错,要求医生做手术就是不能出错。所以我们事实上不能百分之百地回到孔孟老庄的时代,不能回到朱熹、王阳明的时代,这是事实,属于“实然”(what is)的层面。可是应该不应该努力地探求王阳明的时代面貌,应该不应该揭示朱熹的时代是一个什么样的时代,应该不应该讨论宋明理学家到底在讲什么,他们为什么这样讲,等等,这涉及应该不应该的问题,属于“应然”(ought to be)。所以,实际能否达到一个目标是一回事,该不该去争取达到这个目标,又是一回事。我认为这个求真求实的目标是应该的存在,是应该追求的。这不等于必然达到这个目标。但是,我们要有这个自觉意识。就如两千年来,儒学的目标是成贤成圣,但有几人能够实现? 没有几个人能够达到,但它不妨碍当代儒家继续以此为儒学的核心思想。

有人认为,我们不要去钻故纸堆,我们要创造新的思想。这当然是对的,好的。可是如果认为这样做就不必重视历史本来的面貌,就会产生一些弊端。一种弊端是不了解真实的历史,将新的思想建构成无源之水、无本之木。另一种弊端比较微妙,那就是无意中重复了历史而不自知,或无意中歪曲了历史而不自知,这就是无知而不自知无知。这就会导致产生不需要严格探究历史真相的想法,就会把历史上的宝贵的东西丢掉了,比如古代的天人合一承认天高于人,人应该敬畏天,很多人完全不知这一点,忘掉了这一点。而实际上,这一点是很重要的。另外,很多时候也可能是自以为创造了新思想,其实还是人云亦云的东西,比如将天人合一理解为人与大自然的和谐,这不过是将古人的丰富复杂的思想简单化为流行的意识形态。

我们总是生活在特定的语境中,我们会不自觉地按照这个语境中的概念来理解古人,其实并没有理解古人,没有办法把古人的真实的、有价值的思想挖掘出来。比如讲到老子的自然,很多研究者把老子的自然跟庄子的、河上公的、王弼的、郭象的自然混为一谈,大而化之,没有研究。认真研究之后,我们会发现老子的"自然"有它独特的内涵,而这个独特的内容早就丢掉了,两千年前就丢掉了。但是,这个独特的意思拿到今天却是新的,是有价值的。我们丢了两千年,西方也没有,那么现在把它找回来,对我们现代社会却可能是一个很有价值的概念。

那么,应该如何理解孟子人性论的内容,及其关于人性善的论证呢？我们进行一个素朴性的阅读,素朴的也是直接的、从原文出发的,尽可能不添加其他成分的文本阅读,与迂回的注入式阅读相反。

根据素朴性的阅读,孟子显然是承认有共同人性的,但这不是本质主义的共性,而是经验世界的共性(empirical universality)。经验世界的共性是一个新的概念,是为了区别西方式的形而上的普遍性,区别本质主义的共同性,这也是对安乐哲的论说的一个回应。因为安乐哲认为,只要我们讲到 nature,就一定是指形而上的本质主义的普遍性。但是事实上,很多西方汉学家、哲学家、史学家在讲孟子之人性论时都会用 nature 一词,但都没有将 nature 当作形而上的绝对的普遍性。为了解除安乐哲的疑虑,我发明了经验世界的普遍性的概念,强调孟子的人性概念是经验世界的普遍性,不是希腊传统中的形而上的绝对的普遍性。正因为孟子的性不是绝对的普遍性,所以牟宗三才要将孟子讲的人心的普遍性与耳目感官的普遍性区别开来,这样才能与康德的意志自由等概念等同起来、联系起来。

我认为孟子人性论的主要内容可以概括为三点:一个是人性是内在的,另外一个人性是共同的,第三个人性是需要存养、可以发展的。当然在这三点内部还是有很多的争论。

关于第一点,孟子认为人性是内在的,那这个内在是不是本来固有的呢？还是逐渐生长、健全的？是不是全然善的呢？是不是可变的呢？虽然我们都承认人性内在,但是还是可以有很多分歧的。孟子对这些分歧并没有提供明确的陈述。

关于第二点,人性是共同的,是善的,这一点大家也都赞同。但是,善性是基本相同还是绝对相同? 孟子讲的人性善是形而上学的相同吗? 如果是这样,那就是本质了,就是大家完全都一样。那么是不是说经验意义上的相同呢? 我个人认为孟子讲的是经验世界的共同性,不是希腊式的绝对的普遍性。

关于第三点,人性需要存养,是可以发展的,这一点孟子是不否认的。孟子承认人有共同的人性,生下来就有恻隐之心。但是如果按照西方哲学的思路,把人性作为形而上学的概念,那么人性是善的就变成是全善的,就不需要再发展了,就不变了,这是我们套用西方哲学的概念会带来的问题之一。

那么,孟子讲的性善到底是向善还是本善,是不是形而上学的善呢? 是不是本体论、本质论的性善呢? 下面是两个角度的论证。首先是客观性的论证:人人都有恻隐之心,即人同此心。这是奠基于经验性的观察,可以说是一个从客观观察出发的论证。但是我们往往忽略了孟子还有应然性的定义,就是君子所性,仁义礼智根于心。孟子讲我们都是饮食男女,这是性。但是君子不把饮食男女当作自己的性,那么我们都有仁义礼智,仁义礼智实现不实现,有命,有性,但是君子不把它当作命,而把它当作性。这就是一个自觉的选择的问题。所以孟子的性善论至少有两个部分,一个部分是人天生都有恻隐之心,另一部分是我们虽然都是饮食男女、有口腹之欲,但是君子不应该把这个口腹之欲、饮食男女之性当作我们的本性,我们应该把仁义礼智当作我们的性。这就是说,孟子不但从实然的角度推论人人都有恻隐之心,都有善行或善性的根苗,而且从应然的角度强调君子应该以仁义礼智为性。从西方哲学的角度来看实然和应然是冲突的,但在孟子的语境中二者是并存的。

这样结合起来,从西方哲学的角度来讲,是实然应然的混同。按照西方哲学的概念体系,是实然就不是应然,是应然就不是实然。似乎我们不能说孟子的性善论既有实然的观察,又有应然的倡导。但是,从同情地理解孟子的角度来看,这很正常,因为根据观察我们每个人都有恻隐之心。猫、狗都有恻隐之心,我们人难道没有恻隐之心吗? 所以我们认为孟子讲人性善是有经验世界的基础的。但是这不等于人会自觉地把这个恻隐之心当作自己的本性。告子讲:"食色,性也。"男人看到一个漂亮的女孩子就会喜欢她,这似乎是男人的本性。那我们应该不应该纵容这个本性,看见一个女孩子就喜欢,再看见一个漂亮女孩又喜欢。喜欢美色,这是人的本然之性的一部分,但是这个性不是孟子所说的性。如果孟子所说的性是一个饮食男女之性的话,那人性善的理论就完全站不住脚了。孟子讲的是君子把仁义礼智当作性。这样讲孟子的性善论才站得住,站得稳。所以我强调孟子的人性善是有两个层次、两个角度，一个是实然观察的结果，一个是应然的抉择和决定。

总而言之，研究孟子的人性论，或广义地研究中国哲学要有更多的方法论意识，比如要尽可能明确自己的目的或取向：是要尽可能准确地理解研究对象，还是要利用研究对象讲自己的想法，或发展新的理论。两种取向各有合理性，但不应轻易混淆起来。牟宗三和安乐哲似乎都是为了建构和推广自己的哲学理论，因此分别有意地借用了康德哲学和过程哲学的理论来解释孟子的人性，这实际上是将西方哲学理论注入到了孟子思想之中，并以之为孟子自己的思想。笔者并不反对借用外来的思想观成分来解释某个中国哲学家的思想，但是要明确自己这样做的目的和效果。

此外，安乐哲极力反对以本质主义的理论来解释孟子思想，这个用意是好的，但他走到了另一个极端，似乎孟子所说的"性"没有任何普遍性或共性的含义，这是不合孟子思想本义的。他反对用 nature 等概念来理解孟子思想，这提醒我们在使用西方哲学概念解释中国古代思想时，要避免不必要的西方式联想或将西方哲学概念的背景知识不加辨析地带入中国哲学的语境，因此笔者主张用"经验世界中的普遍性"的概念来描述和限定孟子思想中的普遍性观念，借以区别"本质主义的普遍性"概念，而不必像安乐哲那样完全否定孟子之性的概念中包含的共性和普遍性的含义。

以牟宗三和安乐哲为对照，笔者主张以素朴性原则来理解孟子的人性理论。由此出发，我们至少可以肯定孟子的人性论承认：第一，人性是内在的，本有的；第二，人性是人所共同的，是有普遍性的，尽管不是本质主义的共同性；第三，同时孟子也强调人性是需要存养，可以发展的。这三点比较笼统，但这正是孟子思想本来的特点，从素朴性原则出发，解读到这个层次就差不多了。当然，从现代哲学的角度来看，可以对这三点再作细致的分梳和辨析，那就不仅仅是素朴地理解孟子思想了，而是要加入现代人的目光和关切，以及现代哲学的思维框架。这样做当然是有益的、必要的，但是要有自觉意识，不必将现代的思考当作孟子本来就有的思想。

最后，从素朴性的原则出发，我们要看到孟子讲性善，既有客观性的观察的根据，又有自觉性选择的角度。也就是说，一方面人人生来就有恻隐之心所代表的善性，另一方面君子应该自觉地以这个善端或善心为自己的性，而不以生理需要为自己的本性。窃以为这样理解孟子的人性理论比较接近古代思想的可能的真相，也有利于现代人进一步思考我们应该如何提倡和发展孟子的人性善的理论。

是耶？非耶？盼高明赐教。

朱子学理气论域中的"生生"观
——以"理生气"问题为核心

吴 震

（复旦大学哲学学院）

内容提要：由于朱子"理生气"命题不见诸任何现行的朱子文本，故向来对朱子学的"生生"问题缺乏关注。从朱子学理气论域看，其本体宇宙论含有丰富的"生生"理论。而且朱子非常强调"天命流行""天理流行""天理流出"等一系列理学的基本观点，可见朱子学的太极本体具有根源意义上的动力义，而阴阳动静等一切现象必根源于太极本体。由此，"太极生阴阳，理生气"得以成为理论自洽的一套理论命题。朱子学的本体宇宙论采用"生生"观念将太极、动静、阴阳贯穿起来，形成了以太极为核心、集理气为一体的一套天理实体观的哲学体系。

关键词：朱子学理气论；生生；理生气；天命流行；天理流行

按照朱子学理气论的基本预设，理是一种没有意志、不会造作的"洁净空阔"的世界，而气是"凝聚生物"的动力所在；理的活动"如人跨马相似"，必然挂搭在气上，随气动而动，理本身则是不动的。故朱子学的理是"只存有而不活动"（牟宗三语）的，意谓朱子学的理并不具有任何道德创生、润泽万物的能力或动力，在伦理学上也就必然沦为道德他律主义的形态，从而不仅逸出了孔孟原典儒家的传统，而且背离了中国哲学大传统——道德自律主义。

饶有兴味的是，若由异域日本的江户儒学来回看朱子学，则可发现在 17 世纪日本德川时代所出现的反理学的"古学派"思潮中，有相当一批古学派日本儒者认定中国朱子学理气二元论的理气观，表现出以理贬气的思想趣向，使得灵动之"气"被枯燥之"理"所压抑。在他们看来，朱子学的"理"只不过是"死理"（荻生徂徕语）或"死字"（伊藤仁斋语）而已，缺乏生机勃勃的动力，因此只有彻底推翻朱子学的天理形上学，才能重新恢复儒学重视生生的古老传统①。

很显然，上述两种针对朱子学的理论批判属于"闭门造车，出门合辙"的偶发现

---

① 参见吴震：《东亚朱子学：中国哲学丰富性的展示》，《哲学动态》2019 年第 1 期。

象,其中并不存在任何思想交涉的痕迹,然而其结论却有相似之处,即他们几乎一致认为朱子学的理是一种缺乏生生力的"死理"。

　　本文的主题不在于探讨道德自律或他律的问题以及"只存有而不活动"这一判教设准的理论效力问题,也不在于深究朱子学的理究竟是"死理"抑或"活理",而是透过对朱子理气论的问题考察特别是对其"理生气"命题的意义分析,窥探朱子哲学中对"生"的问题探讨可能有的而未受重视的思想特质及其理论贡献,认为朱子学运用"生生"观念重建了一套有关太极、动静、阴阳的宇宙论述,推动了北宋以来有关宇宙本体论的理论完善及其发展,值得深入探讨。

一、朱子理气论的基本预设

　　朱子理气论有一个基本的设定,即"理先气后"和"理在气中"可以同时成立,前者是就形上而言,后者是就形下而说,换种角度讲,前者属于理本体论,后者属于理气结构论。至于理气的关系问题,若从本体论和结构论的角度讲,则朱子分别用"不离"和"不杂"这对概念来进行归纳。朱子的这个思想最早见诸乾道九年(1173年)起稿而在淳熙十五年(1188年)定稿的《太极解义》中所表达的一个观点:

> 此所谓无极而太极也,所以动而阳、静而阴之本体也,然非有以离乎阴阳也,即阴阳而指其本体,不杂乎阴阳而为言耳。①

这是朱子首次明确地以"本体"概念来诠释"太极",对于建构太极本体论具有标志性意义;其中出现的不离与不杂这对描述性概念,所指的是太极与阴阳之间存在"不离"与"不杂"的关系,在后来朱子建构理气论的过程中,这一描述被归纳为"理气不离"和"理气不杂",用以总结朱子理气论最为根本的特质,是有一定理由的。

　　所谓"理气不离",盖指理气在现实世界的存在结构中,处在相即不离、浑然一体的状态,任何现实事物的存在结构中都同时具备理和气这两种基本要素,缺一不可;所谓"理气不杂",盖指理是形而上者,气是形而下者,两者毕竟为"二物",而不可互相等同。故朱子在《太极图解》一文中,一方面,明确地以本体释太极,区别于形而下的阴阳,他说:"太极,形而上之道也;阴阳,形而下之器也。"与此同时,朱子又明确指出太极在阴阳动静的过程中,具有"不同时"与"不同位"的表现特征②。

　　这里所讨论的太极、动静、阴阳的关系问题,涉及朱子理学的整个宇宙论乃至

---

　　① 朱熹:《太极图解》,见周敦颐:《周敦颐集》卷一《太极图说》,陈克明点校,北京,中华书局,1990年,第1页。划线为引者所加,下同。

　　② 朱熹:《太极图说解》,见《周敦颐集》卷一《太极图说》,第3页。

太极本体论的建构问题,我们在下面还会有详细的讨论。朱子的理论目的在于:将"太极动而生阳"的一套宇宙生成论扭转为宇宙本体论,强调太极之所以"动而阳、静而阴"的理据在于太极之本体,这是其一;其二,作为本体的太极既是阴阳动静的所以然之故而存在于阴阳动静的过程之中——"不离",同时,作为"本体"的太极又不能混同于阴阳本身——"不杂";其三,在"太极动而生阳"的宇宙生生不息的过程中,尽管太极在阴阳动静过程中具有无法确定的"不同时"和"不同位"之特征,而太极始终"无不在焉",就太极本体的角度看,虽然它是无形无象、冲漠无朕的,然而作为阴阳动静之"理"已经"悉具于其中"①。

然而问题是,这个作为太极本体的形上之理何以能"动而生"出阴阳的形下之气?此即"理生气"的问题,这是其一;其二,假设天地万物还未形成之前就已存在的那个"形上之理"在天地万物毁坏之后(一种大胆的假设),它是否依然如故地"存在"?此即理的永恒性问题。我们先来看朱子是怎么回答第二个问题的:

> 且如万一山河大地都陷了,<u>毕竟理却只在这里</u>。②
>
> 问:"自开辟以来,至今未万年,不知已前如何?"曰:"已前亦须如此一番明白来。"又问:"天地会坏否?"曰:"不会坏。只是相将人无道极了,便一齐打合,混沌一番,人物都尽,<u>又重新起</u>。"③

这里的两条语录,讲的是同一个问题,后一条的记述更为完备。朱子与其弟子所讨论的问题是:"万一"这个世界崩坏了,"理"将会怎样?从哲学上说,这个问题的实质是:既然理是观念实体,那么,如果天地万物包括我们人类社会等整个世界有朝一日被毁坏殆尽、彻底消失的话,这种观念设定的天理实体究竟何以存在?

朱子的回答很巧妙,主要讲了两点。首先,从原理上说,物质世界是不会消失的,而是永存的,所以说"不会坏";然而只有在一种极端特殊的情况下——人道丧尽的情况下(这是在现实世界中,例如改朝换代之际,在中国历史上不断上演的事实),天地万物的气数也许会消亡,这与朱子的"气散尽"说是一致的,但也不必杞人忧天,只要终极实在的"理"还存在,这个世界终究会从头再来一遍。这个观点说明,朱子学的理首先是一种绝对的、永恒的普遍存在,它并不会随着物质世界的消亡而消亡;在这个意义上,朱子学是一种理性主义哲学,它不会赞同任何宗教意义上的"末世论",而是对"理"充满了一种信念,因为理就是终极实体,永恒而超越。

---

① 朱熹:《太极图说解》,见《周敦颐集》卷一《太极图说》,第 4 页。
② 朱熹:《朱子语类》卷一,王星贤点校,北京,中华书局,1986 年,第 4 页。
③ 《朱子语类》卷一,第 7 页。

二、"理生气"命题的问题由来

现在我们再回到上述的第一个问题——太极本体的形上之理何以能"动而生"出阴阳的形下之气？这就关涉到朱子的"理生气"命题。表面看，这个问题是一个简单的逻辑推论，既然按照上面朱子理气论的基本设定——"理在气先"，那么，我们就不得不认同作为物质实在的气必在时间上后于形上之理而有，以此推论，结论便是：理可以生出气来。

按照周敦颐《太极图说》的第二段话，讲的便是"太极动而生阳"的问题，由于太极是理而阴阳是气，由此，便自会得出"理生气"的结论。然而细细一想，这个结论有点难解：形上之理不是任何一种"东西"，它怎么可能会生出一个具体的"东西"出来呢？这岂不违反常识吗？

举例来说，比如清代中期的反理学急先锋戴震便抓住"理生气"这一点不放，他指出：朱子在解释《太极图说》"无极而太极，太极动而生阳"这句话时，竟然"释之云：'太极生阴阳，理生气'。"戴震感叹："求太极于阴阳之所由生，岂孔子之言乎！"[①]意思是说，阴阳"所由生"的原因被归结于太极，这一"理生气"的观点完全违背了孔子作《易》的宗旨（按指《易传》"易有太极，是生两仪"），故在戴震看来，朱子之说简直是一派胡言。

然而，戴震的批驳其实并没有展示充分的理据，即并没有深入朱子"理生气"命题的义理脉络来提出质疑，他只不过认定"阴阳之所由生"必定与被诠释为理的太极无关，由此设定出发而得出了上述的判断。因为戴震根本不能认同朱子的"太极即理"说，相反，他截然断定"孔子以太极指气化之阴阳"——此即汉儒以来的以气释太极的传统观点，而且他还认定易学中的"易有太极，是生两仪"的"生"只不过宇宙生成论意义上的"以次生矣"[②]的意思而已。显然，这一解释对于朱子而言，可谓是风马牛不相及——在哲学基本概念的解释上，发生了严重的错位，对此，我们只能暂置勿论了。

然而蹊跷的是，"理生气"三字竟然不见于《朱子语类》《朱子文集》以及《四书集注》等现存的一般常见的朱子学庞大的文献群当中，于是，引起了当代学者特别是日本学者的考据兴趣，因此，我们有必要先来解决文献学的问题。好在陈来在

---

① 戴震：《孟子字义疏证》，何文光点校，北京，中华书局，1963 年，第 22 页。
② 《孟子字义疏证》，第 22 页。

1983 年写了一篇考证文章,关于"理生气"的出处问题最终获得了解决①。这条资料最早见诸南宋末年刻本《元公周先生濂溪集》:

> 太极生阴阳,<u>理生气也</u>。阴阳既生,则太极在其中,理复在气之内也。②

但是,这段话的记录者不明,后被《性理大全》《周子全书》所引。现在可以确定的是,戴震所使用的应当是明初刻本《性理大全》,其中确有"理生气"这条记录。

　　但是,问题依然存在。《性理大全》所引的朱子原话的原始出处究竟何在呢?就结论言,根据吕柟《朱子抄释》的记载,该条资料应该出自朱子弟子杨与立编辑的《朱子语略》,而杨与立所录皆在朱子 63 岁,故应为朱子晚年的思想,已无疑义③。由于我们目前使用的流行本——黎靖德汇编的《朱子语类》当中,并没有参用杨与立此书,所以刊落了"理生气"这句话。好在此书目前已经找到下落,现存于温州市图书馆,另一部藏于台湾"中央"图书馆,为明弘治四年(1491 年)重刻本,原刻本应当不晚于淳祐四年(1244 年)④。

　　既然出处已经找到,可知戴震没有捏造事实,"理生气"确是朱子亲口说的话。那么,我们应当如何理解呢? 一个处在"净洁空阔底世界"中的、一无所有的、既"无形迹"也"不会造作"的、"无情意、无计度"的那个看似冷冰冰、毫无生气的"理",怎么会"生"出一个妙用无穷的活生生的"气"来呢? 然后再由这个气"酝酿凝聚生物"⑤呢? 这不仅是戴震百思不得其解的地方,而且也是后世不少儒者在批判朱子理气论之际抓住不放、纠缠不休的一个关键问题——太极本体何以能从一无所有的世界当中"生"出芸芸众生的大千世界?

三、太极动静问题的核心解释

　　"理生气"是朱子对周敦颐《太极图说》"太极动而生阳"这段话的一个解释。《太极图说》的第二段话是:"太极动而生阳,动极而静,静而生阴,静极复动。一动一静,互为其根;分阴分阳,两仪立焉。"对此,朱子作了长篇大论的解释,这段解释

---

　　① 陈来:《关于程朱理学思想的两条资料的考证》,《中国哲学史研究》1983 年第 2 期;后收入氏著:《中国近世思想史研究》,北京,商务印书馆,2004 年。

　　② 周敦颐:《元公周先生濂溪集》卷二,湖南省濂溪学研究会整理,长沙,岳麓书社,2006 年标点本,第 22 页。

　　③ 陈来:《关于程朱理学思想的两条资料的考证》,《中国哲学史研究》1983 年第 2 期;另见陈来:《朱熹哲学研究》,北京,中国社会科学出版社,1987 年,第 21 页。

　　④ 胡适:《〈朱子语略〉二十卷》(作于 1961.8.28),原载《胡适手稿》第 9 集,见姜义华主编《胡适学术文集》,北京,中华书局,1991 年。

　　⑤ 《朱子语类》卷一,第 3 页。

非常重要,被认为是朱子《太极解义》的主导思想①,以下分两段录出:

> 太极之有动静,是天命之流行也,所谓"一阴一阳之谓道"。诚者,圣人之本,物之始终,而命之道也。其动也,诚之通也。继之者善,万物之所资以始也;其静也,诚之复也。成之者性,万物各正其性命也。动极而静,静极复动,一动一静,互为其根,命之所以流行而不已也;动而生阳,静而生阴,分阴分阳,两仪立焉,分之所以一定而不移也。②

朱子在第一段首先承认"太极之有动静",而且是在"天命之流行"的意义上而言的,至于"天命之流行"则是接续《系辞上传》"一阴一阳之谓道"来讲的;接着朱子利用周敦颐《通书》有关"诚"的思想来解说太极的动静,认为《通书》所说的诚之通和诚之复③的过程所表明的正是天命流行的过程,一动一静分别是诚之通向万物的开启("万物之所资以始也")以及诚之复归自身的证成("万物各正其性命也")。可以说,这段话从总体上点明了太极与动静、动静与阴阳、阴阳与万物的基本关系,强调了太极就是"天命之流行"的重要观点,同时太极又是"继之者善""成之者性"的本体依据。

> 盖太极者,本然之妙也;动静者,所乘之机也。太极,形而上之道也;阴阳,形而下之器也。是以自其著者而观之,则动静不同时,阴阳不同位,而太极无不在焉;自其微者而观之,则冲漠无朕,而动静阴阳之理,已悉具于其中矣。虽然,推之于前,而不见其始之合;引之于后,而不见其终之离也。故程子曰:"动静无端,阴阳无始。"非知道者,孰能识之。④

第二段的开首两句是《太极解义》中最为核心的论点,首先朱子用"本然之妙"和"所乘之机"来解释太极与动静的关系,这是朱子对太极动静问题的创造性诠释。"本然之妙"是说太极是动静的妙用发动,本体构成了动静的内在原因,"所乘之机"是说动静是太极得以展现自身的机巧所在。这里的"机",意近"几",按一般理解,易学中的"几"概念是指宇宙万物处在某种"有无之间""动而未动"的微妙瞬间⑤,一动一静就是太极在有无之间得以自身转化的微妙瞬间,重要的是,这一瞬间所象

---

① 陈来:《朱子〈太极解义〉的哲学建构》,《哲学研究》2018 年第 2 期,第 43 页。
② 朱熹:《太极图说解》,见《周敦颐集》卷一《太极图说》,第 3 页。
③ 周敦颐指出:"元、亨,诚之通;利、贞,诚是复。"见《周敦颐集》卷二《通书·诚上》,第 13 页。
④ 朱熹:《太极图说解》,见《周敦颐集》卷一《太极图说》,第 3~4 页。
⑤ 朱子释《通书》中的"几"概念为"几者,动之微"。朱熹:《通书解》,见《周敦颐集》卷二《通书·诚几德》,第 15 页。周敦颐则有"诚、神、几,曰圣人"之说,可见其对"几"之概念非常重视,与"诚""神"概念具有同等的关键地位。见《周敦颐集》卷二《通书·圣》,第 17 页。

征的动静不是本体的派生现象,而是太极本体的一种内在微妙机制①。至于"太极,形而上之道也;阴阳,形而下之器也",则将太极与阴阳的关系作了清楚的形而上下的分别,由此分别,意味着太极概念不能归属于气而只能归属于理了。据此,太极即理的太极本体论也就得以建构了起来。

最后,朱子对太极、动静、阴阳三者之间的关系进行了论述,表明了一个重要观点:自太极之"著"的角度看,动静与阴阳尽管处在不同的时间和位置,但是"太极无不在焉";自太极之"微"的角度看,尽管一切都处在冲漠无朕、没有任何朕兆或现象的状态,然而动静阴阳之"理"却已经蕴含于其中;若"推之于前"("往上推"),则太极与阴阳分别为二物,若"引之于后"(就见在事物看),则太极与阴阳已然相即不离。这段话显然又回到了朱子对"无极而太极"一句的解释:太极之本体"非有以离乎阴阳也"而又"不杂乎阴阳而为言耳"。

由上可见,在《太极解义》有关"太极动而生阳"的解释当中,朱子集中阐发了太极与动静的关系问题,并没有对"生"的问题有直接的表述,但须注意的是,"天命流行"一语在整段解释中具有重要的基本的意义,因为这句话才是朱子对太极生生而有阴阳——"太极动而生阳"——之问题的关键解释。而"天命流行"与朱子后来喜用的"天理流行"一样,是朱子哲学中富有理论解释效力的重要观念。

四、"理之所生"与"无能生有"

尽管在《太极解义》中,朱子并没有就"生"的问题发表直接的论述,更没有用"理生气"来解释"太极动而生阳",但是,在理气观问题上,朱子晚年便不断遇到理气之间"生生"的关系问题,这里我们稍举几例来试作说明。

例如,朱子指出:"气虽是理之所生,然既生出,则理管他不得"②;"动而生阳,静而生阴,说一'生'字,便是见其自太极来。……'无极而太极',言无能生有也"③。这些说法其实都在强调理之"生"只是意味着理在气先,所谓"无能生有"尽管也是一种虚拟性的描述,却是一个带有总结性意味的判断,不可忽视。因为究极而言,太极本体是冲漠无朕、无形无象的,故须用"无极"来加以描述,而"太极生阴阳"却正表明有无之间是可以转化的,此即"无能生有"的真实涵义。

若从宇宙生成论的角度看,那么,太极作为"元气",它本身具有活动功能,由动

---

① 朱子曾形象地将"机"字比喻为"关捩子":"周贵卿问:'动静者,所乘之机。'曰:'机,是关捩子。踏著动底机,便挑拨得那静底;踏著静底机,便挑拨得那动底。'"见《朱子语类》卷九十四,第 2376 页。

② 《朱子语类》卷四,第 71 页。

③ 《朱子语类》卷九十四,第 2368 页。

而生阳,静而生阴,一动一静、循环往复、周而复始、万物化生;但是,朱子《太极解义》的旨意在于将宇宙生成论扭转至宇宙本体论的轨道上来,故就必须把太极释为理,始能为宇宙万物奠定一个终极实在的基础,相应地,气作为形而下者,只是"自太极而来",正是在这个意义上,所以说气"是理之所生",而太极动而生阳或阴阳自太极而来的观点表述,则表明太极本体必已内含生生不息、源源不断的动力,由于太极本身是冲漠无朕、无形无象的,故不得已而只能称之为"无能生有"。这里所涉及的是体用论意义上而非生成论意义上的有无之间的转化问题,即在体用论意义上,本体之无如何转化出现象之有的问题。关于其中的义理属于另一层面的问题,此处不赘。

根据上述"自太极来"以及"无能生有"的说法,问题就来了。作为一种终极实在,乃是一超越经验界的形上存在,故其本身无所谓动也无所谓静,那么,何以内含一种生生的动力? 一般而言,"动静者,时也",属于一种经验现象界的时间概念,而作为本体存在的理则是绝对"至静"(意谓对动静的超越)的,用周敦颐的话来说,叫作"动而无动,静而无静,神也",相比之下,"动而无静,静而无动,物也"。①

对此,朱子有一个非常明确的解释:"'动而无动,静而无静',非不动不静,此言形而上之理也。"②意思是说,从形上之理的角度看,无法用动静概念来加以规定,因为理之本身是超越动静之上的本体存在;另一方面,当太极本体展现出阴阳动静之际,则又表现为"方其动时,未尝不静,故曰'无动';方其静时,未尝不动,故曰'无静'"。从而呈现为"动中有静、静中有动"的"错综无穷"③的样态,而难以用动或静的任何概念来规定太极本体的属性。也正由此,朱子才会说出上引有关"理"的大段描述——其中的三句话最具典型意义:"无情意、无计度、无造作。"

既然如此,那么朱子为什么会说"理生气"呢? 其中的"生"字又究作何解呢? 若按照宇宙生成论的思路,那么问题显然变得很简单,此处的"生"无非就是这样一幅图景:太极→动静→阴阳,表明宇宙万物的产生就是从最为根源性的事物当中逐渐化生出众多具体事物之过程而已。然而这种生成论的解释模式,显然不符合朱子太极本体论的理论构造,因此,其"生"字必定另有他意。其实,中国古人遣词用字,有时需要领会其言外之意、弦外之音,有时也需要注意其所用的字词是"虚指"还是"实指"。事实上,朱子在这里使用的"生"字,便是"虚指"而非"实指",即:此"生"字并非意指实际地"生"出某种东西,犹如鸡生蛋或母生子一般;而是在"推

① 《周敦颐集》卷二《通书·动静》,第 26 页。
② 《朱子语类》卷九十四,第 2403 页。
③ 《朱子语类》卷九十四,第 2403 页。

其所从来"的意义上,由于理在气先,故而气由理生。

五、三种理解角度：形上说、体用说与生生说

具体而言,我们可从以下三个方面来进行考察：

第一,"形而上学"说。抽象而言,朱子所谓"理生气",意在强调气是由理"形而上"地"生"出来的。此即说,"理生气"是一本体论命题,其强调的就是"理在气先"的观点而已,并没有任何其他的意思。关于这一点,刘述先早已点明："故'理生气'只是虚生,'气生物'才是实生,两个'生'字断不可混为一谈。"[①]不过,若按朱子自己的一个分疏,这叫作"抬起说"或"从实理处说"。什么意思呢？

本来,按朱子"理生气"之说,其所针对的是两条资料：周敦颐的"太极动而生阳"以及《易传》"易有太极,是生两仪";就前者言,朱子认为这是"和阴阳滚说",意谓太极动而生阳,静而生阴,"盖太极即在阴阳里";至于上述《易传》之说,"便抬起说",也就是：

先从实理处说,若论其生则俱生,太极依旧在阴阳里;但言其次序,须有这实理,方始有阴阳也。虽然自见在事物而观之,则阴阳函太极,推其本,则太极生阴阳。[②]

这里强调了两种不同角度的视域,一是"自见在事物而观之"的现实世界的视域,一是从"抬起说""实理处说""次序"说以及"推其本"而言的形上视域。就前者言,"阴阳函太极",就后者言,"太极生阴阳"。至此,"理生气"之真实意涵已经明朗,无非就是"理先气后"的意思。

第二,"体用一源"说。我们还可以运用"体用论"的思维模式来加以说明。按汤用彤对魏晋玄学"体用论"的分析,指出"玄学盖为本体论而汉学则为宇宙论或宇宙构造论",玄学主张"体用一如,用者依真体而起,故体外无用。体者非于用后别为一物,故亦可言体外无物"。而汉儒则主张万物由"元气"而生,元气被设定为一种永存的"实物",故就汉儒的宇宙论而言,"万物未形之前,元气已存;万物全毁之后,元气不灭。如此,则似万有之外、之后别有实体。如依此而言体用,则体用分为两截",所以汉儒喜用《老子》"有生于无"之说以证其宇宙论;但是,"玄理之所谓

---

① 刘述先：《朱子哲学思想的发展与完成》(增订三版),台北,台湾学生书局,1995 年,第 644 页。
② 《朱子语类》卷七十五,第 1929 页。

生,乃体用关系,而非谓此物生彼,如母生子等"。①这一体用论的分析工具适可借用过来,用以分析朱子"理生气"这一命题。

理与气,正如同体与用的关系;依照"体用一源,显微无间"(程颐语)这一理学体用观,那么,作为"用"者之"气"必依"理"而起,正与汤用彤所谓"用者依真体而起"之意相吻合。毫无疑问,程颐"体用一源"论应当深深印在朱子的哲学意识中,故其必能熟练地使用体用论思维模式来重建理气论。② 至此,我们终于可以得出一个结论:理生气是指气依理之体而起,由此而推,理生气盖谓理为气之体,绝非"此物生彼,如母生子等"的意思。这应当是对朱子"理生气"说的一项善解。

第三,"生生不息"说。无论是"太极动而生阳"还是"是生两仪"或者"理生气",其中的"生"可以作"虚指"解,而非指实际地"生"。然而换种角度看,此"生"字亦可作"天地之大德曰生"的正面义来理解,亦即上述朱子所言"先从实理处说,若论其生则俱生,太极依旧在阴阳里"的意思,这是太极本体的内在规定,也是生生不息之理的必然表现。这是朱子哲学的一个重要理论创见,必须正视。以下略作分疏。

朱子在晚年解释"太极生两仪"问题时,曾指出:"太极如一木生上,分而为枝叶,又分而生花生叶,生生不穷。到得成果子,里面又有生生不穷之理,生将出去,又是无限个太极,更无停息。"即便到开花结果之时,也只是"少歇,不是止",故《周易》所谓"艮止",也应当理解为"是生息之意"。③ 这段比喻性的描述,非常生动地阐发了太极与生生的关系,在朱子看来,"生生不穷之理"乃是太极本体的本有属性,也是"太极生两仪"的根据所在。

根据朱子的这个思想,太极自有一种"生将出去"的源源不断的动力,唯有如此,太极本体才会在"见在事物"中表现出"物物一太极"的普遍性,同时又在"人伦世界"中表现出"极善至好"的价值义。因为归根结底,"太极之有动静"的生生不息,乃是由于"天命之流行",用朱子哲学的其他术语言之,即"天理流出"④或"天理流行"⑤,这是天道赋予人物之生等一切存在以价值和意义的动力源泉,在这个意义上,所以朱子强调太极之理又是"天地人物万善至好的表德"⑥。重要的是,这个

---

① 汤用彤:《王弼大衍义略释》,见氏著:《魏晋玄学论稿及其他》,北京,北京大学出版社,2010 年,第48~49 页。

② 关于宋明新儒学的体用论问题,参见吴震:《宋明理学视域中的朱子学与阳明学》,《哲学研究》2019年第 5 期。

③ 《朱子语类》卷七十五,第 1931 页。

④ 《朱子语类》卷九十四,第 2406 页。

⑤ 《朱子语类》卷九十四,第 2390 页;卷九十六,第 2464 页;卷六十二,第 1492 页;等等不胜枚举。

⑥ 《朱子语类》卷九十四,第 2371 页。

天道赋予的过程也就是生生不息的过程,也是天道之生"不间断"或"无间断"①的永恒过程。

六、阳明学释"生生":一理隐显

最后我们谈一谈阳明学。尽管阳明学并没有所谓"理生气"之说,但是有关"太极动而生阳"的问题,阳明也有重要见解,或可有助于我们从广义宋明理学的视角来了解有关朱子学"理生气"命题的另一种理论解释的可能性。

阳明曾在回答弟子应如何理解"太极动而生阳,静而生阴"的问题时,首先指出这是"太极生生之理,妙用无息,而常体不易"的意思,也就是说,太极本身便是一种"生生之理";但重要的是,其生阴阳是依理而生,是太极本身的一种"妙用无息",而非来自于外在的动力,这个说法接近上引朱子《太极解义》中的"本然之妙"的意思;另一方面,太极之体的"理"本身在生生过程中却是"常体不易"的,这是朱子《太极解义》中未明言的说法,但也可以包含在朱子有关"理生气"命题的理论内部。阳明是这样说的:

> 太极之生生,即阴阳之生生。就其生生之中,指其妙用无息者而谓之动,谓之阳之生,非谓动而后生阳也;就其生生之中,指其常体不易者而谓之静,谓之阴之生,非谓静而后生阴也。②

这段话的意思是说:其一,太极本体之生生即已内含阴阳之生生,不是在太极之外,另有所谓动静运动成为阴阳生生的动力因;其二,在生生过程中,太极本体自有"妙用无息者",此即所谓"动";同时,太极又是"常体不易者",此即所谓"静",故太极生生之理并不意味着有所动静——如"动而后生阳""静而后生阴"一般,而是由太极本体具有的"妙用无息"而又"常体不易"之特质所决定的。借用"体用一源"的说法,阳明所理解的"太极之生生"便是"依体而起"之意,这里的"体"与"起",即分别指"常体不易"与"妙用无息",两者均内含于太极本体之本身,是太极本体的一体之两面。

不仅如此,阳明进而指出:假设将太极生生单纯理解为"静而后生阴,动而后生阳",那么,必然导致"阴阳动静截然各自为一物矣"的荒唐结论;阳明认为,太极作为本体不能用时间概念的动静来加以规定,然而一切阴阳动静之现象却又依理

---

① 《朱子语类》卷十一,第176页;卷三十六,第974页;卷六十四,第1578页。
② 吴震解读:《中华传统文化百部经典·传习录》,第157条,北京,国家图书馆出版社,2018年。

而起,此谓"动静一理也",表明动静根源于"一理",反过来说,理之生生就是本体的根源义而非派生义;与此同时,太极生生又是由本体的"妙用无息"和"常体不易"所决定的,这又叫作"一理隐显而为动静"。[①] 故太极之有动静可以"一理隐显"来加以表述,此即说,一理之隐即"常体",一理之显即为"妙用"。"体"者不变,故为常体——"隐";"用"以显体,故为妙用——"显"。应当说,阳明的上述解释既是对周敦颐"太极动而生阳"也是对朱子"理生气"之命题的一项具有创新性的善解,是对本体生生思想的理论推进。

要之,尽管阳明对朱子学的本体宇宙论或理气二元论没有直接的讨论,因其理论关怀并不在此,然而由上所见,我们可以断定阳明在太极动静以及太极本体等问题上也有深刻的洞见,他用"妙用无息"和"常体不易"以及"动静一理"和"一理隐显"这两对概念,深刻阐发了本体论意义上的生生思想。这一思想不仅是阳明学的一项理论贡献,也应看作广义宋明理学所能共享的思想资源。

七、结语:作为本体根源义的"生生"观

综上所述,长久以来,湮没不闻的朱子学"太极生阴阳,理生气也"这句命题含有丰富的意涵,通过我们的重新解读和分析,可以发现其中的关键词:"生"字具有重要的理论意义。

概而言之,从字义上讲,"生"大致有两层含义:一者"生"字是指实际的"生",意近宇宙生成论的含义,如同母生子、鸡生蛋一般,但是,这层意思显然不能用来解释朱子"理生气"命题的意义;二者"生"字则是指表明主语与谓语之间的先后关系,意谓先有理然后有气,依朱子理气论,所谓先后关系则是指形上形下之关系,也就是指存在论的关系而非生成论的关系。按照这里的第二层意思,"理生气"是对理在气先这一本体论命题的一项论证,别无他意。

然而,当我们将"理生气"置于朱子学的整套理论系统中进行重新审视,则可发现更为重要而繁复的义理问题。朱子围绕"理生气"问题有许多不同角度的讲法:第一,从实理处说,则理与气"生则俱生";第二,从次序上说,则先有"这实理"而后"有阴阳";第三,从"见在事物"说,那么,"阴阳函太极";第四,最后从"推其本"说——形上地说,则必得出"太极生阴阳"的结论。以上四种不同角度的讲法,都是为了解释太极、动静与阴阳的关系问题,其中内含"太极生阴阳,理生气"何以可能的问题,进言之,其中贯穿了太极本体或理本体的"生生"问题的哲学思考。

---

① 《中华传统文化百部经典·传习录》,第157条。

至此可见,朱子理气宇宙论的模式可以表述为两大命题:"阴阳函太极"与"太极生阴阳"。前者涵指太极本体表现为"物物一太极""无限个太极";后者涵指太极本体表现为"生生不穷之理",具有"生将出去""更无停息"的动力。然而必须注意的是,根据"动而生阳,静而生阴,说一'生'字,便是见其自太极来"的表述,这里的"生"只是表示阴阳"自太极来"这一本体界的根源义而非现象界的生出义。若就体用一源的角度看,"生"在此体用结构中表示为"依体而起"的本体呈现义而非作用现象义。

总之,从朱子理气论域出发,可以发现朱子学本体宇宙论的理论系统中含有丰富的"生生"理论,应当是毋庸置疑的事实。若结合朱子学的"天命流行""天理流行""天理流出"以及天道"不间断"等一系列理学的基本观点来看,则可以断定朱子学的天理实体具有根源意义上(而非现象作用意义上)的动力义、呈现义,此即说,阴阳动静等一切现象必根源于太极本体。在此意义上,"太极生阴阳,理生气"的"生"字是指根源义的内在动力而非现象义的外在推动,由此,"理生气"得以成为理论自洽的思想命题,终极而言,则可说"无能生有"。朱子学的这套说法意味着用"生生"观念将太极、动静、阴阳贯穿起来,形成了以太极为核心、集理气为一体的一套天理实体观的哲学体系。

(原载《清华大学学报(哲学社会科学版)》2019 第 6 期)

"现代清华哲学学派"的哲学创作

陈　鹏

（首都师范大学哲学系）

内容提要：现代清华哲学学派是指 20 世纪三四十年代以清华哲学系的同仁为主的学者群体，他们都在不同程度上受到英美新实在论的影响，十分重视逻辑分析方法，尝试哲学系统的建立，有学者称之为"清华实在论学派"。清华哲学的基本精神是科学的、知识的、理性的，表现之一就是哲学被认为是一定意义上的知识系统。对于清华哲学，知识化的立场在哲学层面上的表现之一就是对于伪知识的"形上独断"的清理。

关键词：创作意识；知识自觉；清除独断；综合创新

本文所说的"现代清华哲学学派"（以下简称"清华哲学"）是指 20 世纪三四十年代以清华哲学系的同仁为主的学者群体，主要有冯友兰（长期任文学院院长兼系主任）、金岳霖（原哲学系主任，哲学系的开创者）、张申府（曾代任哲学系主任）、邓以蛰、沈有鼎和张岱年等。他们都在不同程度上受到英美新实在论的影响，十分重视逻辑分析方法，尝试哲学系统的建立，有学者称之为"清华实在论学派"。张申府曾说清华哲学系有志形成"东方的剑桥学派"[①]。孙道升曾言："就中张申府先生之罗素，邓以蛰先生之美学，沈有鼎先生之逻辑，皆称一时独步，而首领当推金岳霖先生。"[②]这些学者一时汇聚于清华哲学系，在中国现代哲学史上确是一桩盛事。

本文拟从创作意识、知识自觉、清除独断、综合创新等方面来分析清华哲学学派集体性的哲学创作现象，希望对我们当前的哲学创作有所启示。

一、创　作　意　识

金岳霖是清华哲学系重要的创建者，于 1926 年到清华任教，以后一直在清华直到 1952 年院系合并。金岳霖特别是一个"问题型"的哲学家，他的哲学研究，总

---

① 参见齐家莹编：《清华人文学科年谱》，北京，清华大学出版社，1999 年，152 页。

② 孙道升：《现代中国哲学界之解剖》，《国闻周报》12 卷 45 期，1935 年 11 月。

给人"自家从头做起"的感觉,从一个基本命题出发,然后一步一步分析论证下去。他的研究成果只有一两篇是哲学史问题的专文,大都是研究哲学问题本身的论文或著作。金岳霖并不是不重视哲学史,他是把休谟、罗素、摩尔、怀特海等哲学资源消化在"哲学问题"的研究当中。由于他消化、融会得好,也由于他紧扣逻辑或纯理本身逐步展开、推进、深入,所以不易看出他兼收并蓄的痕迹。金岳霖不仅有《论道》,充分利用新实在论的成果来建立自己对于实在的"分析"和"构造";同时也有《知识论》(可惜抗战时书稿遗失),建立一系统的"实在主义"的知识论。金岳霖严谨的逻辑分析方法和纯粹的哲学问题意识代表了清华哲学的基本方法倾向。孙道升在《现代中国哲学界之解剖》中称金岳霖是当时中国新实在论的首领,文中说:"金先生的头脑简直是西洋的,其分析法运用之娴熟精到,恐怕罗素见了也得退避三舍。有人称他为中国的 G. E. Moore,实非过誉。……其思想之深刻,分析之细密,措辞之谨严,不但中国的哲学出版物中少有其匹,即求之西洋哲学的出版物中亦不多了。"

　　清华哲学的另一位重要人物冯友兰在清华工作二十余年(1928—1952 年),其间担任清华文学院院长有十余年。冯既是哲学史家,也是哲学家,且对哲学研究与哲学史研究均有较丰富的方法阐述。冯早在《中国哲学史》(上下,1931—1934 年)的《绪论》中就指出:"研究哲学须一方面研究哲学史,以观各大哲学系统对于世界及人生所立之道理;一方面须直接观察实际的世界及人生,以期自立道理。故哲学史对于研究哲学者更为重要。"①在整部书的结尾,冯说:"故中国哲学史中之新时代,已在经学时代方结束之时开始。所谓'贞下起元',此正其例也。不过此新时代之思想家,尚无卓然能自成一系统者。故此新时代之中国哲学史,尚在创造之中;而写的中国哲学,亦只可暂以经学时代之结束终焉。"②这里一方面是期望中国现代新哲学之诞生,一方面也隐然以新哲学的创作者自我期许。冯后来把自己的新哲学称为"贞元之际所著书",正标明自己的新哲学要"贞下起元",成为建立新时代之新哲学的一个尝试。

　　冯友兰 1947 年在美国讲授中国哲学史,其讲稿后来编成《中国哲学简史》,其最后一章《中国哲学在现代世界》对自己哲学创作的历程和一些方法上的考虑有相当重要的说明。他说:

　　　　哲学史的作用是告诉我们,哲学家的字句,这些人在过去实际上是意指什

　　① 　冯友兰:《三松堂全集》第二卷,郑州,河南人民出版社,1985 年,第 254~255 页。该《绪论》的大部分内容已于 1925 年在《太平洋杂志》第四卷第 10 期正式发表。
　　② 　冯友兰:《三松堂全集》第三卷,第 436 页。

么,而不是我们现在认为应当意指什么。……可是从纯哲学家的观点看,弄清楚过去哲学家的观念,把他们的理论推到逻辑的结论,以便看出这些理论是正确还是谬误,这确实比仅仅寻出他们自己认为这些观念和理论的意思是什么,要有趣得多,重要得多。这样做就有一个从旧到新的发展过程,这个发展是上述时代精神的另一个阶段。这是这样的工作,就再也不是一个历史家的陈述性工作,而是一个哲学家的创造性工作。我与王国维有同感,就是说,我不愿只做一个哲学史家。所以写完了我的《中国哲学史》以后,我立即准备做新的工作。但是正在这个关头,战争就于 1937 年夏天爆发了。①

冯在这里明确说自己不仅要做一个哲学史家,更要做一个对当代中国哲学甚至世界哲学有所贡献的哲学家。冯随后指出,当时北大哲学系和清华大学哲学系在学风上各有特点:

> 在战前,北大哲学系的传统和重点是历史研究,其哲学倾向是观念论,用西方哲学的名词说是康德派、黑格尔派,用中国哲学的名词说是陆王。相反,清华哲学系的传统和重点是用逻辑分析方法研究哲学问题,其哲学倾向是实在论,用西方哲学的名词说是柏拉图派,用中国哲学的名词说是程朱。②

这里清楚地表明了清华哲学的特点是要进行哲学创作而不仅是"历史的研究",清华哲学的主要倾向是逻辑分析和实在论。

张申府在清华工作多年(1930—1936 年),并一度代任哲学系主任。张申府的哲学研究主要表现在两方面,一是对罗素的研究,一是试图建立一种"解析的唯物论"。张申府曾说:"近来最常盘还于我脑际或喉头的,则尤在于分析(analysis 我尤常愿名之为解析),多元(pluralism),客观(objectivism),切实(realism)之四事。"③其"大客观论"很能体现新实在论哲学的基本特征,这一思想试图把一切都看成是客观的,对个人而言有一个主观客观的相对,而跳出这个主客相对来看,两者都是客观的。张申府曾说过,罗素和孔子是他最钦佩的二位哲学家,集取二者之精化,尝试会通孔子之"仁"与西方的"科学法"是他的哲学理想。

张岱年 1933 年从北京师范大学毕业后被聘为清华大学助教,在 1952 年院系合并前基本在清华哲学系工作。张岱年的治学方法应该受到冯友兰很大的影响,他一方面做哲学史研究工作,于 1937 年出版《中国哲学大纲》;另一方面重视纯粹哲学问题的研究,其《破"唯我论"》(1932 年)、《知识论与客观方法》(1932 年)、《论

---

① 冯友兰:《三松堂全集》第六卷,第 280 页。
② 冯友兰:《中国哲学简史》,北京,北京大学出版社,1994 年,第 370 页。
③ 张申府:《所思》,北京,生活·读书·新知三联书店,1986 年,第 1 页。

外界的实在》(1933 年)、《谭"理"》(1933 年)等一系列文章都是在专门讨论形上学、知识论等相关问题,其《论外界的实在》[①]一文对于外界实在的客观存在问题有着相当细密的哲学分析。后来又发表了《论现在中国所需要的哲学》(《国闻周报》1935 年 4 月 8 日)、《哲学上一个可能的综合》(《国闻周报》1936 年 5 月 25 日),对如何建立新时代的中国哲学有初步的系统的方法讨论。

张岱年在 1942—1944 年间,将其平日致思整理成论稿《哲学思维论》《知实论》《事理论》《品德论》,1948 年又写成《天人简论》,张先生称这一系列文稿作品为"天人五论"。这期间又写有思想札记《认识·实在·理想》。张先生回忆此间学思历程曾说:"这些论稿可以说是 40 年代在哲学园地中一个理论探索者寻求真理的思想记录。所讨论的问题基本上 30 年代的问题,论证的方式也是 30 年代的方式,其所关涉的西方哲学思想也是 30 年代的西方哲学思想,同时更表现了 30 年代的文风。"[②]

张岱年在其《回忆清华哲学系》(1994 年)一文中回忆道:"北大哲学系比较重视考据,重视哲学史的研究,在方法论上比较推崇直觉。当时北大哲学系教授张颐讲授黑格尔哲学,被称为黑学专家;另一哲学教授汤用彤学贯中西,对于佛学史研究有突出贡献。清华哲学系比较重视义理,重视理论建树,在方法论上比较推崇分析。"[③]与上文冯友兰的说法对照来看,可见,重视义理、重视理论建树已成为当时清华哲学同仁共同的学术倾向。

二、哲学作为"知识形态"的方法确认

清华哲学的基本精神是科学的、知识的、理性的,表现之一就是哲学被认为是一定意义上的知识系统。注重学术的科学性、知识性成为中国学术现代进程的重要标志,在此,冯友兰提供了中国现代哲学史上关于哲学之为"学"(现代学术)的经典阐述:

> 凡所谓直觉、顿悟、神秘经验等,虽有甚高的价值,但不必以之混入哲学方法之内。无论科学哲学,皆系写出或说出之道理,皆必以严刻的理智态度表出之。……各种学说之目的,皆不在叙述经验,而在成立道理,故其方法,必为逻辑的,科学的。……科学方法,即是哲学方法,与吾人普通思想之方法,亦仅有

---

① 原载《大公报·世界思潮》,1933 年 5 月 19 日。
② 张岱年:《求真集》,长沙,湖南人民出版社,1985 年,第 2 页。
③ 张岱年:《回忆清华哲学系》,载《学术月刊》1994 年第 8 期。

程度上的差异,无种类上的差异。①

冯友兰这里所呈现的实质上是一种对于现代学术之为学术的方法自觉,现代学术必须是逻辑的、具有充分分析论证的思议言说系统,科学、哲学均是如此。冯在建立自己的新理学体系的过程中始终遵循这一方法原则:问题的提出、概念的界定、命题的分析、命题系统的演绎和论证等。也因此,新理学成为现代中国哲学逻辑化、形式化的典范系统。

金岳霖的作品更是一种精细分析和严格论证的知识典范。无论是其《论道》还是《知识论》,都有严格的逻辑形式和逻辑分析,在当时确是独步天下。张申府甚至说中国如有哲学界,那么金先生就是中国哲学界第一人。

张岱年认为:"精确而可靠的哲学,必与科学相应不违。哲学可以批评科学,可考察科学之根本假设,然而在根本上哲学是不能乖乎科学的。"又说:"哲学务在求真知,必极其矜慎谨严。用一名必须有其明切的义界,立一说须有精严的论证。"②

注重逻辑分析,注重哲学系统的"知识化"呈现是清华哲学学派的显著特色。清华哲学对哲学作为"知识形态"的理解和运用主要包括两个方面的含义:一是形式的方面,即哲学作为一种理论化的言说系统,对概念、命题、理论的建立过程必须具有明晰性和逻辑性的要求;一是实质的方面,即哲学在内容上要与科学区别开来,它几乎不提供任何积极的实质的知识,而只是对最少内容的自明提前进行演绎分析。当然,金、冯、张诸人对此的看法和运用存在着一定的差异。

三、清除独断:科学之后的哲学

如果哲学不提供实质的具体的知识(科学的任务),那么哲学究竟是一种什么样的"知识"呢?对于清华哲学,这种知识化的立场在哲学层面上的表现之一就是对于伪知识的"形上独断"的清理。在最低限度上,哲学不能违背科学,它只能是在"科学之后"或"科学之上"对于对象的逻辑分析或"形式底"解释。

金岳霖曾区分旧玄学与新玄学,认为"新玄学的题材,是各种科学中所使用而不能证明、不能否认的概念。先用'欧肯的刀'割去用不着的,然后分析存下的思想,分析之后再从事条理"③。金指出旧玄学的态度是造出"太极""上帝""宇宙魂"等类的概念,去做一个贯通万事万物的媒人。金虽认为元学不是知识论,不妨可以

---

① 冯友兰:《三松堂全集》第 2 卷,第 247 页。
② 《张岱年自选集》,北京,首都师范大学出版社,2008 年,第 438~440 页。
③ 金岳霖:《唯物哲学与科学》,原载《晨报副刊》第 57 期,1926 年 6 月。

"怡我底情",但他的元学并不就是诗,而仍"不愿意说违背历史和科学的话",仍注意逻辑,仍选择了假定性(独断性)程度很低的"唯实"立场。

冯友兰一方面要确保哲学的知识性、客观性,另一方面又要防止哲学对于实际世界的独断倾向,便把哲学推至"逻辑底分析""形式底释义"。冯说:"真正底形上学,必须是一片空灵,……其不空灵者,即是坏底形上学。坏底形上学即所谓坏底科学。"①哲学如果对事实有实质的研究就是试图僭越科学,必是坏的哲学,也是坏的科学;同时哲学如果不坚持科学的客观方法,哲学毋宁就是诗了,又何谈为"学"呢?为表示他的哲学是真正的哲学,是真正的"一片空灵",冯友兰认为他的新理学体系是从"有事物存在"这一命题一步一步推演出来的。新理学努力避免任何不能确证的独断意图,比如,新理学明确否定宇宙是道德的,而把道德看作是社会之理;新理学也否定"一理万理"的神秘立场等。

在《新理学》绪论中,冯友兰就尝试用新逻辑解释"形式底释义",他把"凡人皆有死"改造成"对于所有底甲,如果甲是人,甲是有死底",其逻辑意义即在于"不肯定主词(人)的存在",而旧逻辑就"未明白表示此点"。可见,冯已意识到用新逻辑去解消命题中可能蕴含的"实体形上学"的独断。这已经基本上是现代西方分析哲学的基本理路了。

张申府的解析唯物论同样显示了对独断论的批判。张申府将其所服膺的新唯物论的思想特征概括为:"实践地重视科学,尤重视科学法,重视健实的实在感,尽可能地施用欧坎刀或节省律。"②这个科学法、实在感可以说均是对旧玄学而发的。张岱年主张哲学之圆满的系统必满足以下条件:(1)不设立超越的概念范畴;(2)不设定虚幻的区别;(3)不以一偏的概念范畴统赅总全。他认为中国的哲学必须是"唯物的、理想的、辩证的、批评的",所谓"批评的",就是:"哲学必须是精密的,即必须是充分的'哲学的',因而,必须是批评的,批评即武断之反,如不愿是武断的,便必须是批评的。"③其中反独断的立场是相当鲜明的。

清华哲学总体上显示出逻辑化、分析化的方法趋向,它旨在清除哲学活动中"非知识"(情感、态度、价值的直接表达)和"伪知识"(旧形而上学)意图。同时,在他们看来,哲学虽不具有科学的实际的求知功能,却可以在"真"的基础上展开:或是"求通"(金岳霖、张申府),或是对于实际的"形式底释义"(冯友兰),或是"显真明德"(张岱年)。当然,清华哲学并非反对任何意义上的形上学,他们大

①　冯友兰:《新知言——论形上学的方法》,上海,商务印书馆,1946 年。
②　张申府:《唯物论的重要》,原载《新华日报》1942 年 8 月 27 日。
③　《张岱年自选集》,第 440 页。

都肯定外物和共相之理的实在性,为区别于常识与纯主观论,冯友兰称之为"纯客观论"。

四、接着讲与综合创造

　　哲学创新的内在逻辑是什么? 清华哲学至少给我们提供了两种重要的逻辑线索,一个是冯友兰提出的"接着讲",一个是张岱年提出的"综合创造"。

　　冯友兰的"接着讲"是对照着(传统)讲和(从西方)拿来讲的超越,它是继承和创新的综合,一个具体的表现就是把传统哲学蕴涵的内在线索推进至逻辑的结论,这个过程也蕴涵着中西哲学的汇通与融合。比如,冯友兰新理学形上学就是将程朱理学中蕴涵的形上(理世界)形下(实际世界)的区分的思想线索发展至逻辑的结论,它融合了西方新实在论(新柏拉图主义)的思想资源,继承并发扬了程朱理学所包含的理本体立场和重知精神。冯明确指出新实在论与程朱哲学的某种综合是建立新理学系统的出发点。他说:

> 　　懂得了柏拉图以后,我对于朱熹的了解也深入了,再加上当时我在哥仑比亚大学所听到的一些新实在论的议论,在我的思想中也逐渐形成了一些看法,这些看法就是"新理学"的基础。[①]

冯友兰始终基于中西哲学的融合来建立他的新理学。在《新原道》中,他指出新理学:

> 　　是接着中国哲学的各方面的最好底传统,而又经过现代的新逻辑学对于形上学的批评,以成立底形上学,它不著实际,可以说是"空"底。但其空只是其形上学的内容空,并不是其形上学以为人生或世界是空底。所以其空又与道家、玄学、禅宗的"空"不同。它虽是"接著"宋明道学中底理学讲底,但它是一个全新底形上学。[②]

后来冯曾说:"未来世界哲学一定比中国传统哲学更理性主义一些,比西方传统哲学更神秘主义一些。只有理性主义与神秘主义的统一才能造成与整个未来世界哲学相称的哲学。"[③]如果以此来衡量他的新理学的话,新理学不再承认宇宙是道德的,就是让中国传统更理性主义一些;而承认气、道体、大全是不可思议的,并且提

---

① 　冯友兰:《三松堂全集》第一卷,第 258 页。
② 　冯友兰:《三松堂全集》第五卷,第 127 页。
③ 　《中国哲学与未来世界哲学》,载《哲学研究》1987 年第 6 期。

出形上学的负的方法,就是比西方传统更神秘一些。

关于哲学创作的综合性,张岱年先生有自觉的方法意识和方法讨论。张岱年在《论现在中国所需要的哲学》一文中明确提出中国哲学的发展必须是综合的:

> 我们所要创造的新哲学,固须综合东西所有哲学之长,然而综合应有别于混合或调和。真正的综合必须是一个新的创造,必须有新的一贯的大原则,为其哲学之根本义,为其系统之中心点,以之应用于各方面,以之统贯各部分。这个统贯各部分的、这个一贯的大原则却不是可以从别的哲学中取来的,而必须是新创的。①

那么,这个新创的"大原则"又从哪里来呢?如何新创呢?从张岱年的讨论来看,这个"大原则"的新创,一方面是对中西优秀哲学传统的综合,另一个重要方面就是对民族性和时代精神的把握。由此,他主张建立一个唯物的、理想的、辩证的、批评的哲学。

张先生提出了一个初步的哲学筹划:在方法论上融合解析与辩证;在知识论上注重感思统一、知行统一;在宇宙论上融合历程与事物,注重一本多级;在人生论上注重天人、群己统一、战斗和谐统一;在本体论上一方面要引申西方的新唯物论,一方面也要重视对中国传统船山、习斋、东原哲学的发挥。张先生哲学纲领中的一个方法主旨是以矛盾的辩证关系来理解发展的历程,宇宙是一个生生日新、发展变化的大历程,有生生,也有"反生",生包含矛盾,克服生之矛盾以得生之谐,就是生生不息的发展历程。这一思想融合了唯物辩证法,对传统哲学偏向本然的、自然的、简易的、直接的和谐观有重要的突破。

张岱年后来回忆清华时期的哲学时说:

> 在清华哲学系中,冯友兰、金岳霖都建立了自己的理论体系,张岱年亦试图提出了自己的一些理论观点,这些学说理论有一个特点即兼综中西思想而力图符合时代的需要。……金先生接着说:我现在就是要建立"统一的世界观"。其后不久,他的《论道》写成了,这是以分析方法建立形上学体系的重要著作。金先生的西方哲学"逻辑分析"的训练较深,但是对于中国传统哲学也有深厚的感情,因而以中国哲学的最高范畴"道"作为自己哲学的最高范畴,书名题为《论道》。……冯先生的哲学是一种融合中西的哲学。……《新理学》在实质上是一种新理性主义,是柏拉图主义与程朱学说的一种综合,在本质上可以说是一种客观观念论。……金岳霖、冯友兰的哲学思想有一共同的特点,即

① 《张岱年自选集》,第438页。

以逻辑分析为主要方法。这也是清华哲学系的特点。①

　　20世纪三四十年代的"清华哲学"是一个典型的以几位哲学同仁为核心的哲学学派,这样的哲学学派在现代中国哲学发展历程中具有独特的地位。扼要地说,这一学派得以成立的理由大致有三:(1)共同的学术趋向。如重视科学方法、强调分析精神、接受新实在论、超越中西对待、注重哲学本身的问题等。(2)学派意识的群体自觉。学派的主要成员有明确的学派自觉和方法意识,他们多次论及清华哲学的治学传统和学术特征。(3)清华哲学群体性的创作成果。金岳霖有《论道》,并着手知识论体系的建立;冯友兰以"贞元六书"成新理学,建立起系统的形上学和人生论;张申府整合唯物论、实在论和分析哲学欲自成"大客观论"和"解析的唯物论";张岱年于40年代有《知实论》《事理论》《品德论》《天人简论》等论稿,欲成一以新唯物论为基础的哲学系统。对于哲学创作,清华哲学已有相当完整、系统的现代学术自觉和哲学创新自觉,他们的方法意识和理论成果为现代中国哲学的发展作出了典范性的贡献。

---

① 　张岱年:《回忆清华哲学系》,载《学术月刊》1994年第8期。

《易》、老会通与北宋易学哲学[*]

张广保

（北京大学哲学系,北京大学儒学研究院）

内容提要：本文从北宋易学哲学五大问题意识着手,论证《易》、老的创造性融通乃是推动北宋易学哲学发展的原动力。正是通过《易》、老两大哲学传统的深度对话,北宋易学哲学家提出迥异于前代的哲学问题。各学派围绕这些问题予以广泛的讨论,并提出具有各自不同特点的解答,从而直接推动北宋易学哲学的发展。而北宋易学哲学的发展又引领北宋儒学的波澜壮阔的历史复兴。因此,儒、道融通才是贯穿北宋哲学始终的思想主线。

关键词：易学哲学；《易》、老融通；北宋易学

引言：陈抟与宋易造化宗

《四库全书总目·易类一》对清以前易学发展史曾予以如下概括："汉儒言象数,去古未远也,一变而为京、焦,入于讥祥；再变而为陈、邵,务穷造化；《易》遂不切于民用。王弼尽黜象数,说以老庄,一变而胡瑗、程子,始阐明儒理；再变而李光、杨万里,又参证史事；《易》遂日启其论端。此两派六宗,已互相攻驳。"[①]在此,四库馆臣对易学发展的历史作了颇为精核的概述,首先将全部易学统之于象数、义理两派。然后于象数之下又再细分为：汉儒之象数宗,京房、焦延寿之讥祥宗,陈抟、邵雍之造化宗。于义理派又细分为：王弼之老庄宗,胡瑗、程颐之儒理宗,李光、杨万里之史事宗等六宗。这就是易学史上著名的两家六宗说。

从宋代易学发展的角度看,上文所述六宗中有三宗创始于宋代,此即造化宗、儒理宗、史事宗。而由陈抟创立的易学造化宗又是宋代新易学乃至整个宋学的发端点。朱伯崑老师在《易学哲学史》中评论宋代图书易的思想地位时说："在北宋

* 本文为2017年度教育部人文社会科学重点研究基地重大项目中国人民大学佛教与宗教学理论研究基地"道教心性学及其与佛教的交涉"(15JJD730004)阶段性成果。

① [清]永瑢等撰：《四库全书总目·卷一·经部一·易类一》,北京,中华书局,1965年,第1页。

时期,图书学派十分流行,成为学术界的一大思潮。宋中期的道学家周敦颐和邵雍都是从图书学派中分化出来的哲学家。宋明的哲学史也可以说是从图书学派开始的。"①这表明朱伯崑先生高度认同陈抟开创的宋易图书派在易学哲学中的创新性。

以陈抟、刘牧、邵雍等为代表的造化宗又被称为图书学派,其特点是以图书演《易》,以易图、易数的形式重新解释《周易》。该派与传统易学主要关注对卦爻辞、十翼的解释不同,主要从数的角度力图将《周易》贯通,使之成为沟通天人、贯通形上形下的浑全整体。邵雍又将这一新的解易方法称为先天易,认为先天易乃是直探羲易的心地,而将传统的文字易称为文王易、后天易。图书易是宋代新易学最突出的思想创新之一。其与汉代为代表的象数易相比,还是有较大差别。因为汉代象数易虽然以卦爻象、卦变、卦气等方式解易,但仍然只是关注对卦爻辞、十翼的解释,力图将文字易说通。而宋代图书学派则完全撇开文字易,转而注重卦象、卦数,以易数与易象为核心创建新的易学解释体系。这就切中中国古代文明迥异于西方思想传统的、以象征主义思想体系为追求目标的主脉。

上引四库馆臣于宋易中特别点出造化宗,这是很有见地的。然而,囿于儒家正统意识,他们没有挑明易学造化宗之道家思想根源,更没有勾勒出道家易学的传承脉络,这是很不公平的。这也直接影响到我们对宋代新儒学整体历史的把握。其实宋代新儒学是从春秋学和易学率先实现突破的。不过宋人春秋学仍然沿袭唐中期啖助、赵匡、陆淳的新春秋学范式,而图书学则全系宋人自己的独创。因此从这点看,宋代新经学的首要突破点应为易学,其开山祖师应为陈抟(871—989)。而黄宗羲、全祖望的《宋元学案》实在应补上《希夷学案》,并将其置于首篇。

关于陈抟所创图书学派的传承,北宋易学家多有记载。邵伯温(1055—1134)将陈抟之新易学区分为数学与象学两系,其《易学辨惑》述其传承云:陈抟以数学授穆修(979—1032),穆修授李之才(980—1045),之才授邵雍。又以象学授种放,放授庐江许坚,坚授范谔昌。② 这里易数学的传承谱系为陈抟—穆修—李之才—邵雍;易象学的传承则为陈抟—种放—许坚—范谔昌。而晁说之(1059—1129)《传易堂记》记载大体相同:"有华山希夷先生陈抟图南,以《易》授终南种征君放明逸,明逸授汝阳穆参军修伯长,而武功苏舜钦子美亦尝从伯长学。伯长授青州李之才挺之,挺之授河南邵康节先生雍尧夫。……自希夷以来皆未尝有书,乃如子木、子夏之初欤?有庐江范谔昌者,亦尝受《易》于种征君,谔昌授彭城刘牧,而聱隅先

①　朱伯崑:《易学哲学史》中册,北京,北京大学出版社,1988 年,第 9 页。
②　邵伯温:《易学辨惑》,文渊阁四库全书本。

生黄晞及陈纯臣之徒皆由范氏知名者也。其于康节之《易》源委初同而浅深不伦矣。"①其传承谱系其一为陈抟—种放—穆修—李之才—邵雍，其二为陈抟—种放—范谔昌—刘牧。我们可以看出，邵伯温、晁说之都是以邵雍为中心来记述传承谱系。而对北宋图书学中《太极图》的传承则未提及，对刘牧的易数学也记载简略。相比之下，朱震（1072—1138）《汉上易传·进易表》的记载更为全面："陈抟以《先天图》传种放，放传穆修，修传李之才，之才传邵雍。放以《河图》、《洛书》传李溉，溉传许坚，坚传范谔昌，谔昌传刘牧。穆修以《太极图》传周敦颐，敦颐传程颢、程颐。"②

　　然而南宋以后，直到今天，由于受到儒学正统意识的影响，不少儒家学者出于门户之见，不愿承认宋学的渊源出于陈抟，于是抓住一些记载细节对图书易学传承谱系予以质疑。其实邵伯温、晁说之、朱震等都活跃于北宋后期，加之又精通易学，且师承有绪，因此对于他们的记述不能轻易推翻。这里我再依据《道藏》的资料，补充陈抟的嫡传弟子张无梦的易学。这是上引诸家都未提及的。南宋彭耜《道德真经集注》引北宋贾善翔《高道传》述张无梦师承行履云："鸿蒙子张无梦，字灵隐，好清虚，穷《老》《易》，入华山，与刘海蟾、种放结方外友，师陈希夷先生，无梦多得微旨。久之，入天台山。真宗召对，问以长久之策。无梦曰：'臣野人也，但于山中尝诵《老子》《周易》而已，不知其他也。'除著作佐郎，固辞还山，赐金帛、处士号，并不受。"③张无梦精通《周易》，曾为宋真宗讲谦卦："上问曰：独说谦卦何也？对曰：当大有之时，守之以谦。"④其著述有《还元篇》，今已佚失，只有宋曾慥（1100？—1156）《道枢·鸿蒙篇》有摘录。张无梦与种放一起师从陈抟，传其易学与内丹学。他的易学注重参究天地万物之造化："吾尝观天地变化，草木蕃蔓，风云卷舒，日月还转，水火相激，阴阳相摩，远取诸物，近取诸身，著《还元诗》百篇云云。"⑤张无梦以观化的方式参究易道，与其后邵雍的先天易学观物思想颇为相通，由此可见，邵雍的先天易学确系源自陈抟。

　　有一点我们需要在此特别指出，陈抟的思想乃是承继六朝以来道教重玄学传统，以儒、释、道三家融通为主脉，不纯然归属于道教传统。曾慥《道枢·五空篇》记载陈抟会通佛教中观学思想，区分顽空、性空、法空、真空、不空等不同修行境界，提出独具特色的内丹道境界论五空论。值得注意的是，陈抟是将佛教中观学、道教内

① ［宋］晁说之：《传易堂记》，见《嵩山文集》卷十六，四部丛刊本。
② ［宋］周敦颐著，陈克明点校：《周敦颐集·附录三·进周易表》，北京，中华书局，1990 年，第 137 页。
③ 《道德真经集注·杂说》卷上，《道藏》，三家本第 13 册 255 页 b 行。
④ ［宋］陈葆光：《三洞群仙录》卷五，《道藏》，三家本第 32 册 263 页 c 行。
⑤ ［宋］曾慥：《道枢·鸿蒙篇》卷十三，《道藏》，三家本第 13 册 675 页 a 行。

丹学、易学融为一体，以阐述其五空说。又据种放所述，陈抟还传有皇帝王霸之道①。这表明他的思想中也有儒家的因素。

一、关于《老》《易》宗旨的分判

在中国思想史上，《老子》与《周易》是较为集中讨论形上学的两部具有原创性的经典。《老子》《周易》都使用道这一核心概念作为其思想体系建构的关键点。那么《易》、老之道到底存在何种分疏，中国哲学在开端处是一个源头，还是两个源头？这是一个饶有兴味的问题。学者们都注意到《老子》书中没有提及《周易》，后于《老子》的《易传》也没有论及《老子》。然而，《老子》《周易》之间的确有内在相通之处。两者的思想格局都很大，都独自开创各具特色的思想传统。因此自汉代开始就不断有易学家援引道家思想注释《周易》，像京房、《易纬》、严遵、扬雄、郑玄就大量引老解《易》，其中郑玄由于居于汉代经学集大成的地位，因而对后世《易》、老融通产生较大的影响。众所周知，汉人在构建其宇宙论时借鉴了《周易》的思想资源，以太易作为其宇宙生成过程中的一环，例如《淮南子》《列子》《易纬》都提出太易这一概念。郑玄在注释《易纬》时，就以道家的本体无解释《周易》的太易，从而对《易》、老两大系的思想予以会通。例如郑玄注易纬《乾坤凿度》的"太易始著，太极成；太极成，乾坤行"一句就援引道家的无解释太易："太易，无也，太极，有也。太易从无入有。圣人知太易有理有形，故曰太易。"②郑玄在这里以道家的有、无诠释《周易》的太易、太极，会通《易》、老两大系的哲学概念。不过他又强调太易有理有形，并非绝对的虚无。这对于澄清道家无本体具有很重要的意义。又其以理、形为太易所蕴，也对宋代理学家突出理的概念有启发。此外，郑玄注《乾凿度》亦云："以其寂然无物，故名之为太易，元气之所本始。太易既自寂然无物矣，焉能生此太始哉？则太始者，亦忽然而自生。"③显然他是以太易作为元气发端，其易学是建立在气一元论的宇宙论之上，这其实也是汉代易学家的共识。

宋儒由于受到三教融合思潮之时代大势的影响，开始自觉对《易》《老》思想宗旨进行分判。北宋有不少易学家就老子与《周易》的关系提出自己独到的看法，例

---

① ［清］熊赐履撰，徐公喜、郭翠丽点校：《学统·卷之十九　翼统　邵康节先生》，南京，江苏凤凰出版社，2011 年，第 211 页。这可以溯及陈抟的皇帝王霸之道。邵伯温《闻见前录》述种放立碑，"叙希夷之学，明皇帝王霸之道"。

② ［清］赵在翰辑，钟肇鹏、萧文郁点校：《七纬附论语谶·易纬·卷一　易纬之一·易乾坤凿度卷上·乾凿度》，北京，中华书局，2012 年，第 1 页。

③ ［清］赵在翰辑，钟肇鹏、萧文郁点校：《七纬附论语谶·易纬·卷二　易纬之二·易乾凿度卷上》，北京，中华书局，2012 年，第 33 页。

如宋初易学家范谔昌在《大易源流图》中认为老子向孔子传授河图、洛书两种图式。他认为伏羲根据龙马所负之图画出八卦,其后老子向孔子传授此二图:"其称龙马负图出河,羲皇穷天人之际,复位五行生成之数,定地上八卦之体。故老子自西周传授孔子造易之源:天一正北,地二正南,天三正东,地四正西,天五正中央。地六配子,天七配午,地八配卯,天九配酉,地十配中寄于未,乃天地之数五十有五矣。"①这是认为《易传》所述河洛数列系老子向孔子所传。众所周知,传统易学是将十翼作者归属于孔子,而对易数的讨论又是《易传》的一大重要主题。那么依范谔昌此说,《易传》的思想来源就与老子有重要关联。

又邵雍也认为老子知易之体,孟子知易之用②,以为老子的思想与《周易》的根本精神是一致的。《观物外篇》又进一步论证说:"无思无为者,神妙致一之地也。圣人以此洗心,退藏于密。太极,道之极也;太玄,道之元也;太素,色之本也;太一,数之始也;太初,事之初也。其成功则一也。"③这是认为《周易》的寂然不动、无思无为的本体就是老子的不可言说的道。与范谔昌、邵雍的单点论述不同,关学奠基者张载(1020—1077)对《周易》与道家的思想特征站在整体的角度予以分疏。他批评王弼以来援老释《易》的思想传统,认为以有无解《易》乃是狭隘的陋见。其《易说·系辞上》说:"大《易》不言有无,言有无,诸子之陋也。"④这里他似乎将王弼贵无论等同于老子道家存在论,盖老子的道乃是贯通有无,而王弼以无释道只是突出道家道论之一端。张载认为易道所重在于变易,居于自己的太虚即气的气一元论,张载认为易道涵括有无,贯通幽明:"气之聚散于太虚,犹冰凝释于水,知太虚即气则无无。故圣人语性与天道之极,尽于参伍之神,变易而已。诸子浅妄,有有无之分,非穷理之学也。"⑤张载这一对王弼以来玄学家解易传统的批评是很深刻的。不过并未从根本上动摇老、《易》会通的思想根基,相反倒是为老、《易》会通提供坚实的理论论证,因为以老庄为代表的先秦道家正是气化宇宙论的倡导者。

与张载对《易》、老分疏形成呼应,北宋涑水学派易学家晁说之也站在整体角度,从两方面分判《易》、老两大思想宗旨:一以老子主静主常与《周易》主动主变相互区别;二以老子的自然对应《周易》的有然。其《辨诬》云:"老氏所贵曰常与静,《易》之变动出入不可以居。""老氏至极归于自然,……《易》有消息屈伸,吉凶悔吝,

① 〔清〕胡渭撰,郑万耕点校:《易图明辨·卷五 启蒙图书》,北京,中华书局,2008 年,第 116 页。
② 〔宋〕邵伯温撰,李剑雄、刘德权点校:《邵氏闻见录·卷第十九》,北京,中华书局,1983 年,第215 页。
③ 〔宋〕邵雍著,郭彧整理:《邵雍集·观物外篇·下之下》,北京,中华书局,2010 年,第 164 页。
④ 〔宋〕张载著,章锡琛点校:《张载集·正蒙 大易篇第十四》,北京,中华书局,1978 年,第 48 页。
⑤ 〔宋〕张载著,章锡琛点校:《张载集·正蒙 太和篇第一》,北京,中华书局,1978 年,第 8~9 页。

危可安而亡可存,皆有然而然,非自然也。"①晁说之在这里以常、静、自然概括老子道家思想的宗旨,而以动、变、有然归纳《周易》的精神。这一对《易》《老》思想宗旨的分判是很有见地的。不过晁说之的本意是要对《易》《老》两大思想传统予以分疏,在儒、道之间划定界限,以辨明两大思想传统有本质的区别。当然他的这一结论还值得再讨论,但其对两大思想传统比较研究的思路却是宋代易学哲学的创新所在,直至今天仍然值得我们重视。

二、对道、易、神、无、一、通、自然的分疏

北宋易学家还从儒道会通的角度对《周易》的核心精神予以高度概括,将其概括为道、易、神、无、一、通、自然等思想范畴。对于这些思想范畴之间的关系,他们也予以详尽梳理,由中体现很高的理论思维能力及对易道的精微洞识,这在易学哲学史上并不多见。北宋儒理宗奠基者胡瑗(993—1059)在《周易口义》中解释《系辞传》"一阴一阳之谓道"一句说:"道者,自然之谓也。以数言之则谓之一,以体言之则谓之无,以开物通务言之则谓之通,以微妙不测言之则谓之神,以应机变化言之则谓之易,总五常言之则谓之道。"②这是继承韩康伯、孔颖达以来援老解《易》的思路,着重对道、自然、无、神、易、一、通等七大概念进行分疏。他之所以特别突出这七大核心概念也是有深意的,因为它们都是唐以前易学与老学重点讨论的。只不过对于上述七大概念,易学与老学的精神传统侧重有所不同。道、自然、无、一老学探讨更为充分,而对神、易、通的阐述,易学则更为关注。不过将它们串联起来予以互相发明,这明显是直接继承孔疏会通老、《易》的精神。胡瑗首先以自然定义道,表明他总体上赞同老、《易》的精神是一致的。其次他从数、体、开物成务、变等不同角度分疏一、无、通、神、易等概念的细微差异。这说明他也注意到儒道思想同中有异,《易》、老之间是有分别的。胡瑗此处所论显然源于孔颖达的疏文,孔氏此处疏也对一、无、道、阴阳、大虚、自然、神、易等易学哲学概念予以重点辨析,他说:"一谓无也,无阴无阳,乃谓之道。一得为无者,无是虚无,虚无是大虚,不可分别,唯一而已,故以一为无也。若其有境,则彼此相形,有二有不得为一。故在阴之时,而不见为阴之功;在阳之时,而不见为阳之力,自然而有阴阳,自然无所营为,此则道之谓也。故以言之为道,以数言之谓之一,以体言之谓之无,以物得开通谓之道,以微妙不测谓之神,以应机变化谓之易,总而言之,皆虚无之谓也。"孔颖达此处的疏释

---

① 《辨诬》,见《嵩山文集》卷十四,四部丛刊本。
② 《周易口义·系辞上》,见《儒藏》"精华编"第三册,北京,北京大学出版社,2009 年,第三五九页。

又是通过发挥引申韩康伯注文而来。韩氏此句注说:"道者何? 无之称也,无不通也,无不由也,况之曰道。寂然无体,不可为象。必有之用极,而无之功显,故至乎神无方,而易无体,而道可见矣。故穷变以尽神,因神以明道,阴阳虽殊,无一以待之。在阴为无阴,阴以之生;在阳为无阳,阳以之成,故曰'一阴一阳'也。"在此,韩康伯也是重点探讨道与无、一、神、阴、阳等概念之间的关系。胡瑗《周易口义》对韩康伯、孔颖达注释的因袭,也从一个角度说明宋代新易学与唐之前主流易学存在继承关系。

不过值得注意的是,他在韩康伯、孔颖达注释的基础上,又加上"总五常言之则谓之道"这句带有儒家以伦常释道的话。这句话看似不经意,然而若细加体究我们就可以找到北宋中期宋代思想转向的信号。事实上,胡瑗已开始不满韩康伯、孔颖达注解《周易》时过于浓厚的道家贵无思想倾向。他在《周易口义》中多次批评王、孔以虚无为宗。如《周易口义乾卦文言传》批评孔颖达《周易正义》云:"又言虚一以象虚无之气。此皆近于庄老空空之说,以惑后世。"[①]因为在胡瑗看来,易道虽然遵循天道自然无为的根本原则,但是由于易道毕竟以生生为本,与道家强调生生之宗有所不同,易家更关注生生之化。这其间区别虽然很小,却很重要。

胡瑗对易学七大概念的分疏对北宋易学产生很大影响,引发易学家对这一易学哲学问题的持续关注与讨论。

周敦颐(1017—1073)在《通书》《太极图说》同样也会通儒、道思想,在继承陈抟《无极图》基础上,又创造性地融合《中庸》《洪范》《孟子》等儒家经典思想,特别突出对易学哲学的诚、神、几、道、太极、无极、动、静等核心概念的探讨,从而为宋明道家奠定思想根基。周敦颐《太极图说》在陈抟所传易图的基础上,进一步论述无极、太极、人极、阴阳、动静、五行等概念的内在关系。而关于诚、神、几,《通书·圣》论述说:"寂然不动者,诚也。感而遂通者,神也。动而未形,有无之间者,几也。诚精故明,神应故妙,几微故幽。诚、神、几,曰圣人。"这里对诚、神、几的阐释,显然会通《中庸》与老子的思想,但其将诚、神、几这三大易学概念创造性诠释为儒家的心性境界论概念,这的确是一个了不起的思想创造。不过值得注意的是,周敦颐心目中的圣人形象乃是儒道二家理想人格的结合。如《通书·思》说:"《洪范》曰'思曰睿,睿作圣'。无思,本也;思通,用也。几动于彼,诚动于此,无思而无不通,为圣人。"其圣人以无思为本,无思而无不通,这与老子的无为而无不为是贯通的。又《通书·诚几德》还以无为解释诚,有"诚无为,几善恶"的提法,这说明他的易学哲学的创新源于《易》、老思想的创造性会通。

---

①　《周易口义乾卦文言传》,见《儒藏》"精华编"第三册,北京,北京大学出版社,2009 年,第三八五页。

　　蜀学派易学家苏轼(1037—1101)在《东坡易传》中重点对道、易两大概念进行细致辨析,他认为道是描摹万物未生之时的状态,易则是指征物转相生、生生不息的状态:"相因而有,谓之生生。夫苟不生,则无得无丧,无吉无凶。方是之时,易存乎其中而人莫见,故谓之道,而不谓之易。有生有物,物转相生,而吉凶得丧之变备矣。方是之时,道行乎其间而人不知,故谓之易,而不谓之道。圣人之作易也,不有所设,则无以交于事物之域,而尽得丧吉凶之变。是以因天下之至刚而设以为乾,因天下之至柔而设以为坤。乾坤交,而得丧吉凶之变,纷然始起矣。……言易之道,至乾而始有成象,至坤而始有可见之法耳。"①这里值得注意的是,苏轼会通道与易两大中国哲学的核心概念,将未生、已生通连一体。他认为道家的道概念重在描述宇宙万物未生的状态,而易则是通过刚柔相推、阴阳推荡指征万物生生不息的过程。这表面上看起来好像有所不同,然而,宇宙在道的寂然状态时,尽管此时宇宙万物并未产生,但已蕴藏着万物的生机,因此易已潜在地蕴含于道之中。而宇宙万物产生之后,道虽已退藏于密,但决非绝对的消失,而是内蕴于宇宙万物之中,乃是万物依之而立的根据。因而在《易》的阴阳推荡、刚柔相推即是道的展显。这是一个很精彩的思想,对于会通老、《易》极具思想启示性。他又以《道德经》的无名概念起意,以无名为《易》之大全,以名沟通易象,视易象为某种形式的名。认为道是无名,表示一种浑朴未分的大全,而《易》则是开物成务,通过取象的方式赋之以名,天地通过生生不息逐渐获得各自的名。因此,从这个角度看,《易》之开物成务就是赋予万物以名,从这一角度看,道与《易》也是贯通的。《东坡易传》说:"夫道之大全也,未始有名,而易实开之,赋之以名。以名为不足,而取诸物以寓其意;以物为不足而正言之,以言为不足而断之以辞,则备矣。"②

　　对于神这一中国哲学中又一表示最高本体的概念,它的意义及其与道、易概念的关系,苏轼也有很精彩的论述。苏轼主要是用神以表征《易》的无穷无尽,莫可名测之用:"生生之极,则易成矣。成则唯人之所用。以数用之谓之占,以道用之谓之事。夫岂惟是,将天下莫不用之。用极而不倦者,其唯神乎!"苏轼以为《易》之用有数用与道用的区别,数之用为筮占,道之用为事业;《易》的神用贯通于数用与道用,因此神只有在《易》之用才能体现出来:"至精至变者,以数用之也。极深研几者,以道用之也。止于精与变者,则数有时而差;止于几与深也,则道有时而穷。

　　① 〔宋〕苏轼著,李之亮笺注:《苏轼文集编年笺注·附录五　东坡易传·卷七·系辞传上》,成都,巴蜀书社,2011年,第259页。

　　② 〔宋〕苏轼著,李之亮笺注:《苏轼文集编年笺注·附录五　东坡易传·卷八·系辞传下》,成都,巴蜀书社,2011年,第275页。

使数不差,道不穷者,其唯神乎!"①

老子《道德经》使用水这一意象以解释道,认为水之德最接近道,提出"水几于道"的命题。《东坡易传》据此援引老子《道德经》使用的典型意象——水——以解释《周易》,从而在易学史上创造性地提出独一无二的以水释易。《东坡易传》注"一阴一阳之谓道"说:"阴阳一交而生物,其始为水。水者,有无之际也,始离于无而入于有矣。老子识之,故其言曰'上善若水',又曰'水几于道'。"②这显然是汲取老子《道德经》有关"水几于道"的思想以会通《周易》的阴阳概念。在此,值得特别指出的是,这里的水并非现实生活中的物质水,水乃是一哲学性的意象概念,意指宇宙创生过程中自无生有的原初状态。苏轼认为这是最接近道的有无之际的状态。《东坡易传》援引水的意象来诠解易道,这在此前易学家中尚未看见,这种独创性的思想应与苏轼不主一教,会通儒、释、道的宽广精神视域密切相关。

无独有偶,与蜀学派易学家上述易、老会通相近,王安石新学派易学家也紧扣关键性易学概念融通儒、道。北宋中期之后,在理学崛起的同时,北宋儒学最重要的学派荆公新学也开始登上历史舞台。以王安石为代表的新学派通过撰作具有官学地位的《三经新义》,正式取代唐初以来孔颖达《五经正义》长达四百多年的统治地位,从而最终确定宋代新经学的解经范式。站在这一角度看,荆公新学既是宋代新经学确立的标志,同时也是宋代新儒学最重要的代表。荆公新学以回归孔孟原始儒家为理想,以经世致用、富国强兵为目的,以礼乐刑政相结合为手段,在北宋发动了具有重大历史影响的政治、社会革新运动。荆公新学的特点是以内圣外王为归依,而不拘于向内要求,以统合三教为方法,而没有狭隘的门户之见。荆公新学通过重新诠解经义,主要以太学为宣传阵地,传播新学派之经学思想,为熙丰新政造势。

论及新学对儒家经典的疏解,除王安石主修的《三经新义》外,该学派成员陆佃于《诗经》、孙谔于《尚书》、周常于《礼记》、叶涛于《周礼》、龚原于《易》,均秉承新学派三教兼综、内圣外王贯通的宗旨予以重新解释,以阐发新学义。其中王安石高徒龚原(约 1043—1110)所著《周易新讲义》,由于在北宋后期用于科场取士,其影响超过程颐的《程氏易传》。北宋名儒邹浩介绍龚氏易学在北宋后期社会的影响说:"神宗皇帝以道莅天下,于是造士以经,表通经者讲于太学,以训迪四方。时陆公佃《诗》,孙公谔《书》,叶公涛《周礼》,周公常《礼记》,而先生专以《易》授。诸公咸推先

---

① [宋]苏轼著,李之亮笺注:《苏轼文集编年笺注·附录五　东坡易传·卷七·系辞传上》,成都,巴蜀书社,2011 年,第 265 页。

② [宋]苏轼著,李之亮笺注:《苏轼文集编年笺注·附录五　东坡易传·卷七·系辞传上》,成都,巴蜀书社,2011 年,第 258 页。

生焉。先生盖王文公门人之高第也。三圣之所秘,文公既已发之于前,文公之所略,先生又复申之于后。……故自熙宁以来,凡学《易》者,靡不以先生为宗师,因以取上科,跻显位,为从官,为执政,被明天子所眷遇,而功名动一时者,踵相蹑而起,至于今不绝也。"①

此书可看成新学派易学的代表作。原书在明以后失传,幸运的是在日本尚有保存。清代嘉庆年间自日本返传中国,由阮元首编于《宛委别藏》。此书最突出的特点是从儒道兼综的角度对《周易》的哲学问题予以重点讨论,体现出作者极高的理论思维能力。这在北宋诸家易学注释中是很突出的。龚原在注释《周易》时,吸收胡瑗、苏轼等易学哲学思想,对《易》的理论思维进行高度概括,敏锐地注意到《易》的最高概念有四个,即:神、易、命、道。对此,他又称之为四大极理:"天下有极理者四,曰神,曰易,曰命,曰道。四者,非同也,非异也,非即也,非离也。自其阴阳不测则为神,自其一阴一阳则为道,自其生生不息则为易,自其且然无间则为命。阴阳不测,非离于一阴一阳也。生生日新,非异于且然无间也。其名虽有四,其宗则一而已。故其道始于寂然不动,而后感而遂动。阴阳不测。"②如前所论,孔疏、胡瑗《周易口义》就已集中讨论《周易》的神、易、命、道、一、通等哲学概念,但龚氏在此的可贵之处是对神、易、命、道四大概念进行分疏,认为四者是非同非异、非即非离的关系。他看到神、易、命、道,其宗则一,这个所宗之一其实就是阴阳之气的变化,所谓神系指阴阳运行之不测妙用,道则指阴阳运行之理,阴阳之生成则为易,阴阳运行之妙合则为命。他又说:"易之为道,体之则为神,用之则为易,由之则为道,听之则为命。言虽不同,其实一也。"③这是在易学哲学史中较早从体用角度对神、易、命、道等概念的关系予以详细分疏。他能点出神、易、命、道其实都是从不同侧面阐述阴阳二气的变化过程,说明他已认识到《周易》建立的象征体系是奠基于气化宇宙之上。

龚原还重点对道与神的关系予以精彩论述,并引用《庄子大宗师》之语对神特出阴阳万物之上的本体地位予以论述。龚原还以佛教的无死无生与道家本根思想融为一体,并以此阐发《周易》的神本体,这种出入三教的融通思路是很有见地的,大大深化了北宋易学哲学对神概念的体察。他很重视对神的宇宙创生本体意义的阐发,认为神是大易的本体,而此本体最突出的特点即是生生不息。他说:"万物生于天地,天地生于易。易无体也,故不生。不生则命万物而无所听,道万物而无

①　《周易新讲义·序》,粤雅堂丛书本。
②　《周易新讲义》卷八,粤雅堂丛书本。
③　《周易新讲义》卷首,粤雅堂丛书本。

所由。此之谓生生。"①

又说："通乎昼夜之道而知者,则异乎此,虽与之来,而有所谓不来,虽与之往,而有所谓不往,故其体为神,其用为易,神则有所示,而无所屈,而以易为方,易则生生,而不生于生,而以神为体,以易为方者,无方之方也。故无乎不在,以神为体者,无体之体也,故无乎不为。"②

显然龚原的神概念是会通宇宙创生论与本体论的,乃是将大易的生生原则提升至哲学本体的高度。这无疑是对孔疏神概念的思想超越。

三、易简之道与自然之道

自然是老子《道德经》的重要概念,也是道家推崇的最高价值准则。在《道德经》第二十五章中,老子在中国思想史上第一次创造性地提出"道法自然"的哲学命题。而《周易·系辞传》也以易简概括大易之道。那么,二者之间究竟存在怎样的精神贯通呢?这是中国哲学史中一个很重要的议题。自魏晋以降,哲学家就很重视对这一问题的探讨。北宋易学家胡瑗在《周易口义》率先以道家的自然之道会通《周易》的乾坤之道。《周易口义》解释《系辞传上》"乾以易知,坤以简能"时说:"道谓自然而生也,此言乾坤之道也。乾以易知者,夫乾之生物,本于一气,其道简略,不言而四时自行,不劳而万物自遂,是自然而然者也。坤以简能者,夫坤之生物,假天之气,其道亦简略,其用省默而已,不假烦劳而物自生,不假施为而物自遂,是自然而然者也。"③

胡瑗在此着重阐发天地生成万物是遵循自然无为的原则,对此,他将其概括为乾坤的简略之道。这就成功地将老子《道德经》自然无为的思想与《周易》的易简之道融通一体。不过,他的这一解释并非直接采纳老子的相关思想,而是经由韩康伯注,尤其是孔颖达的疏文之思想中介,这也是唐以前《周易》注疏的一大重要解释传统。对于《系辞传》此句,韩康伯注为:"天地之道,不为而善始,不劳而善成,故曰易简。"其注明确以无为解释易简。不过他的解释过于简单,相比之下,孔颖达的疏文就要详细得多,直接启发了胡瑗的上引思想。

孔颖达《周易正义》对于此句的解释是:"'乾以易知'者,易为易略,无所造为,以此为知,故曰乾以易知也;'坤以简能'者,简谓简省,凝静不须繁劳,以此为能,

---

① 《周易新讲义》卷八,粤雅堂丛书本。
② 《周易新讲义》卷八,粤雅堂丛书本。
③ 《周易口义系辞传上》,见《儒藏》"精华编"第三册,北京,北京大学出版社,2009年,第三四四页。

故曰坤以简能也。若于物艰难则不可以知,故以易而得知也;若于事繁劳则不可能也,必简省而后可能也。"①孔氏在此以易略阐释乾之道,以简省训解坤之能。这其中《易》、老会通的思想倾向是很明显的。

拿孔颖达疏义与胡瑗上述注解相比,可见两者注释的基本精神是完全一致的。这说明胡瑗仍然采用王弼、韩康伯、孔颖达以来援老说《易》的解易传统。

与胡瑗《周易口义》援老释《易》的释经倾向相似,苏轼也以道家的自然无为思想会通《周易》的易简之道。不过与胡瑗相较,苏轼的《易》、老会通更具思想自觉,也更有思想的创造性。苏轼所谓易简就是乾无心于知,坤无心于作,天地乾坤创生万物遵循自然无为的原则。苏轼认为易道是对天地生物之道的描述,而天地生物遵循自然无为的原则,因此《周易》的易简之道也就是自然无为之道。《东坡易传》云:"言易简者,取诸物而足也。万物自生自成,故天地设位而已。圣人无能,因天下之已能而遂成之,故人为我谋之明,鬼为我谋之幽,百姓之愚,可使与知焉。"②至于易简之道的具体内涵,《东坡易传》也有很精彩的阐述:"易简者,一之谓也。凡有心者,虽欲一不可得也。不一则无信矣。夫无信者,岂不难知难从哉!乾坤惟无一故一,一故有信,信故物知之也易,而从之也不难。"③这同样也是援引老子的另一重要宇宙论概念—以疏解《周易》的易简概念。苏轼以道家自然无为之道解释《周易》的易简之道,这一儒道会通思想是很深刻的,在一定程度上切入《周易》的思想本质。我们还注意到尽管苏轼也承认《周易》的思想宗旨与老子贵无不同,主要关注天地乾坤的生成之道,但乾坤的生成、运化却是遵循自然无为的原则。这实际上是认为《易》、老的基本精神是内在贯通的。苏轼对《易》、老思想的这种本质理解是很深刻的,表明他对儒、道的会通并不是作简单调停之说,而是奠基于对两家思想的整体把握。与苏轼相似,苏辙尽管对老、孔的精神差异有着相当明确的辨析,但他却更看重它们之间的相互补充。他说:"孔子以仁义礼乐治天下,老子绝而弃之,或者以为不同。《易》曰'形而上者谓之道,形而下者谓之器。'孔子之虑后世也深,故示人以器而晦其道,使中人以下守其器,不为道之所眩,以不失为君子,而中以上自是以上达也。老子则不然,志于明道而急于开人心,故示人以道而薄于器,以为学者惟器之知,则道隐矣;故绝仁义,弃礼乐以明道。夫道不可言,可言皆其似者也。达者因似以识真,而昧者执似至陷于伪。故后世执老子之言以乱天下者

---

① 《十三经注疏》委员会整理:《周易正义》,北京,北京大学出版社,2000年,第三〇四页。
② [宋]苏轼著,李之亮笺注:《苏轼文集编年笺注·附录五　东坡易传·卷八·系辞传下》,成都,巴蜀书社,2011年,第280页。
③ [宋]苏轼著,李之亮笺注:《苏轼文集编年笺注·附录五　东坡易传·卷七·系辞传上》,成都,巴蜀书社,2011年,第254页。

有之,而学孔子者无大过。因老子之言以达道者不少,而求之于孔子者常苦其无所从入。二圣人者,皆不得已,全于此必略于彼矣。"①苏辙在此以《周易·系辞传》形上、形下概念来会通儒道思想。他认为老、孔二家之说之所以有差异,乃系因为针对不同根器者而设,老子学说直探向上一路,其重心在于明道,而略于器,此适合于上根大器者;而孔子则采用下学而上达,强调由器而明道,这适合多数学者。因此苏辙认为儒、道的根本精神并不存在分歧,孔老都是圣人。

四、天地之心的静、动之争

天地之心即宇宙运化的根本原则究竟是静还是动,这是一个易学哲学史讨论的基本问题。北宋哲学家是通过对《周易·复》象传的讨论来切入这一易学哲学基本问题。《周易·复》象传以"复,其见天地之心"在易学哲学史上较早对这一问题作了回答。然而,历代易学家对象传的这一论断,解释迥然不同。王弼是这样解释的:"复者,反本之谓也。天地以本为心者也。凡动息则静,静非对动者也;语息则默,默非对语者也。然则天地虽大,富有万物,雷动风行,运化万变,寂然至无,是其本矣。故动息地中,乃天地之心见也;若其以有为心,则异类未获俱存矣。"②他的解释有三点值得注意,其一是以本释心,这样象传所说天地之心就上升为天地之本。其次以寂然至无为天地之本,这明显是会通老子的贵无思想。最后他还特别指出静并非对动而言,而是超出动静对待的绝对静。这说明他的静已非形而下的层面,而是有本体的哲学意义。王弼对《周易·复》象传的这一解释对经文作了哲学的提升,可谓是典型的创造性诠释,为北宋之前易学家所普遍接纳。例如孔颖达《周易正义》疏文就特别强化王弼的这一创释,指出:"天地以本为心者,以本为静也。"③他点出以本为静,这就使王弼的解释更加明晰。

不过王弼、孔颖达的这一权威解释在北宋易学界受到公然挑战,北宋易学正是通过对上述象传的集中争辩、讨论,形成对王、孔易学范式的突破,从而为宋代新易学的创建张目。的确,北宋易学家仍有人沿袭王弼、孔颖达的说法。例如图书派的代表刘牧就继承王弼的《易注》,仍然以静为天地之心,以无为自然会通《易》本体的寂然不动。其《易数钩隐图·复见天地之心第六》言:"天地养万物,以静为心,不为而物自为,不生而物自生,寂然不动,此乾坤之心也。"④刘牧的这一解释在思想

---

① 《老子解绝圣弃智章第十九》《道藏》第 12 册,299 页 c 行,三家本。
② 《十三经注疏》委员会整理:《周易正义》,北京,北京大学出版社,2000 年,第一三二页。
③ 《十三经注疏》委员会整理:《周易正义》,北京,北京大学出版社,2000 年,第一三二页。
④ 《易数钩隐图·遗论九事·复见天地之心第六》,文渊阁四库全书本。

上并没有超过王弼、孔颖达的思想。而更多的北宋易学家对此提出质疑,他们认为天地之心、天地的本体是动而非静。他们所说的动主要是指天地生生不已精神。

依据现存宋人易注文献,胡瑗的《周易口义》是较早对王、孔解释范式提出挑战者。他在注释上述象传这一句时,就也再不像王弼那样由"反本"起意,而重视复卦下面一阳爻所引发的生机。与王弼的注释着重阐发复卦所象征的天道周而复始的反本思想不同,《周易口义》的解释与王弼的解释相较,明显出现思想的转向:"'复其见天地之心'者,夫天地所以肃杀万物者,阴也;生成万物者,阳也。天地以生成为心,故常任阳以生成万物。今复卦一阳之生,潜于地中,虽未发见,然生物之心于此可得而见也。……犹圣贤之心,以生成天下为心,虽始复其位,其事业未大被于天下,而行道之初已有生育之心也。"①两相比较,可以看到胡瑗在复卦中看出的天地之心已不再是王弼的无,而是有,是以生成作为天地之心。这种从无到有、从静到动、从本体到生成的思想转变,在北宋新易学中具有重要的意义,乃是宋代易学走出唐代以前易学传统思想范式的一个重要标识。事实上,胡瑗对复卦象辞的这一新解释也得到北宋不少易学家的呼应。对这一易学哲学问题的讨论是宋代易学关注的热点之一。欧阳修、邵雍、张载、程颐都申述了胡瑗这一易学新解。例如欧阳修(1007—1072)在《易童子问》中还专门讨论这一问题:"童子问曰:'《复》其见天地之心乎者,何谓也?'曰:'天地之心见乎动,《复》也,一阳初动于下矣。天地所以生育万物者本于此,故曰"天地之心"也。天地以生物为心者也,其《象》曰"刚反动而以顺行"是矣。'童子曰:'然则《象》曰"先王以至日闭关,商旅不行,后不省方",岂非静乎?'曰:'至日者,阴阳初复之际也,其来甚微。圣人安静以顺其微,至其盛然后有所为也,不亦宜哉?'"②欧阳修也像胡瑗一样,以一阳初动即生为天地之心。他虽然没有提到王弼的上引解释,但显然是针对王弼易说的。不过,欧公这一解释到底有没有受到胡瑗易学思想的影响,这是一个饶有趣味的问题。固然,胡瑗《周易口义》成书较晚,但此书是根据他在太学的讲义整理而成。他又专门研习《周易》,年辈也较欧阳修为高,加之又长期执教于地方、中央各级学校,因此我们认为胡瑗应该较早提出这一新解释,而欧阳修正是受到胡瑗易说的启发。

值得注意的是,北宋易学家关于上述象传解释之动静之争是超越学派的。例如邵雍虽然是图书学派的重要代表,但他也赞同儒理宗胡瑗等人的新解释,以生成为天地之心:"天地之心者,生万物之本也。"③

① 《周易口义》卷五,见《儒藏》"精华编"第三册,北京,北京大学出版社,2009年,第一四五页。

② 〔宋〕欧阳修著,李逸安点校:《欧阳修全集·卷七十六 易童子问卷一》,北京,中华书局,2001年,第1110页。

③ 〔宋〕邵雍著,郭彧整理:《邵雍集·观物外篇·下之下》,北京,中华书局2010年,第163页。

　　此外司马光(1019—1086)撰有《温公易说》,也参与上述讨论。司马光易学造诣颇深,他也通过批评王弼以老、庄解《易》以分判《易》与道家思想宗旨之异同。其《答韩秉国书》就针对上述王弼象传的注释予以直接反驳,认为王弼以老子的无解释《易》的本体,未足为据,《易》以生生为本体,并非无而是有:"夫万物之有,诚皆出于无,然既有则不可以无治之矣。常病辅嗣好以老庄解《易》,恐非易之本指,未足以为据也。辅嗣以雷动风行运变万化为非天之心,然则为此者果谁耶? 夫雷风日月山泽,此天地所以生成万物者也,若皆寂然至无,则万物何所资仰耶? 天地之有云雷风雨,犹人之有喜怒哀乐,必不能无,亦不可无也。"①

　　相较上述诸家,张载《横渠易说》对复卦这一句的解释最为周全、精到。其云:"大抵言天地之心者,天地之大德曰生,则以生物为本者,乃天地之心也。地雷见天地之心者,天地之心惟是生物,天地之大德曰生也。雷复于地中,却是生物。象曰'终则有始,天行也。'天行何尝有息? 正以静,有何期程? 此动是静中之动,静中之动,动而不穷,又有甚首尾起灭? 自有天地以来以迄于今,盖为静而动。天则无心无为,无所主宰,恒然如此,有何休歇?"②张载的解释同样也是落脚于天地的生物之心,显然也是综合了胡瑗、欧阳修等人的相关思想。不过与程颐上述注解比较,张载又结合《周易·系辞传》"天地之大德生"、《周易·复卦象辞》及复卦卦象,对天地以生物为心予以系统论证,较诸家更为周全。他参究复卦卦象上坤下震,有雷复于地中之象,但复卦的象辞又说"先王以至日闭关,商旅不行,后不省方",这说明复卦确有静象。因此,张载才结合复卦、象象这两层意思,提出复卦的动是静中之动,动而无穷。这是上述诸家都没有提及的。

五、性情一体的易学心性论

　　通过注释《周易》来讨论心性问题,也是北宋新易学的一大特点,这在宋易儒理宗中表现尤为突出。他们中有些人例如蜀学派易学家苏轼甚至构建起独特的易学心性论概念体系。胡瑗是北宋易学家中较早通过注释《周易》以探讨心性问题的思想家。关于这点,过去的易学史研究中没有给予足够的关注。胡瑗认为《周易》从根本上看,就是圣人围绕穷神尽性问题而作出的探讨。因此,从根本上说,《周易》实际就是一部性命之书。他在《周易口义》提出"正性""天地之性"等心性学概念,以展开对《周易》性命之学的探讨。这对稍后的北宋理学家例如程颐、张载的心性

---

① 《温国文正公文集》卷六十三,见《儒藏》"精华编"二一〇册,北京,北京大学出版社,2011 年,第 893 页。
② [宋]张载著,章锡琛点校:《张载集·横渠易说　上经·复》,北京,中华书局,1978 年,第 113 页。

思想影响颇大。《周易口义》提出天地之性的概念："天地之性,寂然不动,不知所以然而然者,天地之性也。然而元善之气,受之于人,皆有善性。至明而不昏,至正而不邪,至公而不私。圣人得天地之全性,纯而不杂,刚而不暴,喜则与天下同喜,怒则与天下共怒。"①在此胡瑗以为天地之性出于元善之气,既有宇宙论方面的超越根据,同时又具有道德上纯粹至善的特性。可以看出,他是倾向于性善论的,但他引入元善之气的概念以论性,这是很高明的,也明显带有那一时代的特点。不过他以寂然不动来定义天地之性,这当然还是使用玄学化的易学语言,具有很浓的道家色彩。他还特别使用正性概念以表示至善之性:"盖性者,天生之质,仁义礼智信五常之道,无不备具,故禀之为正性。喜怒哀乐爱恶欲,七者之来,皆由物诱于外,则情见于内,故流之为邪情。唯圣人则能使万物得其利,而不失其正者,是能性其情,不使外物迁之也。"②这里所谓的正性还是归宗于五常之道的伦常之性。为其后理学心性论开辟了道路。值得注意的是,他虽然使用邪情这一概念,但他并不是谈情色变,对情、欲一律加以排斥。他的学生徐积记述说:"安定说《中庸》始于性情。盖情有正与不正,若欲亦有正与不正,德有凶有吉,道有君子有小人也。若'天地之情可见','圣人之情见乎辞',岂得为情之不正乎? 若'我欲仁,斯仁至矣',岂为不正之欲乎? 故凡以言情为不正者,非也;言圣人无情者,又非。"③这是一段很重要的思想数据,从中我们可以看出胡瑗并不像后世理学家那样偏好情性二分,排斥情欲。他通过对《周易》《中庸》《论语》相关语句的引证,对情、欲作了一定程度的肯定,认为情、欲也有正与不正之区分。值得注意的是,他断然否定圣人无情的说法。在《周易口义》中,他再三提到圣人并非无情,而是能以正性制其情:"然则圣人之情固有也,所以不为之邪者,但能以正性制之也。"④"是皆圣人有其情,则制之以正性,故发于外则为中和之教,而天下得其利也。"⑤

他的心性论还涉及工夫论,较早提出"治心明性"的工夫理论,其云:"惟大贤君子为能治心明性,知其不善而速改之。"⑥

他还强调以中正之道对情予以节制:"圣人缘人之情,酌中以为通制。……又言九五居中履正,所为节制得其中,又得其正。得其中则无过与不及之事,得其正

① 《周易口义》卷一《系辞上》,见《儒藏》"精华编"第三册,北京,北京大学出版社,2009 年,第三六〇页。
② 《周易口义》卷一,见《儒藏》"精华编"第三册,北京,北京大学出版社,2009 年,第二二页。
③ [清]黄宗羲原撰,[清]全祖望补修,陈金生、梁运华点校:《宋元学案·卷一　安定学案·安定门人·节孝徐仲车先生积·语录》,北京,中华书局,1986 年,第 39~40 页。
④ 《周易口义》卷一,见《儒藏》"精华编"第三册,北京,北京大学出版社,2009 年,第二二页。
⑤ 《周易口义》卷一,见《儒藏》"精华编"第三册,北京,北京大学出版社,2009 年,第二二页。
⑥ 《周易口义》卷五《复》,见《儒藏》"精华编"第三册,北京,北京大学出版社,2009 年,第一四六页。

则不入于私邪,是中正所为之道,可以通行万世,使天下得尽所以为节制之义也。"①胡瑗强调以中正之道节制心性,这仍然源自《周易》崇尚中正的思想传统,也是与唐代儒学推崇大中之道一脉相承。这与稍后的北宋理学以天理为核心重构儒家的价值体系是有区别的。

与胡瑗仅仅简单地通过注释《周易》讨论心性问题不同,蜀学派易学家苏轼则转向创造性地以易学概念构建心性之学,从而表现很强的理论创造性,这在此前中国哲学心性论历史中尚未见到。

(一)卦爻与性情

苏轼的这种独创性心性理论首先是以卦为性、爻为情,不过尽管他以情为利、性为贞,然而却不像洛学程颐那样将性情对立。苏轼说:"其于《易》也,卦以言其性,爻以言其情。情以为利,性以为贞,其言也互见之,故人莫之明也。《易》曰:'大哉乾乎,刚健中正,纯粹精也!'夫刚健中正纯粹而精者,此乾之大全者,卦也。及其散而有为,分裂四出而各有得焉,则爻也。故曰六爻发挥,旁通情也。以爻为情,则卦之为性也明矣。'乾道变化,各正性命,保合太和,乃利贞'。以各正性命为贞,则情之为利也亦明矣。"②又云:"又曰利贞者,性情也。言其变而之乎情,反而直其性也。至于此,则无为而物自安矣。"③这是通过对《周易》乾卦之《彖辞》《文言》等关键语句的创造性解读,从而提出以卦为性、以爻为情的心性理论。他认为性为大全,具有刚健中正、纯粹至精的品性;而爻则为情,具有发挥旁通的特性,这就隐含着性静情动的思想。《周易》的《乾·彖》云:"乾道变化,各正性命,保合太和,乃利贞。"苏轼据此以贞、利训解性、情,以贞释性,以利训情。不过由于《周易》本身并无后世儒家性善情恶、性情二分对立的思想,相反,《乾·文言》还从义利合一的角度论及利:"利者,义之和也,贞者,事之乾也。君子体仁,足以长人;嘉会。足以合礼;利物,足以和义,贞固,足以乾事。君子行此四者,故曰:乾,元亨利贞。"这种以利为义之和的思想对苏轼的心性理论具有很强的思想引导性。此外,苏轼还有很强烈的情本论的思想倾向,这在宋代哲学乃至整个中国思想史上也是很独特的。在《中庸论》中苏轼认为情是圣人之道的根本:"圣人之道,自本而观之,皆

---

① 《周易口义》卷五《节卦》,见《儒藏》"精华编"第三册,北京,北京大学出版社,2009 年,第三一五页。

② [宋]苏轼著,李之亮笺注:《苏轼文集编年笺注·附录五 东坡易传·卷一·乾卦第一》,成都,巴蜀书社,2011 年,第 114~115 页。

③ [宋]苏轼著,李之亮笺注:《苏轼文集编年笺注·附录五 东坡易传·卷一·乾卦第一》,成都,巴蜀书社,2011 年,第 115 页。

出于人情。"①又认为礼的本质就是缘饰人情,因此礼是奠基于情之上,乃是对情的提升,而非否定。其《礼以养人为本论》言:"夫礼之初,缘诸人情,因其所安者而为之节文。凡人情之所安而有节者,举皆礼也,则是礼未始有定论也。然而不可以出于人情之所不安,则亦未始无定论也。"②

(二) 性统情、命

苏轼还以性为中心,通连情与命,认为性向下发动为情,向源头上溯则为命,命是超越的,是性的本源。这种心性理论也是很独特的,源于他对《周易》思想的创造性诠释:"情者,性之动也。溯而上,至于命,沿而下,至于情,无非性者。性之与情,非有善恶之别也,方其散而有为,则谓之情耳。命之与性,非有天人之辨也,至其一而无我,则谓之命耳。"③

这里值得注意的是,在论及性情这对心性论范畴时,苏轼打破中国传统哲学以道德性概念善恶论性的思想范式,独辟蹊径,以散合、无为、有为来分疏性、情,主张合而无为谓之性,散而有为谓之情。他尤为强调性情一体。这明显是吸纳老子的有为、无为概念,并将其以《周易》的思想予以创造性的融通。我们再结合新学龚原的性情说,发现他也是主张性情一体的。龚原认为性情乃是一物两名,当其寂然未动时为性,感而遂通时为情:"情之与性,一物而两名。方其寂然未动则谓之性,及其有感而动也则谓之情。"论及情的善恶,龚原认为天地之情与其性合,因而是正而善的,而万物之情因为动的原因,因而有过、不及:"天地之情以正而见,以不失性也。万物之情则异乎天地之情矣,万物之性未尝不正也,一动而为情,则或失之过,或失之不及。"④这种强调以动静来分疏情性的理论与苏轼很接近。这与理学家的性善情恶、性情二元分立相比,更符合中国哲学追求连续性存在思想传统。

苏轼还公开反对孟子的性善论,认为孟子不及见性,而以性之效为性。《东坡易传》说:"昔者孟子以善为性,以为至矣,读《易》后知其非也。"⑤又批评说:"孟子之于性,盖见其继者而已。夫善,性之效也。孟子不及见性,而见夫性之效,因以所

① [宋]苏轼撰,[明]茅维编,孔凡礼点校:《苏轼文集·卷二 论·中庸论中》,北京,中华书局,1986年,第61页。
② [宋]苏轼撰,[明]茅维编,孔凡礼点校:《苏轼文集·卷二 论·礼以养人为本论》,北京,中华书局,1986年,第49页。
③ [宋]苏轼著,李之亮笺注:《苏轼文集编年笺注·附录五 东坡易传·卷一·乾卦第一》,成都,巴蜀书社,2011年,第114页。
④ 《周易新讲义》卷五《大壮象辞注》,粤雅堂丛书本。
⑤ [宋]苏轼著,李之亮笺注:《苏轼文集编年笺注·附录五 东坡易传·卷七·系辞传上》,成都,巴蜀书社,2011年,第258页。

见者为性。"①他认为善恶只是性所能达到的两种不同的结果,而并非人性先天所固有。苏轼这种人性论颇接近性无善无恶论。又《东坡易传》还讨论性与道的关系,同样也是主张性、道贯通,他说:"古之君子,患性之难见也,故以可见者言性。夫以可见者言性,皆性之似也。君子日修其善以消其不善;不善者日消,有不可得而消者焉。小人日修其不善以消其善;善者日消,亦有不可得而消者焉。夫不可得而消者,尧、舜不能加焉,桀、纣不能亡焉,是岂非性也哉?君子之至于是,用是为道,则去圣不远矣。"②依苏轼这里的解读,君子只要虔虔进德修业,修缮其性,就一定能与道贯通,从而优入圣域。

对于蜀学这一独特的心性论在宋代思想中的地位,余敦康先生评论说:"在宋代思想史中,苏轼的心性之学与理学家的心性之学共同构成一种必要的张力,二者的地位应该是平起平生,不分轩轾。如果忽视苏轼的这种立足于自然主义的心性之学,就会把本来是五彩斑斓、复杂多元的宋代思想弄得贫乏苍白,变成理学家的一统天下了。"③

以上我们从北宋易学哲学五大问题意识着手,论证《易》、老的创造性融通乃是推动北宋易学哲学发展的原动力。正是通过《易》、老两大哲学传统的深度对话,北宋易学哲学家提出迥异于前代的哲学问题。各学派围绕这些问题予以广泛的讨论,并提出具有各自不同特点的解答,从而直接推动北宋易学哲学的发展。而北宋易学哲学的发展又引领北宋儒学的波澜壮阔的历史复兴。因此,儒、道融通才是贯穿北宋哲学始终的思想主线。

(原载《道家文化研究》2018 年第 1 期)

---

① [宋]苏轼著,李之亮笺注:《苏轼文集编年笺注·附录五　东坡易传·卷七·系辞传上》,成都,巴蜀书社,2011 年,第 258 页。

② [宋]苏轼著,李之亮笺注:《苏轼文集编年笺注·附录五　东坡易传·卷七·系辞传上》,成都,巴蜀书社,2011 年,第 114 页。

③ 余敦康:《汉宋易学解读》,北京,华夏出版社,2006 年,第 207 页。

思想史脉络下的《齐物论》
——以统一性与差异性关系为重点

曹 峰

（中国人民大学哲学院）

内容提要：过去的《齐物论》研究，过多地把注意力集中在"物论"上，而不太追究《齐物论》大量讨论"物论"、扫清是非的最终目的何在。过多地把重点停留在"物论"这个中间阶层，而没有下贯、落实到万物的层面。给人感觉庄子最终也不过是一个沉迷于言辩、陷身于吊诡的名辩之徒，或者受《逍遥游》等篇的影响，似乎庄子更强调的是无待于、无累于万物，把万物看作消极的负面的对象。实际上，关于"物论"的辨析只是前提、过程、媒介，《齐物论》真正的落脚点在于万物，在于回到万物本身，在于实现万物的多样性和差异性。这一认识只有放在道物关系、心物关系的发展脉络中，以及统一性与差异性关系的框架中才能认识清楚。彭蒙、田骈、慎到、宋钘、尹文、关尹、老聃等道家人物以及惠施、公孙龙等名家人物在上述三种关系的思考上，为庄子提供了丰富的思想资源，《齐物论》的完成建立在对于前人齐物思想的继承与批判之上。

关键词：《齐物论》；万物；物论；统一性；差异性

序　　言

《齐物论》究竟要讨论什么问题，解决什么问题？一般认为其关注的是如何看待世间万物以及如何评判关于万物的言论，世间万物归根结底是齐一的，言论归结底也应该是齐一的，没有所谓的是非与不同。例如张默生的说法代表了比较普遍的观点："他一方面说明自然的现象，自天地之大，以至于昆虫之微，尽管是形形色色，变化万殊，然万殊终归于一本；一方面来评衡世间的言语名相，自圣贤之德，以至于辨士之谈，尽管是公说公有理，婆说婆有理，然为免除语过，仍须归于无言。前者可说是齐'物'，后者可说是齐'物论'，两相符合，毫无出入，则即所谓'万物并育而不相害，道并行而不相悖'了。"①就是说，无论是万物（自然之物以及人间之

---

① 张默生：《庄子新释》，济南，齐鲁书社，1993年，第93页。

事)还是关于万物的种种言语名相(如感觉、认识、言论,用《齐物论》的话讲就是"知"与"言"),站在道的角度来看没有实质的差别,都是相同的,《齐物论》既是"齐物—论"又是"齐—物论"。

关于"万物"问题的讨论与解决,以及如何"知"物、"言"物之问题的讨论与解决,都必须通过人心。所以,"心"在《齐物论》这里是另一个讨论重点。《齐物论》对人心的作用与机能,从根本上持怀疑的态度,由于人心的局限,由人心发出的言语名相,非但不是解决之道,反而是阻碍解决之道。如"道通为一"所示,只有站在"道"的高度,才能统一、贯通、整合这些问题,从根本上解决思想上的混乱。因此,《齐物论》的关键词可以概括为五项,即"道""物""心""知""言"。

笔者以为,虽然关于《齐物论》的研究已经相当丰富,但讨论的方向却有所偏颇。偏颇在于,至今为止的研究,过于重视《齐物论》中解构性、否定性的内容,即大部分论著主要着眼于庄子如何批判各家学说(即很多学者所谓的"物论")的合理性,而忽视了作为《齐物论》思想基底的建构性的内容;把《齐物论》主要看作一篇批判性的文章,而忽视了《齐物论》关于理想世界格局的正面思考。主要着眼于"万物齐同"①,而忽视了"吹万不同";主要着眼于统一性,而忽视了差异性②。过多从齐物论内部讨论问题,而较少将其放在思想史脉络下加以考察。事实上,在《齐物论》中"万物齐同"和"吹万不同"、统一性和差异性、文本内部和文本外部,是不可偏废的两个方面,必须同时考虑,才能完整地领会《齐物论》的主旨。

然而,为什么《齐物论》中"万物齐同"和"吹万不同"、统一性和多样性是并重

---

①　《齐物论》并未使用"万物齐同"一词,原出自《文子·上德》:"天气下,地气上,阴阳交通,万物齐同,君子用事,小人消亡,天地之道也。天气不下,地气不上,阴阳不通,万物不昌,小人得势,君子消亡,五谷不植,道德内藏。"而《上德》篇与《周易》有着密切关系,《泰·象》云"天地交而万物通,上下交而其志同"。这里的"齐同"指的是天地、阴阳、上下之间的和睦,尤其是下对上的协同。同时也是一种充满生机、繁荣昌盛的表征。但是学界多借用这一词汇来表达《齐物论》所谓"道通为一""天地与我并生,而万物与我为一"的境界,即不仅万物之间没有实质性差异,即使"道"和"物"之间也是相融相即的。如[日]池田知久:《道家思想新研究——以〈庄子〉为中心》(王启发、曹峰译,郑州,中州古籍出版社,2009年)就有名为《"万物齐同"的哲学》的一章,用来专门描述《齐物论》。笔者也是在此意义上使用"万物齐同"一词。

②　差异性当然指向导致事物分别的因素,受制于万物的局限性,从而导致人的偏见是完全可能的,因此,差异性有时也可以理解成局限性。但本文指的是差异性的另一层含义,即万物的多样性,因为万物的多样性而导致的世界的生机和繁荣。关于中国古代的同异问题,王中江有专论,可参王中江:《中国古典语境中的差异性、多样性和共同性话语》,《哲学动态》2018年第11期。以往学界对于《齐物论》中呈现的统一性与差异性关系也有讨论,如那薇指出:"在体道之人心境中呈现的统一和特殊,并不是截然对立的逻辑关系,并不是抽掉了万物鲜活生动的'殊性'才得到那种包括一切的统一,而是说当体道之人应合了无形无名之道的呼唤,让道贯通于自己和万物时,既体验了与天地万物为一的快乐,也体验到一散为万物的舒畅。"见那薇:《庄子的天倪、天钧与海德格尔的区分》,《社会科学研究》2005年第1期。赖锡三把"气化之一元"与"物化之多元"对应起来,指出"'气化'是就一的共通性而言,'物化'是就'多'的差异性而言"。见赖锡三:《道家型知识分子论》,台大出版中心,2013年,第213页。本文的不同之处在于,笔者认为《齐物论》所见统一性和差异性的关系,一定要放在思想史脉络下讨论,才能获取系统的认识。

的,是一个整体呢? 笔者以为原因就在于道物关系是《齐物论》思想的基础,是立论的出发点,因此,就上述五大关键词来看,虽然看似《齐物论》论述的焦点、重点在"心""知""言"上,但"道""物"二者更为关键,如果不从道物关系出发,恐怕并不能获得关于《齐物论》的完整了解。

本文将从三个方面作出论述,首先是从道物关系、心物关系的构造出发看《齐物论》在道家思想史上的位置,认为《齐物论》是道家自然思想的延伸,《齐物论》的最终目的是要实现"万物"的自然。其次是从"齐物—论"的角度看《齐物论》在道家思想史上的位置。《齐物论》所受的直接思想影响来自两个方面:一是以彭蒙、田骈、慎到、宋钘、尹文、关尹、老聃为代表的早期道家,二是以惠施、公孙龙为代表的名家,从而考察道物关系、心物关系以及统一性和多样性关系的意识是如何进入《齐物论》中的。最后,依据《齐物论》文本本身,考察差异性问题在《庄子》中的具体展开。上述问题的讨论,还将从一个新的角度有助于此文究竟是"齐—物论"还是"齐物—论"争论的解决。

一、道物关系背景下的《齐物论》

在笔者看来,道家理论虽然极为庞杂,甚至有些神秘,但是其中有一条主线,在老子那里就已基本确立,并贯穿于老子之后几乎所有道家的理论之中。这条主线就是道物二分的理论,这是道家区别于其他学派,并使其理论得以成立的最为根本的思想。这一思想把"道"和"物"的对立和区分看作世界最为基本的构造。在以老子为代表的道家看来,包括宇宙万物在内的世界可以划分为两个部分,即形而上的"道"和形而下的"物"。道是统一的、整合的。万物则是分别的、差异的。其结构可以图示如下:

道

形而上、本体

独立、绝对、整体、永恒、无限、无待、无名、无形、无为

不可感知、不可描述、不可认识、不可把握

————————————————————————

物(万物)

形而下、现象

有待、有限、局部、个别、有名、有形

可感知、可描述、可认识、可把握

这个图式其实还可以无限扩大。老子的伟大在于其思想中这个体系已经基本确立①,后世虽然不断扩充发展出新的名词或者衍生出新的议题,但基本上都在这个体系的延长线上。也就是说,道家各分支或许角度不同,有时重在道,有时重在物,有时重在统一性,有时重在差异性,有时重在分,有时重在合。但他们的讨论基本上都以道物关系为中心,或者都以道物关系为背景。可以相信在早于庄子的早期道家那里,道物二分的意识已经非常明确,庄子必然受到过他们的影响,并将道物关系理论收摄于自己的体系中。因此,他的齐物理论也一定是在道物关系的前提下,对万物作出的认识和把握。

如果以道物二分作为世界的基本构图,那么必然会由此引发出统一性和差异性的问题。所谓统一性指的是,"道"具有不同于万物的根本性特征,这些特征使"道"成为万物存在与运动的总根源、总依据、总动力,使"道"成为绝对的原理和永恒的存在。因此,相对于"物"而言,"道"一定是统一的、整合的、不可分割的。与之对应,如果说道是一,那么万物就是多;如果说道是合,那么万物就是分;如果说道是统一,万物就是差异。因此,形而下的世界一定呈现为纷纭不齐、瞬息万变的差异性、相对性、多样性系统。同时,人类关于这套差异性系统的认识也必然是纷纭不齐、时时在变的。但是站在道的立场,这样的差异没有本质的不同,所以万物是齐同的。站在物的角度,万物均来自道,道是万物共同依循的标准,所以万物还是齐同的。

通过前面的图式,可以发现道物关系必然是一种本末、主次、上下、前后的关系②,即"道"和"物"两者间是创生与被创生、主宰与被主宰、支配与被支配的关系,这样道和物之间基本上就是一种对立的、紧张的关系,在此基础上很容易导致以道统御万物的政治思维。后世一部分黄老道家确实充分利用道物二分的世界观,将其转变为一种实用的、高效的政治理论。其主旨可以作如下概括:因为万物是有名有形的,所以即便万物"同如林木,积如仓粟"(《鹖冠子·王鈇》语),也可以通过对于形名的把握,再参照天道的规律和准则,而有效地认识和掌控。然而,形名又是一种局限,即身处万物之中是不可能把握万物的,只有超越形名之上,站在无名无形的"道"的高度,利用道统万物的绝对威势,才有可能"执一统万",真正管理万

---

① 笔者虽然不赞同《老子》成书于春秋晚期的一人、一时、一地,并认为其文本的最终形成经历过一个比较长的时期,但至少从战国中期郭店楚简《老子》的文本来看,道物相分的意识已经很明确了。关于道物论的基本内涵,可参曹峰:《无为与自然:老子的政治哲学》第二节《"道物论"是老子政治哲学的基础》,收入张志伟等主编:《中国政治哲学史》第一卷,北京,中国人民大学出版社,2017 年。

② 如《庄子·天下》评关尹、老聃时说,这两位是"以本为精,以物为粗"。这种二分模式,到魏晋时期王弼那里几乎臻于完美。

物。在政治场合,君主就是与"道"相应的存在,处于支配的地位,与万物相应的天下的臣民则必须无条件接受"执道者"(即君主)的统治。这种道统万物的理论在《管子》四篇中已经呈现雏形,在慎到的思想中有更为具体的发展,而到了将道家融入法家的韩非子那里,更是上升为一套"君臣不同道"的中央集权政治理论。在这样的理论中,道的统一性被转化为一种具有强大威势的政治力量,而万物的差异性相当于不同的机能、职能,只能是被利用、被管理、被主宰的对象而已。在这样的语境下,"齐物"可以理解为道(具体化为"执道者")对于万物(具体化为臣民)的政治管理。例如《鹖冠子·王鈇》云:"道者开物者也,非齐物者也。故圣,道也,道非圣也。道者,通物者也,圣者,序物者也。""齐物"之意等同于"序物",即为万物建立秩序,其地位显然次于"开物""通物"。"通物"指的是道可以兼容和统合万物,而只有把握了"道"的圣人才能控制和规范万物。这当然是一种政治思想,着眼的是获得当下的、实际的政治效果。

　　然而,道家并非仅仅发展出这样一种建立在紧张和对立基础上的道物关系。道家的伟大和奇妙在于,同样以道物二分理论为基础,道家又发展出了一种建立在克制与和谐基础上的道物关系,而且这种关系同样可以转变为一种实用的、长效的政治理论。这种道物关系虽然承认道创生万物、支配万物,然而却刻意弱化支配、控制的因素,使道(具体化为"圣人")以谦逊的态度面对万物。在《老子》中,这就是"无为""玄德"和"自然"的理论。"无为"是手段,"玄德"是"无为"的精神,而"自然"是最佳的结果。在《老子》以及相当多的道家文献里,"自然"一定是万物的"自然","自然"是万物的多样性、差异性得到充分肯定、尊重、保护之后欣欣向荣、生机勃勃的体现。① 因此,最高的政治理想不是万物得到了有效的控制和管理,而是万物最大程度地实现了自我成就、自我管理,"功成事遂,百姓皆谓我自然"(《老子》第十七章)、"至功之成,其下谓之自然"(《鹖冠子·世贤》),最终导致"无为而无不为",实现"道"和"物"最大化的双赢。

　　从这样的道物关系出发,道所代表的具有支配意义的统一性就会被大大虚化,而另一层意义上的统一性,即对于万物而言道无私无亲、平等待之的一面,则被大大强化,同时万物所代表的多样性因为得到充分尊重,因而其差异性的一面也被大

---

① 《老子》的"自然"必须理解为万物的"自然",学界对此有很多的论述,具体可参[日]池田知久:《道家思想的新研究——以〈庄子〉为中心》(王启发、曹峰译,郑州,中州古籍出版社,2009 年)第十二章《圣人的"无为"和万物的"自然"》;王中江:《道与事物的自然:老子"道法自然"实义考论》,《哲学研究》2010 年第 8 期;叶树勋:《道家"自然"观念的演变——从老子的"非他然"到王充的"无意志"》,《南开大学学报》2017 年第 3 期。关于"无为""玄德"和"自然"的关系,可参曹峰:《〈老子〉的幸福观与"玄德"思想之间的关系》,《中原文化研究》2014 年第 4 期。

大强化。①

无论是掌控万物还是包容万物,都是人心活动的结果。因此,从道物关系中必然延伸出一种新的关系,那就是心物关系,这和进入战国时代之后言心思潮的盛行也是呼应的。② 在《老子》那里原来不受重视的"心"开始屡见于各种道家文献,并成为最重要的概念之一,发展出"内业""白心"等"心术"理论,成为道家工夫论的重要组成部分。例如,《管子》四篇和上博简《凡物流形》都鼓吹"两重心"的理论,强调通过修炼生成一颗由精气构成的、可以成为"道之舍"的、超越的、精神性的心灵。不过,这颗强大心灵的炼成,并不只是为了要执"道"或者执"一",最终还是为了更好地应对万物。

道物关系背景下的心与万物关系的理论,又朝着两个方向发展,从消极的方面看,道家在应对万物时,刻意要求自己的心灵不受万物影响和干扰,不为万物牵累和伤害,"物物而不物于物,则胡可得而累邪?"(《庄子·山木》)"外天下……外物……外生……而后能朝彻……而后能见独。"极端如杨朱,"全性保真,不以物累形"(《淮南子·氾论》),甚至"不以天下大利易其胫一毛"(《韩非子·显学》),从而可以使心灵永远保持虚无和宁静。从积极的方面看,道家在应对万物时,如"因也者,舍己而以物为法者也"(《管子·心术上》)、"至人之用心若镜,不将不迎,应而不藏,故能胜物而不伤"(《庄子·应帝王》)、"空虚不毁万物"(《庄子·天下》)所示,非但不排斥外物,而且通过尽量隐藏个人意志,刻意消除主观成见,以最大程度地认识、包容、接纳、顺应万物,使"物得以生生"(《管子·心术上》)。黄老道家还利用这种思维发展出了"因循"的政治操作方式,"因性任物而莫不宜当"(《吕氏春秋·执一》),通过因顺、利用事物的"自然"之性以实现简易而高效的政治治理。③ 无论对待万物的态度是消极的还是积极的,除了极少数一心修道、远离尘世的隐士外,大部分道家还是直面纷纭人世,并试图在政治上提出想法的。庄子并非出世之徒,因此也不例外。

从"知"和"言"的角度看,上述心物关系也必然转化为如何观察、如何认识、如何表达万物的问题。例如究竟是"以道观之"还是"以物观之"? 究竟是追求"大知"还是满足于"小知"? 究竟是醉心于"终日言"还是宁可"不言"? 究竟是止步于"成心"还是不断地"白心"? 这样,道家心物关系所要处理的对象,就主要不是万物本身,而是由万物引发的"知"和"言",也就是所谓的"物论"。

----

① 例如《文子·上德》云:"是以圣人内藏,不为物唱,事来而制,物至而应。"就是这样一种后发的、无目的的、尊重万物的应对方式。

② 关于言心思潮,可参曹峰:《清华简〈心是谓中〉的心论与命论》,《中国哲学史》2019 年第 3 期。

③ 例如《慎子》有"因循"篇,《文子》有"自然"篇,都是因循理论的集中体现。司马谈在《论六家要旨》中更是作了高度总结:"虚无为本,因循为用。"

如果把《齐物论》置于上述的思想背景下，那么，可以看出，《齐物论》显然受到道物关系的深刻影响。可能因为已经成为思想的底色，所以《齐物论》没有在道物关系上作过多的渲染。可以发现，《齐物论》属于第二种道物关系，这种道物关系看似有些消极，刻意与万物保持距离，而非意图控制万物，但实际上有着积极的目标，对万物以宽容的态度对待之、保护之，而非约束之、干预之，最终正是为了让万物恣意生长、千姿百态、欣欣向荣、生机勃勃。这是老子自然思想的延伸。

由于《齐物论》大部分篇幅评判的是"知""言"问题，因此《齐物论》的道物关系更多体现在心物关系上。[1] 或许因为这个原因，大部分学者的视野被导向了"物论"的部分，以为《齐物论》类似《荀子·正名》，只是在对天下的辩者作出论衡和裁断。其实，评判天下"物论"只是一个过程，或者只是一个媒介，《齐物论》最终还是要回到万物。如"天地与我并生，而万物与我为一""道通为一"所示，庄子在超越事物差别、打破自我局限时采用的最佳方式是道与物相融合、己与物相融合、心与物相融合、主体与客体相融合、统一性与差异性相融合。或者说站在"一"（不是"唯一"的"一"，而是"浑然一体"的"一"）的高度，让万物充分展现万物自我、让事物回归事物自身，这就是最佳的"齐物"方式。"物论"的破解同时代表着"万物"的新生。[2] 因此，笔者以为《齐物论》的政治思想还主要不是表现在种种批判上，而是背后隐含的政治理想，那就是催生、尊重、肯定、保护万物的多样性和差异性。

二、《齐物论》的两个直接思想来源

笔者以为，《齐物论》一定是"齐物—论"，这是因为"物论"的说法是非常晚起的。[3] 庄子确实在《齐物论》评判了大量当时关于"万物"的学说，我们今天出于讨论的方

---

[1] 牟宗三对于《齐物论》心物关系有过较多的研究，比较集中地体现在《中国哲学十九讲》以及《才性与玄理》二书中。具体论述可参刘沧龙：《"不齐之齐"与"心物辩证"——从牟宗三的〈庄子〉诠释谈起》，"《齐物论》学术研讨会暨第二届两岸《庄子》哲学工作坊"，华东师范大学，2019 年 8 月。

[2] 陈少明认为《齐物论》的逻辑结构是先齐物论，然后齐万物，最后齐物我。"齐物论是对各种思想学说，进行一种认识论意义上的哲学批判，重点不在是非的标准，而是对有是非本身正当性的质疑。齐万物则是从要求人的世界观转变的角度，放弃任何自我中心的态度，看待万有的自然性与自足性，把是非问题转化成有无问题，具有从认识论向本体论过渡的意义。齐物我是前二者的深入，它所涉及的心物关系问题不是认识论而是生存论问题，本体论上化有为无，就是表现在生存论上的丧我与无为，这是为另一种生活与思想方式提供一种信念基础。"见陈少明：《〈齐物论〉及其影响》，第 27～28 页。笔者以为，道物关系作为一种本体论已经潜藏在《齐物论》的思想基底，是其基本立场和出发点，而心物关系则是道物关系的延伸，所以其思想结构应该是先本体论、生存论，然后导向认识论上的哲学批判。

[3] "物论"的说法，最早出现于北宋。参见毛凤祥：《庄子"齐物论"属读再辨证》，"《齐物论》学术研讨会暨第二届两岸《庄子》哲学工作坊"，华东师范大学，2019 年 8 月。

便,暂且也可以将这些学说称之为"物论",但这不等于在庄子的时代,已经出现了"物论"这个名词。而关心"物"是非"齐",以及"物"是否可以齐,在庄子的时代却非常多见。例如《孟子·滕文公上》就说:"夫物之不齐,物之情也。或相倍蓰,或相什百,或相千万。子比而同之,是乱天下也。"可见孟子也认为万物存在的差异性是天然的、客观的,如果"比而同之",强行整齐万物,那就会出现"乱天下"的结果。这和庄子充分尊重万物差异性的态度完全一致。前文所引《鹖冠子·王鈇》具有黄老道家倾向,认为"圣者,序物者也"。即圣人可以有为天下设定秩序的抱负,但又在加上一个前提"道者,开物者也,非齐物者也"。"道者,通物者也",即比"圣"更高的"道"只会生成万物、融通万物,而不会给万物制定单一的、绝对的标准。这和庄子"通为一"而非"勉为一"的思想完全相通。但这些论述还只是构成庄子《齐物论》思想宽泛的背景。笔者以为,《齐物论》有两个直接思想背景,这两个背景成为庄子思考"齐物"问题所要直接面对者。首先,如何应对人文世界或者说政治世界中的"事"和"物"。这方面庄子对于一些后世定位为道家人物的学说有较多的接受、较少的批判,在"齐物"思想上有继承和发展。其次,如何应对自然世界中的"事"和"物"。这方面庄子对于一些后世定位为名家人物的学说有较多的接受,也有较多的批判,在"齐物"思想上有扬弃和升华。

首先来看彭蒙、田骈、慎到的"齐物"①,从《天下》篇的叙述看,他们是"齐万物以为首"的,即把"齐万物"作为第一要紧的事。如果按照《鹖冠子·王鈇》的"齐物"去理解,那么"齐万物"就是要为万物设定秩序、限定框架。但如前所示,这似乎并非《王鈇》的最高理想,因为更高的境界在于"道"立场之上的"通物"。类似的表述还有《淮南子·齐俗》,所谓"齐俗",就是要为风俗建立规范,使之符合某种要求,然而此文恰恰认为"齐俗"不可行,要想"令行禁止,中传后世,德施四海",非但不能忤逆人性物性,反而要尊重由特定历史和地理形成的呈现出万千差异的风俗。因此"齐俗"不如叫"因俗"。《齐俗》中有一段很长的关于"是非"的文字:

> 天下是非无所定,世各是其所是而非其所非,所谓是与非各异,皆自是而非人。由此观之,事有合于己者,而未始有是也;有忤于心者,而未始有非也。故求是者,非求启发也,求合于己也;去非者,非批邪施也,去忤于心者也。忤于我,未必不合于人也;合于我,未必不非于俗也。至是之是无非,至非之非无是,此真是非也。若夫是于此而非于彼,非于此而是于彼者,此之谓一是一

---

① 这几位人物,学界多将其定性为早期黄老道家,如蒙文通的《杨朱学派考》《略论黄老学》,收入《先秦诸子与理学》,桂林,广西师范大学出版社,2006 年。郭沫若的《稷下黄老学派的批判》,收入《十批判书》,北京,东方出版社,1996 年。

非也。此一是非，隅曲也；夫一是非，宇宙也。今吾欲择是而居之，择非而去之，不知世之所谓是非者，不知孰是孰非？……故圣人体道反性，不化以待化，则几于免矣。

这说的是天下并无固定的是非标准，一切是非都是相对的，所谓的"是非"往往取决于特定的立场和偏见。所以圣人与"道"一体，返归本性，以不变之"道"应对万变之世界。可以说这样的观念和《齐物论》完全相同①，甚至可以推定作者受到过《齐物论》的直接影响。这为我们推测《齐物论》的本意提供了极大的方便，一个重要的启示就是，我们未必需要从正面去理解"齐物"，《齐物论》很有可能恰恰是反"齐物"，而推崇"通物""体道"的。

那么，从《天下》篇所论彭蒙、田骈、慎到的"齐物"看，庄子是如何批判地加以继承的呢？《天下》篇有很长的描述，例如"天能覆之而不能载之，地能载之而不能覆之，大道能包之而不能辩之。知万物皆有所可，有所不可，故曰：选则不遍，教则不至"。蒙文通认为这段话正是"齐物立论之体"②。就是说"齐物论"的根本精神在于冷静地认识到万物在功能上各有其局限，甚至连万物之大者"天地"都是如此，"皆有所可，有所不可"。为了突出这一点，作者居然把"大道"都拉到万物层次，说其"能包之而不能辩之"，目的在于指导人在对待万物时不要采取"选"和"教"的态度，因为有"选"有"教"就代表着有分别、有好恶，就难以"遍"、难以"至"，即难以平等地对待万物。显然，这是一种道物关系的视野，以一种类似老子"天道无亲"的立场，体现出尊重万物多样性和差异性的浓厚倾向。③

《天下》篇所见彭蒙之师曰："古之道人，至于莫之是、莫之非而已矣。其风窢然，恶可而言？""夫无知之物，无建己之患，无用知之累，动静不离于理，是以终身无誉。"这明确交代了认知万物的态度，即彻底放弃固有的、偏私的立场，将自己置于"莫之是、莫之非"的境地，做一个"无知之物"。做到这一点需要自我的缺失（"无建己"）、不使认知功能发动（"无用知"）、不对外界的评价产生反应（"终身无誉"）。如"吾丧我"所示，显然《齐物论》对这一立场有充分继承。

《天下》篇还说："公而不当，易而无私，决然无主，趣物而不两，不顾于虑，不谋于知，于物无择，与之俱往，古之道术有在于是者。彭蒙、田骈、慎到闻其风而说之。

---

① 不过《齐俗》的作者希望找到适用于整个宇宙的真正的"是"与"非"，这是《齐物论》所没有的新的思想倾向。

② 蒙文通：《杨朱学派考》，第124页。

③ 《老子》第五十六章云："故不可得而亲，不可得而疏，不可得而利，不可得而害，不可得而贵，不可得而贱。"《庄子·知北游》云："吾知道之可以贵，可以贱，可以约，可以散。"《庄子·天道》云："夫道，于大不终，于小不遗，故万物备。"表达不同，原理相同。

齐万物以为首。"

　　这里既有通过"决然无主""不顾于虑，不谋于知"表现出来的"知"的态度，可以说是对"无知之物"的进一步阐述，也有通过"趣物而不两""于物无择，与之俱往""椎拍輐断，与物宛转，舍是与非"表达出来的应对万物的方法论，类似《管子·心术上》"因也者，舍己而以物为法者也"，即把"主"（"主体""主观"）对于万物的影响降低到最低点，让万物得以充分地呈现。这已经是涉及心物关系的讨论，对于彭蒙等人的这一立场，《齐物论》也有充分的继承。

　　上述《天下》篇所描述的彭蒙等人的观点，基本上还是一种精神境界，未必是具体实践。而在其他文献中，田骈、慎到等人的观念就具有非常明确的政治指向了。例如《慎子·民杂》云："民杂处而各有所能，所能者不同，此民之情也。大君者，太上也，兼畜下者也。下之所能不同，而皆上之用也。是以大君因民之能为资，尽包而畜之，无能去取焉。"这是明确地聚焦于君民关系，认为百姓各有不同的才能，而贤明的统治者（大君）正是通过"尽包而畜之"来实现物尽其能、才尽其用。这里，虽然背后有这样的思维，即"道"是包容的、整合的，但已非"于物无择，与之俱往"，明显透露出以一统万，以实现具体政治目标的抱负。① 所以后人把慎到列于"道""法"之间，是有道理的。

　　再来看田骈，《吕氏春秋·不二》载"陈骈贵齐"，《尸子·广泽》载"田子贵均"，高诱说，这是"齐生死、等古今"②，似乎立场与庄子类似。恐怕这是用《庄子》的"齐物"来衡量的"贵齐"，因为从上述《天下》篇的描述看，田骈等人主要面向的是万物，而非生死、古今这类精神境界。《吕氏春秋·执一》中田骈在向齐王陈述治国之术时，有所谓"因性任物"之道：

　　　　田骈以道术说齐。齐王应之曰："寡人所有者齐国也，愿闻齐国之政。"田骈对曰："臣之言，无政而可以得政。譬之若林木，无材而可以得材。愿王之自取齐国之政也。骈犹浅言之也，博言之，岂独齐国之政哉？变化应来而皆有章，因性任物而莫不宜当，彭祖以寿，三代以昌，五帝以昭，神农以鸿。"

　　如果《天下》篇所见田骈的齐物还主要是平等地对待万物，表现为对万物最大程度的尊重和顺应，那么到了《吕氏春秋·执一》这里已经转变为具体的方法了，那就是"因性任物"，因循不同人性物性，使其发挥不同的功能，使之最后造福于国君。《文子·自然》所说"故圣人之牧民也，使各便其性，安其居，处其宜，为其所能，周其

---

　　① 《庄子·天地》所说"以道观言而天下之君正；以道观分而君臣之义明；以道观能而天下之官治；以道泛观而万物之应备"，就是类似的思维。
　　② 见陈奇猷校释：《吕氏春秋校释》，北京，学林出版社，1984 年，第 1126 页。

所适,施其所宜,如此即万物一齐,无由相过",正是"因循"思想的集中体现。而如前所言,"因循"又是黄老道家政治思想的重要特征,其目的不是简单地尊重万物而已,而是要通过利用万物之性以"牧民","万物一齐,无由相过"指的是万物各居其位,互不干扰,井井有条的理想政治局面。这就和《天下》所见"齐物"有很大不同了。

蒙文通认为彭蒙等人的"齐物论"有一个发展与演变的过程,在《杨朱学派考》中他历数《庄子·天下》《尹文子·大道》《管子·心术》《管子·白心》《管子·乘马》《慎子·知忠》《吕氏春秋·用众》相关言论,认为"后师之义,益精更进之说",从彭蒙之师的"舍是与非""无用圣贤",一般性地强调平等地对待万物,发展到后来,"是非可不可无所遁"(《吕氏春秋·序意》),是非对错均得安顿,没有失误。从《庄子·天下》所谓"教则不至"发展到《管子·白心》"教可存也、教可亡也",从《庄子·天下》所谓"选则不遍"发展到《管子·心术》"慕选则不乱",由《庄子·天下》所谓"莫之是、莫之非"发展到了《论六家要旨》的"贤不肖自分,白黑乃形",齐物论之"体"被彻底消解,"万物"完全转变为一种有着确定名分的、可以控制、可以利用的对象。

因此,《庄子·天下》所见田骈、慎到的"齐物"似乎只是他们的早期阶段,和《慎子·民杂》所见"尽包而畜之,无能去取"的才尽其用以及《吕氏春秋·执一》田骈的"因性任物"大为不同,如果说这是后期阶段,那么已经转化为具体的治国之道了。或者《庄子·天下》没有注意到后期阶段,或者后期阶段的部分是后人附会给田骈、慎到的。仅从《庄子·天下》所见彭蒙、田骈、慎到的"齐物"来看,无论是道物关系意义上的"道则无遗",平等地对待万物,还是心物关系意义上的"无知之物",不以主观评判世界,显然都被《齐物论》完全继承,只是彭蒙等人更多针对万物自身,而非针对百家学说的"物论",更多面向万物的齐与不齐,而非面向"生死""古今"等境界意义上的齐与不齐。总之,彭蒙等人"公而不当,易而无私"的"齐万物"表现出两种倾向:一是容易走向关注现实政治的黄老学说,强调依据"一"把控万物;二是强调"弃知去己""莫之是,莫之非",排除主观成见,达致精神圆融,以化解因为万物局限而导致的种种问题,庄子对于后者接受较多。[①]

那么,庄子为何又会对彭蒙等人提出批评呢?从《天下》篇看,庄子似乎批评他们过于尊重万物,"趣物而不两""于物无择,与之俱往""与物宛转",慎到甚至是"非生人之行而至死人之理",即只是一种空想,可行性不强,彻底放弃自我顺应万物的

[①] 傅斯年曾经写过《谁是〈齐物论〉之作者》(收入杨佩昌编:《傅斯年史学方法导论》,北京,中国画报出版社,2010年),指出"田骈既贵齐,慎到亦必贵齐,贵齐之意,正托于《齐物论》以传于今耳"。认为慎到才是《齐物论》的作者,这是过分之言,虽然注意到两者的相关性,但田骈、慎到等人的"齐物",最终不是关于"言"和"知"的抽象议论,而是如何直接把握利用万物。况且,从《天下》篇看,田骈、慎到也应该是《齐物论》的思想来源。

同时也放弃了超越万物的"道"的立场。《尹文子·大道上》以下描述或许可以得到启发：

> 世之所贵，同而贵之，谓之"俗"；世之所用，同而用之，谓之"物"。苟违于人，俗所不与；苟忮于众，俗所共去。故心皆殊而为行若一，所好各异而资用必同，此俗之所齐、物之所饰。故所齐，不可不慎；所饰，不可不择。……累于俗、饰于物者，不可与为治也。

看来这是对无原则、低层次"齐物"的反对。如果完全被万物所牵引，就会淹没在万物差异性的汪洋大海之中，而失去了基于"道"的独立性。庄子的目的虽然不是"为治"，但这样的人显然也和庄子追求的精神上的"无待""逍遥"不在同一等次，所以庄子评判他们"其所谓道非道"，"不知道"，应该指的是过于重视差异性，而丧失统一性了。

值得注意的是庄子在《天下》篇中对于宋钘、尹文等人批评的评价，他们恰恰是"不累于俗，不饰于物"的，做到这一境界的手段在于"白心"，庄子说他们"接万物以别宥为始，语心之容，名之曰心之行"。可见他们非常重视心的灵妙作用，并将他们的行为称之为"心之行"。因此，就道物关系和心物关系而言，似乎彭蒙等人还落在道物关系的层面（当然在庄子看来，道的高度还不够），而宋钘、尹文的"别宥"则更多地体现在心物关系上。笔者以为，"接万物以别宥为始"显然与"齐万物以为首"相对而言，"为始""为首"表示他们重点所在，"接万物"重在心灵如何认识万物，"齐万物"重在人如何掌控万物。如前所言，《齐物论》更多体现为一种心物关系，"别宥"恰恰是一种清除成见、界说的活动，通过消解小我之局限，实现大我在应对事物时的无限可能性。因此，较之彭蒙等人，庄子可能对此有更多的吸收。至于庄子对他们的批判更多落实在"见侮不辱""禁攻寝兵"等不切实际的行动，以及过分的"情欲寡浅"上，而非"别宥"的一面。

此外，关尹、老聃一派尤其侧重道物之分，从"建之以常无有，主之以太一"以及"以本为精，以物为粗"来看，他们极为强调道之绝对性、统一性，将道物关系视为本末关系是他们的基本立场。[①] 但这一派的道物关系并没有因此走向道统万物的政治立场，而属于前述建立在克制与和谐基础上的道物关系，因此他们才会表现出"濡弱谦下""在己无居""宽容于物，不削于人"的姿态，以期达到"不毁万物""形物自著"的效果，即让万物得以自由自在地生长，让万物的多样性和差异性得到充分地呈现。这里虽然没有明确提及"心"的话题，但从"澹然独与神明居"看，这是心的

---

① 显然，这里的"老聃"只是和关尹立场相同的道家人物之一，而不能等同于道家总代表的老子。

修炼达到极致的结果,因此庄子才会赋予他们"博大真人"的称号。①

可以发现,《天下》篇对于道家三家的分析,几乎都建基于道物关系和心物关系之上,庄子对他们的异同作了细致的划分和充分的评述,只不过对彭、田、慎抑多一些,对宋、尹扬多一些,而对于关尹、老聃则是全面吸收,庄子在此基础之上,更上层楼成为集大成者。具体而言,在道的层面,庄子"独与天地精神往来""与造物者游""弘大而辟、深闳而肆",达到了极其高远宏大的境界,同时对于万物,既有"不傲倪于万物,不谴是非,以与世俗处"的平等精神、博大胸怀,又有"调适而上遂""应于化解于物"即与万物相融相即、浑然一体的心灵境界。② 因此,通过《天下》篇描述的庄周,通过《天下》篇所见道物、心物关系以及统一性和差异性的关系再去看《齐物论》,相信可以得到更加清晰的认识。③

再来看《齐物论》的第二个直接思想来源。在《齐物论》中,除了儒墨,庄子通过引用原文而加以批判者,最多的就是被后世定位为名家的那些人物,通过"方生方死,方死方生""今日适越而昔至""以指喻指之非指……以马喻马之非马"等文,可以断定庄子直接针对的就是惠施与公孙龙。关于"物"的认识,惠施有所谓"历物十事",公孙龙有所谓"指物论"。因为他们是以名辩著称的人士,所以在庄子心目中,他们无疑是那些沉迷于名相是非之争,"日以心斗""与物相刃相靡""终身役役""茶然疲役"之人。然而,庄子对于名家并非只有批判,名家和道家都对超乎形象的世界充满兴趣,也对语言与思维的关系作了深刻分析,因此,庄子与道家在思想上有密切关联,这一点已有学者指出过。④

在笔者看来,如何从统一性和差异性的角度认识万物,惠施、公孙龙等人其实已经做了相当多的努力,有了深刻的思考,庄子对之有着充分的了解、消化、吸收。

---

① 《田子方》中老聃的形象,类似《齐物论》南郭子綦"形如槁木""心如死灰",也是"形体掘若槁木",但这样的状态正好可以"游心于物之初",即回到事物原始的、本真的、没有受到人为影响的状态。

② 用《知北游》的话讲就是"物物者与物无际"。正因为道遍在于万物之中,所以道物一体,所以可以"无际"。

③ 王威威认为,《秋水》和《齐物论》都在讲齐物之理,但《秋水》还仅止步于承认万物的个性和价值平等的层次,而《齐物论》则到了打破物与物的分际,回归混沌而未分之整体,即"通为一"的境界。从《天下》篇所见包括庄周在内的道家四家看,确实能够印证这样递进的层次。参见王威威:《"齐物"观念的层次及其论证——从〈齐物论〉到〈秋水〉》,"《齐物论》学术研讨会暨第二届两岸《庄子》哲学工作坊",华东师范大学,2019年8月。

④ 例如森秀树指出:"改变视角看世界,执着地追求认识能力弹性的名家,其主张首先给日常语言逻辑不知不觉地行使的暴力性思维以严厉的逻辑批判,述说要用与平常不同的眼光看世界的必要性。《齐物论》篇则对名家的这种生机盎然的思想跳动,情有独钟,接受了它的启示,并将之吸收到自己的体验世界,勾住了道家理论。"认为《齐物论》非常欣赏名家非常识的眼光,并以名理论为跳台,对名家的命题做出了超越。参见森秀树:《道家与名家之间》,《道家文化研究》第15辑,北京,生活·读书·新知三联书店,1999年。

例如杨荣国认为惠施思想的特征是"齐多为一",公孙龙思想的特征是"分多存一"①,笔者认为有一定的道理。惠施思想较多表现为"合同异",公孙龙思想较多表现为"离坚白"②。"天与地卑,山与泽平""泛爱万物,天地一体也"说的是当认识的高度转换之后,万物其实是平等的、没有实质差异的。庄子与之完全相同,只不过庄子明确地提出那个高度就是"道",并将这一认识实现的可能性建基于道物相融、心物相即上。"至大无外,谓之大一;至小无内,谓之小一"既有可能是惠施对于世界统一性的追求③,也有可能是事物相对性的认识,即真正的"大"和真正的"小"其实是不存在的,既然不存在,那么关于"至大""至小"的认识也就都是相对的。"南方无穷而有穷""今日适越而昔来""日方中方睨,物方生方死""连环可解也""我知天下之中央,燕之北、越之南是也""无厚不可积也,其大千里"同样既可以从事物相对性、差异性、断裂性、连续性的角度去理解,也可以从整体性、统一性的角度去理解。如"无厚不可积也,其大千里"指的是从面积和体积的角度看,事物呈现为不同的样貌,但实际上两者可以是一个整体。因此惠施的结论是"万物毕同毕异",万物既可以是完全等同的,也可以是完全相异的,他的目标就是在充分认识"小同异"的基础上追求"大同异",即统一性和差异性的高度整合。所谓"历物之意,就是要把具体的事物抽象化与绝对化……借以来论证万物之归于同一"④。在试图解决因差异性产生的矛盾时,几乎已经接近了"道"的统一性。庄子所谓"以道观之,何贵何贱"(《秋水》)、"万物一齐,孰短孰长"(《秋水》)、"天下也者,万物之所一也"(《田子方》)、"天地与我并生,而万物与我为一"《齐物论》,都可以从惠施的理论中找到影子,如果《庄子》所描述的与惠施之间的密切互动是事实的话,那么在统一性与相对性问题上惠施对庄子产生过影响完全可以想象。

公孙龙则热衷于从不同的角度解剖普通人视为常识的观念,这就有了所谓"白马非马"和"离坚白"的命题。其宗旨在于基于不同的要素(如"色""形""坚""白")、不同的分类(如"一""二""左""右")、不同的立场("彼""此")、不同的称谓("名""谓"),关于万物认识的差异性也可以不断地扩大。公孙龙致力于找到"物以物其所物而不过焉""实以实其所实而不旷焉"(《名实论》)的方法,也就是为万物的差异性获得确定认知和确定命名的可能性。虽然公孙龙如此醉心于关于差异性的认识,但是并不否定"神见"(见《坚白论》)的存在,即心灵在认识过程中具有的统合差

①　杨荣国:《中国古代思想史》,北京,人民出版社,1954 年,第 287～308 页。

②　这是冯友兰首先提出的。

③　因为"至大无外"可以理解为外延无限大,"至小无内"可以理解为内涵无限小,完全可以和作为世界统一性标志的"太一""道"关联起来。

④　杨荣国:《中国古代思想史》,第 286 页。

异的能力。可见公孙龙在强调事物常变的同时,又强调人的精神作用,即人的精神可以打通差异,把不同的要素统合起来,使之最终归于"一"。这和《齐物论》的思维逻辑也有相通之处。

可见惠施、公孙龙都特别强调事物的差异性、认知的相对性,同时,也注意到统一性和差异性是可以整合的。甚至可以说惠施、公孙龙等人的理论是关于万物统一性和差异性认识的思维训练,是对人理性精神的不断认证。因此,名家的理论一方面为逐步提升"道"之统一性做了思想准备,另一方面对于万事万物的差异性以及人类认识的差异性,做出了更为强烈的探索。这些工作,显然为庄子写作《齐物论》做出了重要铺垫。名家对于庄子教益甚多,从名家到庄子其实只差一步,从《齐物论》可以看出,庄子显然对他们的理论、方法了然于心,但对其逻辑的、推理的、论证的方式做了扬弃,而是采用了基于"道"的生命哲学。① 庄子对人类理性能否穷尽差异性表示怀疑,对用"知""言"的方式能否给予事物以绝对的、确定的认识表示怀疑,庄子认为名家最终无法摆脱"物"(以及"物论")的束缚,是"逐万物而不反"。站在"道"的立场,庄子追求更高的统一性以及更大的差异性。即用整体的、模糊的、直观的方式统合万物(如"道""梦""物化"),通过消解、泯灭关于事物确定性的认识,来还原事物的差异性及其真实性。

三、《齐物论》对于万物差异性的还原与维护

通过以上思想史脉络的梳理,回头再看《齐物论》,我们就能从其表面上极为夸张的语言表达背后找到其思想基底,了解其话题从何而来,掌握其最终要达致的方向。这一基本的脉络就是主要由《老子》呈现出来的道物关系框架,由《天下》篇描述的道家四派发展出来的心物关系框架,以及惠施、公孙龙所孜孜以求的统一性、差异性关系框架。当然道物关系、心物关系和统一性、差异性关系也是彼此相关的。

认为庄子想要泯灭事物差异性是错误的认识,事实上庄子想要泯灭的只是关于事物的自以为是的认识,以及将自己的认识强加于他人的行为。庄子对于事物的差别不仅不会加以抹杀,反而刻意加以凸显、加以保护,力图回到事物本身。其所使用的方法,用本文的分析框架来阐述,就是站在统一性的立场,化解"物论"导致的种种偏见、固执,通过道物一体、心物一体的工夫论(这种工夫论在《逍遥

---

① 如王博所言,庄子的齐物"和知识无关,它只和生命有关,只和生存的态度和境界有关"。"齐物是一种生活态度和生活方式,而不是知识。"见王博:《庄子哲学》,北京,北京大学出版社,2004 年,第 83、90 页。

游》《养生主》等文献中有更多体现）来消除主体与客体的紧张，从而使主观对于万物的影响降到最低点，最大程度地释放出万物的差异性，回归万物自身。① 这种统一性的立场和工夫，由"道枢""莫若以明""吾丧我"、三次"通为一"、两个天（即"天倪""天钧"）②、"两行""物化""梦蝶"等得到充分体现，学界对此已经有充分论述，不必重复。在此，笔者想把重点转向差异性的一面，看看《齐物论》是如何展开的。

《齐物论》中对于差异性、相对性的尊重、保护，在字里行间处处可见。庄子的"齐物"看上去是在齐同，实际上是要存异。

《齐物论》一上来就讲"吾丧我"和"三籁"，"吾丧我"造就的结果是"心如死灰"，但"心如死灰"的目的何在？ 庄子没有马上讲，而是开启了关于"天籁"的提问。所谓"天籁"就是"夫吹万不同，而使其自己也，咸其自取，怒者其谁邪！"意即天地间万物的差异变化都是由自己造成的，没有最终的"怒者"。正因为有"吹万不同"，所以才会形成世界千差万别、丰富多彩的面貌。③ 因此"心如死灰"最终指向"吹万不同"。如前所述，通过消除主体的影响目的在于使万物得以自发而充分的呈现。④这和《老子》所说的"我无为而民自化；我好静而民自正；我无事而民自富；我无欲而民自朴"异曲同工。

接下来庄子通过"与接为构，日以心斗""与物相刃相靡"等知识界状况的描述，感叹人类在认识万物以及自身时出现的种种迷狂，否认知识界对于"真宰""真君"即人心主宰机能的确信，强调人类智能的局限性，提出"虽有神禹且不能知，吾独且奈何！"，对于"心""知""言"的作用及其导出的结论表示了彻底的怀疑。

庄子借用名家的论述方式，用"方生方死，方死方生；方可方不可，方不可方可；因是因非，因非因是"，来揭示事物发生的连续性以及无穷的相对性。如前所

---

① 用《管子·白心》的话讲就是"孰能去巧与辩，而还与众人同道"。

② 王玉彬认为"天钧"和"天倪"在作用上有别，两者分别从"道物关系"和"物物关系"的角度呈现出了庄子哲学中隐含的"理一""分殊"观念。如果说"天钧"是从"天道"与"万物"之关系的维度，言明"天道"乃"万物"之均平、共通之存在境域；作为"自然之分际"的"天倪"则是在"天钧"的存在境域中，从"物"与"物"之关系的维度彰明了存在之物的个体性、独立性、差异性、多元性。在"天钧"与"天倪"的交织下，庄子营构出了一幅"多元性共在"的存在图景。这一分析对于本文有很大帮助。参见王玉彬：《"天钧"与"天倪"——庄子"天道观"之两维及其辩证》，"《齐物论》学术研讨会暨第二届两岸《庄子》哲学工作坊"，华东师范大学，2019年 8 月。

③ 《天地》认为"万不同"是道覆载万物，造就万物多样化的体现。"道，覆载万物者也，洋洋乎大哉！……不同同之之谓大，行不崖异之谓宽，有万不同之谓富。"

④ 类似的表述，在《庄子》中很多，如"顺物自然""使物自喜"（《应帝王》）、"与物有宜"（《大宗师》）、"与物为春"（《德充符》）、"物固自生"（《在宥》）、"与物皆昌"（《天地》）、"其与万物接也，至无而供其求，时骋而要其宿，大小、长短、修远，各有其具。"（《天地》，"各有其具"据《淮南子·原道》补）。

述,差异性、多样性是万物最主要的特征,变化是差异性的最高体现,惠施等名家已经为此做了足够的理论铺垫,庄子对此并无异议。不同在于,庄子强调不能沉迷、陷身于无穷多变的万物中不能自拔,而需要"照之于天",即跳出万物之上,以呈现万物的自然,抓住大道的枢纽,以避开是非利害的局限。

　　庄子指出:"物固有所然,物固有所可。无物不然,无物不可。"就是说"物"的"可"与"然"亦即真实的、自然的状态是本来就存在的、无拘无束的,由于有了人的认知活动,才赋予了"莛与楹,厉与西施"之类"恢恑憰怪"的判断,因此如"其分也,成也;成也,毁也""是非之彰也,道之所以亏也"所示,由人类认知活动建立起来的各种成心、成见,实际上是对万物本真的毁坏。《应帝王》篇描述倏忽为混沌日凿一窍,七日后,七窍成的同时混沌死的故事就是生动写照。万物本来是有机的、混沌的、均衡的,凭借人有限的智能活动,只能做出僵硬的、强制的区分和判别,然而现实中人却特别喜欢"劳神明为一",人为地规定出"正处""正味""正色",将自己的主观视为绝对并强加于人,以一种标准去统合、约束万物,齐"不一"为"一"。所以庄子用"道通为一"来保障"无物不然,无物不可",借助"道"的统一性破除人为的遮蔽,保护价值的多元性,恢复万物的多样面貌和生机活力。

　　庄子并非仅仅从理论上论证齐"不一"为"一"对万物可能造成的伤害,他还通过尧"欲伐宗、脍、胥敖"三小国的故事揭示了他对政治上强制统一的反感。章太炎认为这段故事说的是"齐文野"。[①] 所谓"文",即尧所代表的德化文教;所谓"野",即宗、脍、胥敖所代表的"蓬艾之间"。尧的行为类似《应帝王》"以己出经式义度,人孰敢不听而化诸"。庄子认为,即便如同处于"蓬艾之间"的不值得一提的小国,同样有其存在的价值和尊严,而不能随意压制和侵犯。舜在反对尧出兵时,说了这样一段话:"昔者十日并出,万物皆照,而况德之进乎日者乎。"这里的"十日并出,万物皆照"比喻的正是政治上相互尊重、彼此平等、相安无事的时代,舜告诫尧,既然你的德行超越日光,为什么会比"十日并出"还不如呢? 王玉彬结合章太炎对于《齐物论》的研究,总结这个故事的宗旨是:"它坚持每一个体都可以拥有自己的一个标准,不必受任何首出群伦的标准所笼制,世界文化亦不必求其大同,而人类文化最可贵处也正是在每个文化之间各有独特性,最重要的不是去寻求统一,而是对相互间的差异抱同情的理解。"[②]笔者完全赞同。有些注家以为这段故

---

　　① 　章太炎:《齐物论释》,见《章太炎全集》(六),上海,上海人民出版社,1986 年。

　　② 　王玉彬:《庄子"齐物"观念的政治意蕴》,《文史哲》2019 年第 2 期。他还由此推演出《齐物论》的政治思想。"庄子的'齐物'非仅指涉着以生命为本怀而绽开的精神境界,更蕴涵着以政治为关切而萌生的治道推衍。……'齐物'既意味着庄子对儒家'入于非人'之治道的细微批判,也呈示着某种'齐之以道'的政治建构。"

事是伪作或错简,其实不然,因为这正是庄子拒绝以单一的价值系统收摄万物,尊重与维护万物多样性、差异性的精彩论述,视其为伪作或错简,正是没有明白庄子深刻用意所致。

《齐物论》中有一段"八德"的话,非常值得重视。"夫道未始有封,言未始有常,为是而有畛也。请言其畛:有左有右,有伦有义,有分有辩,有竞有争,此之谓八德。"这说的是浑然一体的大道分裂之后,事物开始出现畛界,于是有了划分、罗列、评议事物的两两相对的八种基本方法。可见庄子并不否认"八德"在表述万物多样性和差异性上的作用与功能。庄子进而指出:"六合之外,圣人存而不论;六合之内,圣人论而不议;春秋经世先王之志,圣人议而不辩。"即对于宇宙之外的事情圣人只能保持沉默,对于宇宙之内的事情,圣人虽然有所论列,但是不加评议。至于古代那些社会治理的先王事迹,圣人虽然有所评议但不去分辨是非。因此,庄子承认形而下的世界尤其人间的社会无法回避认识、判断、评价事物的过程,但时刻警惕不要表露好恶爱憎,或热衷于争辩。可见庄子对于"物论"并非一概排斥,甚至对于"物论"的差异同样予以尊重和维护,但只是强调不以语言争胜,不以智辩夸示,因为这样做的结果只会以偏概全。①

总之,从表面上看,《齐物论》似乎是在泯灭各种差异性和相对性,如"天地一指也,万物一马也""天地与我并生,万物与我为一"。但是,首先这不是"劳神明为一""勉而一"式的强制泯灭法。其次,庄子也完全没有脱离万物的差异性,因为万物的差异是否认不了的,是无穷的(所以要"应无穷"),万事万物均有其"是"、均有其"非",这是正常的、合理的,庄子反对的只是"以己为是,以彼为非",反对的是强加与独断。希望以"两行"的姿态,让我与物各得其所,达到"道并行为而不相悖"的境界。希望以"通为一"的立场,即开放的、融通的姿态去迎接万物、兼容万物,让万物回复到"无成无毁"的状态,这正是《齐物论》的最高理想。② 因此,《齐物论》中统一性的论述只是前提,最终必然落实于万物多样性和差异性的充分呈现。从《齐物论》文本分析来看,这一点是可以得到证明的。

---

① 赖锡三认为《齐物论》中对于万物的差异性和"物论"的差异性都予以尊重。"体察参赞多元差异的'物化'存有论(所谓'天地与我并生,万物与我为一'),与尊重纳受多元差异的'物论'观点(所谓'和之以是非而休乎天钧,是之谓两行。')可谓建立在同一种洞见上的两头发用。前者可以齐观'物我平等'而敞开于万物互涉之无穷演化,后者可以齐观'是非平等'而迎向观点脉络之无穷转化。"参见赖锡三:《〈齐物论〉如何游于"是非物论"之无穷》,"《齐物论》学术研讨会暨第二届两岸《庄子》哲学工作坊",华东师范大学,2019 年 8 月。

② 用《天地》篇的话讲就是"通于一而万事毕"。用《庄子·大宗师》的话说就是"其为物,无不将也,无不迎也,无不毁也,无不成也。"即不仅平等地对待万物,而且要让万物全部都能自我实现。

结　　论

　　总之,道物关系、心物关系乃至统一性与多样性的关系是潜伏于《齐物论》思想基底的基本框架和线索,而将这个框架和线索置于思想史的脉络下,就可以看得更为清楚。可以说,道家思想发展史正是在道物关系基础上追求统一性和差异性之动态平衡的历史。

　　过去关于《齐物论》的研究,过多地把注意力集中在"物论"上,而没有追究《齐物论》大量讨论"物论"、扫清是非的最终目的何在。过多地把重点停留在"物论"这个中间阶层,而没有下贯、落实到万物的层面,给人感觉庄子最终也不过是一个沉迷于言辩、陷身于吊诡的名辩之徒,庄子的"齐物论"也不过是当时"物论"的一种。或者受《逍遥游》等篇的影响,似乎庄子更强调的是无待于万物、无累于万物,把万物看作消极的负面的对象,以至于失去了窥探、理解《齐物论》最终目标或者说宏大理想——实现万物之自然——的机会。

　　从表面上看,《齐物论》是战国时期"心物关系"大发展的产物,但实际上在道家这里"心物关系"终究受到"道物关系"的制约,"心物关系"的理清最终是为落实"道物关系"服务的。实际上,关于"物论"的辨析只是前提、过程、媒介,是为了消解主体性,《齐物论》真正的落脚点在于"万物",在于回到万物本身,在于实现万物的多样性和差异性。因此《齐物论》是老子致力于实现万物自然之思想的必然延伸,是彭蒙、田骈、慎到、宋钘、尹文、关尹、老聃等人"齐万物以为首""接万物以别宥为始""宽容于物"之理论与行动的自然延续,是对惠施、公孙龙等人关于统一性与差异性关系之思考的进一步升华。这也正是《齐物论》不能断读为"齐—物论"的原因,因为整齐"物论"并非《齐物论》的最终目的,最终目的在于"万物"不受"物论"的束缚。当然,这个"齐"已非外力控制意义上的"整齐"万物,而是心物相即、道物相融意义上的万物一体、万物齐同。

（原载《中国人民大学学报》2020 年第 6 期）

从哲学史到哲学
——中国哲学知识体系的回顾、反思与重构

陈 霞

（中国社会科学院哲学研究所）

内容提要：自 20 世纪初"哲学"作为一门学科在中国设立以来，学界就开始构建中国哲学知识体系。第一个知识体系以西方哲学为参照，宇宙论、本体论、人生论、知识论等被大量应用于分析中国古代哲学思想。第二个知识体系以马克思主义为指导，采用唯物主义、唯心主义、辩证法等概念对中国古代思想家的个体身份和思想形态进行描述与评价。今天，重构中国哲学知识体系，我们应该融通马克思主义、中华优秀传统文化、国外哲学社会科学的资源，从哲学史转到哲学，从围绕经典转到围绕问题，加强知识论论证，拓展全球视野，用新的话语阐释中国传统思想，归纳其重要特色，将中国哲学发展成具有现代性的知识体系，以影响和指导现代人的生活，塑造未来的中国和世界。

关键词：哲学史；哲学；知识体系；重构；现代性

清末民初以来，中国学界就开始探索并力图建构中国哲学知识体系。本文将回顾这个建构的历程及学界的反思，指出当代中国哲学知识体系的重构需要从哲学史转向哲学。

一、第一个中国哲学史知识体系——终结经学

1840 年以后，中国遇到了"数千年未有之变局"。为应对这种剧变，亟须进行教育改革。1902 年颁布的《钦定大学堂章程》和 1904 年颁布的《奏定大学堂章程》，具有了中国现代学制的雏形，延续千年的科举制随之废除。遗憾的是，这两份开启教育改革的纲领性文件均未设立"哲学"学科，"哲学置之不议者，实亦防士气之浮嚣，杜人心之偏宕"，因为"哲学主开发未来，或有骛广志荒之弊"[①]。针对这种

---

① 朱有瓛主编：《中国近代学制史料》第二辑上册，上海，华东师范大学出版社，1987 年，第 66 页。

误解和恐慌,王国维1903年发表《哲学辨惑》一文,指出:一、哲学非有害之学;二、哲学非无益之学;三、中国现时研究哲学之必要;四、哲学为中国固有之学;五、研究西洋哲学之必要。并认为分科大学章程的最大缺点即在于没有设立"哲学"一科。[①] 辛亥革命以后的1913年,民国政府颁布《教育部公布大学规程》,把"哲学"单独立科,随即终结了封建社会的国家意识形态——经学。对"哲学"之名的设立不能等闲视之,它是在甲午战败后中华民族陷入深重的民族危机之时进入中国学术界的,和它一同出现的就是对中国教育制度和政治制度进行改革的呼声。[②]

经学终结后新建的中国哲学是一种知识体系。1919年,胡适在《中国哲学史大纲》中提到:"我做这部哲学史的最大奢望,在于把各家的哲学融会贯通,要使他们各成有头绪条理的学说。"[③]蔡元培在这部著作的序中说:"我们要编成系统,古人的著作没有可依傍的,不能不依傍西洋人的哲学史。"胡适这里所说的"有头绪条理的学说"、蔡元培所说的"系统",就是第一个有关中国哲学的知识体系。在这套体系里,宇宙论、人生论、知识论等被大量应用于分析中国哲学。

这套体系是以西方哲学为参照的。冯友兰在1931至1934年出版的《中国哲学史》中提到:"哲学本一西洋名词。今欲讲中国哲学史,其主要工作之一,即就中国历史上各种学问中,将其可以西洋所谓哲学名之者,选出而叙述之。"[④]1937年,张岱年在《中国哲学大纲》的自序中明确指出:"如此区别哲学与非哲学,实在是以西洋哲学为表准。"[⑤]第一个中国哲学知识体系是以西方哲学的形式将中国古代文本中的部分内容构建为可普遍理解和检验的知识系统。这是中国传统思想在继承中的发展,是一次飞跃。

二、第二个中国哲学史知识体系——以马克思主义为指导

虽然"西学东渐"早已开始,但以哲学来推动中国思想革命的是马克思列宁主义的传入。辩证唯物主义和历史唯物主义在中国推动的思想革命与政治革命、社会革命结合在一起,极大地改变了中国。随着马克思主义传入而成立的中国共产党一开始就明确了其指导思想是马克思主义。各个学科都要以马克思主义的立

①　王国维:《王国维文集》第三卷,北京,中国文史出版社,1997年,第3页、第69页。
②　李存山:《经史传统与中国的哲学和学术分科》,《中国哲学史》2019年第2期。
③　胡适:《中国哲学史大纲》(卷上),《胡适学术文集·中国哲学史》,北京,中华书局,1998年,第28页,第1页。
④　冯友兰:《中国哲学史》(上),《三松堂全集》第二卷,北京,中华书局,2016年,第245页。
⑤　张岱年:《中国哲学大纲》,《张岱年全集》第二卷,北京,中华书局,2017年,自序第1~2页。

场、观点和方法为指导,中国哲学也不例外。

　　1949 年 10 月 5 日,冯友兰致信毛泽东,表示"准备在五年内用马克思主义的立场、观点、方法重新写一部中国哲学史"①。学界迅速出现了运用马克思主义研究中国哲学史的成果,如冯友兰 1950 年发表的《中国哲学底发展》,张岱年、任继愈、朱伯崑联合编写的《中国哲学史讲授提纲》,1963 年作为全国文科统编教材问世的任继愈主编的《中国哲学史》等。这套知识体系采用唯物主义、唯心主义、辩证法、奴隶社会、封建社会、阶级、不同时期的阶级特点、劳动人民、反动、革命等新术语,对社会历史、个体身份、思想形态进行了描述与评价。②

　　由于受到苏联学者日丹诺夫关于哲学史"就是唯物主义与唯心主义斗争的历史"③的观点影响,中国哲学史研究把这个定义作为以马克思主义立场为指导的典范。但是,将这个范式运用于中国哲学,发现了不少偏颇之处,中国哲学界对死守教条的论点提出了质疑。之所以从中国哲学领域提出,因为在此领域这个定义的偏颇之处最明显。第一,按照历史唯物主义观点,在马克思主义出现以前,所有的社会政治思想和历史观都是唯心主义的。很多哲学家即使在自然观和认识论方面有唯物主义倾向,但在与阶级利益直接相关的社会政治思想和历史观领域却是唯心主义的。于是出现这样的情形,即唯物主义与唯心主义的斗争不存在于社会政治思想和历史观领域。第二,将阶级分析应用于中国古代哲学会发现,中国封建社会的哲学家绝大多数都和地主阶级有联系,一部中国哲学史要么代表大地主,要么代表中小地主,怎么分析他们之间的斗争呢? 这个范式还引申出了经不起检验的"儒法斗争史观"。对这些问题的讨论不仅在教研室里进行,也已经见诸报端,并促成 1957 年 1 月在北京大学哲学系举办了"中国哲学史座谈会",有 100 多位来自国内高校和研究机构的学者参加。④ 这场讨论会的意义非常重大,影响及于 20 多年后的拨乱反正。

　　恩格斯说:马克思的整个世界观"提供的不是现成的教条,而是进一步研究的出发点和供这种研究使用的方法"⑤。40 年前,我国经历了一次运用马克思主义方法克服教条主义而带来社会变革的思想事件,这就是关于真理标准的全国性大讨

---

① 冯友兰:《三松堂自序》,北京,生活·读书·新知三联书店,1984 年,第 156 页。

② 乔清举:《当代中国哲学史学史》,上海,上海古籍出版社,2014 年,第 80~81 页。

③ 日丹诺夫:《在关于亚历山大洛夫著〈西欧哲学史〉一书讨论会上的发言》,北京,人民出版社,1954 年,第 5 页。

④ 梁志学、陈霞:《论对立面的统一和斗争——对"中国哲学史座谈会"的反思》,《博览群书》2007 年第 7 期。收入赵修义、张翼星编:《守道 1957——1957 年中国哲学史座谈会实录与反思》,上海,上海人民出版社,2012 年 11 月。

⑤ 《马克思恩格斯选集》第四卷,北京,人民出版社,1995 年,第 743 页。

论。这场大讨论冲破了"两个凡是"的严重束缚,摆脱了教条主义的负面影响。

三、反思中国哲学知识体系的建构

在中国古代经史子集的学术体系分类中,并没有一个独立的系统与西方所谓的哲学完全相当。近年来,以西方哲学为标准建构起的中国哲学史知识体系受到了质疑,产生了自我辩护的需要。"中国历史上存在着某种独立于欧洲传统之外的'中国哲学'吗? 或者说,'哲学'是我们诠释中国传统思想之一种恰当的方式吗? ……我们又是否可以(或者说应当)以'西方哲学'之'规'、'矩'来范围'中国哲学'之'方'、'圆'呢?"①这里的关键是中国哲学究竟是中国历史上本来就存在的,还是通过西方哲学解读中国历史上的非哲学文本而创造出来的? 如果是后者,那么中国哲学就存在"合法性"的问题。

解决中国哲学的"合法性"问题既要看到其普遍性"哲学",又要看到其特殊性"中国"。这是以哲学之普遍性和特殊性回应合法性问题。张岱年在《中国哲学大纲》中就已经从此角度说明了中国哲学的正当性。如果哲学仅指西方哲学,与其相异者就是另一种学问,不能称为哲学,那么,中国思想也不能称作哲学。如果把哲学看作一个类称,而非特指西方哲学,那么,以哲学指称中国思想中的部分内容便不成问题。② 针对中国哲学合法性问题,学者们还提出了多种解决方案。有的学者认为应该讲述中国哲学自己,"以中解中"。如张立文指出:"中国哲学决不能照猫画虎式地'照着'西方所谓哲学讲,也不能秉承衣钵式地'接着'西方所谓哲学讲,而应该是智能创新式地'自己讲'。'自己讲'讲的主体无疑是'自己','自己讲'也很可能是'自己照着讲'或'自己接着讲'。"③有一种观点认为,解决此危机应该回到经学和子学。"既然我们所用的'中国哲学'之名,指的是过去经学与子学曾经思考的那个东西,那么,我们不妨就让它'名'副其'实',在'中国哲学'之'名'下,回归到经学与子学中去。"④

这些年来,学术界关于如何做中国哲学的反思从内容转向形式,从讨论什么转向如何讨论,存在着"照着讲""接着讲""对着讲","以中释中""以西释中"等争论。

---

①　郑家栋:《"中国哲学"的"合法性"问题》,见《中国哲学年鉴(2001)》,哲学研究杂志社,2001年,第1~2页。

②　张岱年:《中国哲学大纲》,《张岱年全集》第二卷,第2~3页。

③　张立文:《中国哲学的"自己讲"、"讲自己"——论走出中国哲学的危机和超越合法性问题》,《中国人民大学学报》2003年第2期。

④　郭晓东:《也谈中国哲学的研究方法——对"中国哲学的合法性问题"及"反向格义"说的回应》,见朱刚、刘宁主编《欧阳修与宋代士大夫》,上海,上海人民出版社,2007年,第327~328页。

"哲学"虽然有大致的内涵和相对的稳定性,但也在不断被调整。既然哲学是一个历史的、变化的概念,既然哲学是一个"类称",西方哲学、中国哲学以及世界其他文明中的哲学都是其"特例",那么中国哲学的成立也就不存在问题。

四、重构当代中国哲学知识体系——从哲学史到哲学

　　百年来中国哲学界主要做的是哲学史,对人物、文本、历史有不少研究,但缺乏深入系统地对相关哲学学理问题的探索、对当代社会现实问题的关注和回应,缺乏原创性的哲学体系。我们今天拥有近代以来中西哲学互动的积累,前辈学者在此方面所作出的努力为我们打下了坚实的基础,是一笔宝贵的财富。我们还能够调动世界哲学资源。现在可以更为从容地深入思考和推动当代哲学知识体系的重构。

　　王国维曾经强调:"凡欲通中国哲学,又非通西洋之哲学不易明也。……异日昌大吾国固有之哲学者,必在深通西洋哲学之人,无疑也。"[1]我们要立足于传统,但一定要避免走向封闭的特殊主义。从传统出发拥抱世界,展开与其他文明的对话,让世界了解中国哲学。只有在文明对话的互动之中,中国哲学才能够走向世界,取得进一步的发展。

　　中华文明在实现哲学突破的时候,思想家对自身与外部世界关系的思考突破了个体和族群的狭隘眼界,使用着具有全球性质的"天下""四海""四方"等术语,儒家的"修身齐家治国平天下",道家的"修之于天下,其德乃普",都具有普遍主义精神和超越情怀,对关乎世界的根本存在方式和人之为人等基本问题进行着哲学的思考。近代以来,中国哲学也曾经影响过西方社会。在启蒙运动初期,中国的治理由于没有一个凌驾于世俗政权之上的教权,被认为是理性的、道德的、有效的,而被"动荡的欧洲"当作"理想的模型"。[2]《老子》是当今外译最多的典籍之一。它具有高度的抽象性,直接切入具有普遍意义的哲学问题,其思想越抽象、越普遍,其影响就越广泛、越深入。虽然中国哲学对世界产生了一些影响,但总体说来,中国哲学没有真正走出去。创新基于我们对未来的想象。世界在塑造着未来的中国,中国同样在塑造着未来的世界。哲学影响力的关键在于对世界的塑造能力。中国哲学应该摆脱封闭狭隘,不能再关起门来做哲学,而应主动参与到国际学术共同体中,参与哲学的当代建构,为世界哲学提供中国哲学的思考视角。

---

① 王国维:《哲学辨惑》,《王国维文集》第三卷,北京,中国文史出版社,1979 年,第 5 页。
② 转引自朱谦之:《中国哲学对于欧洲的影响》,福州,福建人民出版社,1985 年,第 188~189 页。

　　中国传统哲学是以"我注六经"和"六经注我"的方式进行的，作者没有真正的独立性。现在应该进行新的研究范式转换，从"注经"转到根据现代社会人生的实际状况引出具体的论题，把研究重点从哲学史的梳理转到对哲学问题及其学理进行研究。真正的问题才是哲学的源头活水。围绕某个具体的问题，从各个方面长期地思考、研究、论证，从而建立起解释此问题的理论体系。

　　中国传统哲学是落实于行动中的哲学，是关于"生命的学问"，是心性之学。中国哲学修身和实践主要在于道德方面，但支撑我们人生的这些道德信条的根据是什么？我们对此缺乏知识论的论证。由于西方主流哲学把哲学的关注集中在对实在的认识上，寻求以命题的形式表达思想，主体的道德修养便被看作是宗教的事务。① 这样，关注主体修身、体悟、致良知、慎独等中国传统思想便被理所当然地归到了宗教学的研究领域。叶秀山认为"哲学"之成为知识是可以建构的，即由"否定"的环节转化为"思辨"的"建构"，使"哲学"成为关于"绝对"的"思辨知识体系"。这个"否定"的"哲学精神"和"逻辑环节"在"中国哲学"传统中，是需要学习的。② 我们曾经不追求理论而强调实效，不注重知识体系建构而强调经验，但今天在强调实效与实践的同时，也要追求理论表述。这就需要一个理性的、知识论的环节，提炼出清晰的概念和范畴，逐渐把这些概念和范畴通过逻辑分析论证成一个系统、严格、周密、明晰、可操作的、供批判性检视的理论。这个过程的每一步都需要严格的界定和推理。它既要求问题是开放的、反思性的，也要求论证过程是透明有序的，对话者可以在任何一个环节参与其中，从而使讨论明确有效。③

　　重构当代的中国哲学知识体系，需要在以下方面深入和创新。20 世纪以来的西方哲学似乎是一个形而上学不断衰落的时代。中国哲学研究领域对此却给予了相当程度的重视。牟宗三认为真正的形而上学不仅要对人之为人、道德之为道德的依据有所说明，还要对宇宙万物的存在及发展有所说明，他提出"境界形态的形而上学"和"实有形态的形而上学"。"境界形态的形而上学"有别于逻辑思辨式的形而上学，它是通过实践的途径而不是依赖逻辑分析、不是既成性而是生成性、不是外在性而是内在性的形而上学。④ 斯特劳森（Peter Strawson）认为中国哲学可以发展为一门以中文思维结构为对象的描述性形而上学（Descriptive Metaphysics），从

---

　　① 杜维明说中国哲学是"宗教性的哲学"。杜维明：《论儒学的宗教性——对〈中庸〉的现代诠释》，武汉，武汉大学出版社，1999 年，第 106 页。

　　② 叶秀山：《对于中国哲学之过去和将来的思考》，《江苏行政学院学报》2016 年第 1 期。

　　③ 路强、罗传芳：《面向世界与未来：中国哲学现代转型的现实要求——罗传芳研究员访谈录》，《晋阳学刊》2019 年第 2 期。

　　④ 陶悦：《试论牟宗三"境界形态的形而上学"之构建》，《哲学研究》2019 年第 2 期。

而与修正性形而上学(Revisionary Metaphysics)相区分。描述性形而上学可以揭示并阐明我们思考世界的概念结构的最一般的特征;而修正性形而上学则认为现实世界与我们在日常语言中的世界有异;要把握真正的现实结构,必须抛开或改变我们的日常思维。无须拒斥描述性形而上学,分析哲学需要它。[①] 杨国荣提出"具体的形而上学",以区别于西方的抽象形而上学和后形而上学,其旨趣在于从本体论、道德哲学、意义理论等方面阐释人与人的世界。[②] 上述几种形而上学之提出和建构有助于我们更为深入地阐释中国哲学的特质,并使之提升到形而上的高度。在西方哲学界已发出"形而上学终结"的慨叹时,仍能立足于中国传统学术资源,建构起形而上学理论的新形态,这无疑将使世界哲学更上一层楼。

在本体论上,中国哲学创建之初的很多哲学家已经开始从事这方面的建构,如冯友兰、金岳霖、马一浮等人的"新理学",熊十力、梁漱溟、贺麟等人的"新心学",张岱年的"新气学"等。改革开放以后,李泽厚、冯契等人也都先后提出了自己的哲学学说。牟钟鉴、陈来等人在致力于当代中国本体论的建构。[③]

在思维方式上,中国哲学具有不同于因果性逻辑思维的"关联性思维"特征。在宇宙观方面,中国哲学的天人关系是一种审美式的关系。我们更倾向于把生活看成一门艺术而不是科学,对世界的认识开始于个体的独特性、重要性,强调这个人、这件事与这个环境的相互关系。[④] 事物没有前定的本质,事物的性质是由它们与周围环境的关系决定的。如果从本质出发来规定目的,则易忽视事物的互相联系。逻辑构造中的抽象原则具有优先性,美学秩序则把具体的、特殊的放在首位,过程和变化优先于形式和静止、暂时的和协商性的平衡优先于决定的和目的论的平衡、动态的和放射状的中心优先于限定的边界。[⑤] 现在的自然科学、社会科学、人文科学分科导致我们缺乏对世界的完整理解,中国哲学具有的关联性思维、美学秩序特征对整体性、关系性的注重而形成的知识应该重新获得价值。

伦理学方面,在义务论、目的论、功利主义、德性伦理等之外,安乐哲(Roger T. Ames)和罗思文(Henry Rosement Jr.)将儒家的正名思想用角色伦理加以归纳。[⑥]

---

① 余纪元:《通过斯特劳森而思》,《世界哲学》2006 年第 4 期。

② 杨国荣:《具体的形上学》,《哲学分析》2011 年第 4 期。

③ 牟钟鉴:《新仁学构想——爱的追寻》,北京,人民出版社,2013 年,序第 4 页。陈来:《仁学本体论》,北京,生活·读书·新知三联书店,2014 年,第 1 页。

④ Roger T. Ames,"Putting the Te back into Taoism", in *Nature in Asian Traditions of Thought*: *Essays in Environmental Philosophy*. Albany: State University of New York Press,1989.

⑤ Roger T. Ames,"The Local and the Focal in realizing a Daoist World", in *Daoism and Ecology*: *Ways within a cosmic landscape*,pp. 264～280.

⑥ 安乐哲、罗思文:《〈论语〉的孝:儒家角色伦理与代际传递之动力》,《华中师范大学学报(人文社会科学版)》2013 年第 5 期。

在信仰方面,杜维明提出精神人文主义,对启蒙运动加以反思。精神人文主义注重精神性,从而避免世俗人文主义因去魅而缺失的对精神的关照;它又是人文的,从而不再重蹈中世纪宗教对其他领域的宰制。^① 政治哲学方面,赵汀阳演绎了天下体系这一新观念,认为需从政治的世界观层面上创造出具备世界尺度思考规模且关乎世界制度的先验政治世界观。这样的世界观既超越了个人权利,也超越了国家利益。天下体系就是"以天下观天下"的具有世界尺度的独特世界观。^②

斯特劳森(Peter Strawson)曾经说道:"任何哲学家,只有当他能够用他自己时代的术语重新思考先驱者的思想时,才能理解这些先驱者。"^③以上仅举例说明中国哲学界从形而上学、本体论、思维方式、伦理学、宗教哲学、政治哲学、环境哲学、过程哲学等方面创造性地提出的概念、范畴和命题,这都是在用当代新创的话语梳理中国传统哲学,归纳其重要特色,在使得中国哲学成为具有当代性的知识体系方面进行了极富启发的尝试。

五、结　语

从古至今,中国哲学就一直在不断地被选择、被创造,没有一成不变的中国哲学。现代人有现代人的需求,中国哲学要影响和指导现代人的生活,它自身也需要进行与现代社会相协调、相适应的改变。中国哲学的现代转换是同中国社会的现代转型相一致的。哲学的现代转换与人的思维和观念的转化是相互影响的。在这个过程中,"审辩式思维"是重要选择之一。《中庸》就提到"博学之,审问之,慎思之,明辨之,笃行之"。"审""辨"的含义已经寓于《中庸》这段文字中了。审辩式思维是有目的地不断进行自我调整判断的能力。这种判断表现为解释、分析、评估、推论,以及做出判断所依据的证据、概念、方法、标准和其他必要背景条件的说明。审辩式思维表现在认知和人格两个方面,突出特点是凭证据讲话、合乎逻辑地论证自己的观点、善于提出问题、对自身的反省、对不同见解的包容、对一个命题适用范围的认识、果断决策并承担责任。我们曾经倡导"知识就是力量",但现在和未来,我们也应该认识到"思维即力量"。

我们的传统文化以道德文化见长。传统道德主要以情感作为道德的根基,其优势是能直接决定人的行为意愿,理性中的观念则难以引起人的行为。现代社会

---

① 杜维明:《建构精神性人文主义——从克己复礼为仁的现代解读出发》,《探索与争鸣》2014年第2期。

② 赵汀阳:《天下体系:世界制度哲学导论》,南京,江苏教育出版社,2005年,第2页。

③ 转引自余纪元:《通过斯特劳森而思》,《世界哲学》2006年第4期。

人口流动性增大,我们更多地处于陌生人的社会。陌生人之间的道德约束,不来自自然的情感,而是通过理性而建构起来的。由情入理,使我们的社会既合情、也合理。

每个人都归属于某个民族,应该站在生育他的大地上,为自己的祖国服务,但我们也在致力于构建人类命运共同体,这就要求我们有更宽的视野。尤其是在全球化时代,有很多跨民族、跨国家的问题需要全人类去共同面对。我们既要服务于自己的祖国,也要去研究普遍真理,维护天下正义,增进人的自由,促进人的全面发展。

哲学是智慧游戏,是人类精神的反思,人、精神、世界这些最普泛、最一般的事物是哲学的直接对象。哲学思想的酝酿、哲学体系的构建需要摆脱条条框框的束缚,需要学者的潜心思考、研究,需要自由、宽松、百花齐放和百家争鸣的环境。

传统的中国哲学体系性不强。鉴于此,重构当代的中国哲学知识体系,推动中国哲学的范式转型,使其成为具有现代形式的世界哲学,是我们这一代学者的使命。新的中国哲学知识体系针对的是现在和未来,但重构当代中国哲学知识体系不是推倒重来。一个有价值的东西一定是与历史有关的,我们应该继承前辈学者的成果,继续使中国哲学思想具有完善的哲学形式,让其思想精华在当今世界得到发扬,让民族的思想转化为全人类共享的精神财富。这也是中华民族伟大复兴的重要内容。未来的中国哲学知识体系要以变革现实为内在旨归,以其在实践中的深远为检验标准。全面而系统的中国哲学知识体系应该既是"中国的",也是"哲学的",当然也是"知识体系的"。

《周易》中的变革思想

陈 来

（清华大学国学院）

内容提要：中华文明中自古就有源远流长的变革思想，也正是这种思想支持了中华文明数千年连续不断的发展。《周易》中包含了丰富的变革思维，它主张世界本质上是不断变化的，人必须通晓世界的变化，才能认识世界；人不仅要认识这个变化的世界，还要推动变化的过程，成就这个世界的变化。人必须与世界的变化相配合，形成自觉的变化观，才能更深地理解世界，实现自己的目的。人的历史实践，既有损益的渐变，也有剧变式的革命，而人类大部分的活动，是通过改革实现制度和自我的不断更新，以促进人类生活的繁盛发展。天地是永恒变化的，而圣人的使命就是仿效天地的变化，掌握变化的法则，作出合理的决策。所以"变通"是人的社会历史实践中永远要把握的枢纽。用我们今天的语言来说，改革永远在路上。《周易》的变易哲学不仅在历史上曾经是社会改革的理论依据，也是中华民族实践智慧的重要内容。

关键词：唯变所适；观察变化；通其变化；成其变化；损益乃革

长久以来，有一种观点，认为中华文明是农业文明，而农业文明是保守的、安于现状、抗拒变革的。也有人认为，儒家思想是保守的，是反对变革的，这一主张甚至在 45 年前的"文革"后期成为一种政治运动的观念基础。这些观点在今天也仍然被一些人所秉持着。

《周易》号称群经之首，在六经中最富有普遍理论的意义，也是中华文明最为古老的经典体系。易学是研究《易经》的学问，是汉代以后中国经学绵延发展中最重要的部分，也是儒学的重要部分。"易"的基本意义就是变易，《易经》的基本思想就是整个世界处于永恒的变易之中，而人必须顺应这个永久变易的世界，建立起变易的世界观。所以，展示《易经》中的变易思想，我们就很容易看清上面所说的两种观点是错误的。中华文明中自古就有源远流长的变革思想，也正是这种思想支持了中华文明数千年连续不断的发展。

《周易》的变易思想，在理论上的表述集中体现在《易传》，尤其是《系辞传》。

《易传》的表述语言有二重性,一方面具有解说卜筮原理的意义,另一方面则具有对宇宙普遍原理叙述的意义。由于本文不讨论卜筮的问题,所以《易传》文本中关联卜筮的一面不在我们讨论的范围。我们只关注《易传》作为哲学文本的意义。

一、唯 变 所 适

我们先来看《系辞传》的首章叙述:

> 动静有常,刚柔断矣。方以类聚,物以群分,吉凶生矣。在天成象,在地成形,变化见矣。是故刚柔相摩,八卦相荡。鼓之以雷霆,润之以风雨;日月运行,一寒一暑。乾道成男,坤道成女。乾知大始,坤作成物。乾以易知,坤以简能。易则易知,简则易从。易知则有亲,易从则有功。有亲则可久,有功则可大。可久则贤人之德,可大则贤人之业。易简而天下之理得矣。天下之理得而成位乎其中矣。(《系辞传上》第一章)

《易传》特别重视宇宙中各种对立面要素的分化和互相作用,如动静、刚柔、天地、乾坤,认为它们作为宇宙世界的基本要素,其相互作用决定并丰富了宇宙的运动和变化。对立面的分化造成了丰富的世界万象,造成了变化的可能,而对立面的相摩相荡促进了变化的深刻展开。这就是"在天成象,在地成形,变化见矣",而"变化"两字就是这段叙述中的关键词。

来看《系辞传》的第二章:

> 圣人设卦观象,系辞焉而明吉凶,刚柔相推而生变化。是故吉凶者,失得之象也。悔吝者,忧虞之象也。变化者,进退之象也。刚柔者,昼夜之象也。六爻之动,三极之道也。是故君子所居而安者,《易》之序也。所乐而玩者,爻之辞也。是故君子居则观其象而玩其辞,动则观其变而玩其占。是以自天祐之,吉无不利。(《系辞传上》第二章)

圣人不仅深刻观察了宇宙世界的万象及其关联作用,而且主动地设计出易卦的体系,用以"刚柔相推而生变化"为基本特征的易卦体系,来推演世界的变化吉凶,以求得人要达到的结果。换言之,古代哲人积极地运用人为的变化体系模型即《周易》卦象体系,模拟世界的变化,以谋求理解、把握世界的变化及其结果。这种积极应变的思维,与文明的产业基础(农业)没有必然关系,体现的是人类主观能动性不断成熟发展,谋求掌握世界变化的方向趋势,趋利避害,求得最好的结果。这种不回避变化,不预期世界静止不变,反而积极主动地去了解变化的心态,决不是一种保守的心态。

《系辞传》下面又说：

> 《易》与天地准，故能弥纶天地之道。仰以观于天文，俯以察于地理，是故知幽明之故；原始反终，故知死生之说；精气为物，游魂为变，是故知鬼神之情状。与天地相似，故不违；知周乎万物而道济天下，故不过；旁行而不流，乐天知命，故不忧；安土敦乎仁，故能爱。范围天地之化而不过，曲成万物而不遗，通乎昼夜之道而知，故神无方而易无体。（《系辞传上》第四章）

在《易传》看来，《周易》的作者要彻底了解天地的幽明、世人的死生、宇宙的始终、鬼神的情状，要囊括事物的万变，促成事物的发展，这种心态也决不是保守的心态，而是积极把握世界及其变化规律的宏大胸怀。所谓"神无方而易无体"，这里的易不是仅仅指易卦自身，而是指宇宙变化的全体；无方无体，是指世界的变化没有时间和空间的限制，又是无限动态的。

这就提出了关于"易道"的问题。所谓易道就是指《易》之道，也是指整个天地之道，强调变易是宇宙的普遍原理和法则：

> 《易》之为书也不可远，为道也屡迁。变动不居，周流六虚，上下无常，刚柔相易，不可为典要，唯变所适。（《系辞传下》第八章）

> 《易》之为书也，广大悉备。有天道焉，有人道焉，有地道焉。兼三才而两之，故六。六者，非它也，三才之道也。道有变动，故曰爻。爻有等，故曰物。物相杂，故曰文。文不当，故吉凶生焉。（《系辞传下》第十章）

道始终在流转变迁，从不把自己固定于一个固定处所，一切事物相互变易。"变动不居"是说不断地变化，"不可为典要"是说没有一定之规。变化才是整个世界唯一的原理。天道即易道的总体，分而言之，可以三才之道来说明，即天道、地道、人道；狭义的天道讲阴与阳，地道则讲柔与刚，人道专讲仁与义。但易道总而言之，只是一个变化之道，所以说"道有变动"。

二、观察变化

《说卦传》一开始就明确提出"观变"的观念：

> 昔者圣人之作《易》也，幽赞于神明而生蓍，参天两地而倚数，观变于阴阳而立卦，发挥于刚柔而生爻，和顺于道德而理于义，穷理尽性以至于命。（《说卦传》第一章）

变化是世界的原理，也是世界的普遍现象，但是这不等于说人们就能自然地了解变化的普遍性和意义。因此《易传》要求人们要"观变",即善于观察事物的变化和对立统一,进而了解整个世界与变化的关系,达到穷理尽性的境界。

《易传》中既讲"观",也讲"察":

> 观乎天文,以察时变;观乎人文,以化成天下。(《贲·彖传》)

观和察的对象就是时变,因为在《易传》作者看来,变不能脱离时,时总是和变相结合的,时变就是处于一定时空之中的变化,把变化置于一定时空环境中来观察,才能获得对变化的具体了解。

《说卦传》又提出:

> 神也者,妙万物而为言者也。动万物者莫疾乎雷,桡万物者莫疾乎风,燥万物者莫熯乎火,说万物者莫说乎泽,润万物者莫润乎水,终万物始万物者莫盛乎艮。故水火相逮,雷风不相悖,山泽通气,然后能变化既成万物也。(《说卦传》第六章)

"妙"就是促使事物发生多样的变化。雷是鼓动万物的,风是吹拂万物的,水是润泽万物的,神就是促使事物变化的。所以,事物的变化有其"能变化"的原因,《易传》认为这个原因就是"神",神的功能就是妙运万物,以成就变化。但这个神不是古代宗教的神灵,而是《易传》对宇宙变化的内在动力因的一种说法。因此,人们在观变于阴阳、察乎时变的同时,还要深刻理解事物变化的根源,才能根本上提高对于变化的理解。

恒卦的《彖辞》说:

> 天地之道,恒久而不已也。利有攸往,终则有始也。日月得天而能久照,四时变化而能久成,圣人久于其道而天下化成。观其所恒,而天地万物之情可见矣!(《恒·彖传》)

恒是稳定之意,但恒不是不变,不是与变化根本对立的,恒是在阴阳四时的推移变化、交相感应中得以形成的。恒也不是一成不变,而是在变化中寻求平衡和稳定。二者不是互相排斥的。这都表现了《易传》的辩证思维。

乾卦《彖辞》以宏大的视野揭示了天道变化流行的全景:

> 大哉乾元!万物资始,乃统天。云行雨施,品物流形。大明终始,六位时成,时乘六龙以御天。乾道变化,各正性命,保合大和,乃利贞。首出庶物,万国咸宁。(《乾·彖传》)

乾道就是天道。阴阳刚柔相互作用,互相推移,大化流行,无所不在,而天道的本质就是变化,天道的作用也是变化。正是天道的变化使得万物各得其性命之正,而万物也要在因应天道变化的过程中去成就自己的品性、发扬自己的生命。"天地变化,草木蕃。"(《坤·彖传》)天地的变化是造成万物生长繁盛的根本原因,有变化才有生成。

三、通 其 变 化

《系辞传》提出了"通变"的重要观念:

> 一阴一阳之谓道,继之者善也,成之者性也。仁者见之谓之仁,知者见之谓之知,百姓日用而不知,故君子之道鲜矣!显诸仁,藏诸用,鼓万物而不与圣人同忧,盛德大业至矣哉!富有之谓大业,日新之谓盛德。生生之谓易,成象之谓乾,效法之谓坤,极数知来之谓占,通变之谓事,阴阳不测之谓神。(《系辞传上》第五章)

宇宙的变化是在一阴一阳的变化反复中展开的,要认识这些无方无体的变化并不容易。《易传》的作者认为,宇宙的变化,特别是反映在我们这个世界、我们这个人世间,就是"日新"和"生生"。从这里就可以把握变化的真谛。"日新"是说变化不断产生新的要素,新的东西;"生生"是说生命的展开不是重复,也永不停息,而是生命力的蓬勃发展。这种变化不已、生生不息的世界观,不仅决不是停止、不变的世界观,而且是一种充满乐观、包容的宇宙观。特别是,这里提出了,人面对世界的变化,要谋求"通变",也就是通晓事物的变化,把握世界的变化,以指导我们的实践。通变可以成就事业,所以说"通变之谓事"。说明《周易》要求掌握世界的变化,不仅是为了认识变化,而且是运用这些认识去成就事业。这是中国古代哲学的特点,即不仅要认知世界的变化,而且要推动事物的变化,以符合人类实践的目的。通变的思想是《周易》重要的指导思想。

《系辞传》又说:

> 夫《易》广矣大矣!以言乎远则不御,以言乎迩则静而正,以言乎天地之间则备矣。夫乾,其静也专,其动也直,是以大生焉。夫坤,其静也翕,其动也辟,是以广生焉。广大配天地,变通配四时,阴阳之义配日月,易简之善配至德。(《系辞传上》第六章)

"通变"又叫"变通",通变的工具是易卦体系,而这一体系是以模拟天地四时的变化为基础的。通过这种相似相配于天地之变化流行,以揭示出宇宙的变化机制,促进人类应对变化的发展。

《系辞传》还说：

> 《易》有圣人之道四焉：以言者尚其辞，以动者尚其变，以制器者尚其象，以卜筮尚其占。是以君子将有为也，将有行也，问焉而以言，其受命也如响。无有远近幽深，遂知来物。非天下之至精，其孰能与于此？参伍以变，错综其数，通其变，遂成天地之文；极其数，遂定天下之象。非天下之至变，其孰能与于此？《易》无思也，无为也，寂然不动，感而遂通天下之故。非天下之至神，其孰能与于此？夫《易》，圣人之所以极深而研几也。唯深也，故能通天下之志；唯几也，故能成天下之务；唯神也，故不疾而速，不行而至。子曰"《易》有圣人之道四焉"者，此之谓也。（《系辞传上》第十章）

人们对《周易》的运用有不同的出发点、不同的方式，所谓"以动者尚其变"，是指用《周易》去指导我们的行动。最重要的是重视事物的变化，使我们的行动适应环境的变化。这里再次提出"通其变"，就是通晓和深刻理解变化及其意义，甚至认为通其变者才可以掌握天下之至变。几是变化的苗头，从事物变化的初期，就能掌握其微妙的苗头，研究这些微妙的苗头，关注事物变化的方向，随机应变，这样才能成就天下的事务。

> 子曰："圣人立象以尽意，设卦以尽情伪，系辞焉以尽其言，变而通之以尽利，鼓之舞之以尽神。"（《系辞传上》第十二章）

这里说的"变而通之"，是指《周易》的作用之一，就是"变而通之以尽利"，运用对于世界变化的通透理解去贯穿于实践的全过程，就可以充分得到需要的利益，避开各种可能的害处。所以通变不仅仅只是一种哲学智慧的理解，而且强调事和利，指向对实际事务的指导。不可否认，"变而通之以尽利"包含了对现有事物进行改革，理顺事物的合理关系，以发挥出最充分的效能，以求得最大的利益。这样的思想，可以说就是改革的思想。

最后来看变通和时的关系：

> 刚柔相推，变在其中矣；系辞焉而命之，动在其中矣。吉凶悔吝者，生乎动者也。刚柔者，立本者也；变通者，趣时者也。吉凶者，贞胜者也；天地之道，贞观者也；日月之道，贞明者也；天下之动，贞夫一者也。夫乾，确然示人易矣；夫坤，隤然示人简矣。爻也者，效此者也；象也者，像此者也。爻象动乎内，吉凶见乎外，功业见乎变，圣人之情见乎辞。天地之大德曰生，圣人之大宝曰位。何以守位？曰仁。何以聚人？曰财。理财正辞，禁民为非，曰义。（《系辞传下》第一章）

对立面的相互作用产生了变化,而变化总是趋向合宜的时机。自然世界的"变"是自然的过程,不是人所造成的。人的有心参与,则是"动"。变通属于人的主观努力,这种努力必须符合客观事物的变化规律,懂得这个规律,又能主动适应变化的规律,采取正确的应变行动,就能促使事物朝着有利方向发展。而其中一个关键之处在于掌握改革的时机,这就是"变通者,趣时者也"。

四、成 其 变 化

《系辞传》很重视"成其变化"的观念:

> 圣人有以见天下之赜,而拟诸其形容,象其物宜,是故谓之象。圣人有以见天下之动,而观其会通,以行其典礼,系辞焉以断其吉凶,是故谓之爻。言天下之至赜而不可恶也,言天下之至动而不可乱也。拟之而后言,议之而后动,拟议以成其变化。(《系辞传上》第八章)

所谓"圣人有以见天下之动",这个动也是指变动;而"观其会通",亦包含有通变的意义在其中。更重要的是,《易传》提出"成其变化"的观念,这就是说,人利用《周易》的体系,不仅为了模拟和了解世界,更在于成就世界的变化,体现了人的主观能动性。换言之,既要通其变化,又要成其变化,这样才能建立功业。

《易传》在另一个地方也说:

> 大衍之数五十,其用四十有九。分而为二以象两,挂一以象三,揲之以四以象四时,归奇于扐以象闰;五岁再闰,故再扐而后挂。天数五,地数五,五位相得,而各有合。天数二十有五,地数三十,凡天地之数五十有五,此所以成变化而行鬼神也。(《系辞传上》第九章)

这是说《周易》的卦象数理体系,就是为了成就变化,以配合宇宙的规律。这里的行鬼神,并没有宗教的意义,而是指宇宙运行的奥妙。

《系辞传》还指出:

> 乾之策,二百一十有六;坤之策,百四十有四。凡三百有六十,当期之日。二篇之策,万有一千五百二十,当万物之数也。是故四营而成《易》,十有八变而成卦,八卦而小成。引而伸之,触类而长之,天下之能事毕矣。显道神德行,是故可与酬酢,可与祐神矣。子曰:"知变化之道者,其知神之所为乎?"(《系辞传上》第九章)

所谓"神"就是推动变化发生的根源,也就是变化的发动者、主导者,其实就是变化的根据和原因。神之所为，也就是"变化之道"，探索神之所为，与求知变化之道，是同一个意思。"知变化之道"是《周易》的主题和宗旨。

> 神以知来，知以藏往，其孰能与于此哉？古之聪明叡知，神武而不杀者夫。是以明于天之道，而察于民之故，是兴神物以前民用。圣人以此齐戒，以神明其德夫。是故阖户谓之坤，辟户谓之乾；一阖一辟谓之变，往来不穷谓之通；见乃谓之象，形乃谓之器；制而用之谓之法，利用出入、民咸用之谓之神。（《系辞传上》第十一章）

易的作用就是开通人们的心思，去理解世界的变化，消除心中的疑惑。一开一合就是"变"，往来不断就是"通"，对立面的交互替代就是"变"，进程的反复连接就是"通"，"变"与矛盾对立及其转化有关，"通"则联系着不断的流行过程。

> 是故《易》有太极，是生两仪，两仪生四象，四象生八卦，八卦定吉凶，吉凶生大业。是故法象莫大乎天地，变通莫大乎四时，县象着明莫大乎日月，崇高莫大乎富贵。备物致用，立成器以为天下利，莫大乎圣人。探赜索隐，钩深致远，以定天下之吉凶，成天下之亹亹者，莫大乎蓍龟。是故天生神物，圣人则之；天地变化，圣人效之；天垂象，见吉凶，圣人象之。河出图，洛出书，圣人则之。《易》有四象，所以示也；系辞焉，所以告也；定之以吉凶，所以断也。（《系辞传上》第十一章）

所以，四时既是变化的，又是流行不断的，四时的变化流行最明显地体现了变通的意义。天地是永恒变化的，而圣人的使命就是仿效天地的变化，掌握变化的法则，作出合理的决策。所以"变通"是人的社会历史实践中永远要把握的枢纽。用我们今天的语言来说，改革永远在路上。

> 是故形而上者谓之道，形而下者谓之器，化而裁之谓之变，推而行之谓之通，举而措之天下之民谓之事业。（《系辞传上》第十二章）

《系辞传》这里又提出了一个重要概念，这就是"化而裁之谓之变，推而行之谓之通"。按这个思想，"变"意味着裁，即中断、改变，而"通"意味着行，即连续、贯通的过程。变通就是二者的统一。

> 圣人有以见天下之动，而观其会通，以行其典礼，系辞焉以断其吉凶，是故谓之爻。极天下之赜者存乎卦，鼓天下之动者存乎辞，化而裁之存乎变，推而行之存乎通，神而明之存乎其人，默而成之，不言而信，存乎德行。（《系辞传上》第十二章）

《系辞传上》第十二章在重复了《系辞传上》第八章的语句的同时,增加了对"化而裁之谓之变,推而行之谓之通"的再次强调。这个思想在人世的应用,意味着改革应该是中断与连续的统一,措之于天下之民的事业,必须要兼顾非连续性与连续性二者的统一,才能真正取得合理的、符合民众要求的效果。那种休克式改革,正是忽视连续性、渐进性,只偏向裁断的非连续性的改革思维。

五、损 益 乃 革

最后,让我们来看《易传》对变革思想的阐发。先来看有关损益的思想,"损益"就是古代对社会渐进变革的表达。

《杂卦传》说:

> 损、益,盛衰之始也。

说明损益的概念不仅应用于变化的自然界,更多的是用于人类的历史变化的概念。《论语》中记载孔子和弟子子张的对话:

> 子张问:"十世可知也?"子曰:"殷因于夏礼,所损益可知也;周因于殷礼,所损益,可知也;其或继周者,虽百世可知也。"(《论语·为政》)

"因"是传承,但传承中有损有益,这是传承中的变化、改变。孔子认为,夏商周三代之礼一脉相承,但每一代对前一代都会有所改变,有所调整,有所增减。所以,在这个意义上,损益表达了人的主观努力,而不是自然界本身的变化。

损益也就是变化,所以:

> 子曰:"齐一变,至于鲁;鲁一变,至于道。"(《论语·雍也》)

这里的变,带有进步的改变之意。当然,并不是所有的改变都具有历史的进步意义,但有些改变确实具有进步的意义。四十年来的中国改革就具有明显的进步意义。

易传特别强调损益与"时"的关系:

> 损益盈虚,与时偕行。(《损·象传》)

或损或益,要依据时势的变化,顺应时势的变化而进行。这个时势,对于我们所生活的世界而言,就是世界发展变化的大趋势,世界发展变化的大潮流;跟上世界发展的大潮流,追赶世界现代化发展的合理化,而不是固守自己的主观意志,这就是"损益盈虚,与时偕行",这就是改革的思维。

> 天下随时。随时之义大矣哉！（《随·彖传》）

所以，随顺时宜，具有特别重要的意义，所谓随顺时宜，就是指随着时宜而不断变化，不断调整，天下万物，无不如此。随顺时宜，和与时俱进，意思是相同的。

> 艮，止也。时止则止，时行则行，动静不失其时，其道光明。（《艮·彖传》）

这里的时都是指时机，人的行动必须注意时机，时机该行动就要行动，时机该停止就要停止。这是对改革的实践而言，因为有的时候，改革的时机的选择，比改革的决心还重要。

> 日中则昃，月盈则食，天地盈虚，与时消息，而况于人乎？况于鬼神乎？（《丰·彖传》）

"天地盈虚，与时消息"，与"损益盈虚，与时偕行"的意思是一致的，这里强调，与时消息，不仅是自然的变化如此，人的活动事业也是如此，有消有息，一切事物都会随着时间推移起伏变化消长，宇宙中的一切都是如此。

> 神农氏没，黄帝、尧、舜氏作。通其变，使民不倦；神而化之，使民宜之。
> 易，穷则变，变则通，通则久。（《系辞传下》第二章）

照《系辞传》的看法，人类文明社会有史以来，就是在变通中不断发展的，从黄帝到尧舜，都是为了人民的方便，进行了变化、改革，无论在制度上还是器物上，都加以变通。"神而化之"，实际上是指创造性的变化。从这里，《易传》作出了哲学的论断：所谓易道，就是"穷则变，变则通，通则久"。事物发展到极点就会变化，变化才能使发展通达无碍，这是事物发展的客观规律。而人们在实践中，也必须在事物发展的节点上主动地推进变革。

相比于"损益"代表的渐进改变，"革"代表剧烈的改变。

> 或跃在渊，乾道乃革。（《乾·文言》）
> 革，去故也；鼎，取新也。（《杂卦传》）

革代表变革的原理，去除一切旧的东西；鼎代表趋新的原则，迎取一切新的东西。革也是天道的内涵之一。革卦的《彖传》说：

> 天地革而四时成，汤武革命顺乎天而应乎人。革之时大矣哉！（《革·彖传》）

从天地来说，四时的迭相取代，就体现了革的意义，在时间的过程中，后者对前者的取代，就是革。没有这种革，就没有四时。从人事来说，商汤代夏，武王伐殷，都体现了革的意义，故《易传》称之为"革命"。《易传》的作者认为，变革的意义和变革的时机,都需要特别重视,这对于革命,更是关键。可见《易传》的变革思想,既关注渐进性改革,也肯定根本性变革,乃至革命,这也是《周易》思想内涵的必然结论。

由以上所述可见,《周易》中包含了丰富的变革思维,它主张世界本质上是不断变化的,人必须通晓世界的变化,才能认识世界;人不仅要认识这个变化的世界,还要推动变化的过程,成就这个世界的变化。人必须与世界从变化相配合,形成自觉的变化观,才能更深地理解世界,实现自己的目的。人的历史实践,既有损益的渐变,也有剧变式的革命,而人类大部分的活动,是通过改革实现制度和自我的不断更新,以促进人类生活的繁盛发展。《周易》的变易哲学不仅在历史上曾经是社会改革的理论依据,也是中华民族实践智慧的重要内容。

（谨以此文纪念改革开放四十周年,写于 2018 年国庆,原载《社会科学研究》2019 年第 2 期）

"数"的哲学观念再论与早期中国的宇宙论数理

丁四新

(清华大学哲学系)

内容提要：先秦秦汉时期的"数"观念往往围绕宇宙论和时空观展开,具有浓厚的哲学意蕴。秦简《鲁久次问数于陈起》提出了"天下之物,无不用数"的命题,从一个侧面肯定了万物皆有数的说法,阐明了数的普遍性,而与毕泰戈拉"数是万物的本原"的观点相近。天三地四(或阳三阴四)是盖天说的数理,其依据为《周髀算经》的"圆出于方"说。《史记·律书》和《汉书·律历志》都从哲学高度肯定了"数"的存在性。黄钟一龠之数(九九八十一分的日数)和中数五六是浑天说的基本数理。进一步,古人思考了数理的统一性,而以"天地之数"作为其"数原"。早期中国的宇宙生成论也很重视"数"的哲学观念,这包括"道生一"和"一生两"等类型;它还特别重视数字"一"的哲学含义。

关键词：数；宇宙论；天地之数；秦简；陈起

一、研究现状述评与问题的提出

(一) 研究现状述评

本文以探讨先秦秦汉时期"数"的哲学观念及其相关问题为中心。迄今为止,专门研究中国古代"数"的哲学观念的论著甚少。杨希枚是一位研究古代神秘数字而卓有成就的学者,其大著《先秦文化史论集》收录了《中国古代的神秘数字论稿》《论神秘数字七十二》《古籍神秘性编撰型式补证》三篇论文[1],它们都从文化学的角度探讨了所谓"神秘数字"。应当说,他的这三篇文章颇具创见,解决了一些所谓神秘数字的疑难问题,同时在一定程度上涉及本文所谓"数"的哲学观念。但是,杨文毕竟是为了探讨所谓神秘数字而写作的,在整体上不具备"数的哲学观念"的视角。相比之下,笔者《"数"的哲学观念与早期〈老子〉文本的经典化》的论文更能体

---

[1] 杨希枚：《先秦文化史论集》,北京,中国社会科学出版社,1995年,第616～653、654～716、717～737页。

现对早期中国"数"的哲学观念的研究成果。

拙文是对杨文的提高,从哲学的角度,即主要从观念发展史和宇宙论的角度梳理先秦秦汉时期"数"的哲学观念,并探讨存在于其中的疑难问题。拙文认为,以汉武帝太初元年(前 104 年)为界,前后分为两个数的系列,一者以盖天说的数理尺度为中心,二者以浑天说的数理尺度为中心。盖天说的数理以"天三地四"或"阳三阴四"为基本尺度,浑天说的数理以一龠之数八十一分和中数五六为基本尺度。早期易数及策数在系统上虽然有别,但不出于所谓天地之数。以"天道"的概念来指导相关问题的研究,并将"数"的哲学观念归纳为宇宙论数理的落实和表达,是拙文的学术贡献所在①。不过,拙文有两点不足或缺陷:其一,忽略了秦简《鲁久次问数于陈起》一文,没有梳理和探讨其中的"数"观念;其二,对《周髀算经》"数"的哲学观念的梳理不够深入。

除此之外,近百年来中国哲学界虽然一直很重视对古代宇宙生成论的叙述,重视《老子·四十二章》《淮南子·天文》《本经》和《易纬·乾凿度》等传世文献以及《凡物流形》《十六经·成法》和《道原》等出土文献的相关思想,但是几乎无人从"数的哲学观念"的角度来作论述,这无疑是一个重大缺憾。

(二)问题的提出

总之,中国哲学界对于中国古代"数"的哲学观念的研究颇为不足,它是一个长期受到学者忽视的方向,因此开拓和强化此一领域的研究,在目前看来是非常必要的。笔者认为,在先秦秦汉时期的范围内,如下几个方面的问题和内容是值得追问和探讨的:第一个是系统梳理和探讨"数"的哲学观念,第二个是重点讨论宇宙论(包括宇宙生成论和结构论)的"数"的哲学观念,第三个是探讨宇宙论的数理及其运用,最后一个是探讨不同"数"观念间的统一性和连贯性。此外,鉴于秦简《鲁久次问数于陈起》的重要性,其"数"的哲学观念应当得到重点关切。

二、秦简《鲁久次问数于陈起》的"数"的哲学观念

(一)《鲁久次问数于陈起》的"数"的哲学观念

《鲁久次问数于陈起》属于北京大学所藏秦简的一篇。这批秦简是 2010 年年

---

① 丁四新:《"数"的哲学观念与早期〈老子〉文本的经典化——兼论通行本〈老子〉的分章来源》,《中山大学学报(社会科学版)》第 59 卷第 3 期(2019 年),第 108~114 页。

初从香港文物市场购买和收藏的。根据其中的《质日》简所载纪年,这批简牍抄写于秦始皇(前 259—前 210 年)后期,简牍的主人是任职于当地的秦官员。而根据《道里书》简所载路线和地点,这批简牍应当出土于湖北中部的江汉平原①。在这批简牍中,数学文献占了很重分量,共有竹简 4 卷和"九九书"木牍 1 方。其中,卷四《算书》甲篇的开头有一段长 800 余字的文章,原无篇题,整理者命名为《鲁久次问数于陈起》(下简称《陈起》)②。

秦简《陈起》共 32 枚,816 字(包括重文)③,其内容已见于整理者韩巍的三篇文章——《北大秦简中的数学文献》《北大藏秦简〈鲁久次问数于陈起〉初读》和《北大秦简〈鲁久次问数于陈起〉今译、图版和专家笔谈》④。这篇竹书是"讨论数学的起源、作用和价值",在已发现的古代数学文献中"极为罕见",意义重大⑤。整理者韩巍还说:"《陈起》篇的发现,证明至迟在战国晚期,学者已经对数学的起源和社会功能有了系统认识,这对于早期中国数学思想史的研究具有填补空白的意义。"⑥今据《北大秦简〈鲁久次问数于陈起〉今译、图版和专家笔谈》一文,笔者在下文论述《陈起》篇"数"的哲学思想等问题。

其一,陈起是谁?这是一个首先应当讨论的问题。《周髀算经》卷上有一位与荣方问答的"陈子",陈子为答者,荣方为问者,二人俱不见于其他传世文献。此陈子是否与竹书的陈起为同一人?这是一个问题。郭书春倾向于认为《周髀算经》的陈子不是竹书的陈起⑦,——这是从绝对相分、否定的立场来看的。但如果从相关、肯定的立场来看,那么陈起是《周髀算经》之陈子的可能性还是较大的。在《周髀算经》中,陈子是大数学家,是答问的一方;而在竹书中,陈起亦为大数学家和答

---

① 北京大学出土文献研究所:《北京大学藏秦简牍概述》,《文物》2012 年第 6 期,第 65 页。此外,这批简牍的室内发掘清理简报也指出这批简牍出自江汉平原。参见北京大学出土文献研究所:《北京大学藏秦简牍室内发掘清理简报》,《文物》2012 年第 6 期,第 43 页。

② 北京大学出土文献研究所:《北京大学藏秦简牍概述》,《文物》2012 年第 6 期,第 67 页。

③ 韩巍:《北大藏秦简〈鲁久次问数于陈起〉初读》,《北京大学学报(哲学社会科学版)》第 52 卷第 2 期(2015 年),第 29 页;韩巍、邹大海整理:《北大秦简〈鲁久次问数于陈起〉今译、图版和专家笔谈》,《自然科学史研究》第 34 卷第 2 期(2015 年),第 233 页。

④ 韩巍:《北大秦简中的数学文献》,《文物》2012 年第 6 期,第 86~87 页;韩巍:《北大藏秦简〈鲁久次问数于陈起〉初读》,《北京大学学报(哲学社会科学版)》第 52 卷第 2 期(2015 年),第 30~31 页;韩巍、邹大海整理:《北大秦简〈鲁久次问数于陈起〉今译、图版和专家笔谈》,《自然科学史研究》第 34 卷第 2 期(2015 年),第 233~235 页。

⑤ 北京大学出土文献研究所:《北京大学藏秦简牍概述》,《文物》2012 年第 6 期,第 67 页。

⑥ 韩巍:《北大藏秦简〈鲁久次问数于陈起〉初读》,《北京大学学报(哲学社会科学版)》第 52 卷第 2 期(2015 年),第 35 页。

⑦ 韩巍、邹大海整理:《北大秦简〈鲁久次问数于陈起〉今译、图版和专家笔谈》,《自然科学史研究》第 34 卷第 2 期(2015 年),第 241 页。

问的一方。尽管二书问答的内容不同,但它们不是彼此矛盾或彼此否定的关系,而是平行与并列的关系。数学在上古是极难的学科,陈起的数学成就及其对于数之道的认识达到如此高的地步,这不是普通士人所能做到的。这样看来,将竹书的陈起与《周髀算经》的陈子直接关联起来,并看作同一人,还是比较合理的推测。

其二,秦简《陈起》的行文结构为三问三答,阐明了数学的重要性和社会性,陈起告诫鲁久次曰"学者慎毋忘数"。在竹简中,鲁久次共三次问数于陈起,一曰:"久次读语计数,弗能并彻,欲彻一物,何物为急?"二曰:"天下之物,孰不用数?"三曰:"临官莅政,立度兴事,何数为急?"陈起依次作了回答。而全篇竹书即依此三问三答而可分为三个段落。关于数的重要性,《陈起》篇作了直接和间接的阐述。直接的阐述是通过"读语"与"计数"的比较来进行的。传统看法认为"语"比"数"更重要和更根本,认为它包括治国、平天下的大道,而"数"则属于所谓末技。陈起的看法与此相反,他说:"数可语也,语不可数也。"(前后两"数"字、两"语"字的字义及发音都不同)在认为"数"具有客观性的基础上,陈起两相权衡,认为应当"舍语而彻数"。间接地,陈起通过其应用的普遍性而突出了"数"的重要性。阐明"数"的普遍性、实用性和社会性,是本篇竹书的重心所在。郭世荣说:"其(鲁久次与陈起三问三答)重点在阐述数学的重要性和广泛应用性。"纪志刚说:"'数学的社会性'是'陈起论述'的主旋律……这种社会性突出地表现在数学为国家所设和为政府所用上。"①郭、纪的概括是正确的。

其三,陈起论数,可以上升到哲学层面来看;换言之,陈起已具有哲学化的"数"观念,这特别体现在他所提出的"天下之物,无不用数者"的命题上。他说:"天下之物,无不用数者。夫天所盖之大也,地所生之众也,岁四时之至也,日月相代也,星辰之往与来也,五音六律生也,毕用数。"又说:"夫临官莅政,立度兴事,数无不急者……民而不知度数,譬犹天之无日月,无以知明晦。民若不知度数,无以知百事经纪。"尽管"天下之物,无不用数者"之命题是从实用的角度提出来的,但是上述引文从三个方面展示了"数"的哲学性:第一,它们即用见体,通过用数的普遍性而肯定了"数"是事物内含的根本属性。且从其自身来看,"数"具有独立自在性,是一种抽象本原和抽象实在。对此,竹书有所暗示:从逻辑上来看,"天下之物无不用数"是以"万物皆有数"为前提的。第二,陈起论用数的普遍性,是从宇宙论的视角,即从天地到具体事物的视角来说的。而这一点即将"数"本身哲学观念化了,因为宇宙论是传统哲学的重要组成部分。由此,竹书论用数即直接落实在宇宙论

① 韩巍、邹大海整理:《北大秦简〈鲁久次问数于陈起〉今译、图版和专家笔谈》,《自然科学史研究》第34卷第2期(2015年),第244~245、253页。

和历法上,甚至将万物的存在都看作宇宙论的时空落实;而它们当然是"数"的哲学观念化的具体表现。第三,"度数"在《陈起》篇中被上升为政教(政治哲学)概念,而王者为教为政即必颁度数。竹书曰:"故夫数者必颁而赅,数而不颁,无以知百事之贯……凡夫数者,恒人之行也,而民弗知,甚可病也。"就竹书的"数"观念,韩巍曾指出:"《陈起》篇的文字虽然不及《汉书·律历志》精炼,但基本的思想脉络已经具备。"[1]这个评论是允当的。《汉书·律历志上》曰:"一曰备数,二曰和声,三曰审度,四曰嘉量,五曰权衡。参五以变,错综其数,稽之于古今,效之于气物,和之于心耳,考之于经传,咸得其实,靡不协同。数者,一、十、百、千、万也,所以算数事物,顺性命之理也……夫推历生律制器,规圜矩方,权重衡平,准绳嘉量,探赜索隐,钩深致远,莫不用焉……纪于一,协于十,长于百,大于千,衍于万,其法在算术。"刘向、刘歆的律历思想确实浸染在"数"的哲学观念中,它以律起历,无不以宇宙运行之数度为根据。《律历志》所谓"所以算数事物,顺性命之理也"的论述,则更是一种"数"的哲学观念化的说法。

其四,陈起与毕泰戈拉(Pythagoras,约前 570—前 500)学派在"数"的观念上虽然有许多不同之处,但前者无疑跟后者一样达到了哲学的高度。由于所处的文化和哲学传统不同,毕泰戈拉学派从本原的观念提出了"万物皆数"或"数"是万物之本原的观点,他们明确将"数"看作一个抽象的实在和本原[2];而陈起则从其作用的普遍性及宇宙论的角度论证了万物皆数的思想,且其论证在暗中以肯定"数"是一种抽象的本原为逻辑前提。强调"数"的政教作用或社会功能,这是陈起论数的又一鲜明特点。可惜!从《汉书·艺文志》来看,在经学盛行的汉代,数学在当时整个知识大厦中的地位很低。

(二) 陈起所述宇宙模型:"三方三圆"说

最后,"数"在陈起所述宇宙模型的构造中起着重要作用,同时这也属于所谓"数"的哲学观念的内容之一。《陈起》篇的宇宙模型与众不同,是一种今人此前未知的盖天模型。《陈起》篇曰:"地方三重,天圆三重,故曰三方三圆,规矩准绳、五音六律六吕皆存……曰:大方大圆,命曰单薄之三;中方中圆,命曰日之七;小方小圆,命曰播之五。故曰黄钟之副,单薄之三,日之七,播之五,命为四卦,以卜天下。"其"三方三圆"之说不见于传世古书,与传世文献所载其他宇宙模型不同。《楚

---

① 韩巍:《北大藏秦简〈鲁久次问数于陈起〉初读》,《北京大学学报(哲学社会科学版)》第 52 卷第 2 期(2015 年),第 35 页。

② 参见亚里士多德《形而上学》第 1 卷第 5 章,塞克斯都·恩披里柯《驳物理学家》第 1 卷第 363～365 节、第 4 卷第 2 节,转见汪子嵩等:《希腊哲学史》第 1 卷,北京,人民出版社,1988 年,第 270～271、276 页。

辞·天问》说"圜则九重",并有"九天之际"的说法,《淮南子·天文篇》曰"天有九重",《焦氏易林·大有之坎》曰"天地九重",这些文献均以"九重"为说。进一步,笔者认为,竹简《陈起》篇"地方三重,天圆三重"之说可能仍然与盖天说有关。古者祭天的天坛为三重,这是模拟冬至、夏至、春秋分之视周天三圆的结果。而三方则是指此三圆的外接正四边形。古者祭地的地坛一般为两重,存在于《陈起》篇背后的、用来祭地的地坛则可能变化为三重。

对于竹书《陈起》篇如何用数构造其宇宙模型,陈镱文、曲安京和其他学者作了研究,这里引述陈、曲二氏之说以见其大意。陈、曲二氏说:"陈起模型是一种圆方相互嵌套的盖天说的宇宙模型。这一模型按照天圆地方的思想,以太阳在夏至日、春秋分日、冬至日的运行轨道为小圆、中圆、大圆,其半径之比为 5∶7∶10,相应之圆方面积之比为 3∶2。"而 3∶2 的经典意义,与《周易·说卦》"参天两地而倚数"及《后汉书·律历志》"阳以圆为形,其性动;阴以方为节,其性静。动者数三,静者数二。"的说法是相应的。陈起的模型与《周髀算经》七衡图的盖天说模型不同,前者采用了不等间距的同心圆结构,较之七衡图更为简洁和合理。陈起的三方三圆宇宙模型图和《周髀算经》七衡图,可以参看陈、曲二氏的文章。[①]

三、盖天说、浑天说的数理及其运用

(一)盖天说的数理及其运用

1. 盖天说的数理

先秦秦汉时期的"数"的哲学观念在宇宙论上经过了两个阶段:一个是盖天说的阶段,另一个是浑天说的阶段。

盖天的观念起源很早,最初它是一种素朴的、直观的、经验性极强的宇宙观。从遥远的古代一直到西汉武帝太初元年,中国古人的宇宙观均以盖天说为主导;不过,中国古人对于盖天说理论的系统总结和推阐却相对较晚,一般以《周髀算经》为标志。《周髀算经》原名《周髀》,唐代始添"算经"二字。按照现有古籍形成的观念,《周髀算经》的成书应当经历了一个漫长的过程,最后正式成书于汉初。关于此书的性质,李继闵说:"在中国数学史上最有影响的'算经十书',其中最早的《周

---

① 以上,均参见陈镱文、曲安京:《北大秦简〈鲁久次问数于陈起〉中的宇宙模型》,《文物》2017 年第 3 期,第 93～96 页。

髀》就是一个天文学著作。中算史上许多具有世界意义的杰出成就就是来自历法推算的。"①可见《周髀算经》既是一部数学著作,又是一部天文学著作。更准确地说,其中的数学知识与体系是在天文学建构宇宙模型的需要下开展出来的。从《汉书·艺文志》来看,数学书籍都归入"数术历谱类"。《汉志》历谱类共载十八家、六百六卷,其中数学专书有《许商算术》二十六卷和《杜忠算术》十六卷,其他则均为历法、历数类书籍。由此可知,古代的数学确实主要是用来计算历数和历法的工具,是为了满足"天道",即为了满足天文和历法的需要而发展起来的,因此那时的数学思考对象一般以天文、历法为主,而《周髀算经》正是这样一部重要著作。

盖天说除见于《周髀算经》外,亦见于《后汉书·天文志》刘昭《注》引蔡邕《表志》和《晋书·天文志》等书。据《周髀算经》,盖天说经历了"天圆如张盖,地方如棋局"和"天象盖笠,地法覆槃"两个阶段②,《晋书·天文志》对它们都作了转述。前一种盖天说有"四角不揜(掩)"(《大戴礼记·曾子天圆》)的缺陷,因此古人以后一种盖天说补救之。后一种盖天说大约出现在秦汉之际,它设想天、地俱为拱形,其目的在于克服旧盖天说"天不掩地"的缺陷。

在"数"的哲学观念上,《周髀算经》提出了"数之法出于圆方"的观点。"圆方"者,概括天圆地方及其数理而言之。《周髀算经》卷上曰:

> 昔者周公问于商高曰:"窃闻乎大夫善数也。请问古者包牺立周天历度,夫天不可阶而升,地不可得尺寸而度,请问数安从出?"商高曰:"数之法出于圆方。圆出于方,方出于矩,矩出于九九八十一。故折矩以为句,广三,股修四,径隅五。既方其外,半之一矩。环而共盘,得成三四五。两矩共长二十有五,是谓积矩。故禹之所以治天下者,此数之所生也。"周公曰:"大哉言数!请问用矩之道?"③

这段对话非常著名,其大意是周公问数于商高——"请问数安从出",而商高答以"数之法出于圆方"。所谓"数之法出于圆方",赵爽《注》曰:"圆径一而周三,方径一而匝四。伸圆之周而为句,展方之匝而为股,共结一角,邪适弦五。此圆方邪径相通之率。故曰'数之法出于圆方'。圆方者,天地之形,阴阳之数。"所谓"圆出于方,方出于矩,矩出于九九八十一",赵爽《注》曰:"圆规之数,理之以方。方,周匝也。方正之物,出之以矩。矩,广长也。推圆方之率,通广长之数,当须乘除以计

---

①　李继闵:《〈九章算术〉导读与译注》,西安,陕西科学技术出版社,1998 年,第 31 页。

②　钱宝琮校点:《算经十书》上册,北京,中华书局,1963 年,第 22、53 页。

③　钱宝琮校点:《算经十书》,第 13~14 页。

之。九九者,乘除之原也。"①"数"是如何生演出来的? 第一步,根据盖天的天圆地方说,可得天三地四或阳三阴四之数。第二步,将圆方之数伸展为勾股之数,则天三地四之数演变为勾三股四之数,并由此得到弦五之数。第三步,立髀表,测影长,然后以勾股定理计算之,这叫作"用矩之道",进而得出历数、历法等数字。总之,盖天说的宇宙论数理是《周髀算经》作数学建构和演算的观念基础。

2. 盖天说数理的运用

归纳起来,盖天说的数理依据在于"圆出于方",它表现在数量关系上就是天三地四或阳三阴四之说。在此基础上,我们可以得出 3+4=7 或 3×4=12 及其倍数 28、49、36、72,乃至 19(7+12)等数字,它们都体现了盖天说的数理。盖天说的数理除了应用于历数和历法外,还大量应用于古书中。盖天说的数理在古书中以两种看似相反但其实互为补充的形式而存在:一种,数字是既有的,但以盖天说的数理解释之,使之天道化;另一种,根据盖天说的数理而赋予人、物、事以某一具有天道含义的数字。北斗七星,一年十二月,《吕览》十二纪,二十八宿,大衍之数实用四十又九,孔门七十二贤人,《庄子》所谓"今臣之刀十九年矣",这些数字都可以从盖天说的数理得到解释。《大戴礼记·明堂篇》曰:"明堂者,古有之也。凡九室:一室而有四户、八牖,三十六户、七十二牖。以茅盖屋,上圆下方。"《白虎通·辟雍篇》曰:"明堂,上圆下方,八窗四闼,布政之宫,在国之阳。上圆法天,下方法地,八窗象八风,四闼法四时,九室法九州岛,十二坐法十二月,三十六户法三十六两,七十二牖法七十二风。"这两个段落中的数字,无疑都是法象盖天说之时空数字的结果。

除了以上数字外,我们再看两个很经典的例子。第一个例子,即是汉人根据盖天说的数理对于《周易》为何上经由 30 卦、下经由 34 卦组成的解释。《易纬·乾凿度》卷上曰:"(孔子曰)阳三阴四,位之正也,故易卦六十四分而为上下,象阴阳也。夫阳道纯而奇,故上篇三十,所以象阳也。阴道不纯而偶,故下篇三十四,所以法阴也。"这段话亦见于《京氏易传》卷下,它以盖天的天三地四或阳三阴四之数理作了合理解释。第二个例子,即是北京大学藏西汉竹书《老子》的分章。西汉竹书《老子》的分章是:上经 44 章,下经 33 章,总章数 77 章。据笔者的研究,它们是根据盖天说的数理所包含的"3""4""7"这三个数字来设定的②。

给予人为数字以盖天说数理的论证,这本是先秦即有的观念。在经学昌明的

---

① 上引两则赵爽《注》,参见钱宝琮校点:《算经十书》,第 13～14 页。

② 参见丁四新:《汉简本〈老子〉总章数及上下经章数的组织原理和数理法则:一种可能性的研究》,载《道家文化研究》第 30 辑,北京,中华书局,2016 年,第 115～138 页。

汉代,这一观念得到了空前的强化和推广,而其目的在于通过数字的同一性而对宇宙间的人、物、事作天道观的合法性论证。

(二) 浑天说的数理及其运用

1. 浑天说的数理

"浑天"一名,最早出现于扬雄的《法言·重黎篇》。是篇曰:"或问'浑天'。曰:'落下闳营之,鲜于妄人度之,耿中丞象之。'""浑天"与"盖天"相对,"盖天"以天体如车盖然言之,而"浑天"则以天体浑浑然言之。张衡《浑天仪注》曰:"天转如毂之运也,周旋无端,其形浑浑,故曰浑天也。"①《晋书·志第一》载王蕃曰:"周旋无端,其形浑浑然,故曰浑天也。"用今天的话来说,浑天说认为天体为球形。

从理论形态来看,浑天说由宇宙结构论和宇宙生成论两个部分组成。从结构论来看,天体为球形("其形浑浑然"),这是判断其是否为浑天的决定性因素。浑天说的正式形成是在汉武帝太初元年(前 104 年)之前的一段时间,且由此可以上推到秦汉之际。至于浑天说的萌芽,似乎可以推至战国时期。从生成论来看,太初、太始、太素的形上宇宙生成阶段是浑天说理论的核心要素之一。这种宇宙生成论在汉武帝时期已经正式形成,因为武帝采用了"太初"和"太始"两个年号。由此推论,浑天说之宇宙生成论的提出大概是在景帝至武帝前期。不过,其理论建构应当经历了一个杂糅和综合的过程,笔者曾据竹书《太一生水》《恒先》推断,浑天说之理论因素的起源可以追溯到战国中期,即这两篇出土文献的抄写时代②。

浑天说的理论,今见于《易纬·乾凿度》《孝经·钩命诀》《白虎通·天地》《论衡·谈天》等书篇,但以张衡的《浑天仪注》《灵宪》最为明了、系统。当然,张衡可能在一定程度上发展了浑天说的理论系统。《浑天仪注》主要叙述了浑天说的宇宙结构及其数度,是文曰:

> 浑天如鸡子,天体圆如弹丸(此句疑为衍文),地如鸡("鸡"下脱"子"字)中黄,孤居于天内,天大而地小。天表里有水,天之包地,犹壳之裹黄。天地各乘气而立,载水而浮。周天三百六十五度又四分度之一;又中分之,则半一百八十二度八分度之五复地上,一百八十二度八分度之五绕地下。故二十八宿,半见半隐。其两端谓之南北极。北极乃天之中也,在正北出地上三十六度。然

---

① 引文出自[清]洪颐煊《经典集林》卷二十七,浙江大学 CADAL 网站上载古籍。

② 丁四新:《浑天说的宇宙生成论和结构论溯源——兼论楚竹书〈太一生水〉〈恒先〉与浑天说之理论起源》,《人文杂志》2017 年第 10 期,第 12 页。

则北极上规，径七十二度，常见不隐。南极天之中也，在正南入地三十六度。南极下规七十二度，常伏不见。两极相去一百八十二度半强。天转如轂之运也，周旋无端，其形浑浑，故曰浑天也。①

据上述引文，浑天说将宇宙结构设想为四层，以鸡卵为譬，“地黄”“天地之间”“天壳”和“天外”各为一层，且天外一层无穷无极；同时，天包地外，天表里有水。“水”在浑天说中的重要性是显而易见的。此外，还需要指出，浑天说并未排斥盖天说，而是将其纳入其中，看作自己的相对宇宙观。

《灵宪》主要叙述了浑天说的宇宙生成论，是文曰：

太素之前，幽清玄静，寂漠冥默，不可为象，厥中惟虚，厥外惟无。如是者永久焉，斯谓溟涬，盖乃道之根也。道根既建，自无生有。太素始萌，萌而未兆，并气同色，浑沌不分。故《道志〈悳〉》之言云：“有物浑（混）成，先天地生。”其气体固未可得而形，其迟速固未可得而纪也。如是者又永久焉，斯谓庬鸿，盖乃道之干也。道干既育，有物成体。于是元气剖判，刚柔始分，清浊异位。天成于外，地定于内。天体于阳，故圆以动；地体于阴，故平以静。动以行施，静以合化，堙郁（氤氲）构精，时育庶类，斯谓太元（玄），盖乃道之实也。在天成象，在地成形。天有九位，地有九域；天有三辰，地有三形；有象可效，有形可度。情性万殊，旁通感薄，自然相生，莫之能纪。于是人之精者作圣，实始纪纲而经纬之。（《后汉书·天文志》刘昭《注》）

在此，张衡将“道”“气”两个概念综合起来，以解释形上、形下两个世界的生成问题。就过程来看，形上、形下两个世界的生成可以分为三个阶段，第一阶段（“道根”）的特点是“虚无”，是“太素”，与“气有”相对。第二阶段（“道干”）的特点是“浑（混）沌”，自无生有，但未可得而形。第三阶段（“道实”）的特点是元气剖判，生成天地。自“太元”以下，进一步生成万象万形，生成万物②。

浑天说的数理和数度，见于《史记·律书》《历书》和《汉书·律历志》。在《史记》《汉书》中，律数很重要，因为它是度量历数的新方法和创建新历法的基础。《史记·律书》首先提出了一套“数”的哲学观念（宇宙生成论观念），认为宇宙万事万物的存在必有神有形，神形是事物存在的必要前提，而形神对应于有无，“神生于无，形成于有”，“神使气，气就形”，同时在“形”生成的过程中“数”亦随之。而“数”在宇宙生成论中的位置即在于此。不过，就现成的万物来说，无物无数。在此基础上，

---

① 引文出自[清]洪颐煊《经典集林》卷二十七，浙江大学 CADAL 网站上载古籍。

② 具体论述，参见丁四新：《浑天说的宇宙生成论和结构论溯源——兼论楚竹书〈太一生水〉〈恒先〉与浑天说之理论起源》，《人文杂志》2017 年第 10 期，第 6 页。

《律书》提出了"六律为万事根本",即"律历,天所以通五行八正之气,天所以成孰(熟)万物也"的观点。而这种观点,当然是一种"数"的哲学观念。在此基础上,司马迁叙述了当时的律数规定及其生成关系,以及律数与十二月、天干地支的搭配关系。

在古代,历书很重要,它不仅对于古人的时间观念、对于农业文明非常重要,而且它本身即是天命的表达:历数合于天象,时节不爽,这是帝王是否受命、是否具有统治合法性的根据。《史记·历书》曰:"(尧)年耆禅舜,申戒文祖,云:'天之历数在尔躬。'舜亦以命禹。由是观之,王者所重也……天下有道,则不失纪序;无道,则正朔不行于诸侯。""数"在此既是"天道"的体现,又是一种政治哲学的概念。据《史记·历书》《汉书·律历志》,《太初历》使用以律起历的方法来制定历法,以太初元年冬至朔旦甲子日夜半为历元。它根据黄钟一龠之数将一日八十一分,一个朔望月长 $29\frac{43}{81}$(29.53086)日,一个回归年长 $365\frac{385}{1539}$(365.2502)日,且以正月为岁首。《太初历》无疑比《颛顼历》先进和精确,纠正了后者的累积误差,同时它设置十九年七闰,首次将二十四气正式纳入历法。

《三统历》是由刘歆整理和制定的,其指导思想其实出自其父刘向。《汉书·律历志上》曰:"刘向总六历,列是非,作《五纪论》。向子歆究其微眇(妙),作《三统历》及《谱》以说《春秋》,推法密要,故述焉。"《五纪论》奠定了刘歆作《三统历》的理论基础。《三统历》内容即载于《汉书·律历志》。刘向、刘歆是西汉后期的重要经学家,他们给《太初历》增加了一些儒学因素,以"三统"("三统者,天施、地化、人事之纪也")重构历法,刘歆具体制定了《三统历谱》。《三统历》的实质是《太初历》,在一定意义上说二者异名同实。

在哲学上,《汉书·律历志》所述《三统历》的如下观念值得注意:其一,"数者,一、十、百、千、万也,所以算数事物,顺性命之理也"。其二,以中数五、六为数原,由此推演历数和度、量、衡等数字。而"中"包含太极、元气之义,"五""六"对应五声、六律,与天道相应。《律历志》曰:"太极中央元气,故为黄钟,其实一龠,以其长自乘,故八十一为日法,所以生权衡、度量,礼乐之所繇出也。"其三,以《易》《尚书》《春秋》为经典依据,一曰:"九六,阴阳、夫妇、子母之道也。"这是以《周易》的九、六两数说阴阳相合之道。二曰:"《传》曰:'天六地五,数之常也。''天有六气,降生五味。'夫五六者,天地之中合,而民所受以生也。"《传》指《国语》和《左传》,《国语》为《左传》之副。三曰:"《经》'元',一以统始,《易》太极之首也。'春秋',二以目岁,《易》两仪之中也。于春每月书'王',《易》三极之统也。于四时虽亡事必书时月,《易》四象之节也。时月以建分、至、启、闭之分,《易》八卦之位也。象事成败,《易》

吉凶之效也。朝聘会盟,《易》大业之本也。故《易》与《春秋》,天人之道也。"《经》指《春秋》经。归纳起来,可以看到,《三统历》虽然以《太初历》为基础,甚至二者异名同实,但它们的"数"的哲学观念是根本不同的:《太初历》直接以律数为计算历数的基础,而刘向、刘歆更进一步,试图将律历数归之于天地之数,即归之于《易传》所谓天一地二至天九地十的"天地之数"。

　　《三统历》继承了《太初历》的历数,以一日八十一分(黄钟一龠之数),一个朔望月为29.5308642日,一年为365.2502日。又推演之:1章=19年=235月,1统=81章=1539年=19035月=562120日,1元=3统=4617年。《三统历》还以5120元23639040年为一个大周期,其起首叫作太极上元。武帝太初元年上距太极上元,为31元143127年。

2. 浑天说数理的运用

　　浑天说的数理除了应用在历数和历法上外,在西汉中期以后,还有广泛的应用。黄钟一龠之数,即九九八十一分的日数是《太初历》系统的关键数字。《三统历》更推进一层,将中数五、六亦设定为这个立法体系的关键数字。日数八十一和中数五、六这两个数字,可以看作浑天说数理的核心部分,它们直接象征或代表着天道本身。

　　例一,扬雄的《太玄》受到了浑天说和《太初历》的深刻影响。班固在《汉书·扬雄传》中说:"(扬雄)于是辍不复为,而大潭思浑天,参摹而四分之,极于八十一。旁则三摹九据,极之七百二十九赞,亦自然之道也。故观《易》者,见其卦而名之;观《玄》者,数其画而定之。《玄》首四重者,非卦也,数也。其用自天元推一昼一夜阴阳数度律历之纪,九九大运,与天终始。故《玄》三方、九州、二十七部、八十一家、二百四十三表、七百二十九赞,分为三卷,曰一二三,与《泰初历》相应,亦有颛顼之历焉。"这段话具体说明了,扬雄创制《太玄》所依据的宇宙学说主要是浑天说,依据的历法主要是《太初历》。而《太初历》的日数八十一分即直接体现在八十一首的设定上。进一步,每一首由四重构成,其构成原理亦是为了满足《太初历》的数理。

　　例二,通行本《老子》的分章,是根据《三统历》的日数八十一分和中数五、六这两种数字来设定的。通行本《老子》的总章数为八十一章,《上篇》(《道篇》)三十七章,《下篇》(《德篇》)四十四章。而通行本《老子》的分章又来自刘向定著本[①]。刘

---

　　① 〔宋〕谢守灏:《混元圣纪》卷三,载《道藏》第17册,北京,文物出版社,上海,上海书店,天津,天津古籍出版社,1988年,第814页。丁四新:《"数"的哲学观念与早期〈老子〉文本的经典化——兼论传世本〈老子〉的分章来源》,《中山大学学报(社会科学版)》第59卷第3期(2019年),第114~118页。

向定著本(通行本)的分章,与汉简本《老子》的分章有密切的关系。汉简本《老子·上经》为四十四章,《下经》为三十三章。《上经》即《德经》部分,《下经》即《道经》部分。两相比较,刘向定著本(通行本)《下篇》的分章即直接继承了汉简本《上经》(《德经》)的分章,《上篇》则大抵抽取汉简本《下经》的数章再加裁划,而定著为三十七章。刘向定著本(通行本)之所以将上下篇设定为三十七章和四十四章,据笔者的研究,乃是与满足中数五、六的某种要求密切相关的:章数三十七、四十四的比值(37:44)和中数五、六(5:6)的比值近乎相等①。

例三,光武帝刘秀"宣布图谶于天下",共八十一篇,而此八十一篇之数即是根据《太初历》的日数八十一分来确定的。在西汉末期,谶纬之学处于自发阶段,篇籍众多,尽管当时有所谓"五经六纬,尊术显士"(《汉书·眭两夏侯京翼李传》)之说,但远未达到统一的地步。据《后汉书·儒林传》,光武帝建武初年,薛汉、尹敏校定谶纬,别为八十一篇。据《后汉书·光武帝纪》,建武中元元年(56),光武帝"宣布图谶于天下"。据《后汉书·张衡列传》,张衡上书顺帝,云八十一篇指"《河》《雒》《六艺》",李贤《注》曰:"《衡集·上事》云:'《河》《洛》五九,《六艺》四九,谓八十一篇也。'"《隋书·经籍志》的说法更为具体,云:"其书出于前汉,有《河图》九篇,《洛书》六篇,云自黄帝至周文王所受本文。又别有三十篇,云自初起至于孔子,九圣之所增演,以广其意。又有《七经纬》三十六篇,并云孔子所作,并前合为八十一篇。"《河图》九篇,《洛书》六篇,加上九圣所增演的三十篇,合计四十五篇;再加《七经纬》三十六篇,总共八十一篇。结合当时的天道论背景来看,八十一篇的裁定很显然是以《太初历》的日数八十一分为根据的;而 45(5×9)、36(4×9)两数,则包含着四时、五行之义②。

总之,不管怎样,这些数字都是以天道观的数理为依据的;反过来说,它们都在一个侧面上反映着和肯定了天道的存在。

四、宇宙生成论的数理

(一)宇宙生成论的结构与数理

宇宙论包括宇宙结构论和宇宙生成论,对于后者中国哲学史教程一般作了充分肯定。宇宙生成论通常采取从终极始源到万物的生成模式;而依据对"终极始

---

①　丁四新:《论刘向本(通行本)〈老子〉篇章数的裁划依据》,《哲学研究》2014 年第 12 期,第 56～61 页。
②　本节诸例,笔者曾有论及,参见拙作《"数"的哲学观念与早期〈老子〉文本的经典化——兼论通行本〈老子〉的分章来源》,《中山大学学报(社会科学版)》第 59 卷第 3 期(2019 年),第 110～114 页。

源"之存在性的理解不同,它可以分为"从无到有"和"从一到万"两个类型,当然这两个类型在一些诸子思想中不是截然对立的。道家文献特别关注宇宙生成论问题,因为道家不满足于传统天命论对于现象世界作如此根源性的判断。竹书《恒先》《凡物流形》和帛书《十六经·观》《十六经·成法》《道原》这五篇出土道家文献,都有宇宙生成论的内容,显示道家对于此一问题的高度重视。《恒先》是一个典型,它以"恒先"为终极始源,并认为此终极始源具有"无有"(对"有"的否定)的特性。它的宇宙生成论有三重,分别是:恒先→或→气→有→始→往;(恒先→或→气→)清气、浊气→天、地→性→万物(有治而无乱)→人(乱出于人);(恒先→)或→有→性→意→言→名→事①。另外,具有阴阳家或数术性质的《太一生水》前八简的宇宙生成论亦颇富特色,其"相辅""反辅"的生成方式不见于其他出土竹书。

数理化是先秦秦汉宇宙生成论的一个重要特征,其中有两点特别值得注意,一个是古代哲人注重宇宙生成结构及其数理的具体推演,另一个是特别重视数字"一"的哲学含义。

先看前者。尽管在不同的文献中这种推演的具体结构或步骤不尽相同,但是大体说来可以分为三种类型。第一种是"道生一"类型,这见于《老子》《淮南子·天文》和竹书《凡物流形》。《老子》第四十二章说:"道生一,一生二,二生三,三生万物。万物负阴而抱阳,冲气以为和。"《淮南子·天文篇》继承和解释了此一生成论思想,云:"道始于一,一而不生,故分而为阴阳,阴阳合和而万物生。故曰:'一生二,二生三,三生万物。'"其生成论结构是:道(终极始源)→一→二→三→万物。上博楚竹书《凡物流形》曰:"一生两,两生三,三生女〈四〉,女〈四〉成结。"②其生成论的结构是:一→两→三→四→成结→万物。比较起来,《凡物流形》在"三"之下多了"四"一环。而笔者之所以将《凡物流形》的生成论归之于"道生一"类型,是因为此篇竹书明确以"一"指代"道"。与此相同,帛书《道原》以"一"为"道之号"。

第二种是"一生两"类型,且此"一"可称为"太一"。以"太一"为宇宙的始源,这可能与当时的天文学或数术思想有关。《礼记·礼运》曰:"是故夫礼,必本于大(太)一,分而为天地,转而为阴阳,变而为四时,列而为鬼神。"其具体生成论结构是:太一→天地→阴阳→四时、鬼神。《吕氏春秋·太乐》曰:"音乐之所由来者远矣,生于度量,本于太一。太一出两仪,两仪出阴阳。阴阳变化,一上一下,合而成章。浑浑沌沌,离则复合,合则复离,是谓天常……万物所出,造于太一,化于阴

---

① 丁四新:《楚竹书〈恒先〉的三重宇宙生成论与气论思想》,《哲学动态》2017年第9期,第41～49页。

② "女"字,沈培说是"四"字之误,其说可从。沈培:《略说〈上博(七)〉新见的"一"字》,http://www.gwz.fudan.edu.cn,2008年12月31日。

阳。"其生成论结构是：太一→两仪→阴阳→万物。《淮南子·本经》曰："帝者体太一，王者法阴阳，霸者则四时，君者用六律。"今本《文子·下德》篇继承了此一说法，其生成论结构是：太一→阴阳→四时→六律。帛书《十六经·观》"黄帝曰"："混混（沌沌，窈窈冥冥），为一囷。无晦无明，未有阴阳。阴阳未定，吾未有以名。今始判为两，分为阴阳，离为四（时，刚柔相成，万物乃生，德虐之行），因以为常。"①其生成论结构是：一囷→两→阴阳→四时→万物。它可以简化为：一→两→四→万。以上两种类型的宇宙生成论都是在盖天说的宇宙论背景下展开的。

第三种类型的宇宙生成论结构和数理则来自于浑天说，《易纬·乾凿度》对此有具体说明。《乾凿度》将宇宙生成分为形上与形下两个阶段，并以《周易》之数理对应之。《乾凿度》曰："易无形畔，易变而为一，一变而为七，七变而为九，九者，气变之究也，乃复变而为一。一者形变之始，清轻者上为天，浊重者下为地。"又曰："《易》始于太极，太极分而为二，故生天地。天地有春、秋、冬、夏之节，故生四时。四时各有阴阳、刚柔之分，故生八卦。"联系郑玄《注》可知，其形上的生成结构及其数理是：易→一（太初）→七（太始）→九（太素）→一（元气）；其形下的生成结构及其数理是：一（元气、太极）→二（七九、八六）→天地→四时→八卦（八方八节）→万物。两相比较，"形上生成结构"一截是盖天说的宇宙生成论所缺乏的。

（二）数字"一"的哲学含义

再看后者。古代哲人对于"一"的数理及其哲学象征含义的重视，这特别见于《老子》第三十九章、竹书《凡物流形》和帛书《十六经·成法》等书篇中。这三篇文献说：

> 昔之得一者，天得一以清，地得一以宁，神得一以灵，谷得一以盈，万物得一以生，侯王得一以为天下贞。（《老子》第三十九章）

> 黄帝曰："一者，一而已乎？其亦有长乎？"力黑曰："一者，道其本也，胡为而无长？（凡有）所失，莫能守一。一之解，察于天地；一之理，施于四海。何以知（一）之至，远近之稽？夫唯一不失，一以趋化，少以知多。夫达望四海，困极上下，四向相抱，各以其道。夫百言有本，千言有要，万（言）有总。万物之多，皆阅一孔。"②（《十六经·成法》）

> 闻之曰：一生两，两生三，三生女（四），女（四）成结。是故有一，天下无不

———————

① 湖南省博物馆、复旦大学出土文献与古文字研究中心编纂：《长沙马王堆汉墓简帛集成（肆）》，北京，中华书局，2014 年，第 152 页。

② 湖南省博物馆等编纂：《长沙马王堆汉墓简帛集成（肆）》，第 165 页。

有；无一，天下亦无一有……闻之曰：一焉而终不穷，一焉而有众，一焉而万民之利，一焉而为天地稽。握之不盈握，敷之无所容？大之以知天下，小之以治邦。①（《凡物流形》）

"一"的哲学象征含义是上引三段文字的要旨。一方面"道生一"②，"一"不等于"道"，"道"与"一"毕竟是有差别的；但是另一方面，"一"又非常接近于"道"，是"道"生成的第一个环节，在一定程度上可以代表或等于"道"。因此"道、物"的相对模式，可以转变为"一、多"或"一、万"相对的模式。帛书《道原》云"一者其号也"③，《十六经·成法》云"一者，道其本也"，都指明了"一"与"道"的关系。"一"本来是一个数字，但在古人的数字观念里它是一切数的开始，故而在哲学观念中它被认为可以指代宇宙的终极始源。《说文·一部》曰："一，惟初太始，道立于一，造分天地，化成万物。"许慎的解释简洁明了，指明了"一"作为数字的哲学含义所在。不但如此，"一"作为始源的哲学象征含义正是通过宇宙生成论的作用而体现出来的，这一点可以参看上引三段文字。

五、"天地之数"的哲学含义及其推演

（一）"天地之数"的哲学性

中国古代的宇宙观不论是盖天说还是浑天说，都可以归纳为天地观，它们都是在天体地形的基础上来谈论所谓宇宙模型的。因此古人的"数"观念其实最终都要归结到天地意识上来，"天地之数"即被看作基本之数和万数之源。此点，在《周易·系辞传》和《汉书·律历志》中表现得最为明显。《周易·系辞上》曰："天一地二，天三地四，天五地六，天七地八，天九地十。天数五，地数五，五位相得而各有合。天数二十有五，地数三十，凡天地之数，五十有五，此所以成变化而行鬼神也。"这即是所谓"天地之数"。天数即奇数，其中数为五；地数即偶数，其中数为六。"天地之数"的概念本身即具备宇宙论性质，因而它属于"数"的哲学概念。也因为如此，"数"在古人那里天生即寓于天地万物之中，无物无数，且随着万物的生长而

①　马承源主编：《上海博物馆藏战国楚竹书（七）》，上海，上海古籍出版社，2008年，第223～271页。原释文有错误，今引文已据学者意见改正。

②　河上公《注》曰："道始所生者，一也。"第三十九章"昔之得一者"河上公《注》曰："一，无为，道之子也。"王弼《注》曰："一，数之始，而物之极也。各是一物之生，所以为主也；物皆各得此一以成。"参见王卡点校：《老子道德经河上公章句》，北京，中华书局，1993年，第168、154页；［魏］王弼等注：《四部要籍注疏丛刊·老子》，北京，中华书局，1998年，第102页。

③　湖南省博物馆等编纂：《长沙马王堆汉墓简帛集成（肆）》，第189页。

生长,随着万物的变化而变化。同时,"数"有其规定事物或反映事物之数量关系的必然性,这就是所谓可量化的规律。《系辞传》的这段话被《汉书·律历志》全盘引用,也成为《三统历》的律历数之本。

对于从"一"到"十"这十个基本数字,许慎在《说文解字》中作了专门解释,赋予其哲学含义。《说文·一部》曰:"惟初太始,道立于一,造分天地,化成万物。"《二部》曰:"二,地之数也。从偶一。"《三部》曰:"三,天地人之道也。从三数。"《四部》曰:"四,阴数也。象四分之形。"《五部》曰:"五,五行也。从二,阴阳在天地间交午也。"《六部》曰:"六,《易》之数,阴变于六,正于八。从入从八。"《七部》曰:"七,阳之正也。从一,微阴从中衺出也。"《八部》曰:"八,别也。象分别相背之形。"《九部》曰:"九,阳之变也。象其屈曲究尽之形。"《十部》曰:"十,数之具也。一为东西,丨为南北,则四方中央备矣。"很容易看出,除了数字"八"外,许慎对于其他九个基本数字的解释均具有浓郁的宇宙论色彩。这直接反映了汉人就是从宇宙论的角度来看待这十个基本数字的,汉人的"数"观念浸染在浓厚的天地阴阳意识或宇宙论意识之中。

(二)"天地之数"的哲学推论和推演

"天地之数"作为数理本原,在中国哲学和文化中得到了广泛应用,《系辞上》曰:"天地之数五十有五,此所以成变化而行鬼神也。"天地之数如何"此所以成变化而行鬼神"? 首先,从"一"到"十"这十个基本数字几乎每一个都可以被哲学观念化,都具有广泛的宇宙论象征含义,并得到广泛的应用:"一"指道、元;"二"指阴阳、两仪;"三"指阴阳之和、三才、三倍;"四"指四方、四时、四象;"五"指五行、五方、五色、五季、土德;"六"指六合、阴爻、水德;"七"指七宿、北斗七星、火德;"八"为阴数之极,指八方、八极、八节、木德;"九"为阳数之极、数之究,指阳爻、金德;"十"为数之具,象征圆满、周全。董仲舒还说:"天、地、阴、阳、木、火、土、金、水九,与人而十者,天之数毕也,故数者至十而止,书者以十为终,皆取之此。"(《春秋繁露·天地阴阳》)"书者以十为终"的法则被广泛应用于汉代书篇的编撰,如《史记》一百三十卷、《汉书》一百卷、《淮南子》二十篇等,都是根据这一法则编定的。

其次,从"一"到"十"这十个基本数字可依据不同的宇宙论观点和方式被结构起来,并在中国思想和文化中产生广泛的影响。其一,从天地之数中选出大衍之数五十,"其用四十有九",经过一番揲蓍成卦的过程,得四象之数六、七、八、九:在《周易》经文中,七、八两数用作阴阳爻画,六、九两数用作爻题。它们构成了《周易》文本最基本的方面。其二,《系辞上》天地之数"五位相得而各有合"一句在后世得到了不同的解释和推演,甚至成为思维方式,影响非常深远。例如其中的一种是西汉形成的五行生成数说,另一种是宋代形成的图书说。五行生成数说见于《汉书·五行志上》和《太玄·玄数》等书篇中。《五行志上》曰:"天以一生水,地以二生火,天以三生木,地以四生金,天以五生土。五位皆以五而合,而阴阳易位,故曰'妃以五成'。然则水之大数六,火七,木八,金九,土十。"扬雄《太玄·玄数》说"三八为木""四九为金""二七为火""一六为水""五五为土",表达更为简洁。简单说来,五位相合数也就是汉人所说的五行生成数。考之古书,五行生数的概念,源于《尚书·洪范》第一畴,曰:"五行:一曰水,二曰火,三曰木,四曰金,五曰土。"此五行言说之序,即为后世所说五行生数之序。五行之成数,是根据史伯"和实生物"之说推演出来的。《国语·郑语》曰:"(史伯曰)夫和实生物,同则不继。以他平他谓之和,故能丰长而物归之;若以同裨同,尽乃弃矣。故先王以土与金木水火杂,以成百物。"汉人即据此提出了成数的概念,其具体公式是:$5+1=6,5+2=7,5+3=8,5+4=9,5+5=10$。在宋代,刘牧以图象的方式推演了天地之数和大衍之数,以黑白点画出了所谓《洛书》《河图》。他以五十五数为《洛书》,以四十五数为《河图》,此简称"洛十河九"说。进入南宋,蔡元定和朱子继承了此图,不过他们以五十五数为《河图》,以四十五数为《洛书》,此简称"河十洛九"说[①]。其经典根据在于《周易·系辞上》"河出图,洛出书,圣人则之"一段文字。"图书之学"在宋元明清易学史上是一大显学,影响巨大。

六、结　　语

　　总之,"数"的哲学是中国古代哲学和思想的一个组成部分。在以往的相关研究中,学者对"数"的哲学观念的肯定一般落实在宇宙生成论的数理上,即落实在《老子》的"道生一"说及其他类似说法上,而忽视了从宇宙结构论来梳理和肯定中国古人的"数"的哲学观念。实际上,这二者应当结合起来,才能够全面地体现出中国古人的宇宙论数理及其"数"的哲学观念。

　　依笔者陋见,早期中国"数"的哲学观念主要表现在三个方面:一是对"数"本身作了哲学思考,肯定其实在性和普遍性。在此,秦简《鲁久次问数于陈起》的相关论述颇为突出,该文提出了"天下之物,无不用数者"的观点;而汉人刘向、刘歆则在论证律历数时赋予"数"以本体论意涵,亦值得注意。二是从宇宙论的层面肯定

---

　　①　[宋]刘牧:《易数钩隐图》卷下,景印文渊阁《四库全书》第 8 册,台北,台湾商务印书馆,1986 年,第 154~155 页。[宋]朱熹:《原本周易本义·图》,景印文渊阁《四库全书》第册,台北,台湾商务印书馆,1986 年,第 627 页。

"数"的哲学观念,并通过宇宙论的数理将其推广于天地万物之中。而宇宙论的数理在古人看来即为天道的下落,它们是人为制度、数量关系的论证根据。古代的宇宙论数理包括盖天说和浑天说两大系统,这两大系统特别在汉代产生了重要影响。三是从思维的角度赋予"数"以哲学含义。"数"的哲学观念在中国古人的思维中占有重要地位,其中二元和五元思维是其代表。而通过象征化,"数"的哲学观念起着关联和规范世界的重要哲学作用。大约在战国中期,阴阳(二元)和五行(五元)正式上升为哲学范式。当然,以上三个方面可以交叉和结合,从而使得"数"的哲学观念变得复杂起来。

从古人"数"的哲学观念之全体来看,属于宇宙生成论的"一"数("道生一""太一")、盖天说的天三地四、浑天说的八十一分以及"天地之数"这四种数字是最重要的。其中,数字"一"的系列受到高度重视,其哲学含义很早即得到肯定和大力推明,而后三种数的天道含义在中国哲学界却长期受到忽视,暗而不明,但其实它们也很重要,是构造所谓"神秘数字"的基础,对于中国思想和文化产生了深远影响。尤其重要的是,"天地之数"经过古人特别是汉代经学家的数字思维的构造和提升,被看作"数原"(数的本体),而用以统一万数。这是一种经学和哲学思维的努力,应当得到今人的充分肯定。

参 考 文 献

古籍:《周易》《尚书》《礼记》《大戴礼记》《白虎通》《七纬》《左传》《国语》《说文解字》《史记》《汉书》《后汉书》《晋书》《隋书》《庄子》《吕氏春秋》《淮南子》《太玄》。

北京大学出土文献研究所:《北京大学藏秦简牍概述》,《文物》2012 年第 6 期。

北京大学出土文献研究所:《北京大学藏秦简牍室内发掘清理简报》,《文物》2012 年第 6 期。

陈镱文、曲安京:《北大秦简〈鲁久次问数于陈起〉中的宇宙模型》,《文物》2017 年第 3 期。

丁四新:《论刘向本(通行本)〈老子〉篇章数的裁划依据》,《哲学研究》2014 年第 12 期。

丁四新:《汉简本〈老子〉总章数及上下经章数的组织原理和数理法则:一种可能性的研究》,载《道家文化研究》第 30 辑,北京:中华书局,2016 年。

丁四新:《楚竹书〈恒先〉的三重宇宙生成论与气论思想》,《哲学动态》2017 年第 9 期。

丁四新:《浑天说的宇宙生成论和结构论溯源——兼论楚竹书〈太一生水〉〈恒先〉与浑天说之理论起源》,《人文杂志》2017 年第 10 期。

丁四新:《"数"的哲学观念与早期〈老子〉文本的经典化——兼论通行本〈老子〉的分章来源》,《中山大学学报(社会科学版)》第 59 卷第 3 期(2019 年)。

韩巍:《北大藏秦简〈鲁久次问数于陈起〉初读》,《北京大学学报(哲学社会科学版)》第 52 卷第 2 期(2015 年)。

韩巍、邹大海整理:《北大秦简〈鲁久次问数于陈起〉今译、图版和专家笔谈》,《自然科学史研究》第 34 卷第 2 期(2015 年)。

　　韩巍:《北大秦简中的数学文献》,《文物》2012 年第 6 期。

　　洪颐煊:《经典集林》,浙江大学 CADAL 网站上载古籍。

　　湖南省博物馆、复旦大学出土文献与古文字研究中心编纂:《长沙马王堆汉墓简帛集成(肆)》,北京,中华书局,2014 年。

　　李继闵:《〈九章算术〉导读与译注》,西安,陕西科学技术出版社,1998 年。

　　刘牧:《易数钩隐图》,景印文渊阁《四库全书》第 8 册,台北,台湾商务印书馆,1986 年。

　　马承源主编:《上海博物馆藏战国楚竹书(七)》,上海,上海古籍出版社版,2008 年。

　　钱宝琮校点:《算经十书》上册,北京,中华书局,1963 年。

　　沈培:《略说〈上博(七)〉新见的“一”字》,www.gwz.fudan.edu.cn,2008 年 12 月 31 日。

　　谢守灏:《混元圣纪》,载《道藏》第 17 册,北京,文物出版社,上海,上海书店,天津,天津古籍出版社,1988 年。

　　杨希枚:《先秦文化史论集》,北京,中国社会科学出版社,1995 年。

　　王弼等注:《四部要籍注疏丛刊·老子》,北京,中华书局,1998 年。

　　王卡点校:《老子道德经河上公章句》,北京,中华书局,1993 年。

　　汪子嵩、范明生、陈村富、姚介厚:《希腊哲学史》第 1 卷,北京,人民出版社,1988 年。

　　朱熹:《原本周易本义》,景印文渊阁《四库全书》第 12 册,台北,台湾商务印书馆,1986 年。

美德伦理学、儒家传统与现代社会的普遍困境
——以陈来《儒学美德论》为中心的讨论

唐文明

（清华大学哲学系）

内容提要：本文聚焦儒家伦理传统的思想定位及其与现代性的张力，以陈来的《儒学美德论》为中心展开讨论，指出儒家伦理思想是一种美德伦理学，尽管在很多方面不同于亚里士多德的美德伦理学。而现代以来对公德与私德的区分必然导致公德压倒乃至摧毁私德的局面，这正是现代社会在美德问题上面临的普遍困境所在。

关键词：美德；规则；公德；私德；共和主义

儒家伦理思想是不是一种美德伦理？这是近年来学术界讨论的一个热点问题。在回答这个问题时所呈现出来的争议，不仅涉及哲学层面上的理论判断，也涉及对整个现代儒学研究传统的历史评价。陈来的新著《儒学美德论》，在回答这个问题的过程中涵盖了学界已有的主要观点，并提出了自己独特的看法，为我们继续深入探究这个问题提供了一个非常适合的讨论样本。本文即以《儒学美德论》为中心，就此问题展开详细探究。由于涉及古今之变的公德与私德问题是大家都关心的一个焦点性的问题，也是陈来在《儒学美德论》中所讨论的一个重点问题，所以我将以整整一节的篇幅对之进行更详细的讨论与辨析，而这一节仍从属于对整个主题的探究。

一

一言以蔽之，陈来承认儒家伦理思想包含一种狭义的美德伦理，但他又特别强调，不能将儒家伦理思想完全归结为美德伦理。在表述他的完整结论时，他提出应当以"五个统一"来把握儒家伦理思想，认为最好用"君子伦理"等术语来刻画"儒家伦理的形态"：

　　相对于刘余莉所说的原则与美德的统一，我认为儒家伦理还是德性与德

行的统一,道德与非道德的统一,公德与私德的统一,道德境界与超道德境界的统一。把握了这五个统一,才全面掌握了儒家伦理及其与美德伦理的关系。如果我们不用统一这个词,则可以说,儒家伦理思想,既重视美德也重视原则,既重视德性也重视德行,既重视道德也重视非道德,既重视私德也重视公德,既重视道德境界也重视超道德境界。①

得出这个结论的前提正是对以美德伦理学来诠释儒家伦理思想这一进路的高度认可:"无疑,美德伦理这一观念和运动,比起任何其他西方哲学或伦理学来说,对认识中国文化带来的积极效应,即它带来的对儒家伦理的可能的肯定,都是很突出的。"②大概是因为很容易看到儒家伦理思想对美德的高度重视,陈来并没有花多少笔墨去辨析儒家伦理思想为何是一种美德伦理,也没有详细分析在这个问题上存在的争议,而是进一步去思考"儒家伦理能不能全部或整体归结为美德伦理"的问题。③ 这是我们正确理解"五个统一"论首先需要澄清的。以下我将详细分析,从美德伦理学的立场应当如何看待陈来所提出的"五个统一"。

规则与美德的统一指向规则与美德的关系问题。这是伦理学领域的基础性问题。在当代西方学术界的美德伦理学话语中,美德伦理学作为一种门类,正是在与规则伦理学的比较与区分中才得以成立。规则伦理学以规则为伦理学的核心概念,像义务论和功效主义,都是聚焦于行为的正当规则,因而都是典型的规则伦理学。相比之下,美德伦理学不是以规则,而是以美德为伦理学的核心概念。④ 于是就有一个相应的质疑:美德伦理学如何给出行为的正当规则? 对此,美德伦理学家已有深入的分析,如陈来提到过的赫斯特豪斯,就针对学术界的质疑专门探讨了这个问题。⑤

既然判断一种伦理思想属于美德伦理学还是规则伦理学,主要是看其思考的进路是聚焦于践行者的美德还是行为的正当规则,那么,当我们将儒家伦理思想置于这一判断标准面前,能得到什么样的结论呢? 鉴于我对此问题已经有过较详细

---

① 陈来:《儒学美德论》,北京,生活·读书·新知三联书店,2019 年,第 300 页。引文中的"原则"一词,刘余莉的原文是"规则",这也是美德伦理学讨论中常见的词汇。陈来该书中的表述有使用"规则"一词,有时使用"原则"一词,以下我将按照美德伦理学的惯例使用"规则"一词。

② 陈来:《儒学美德论》,第 279~280 页。

③ 陈来:《儒学美德论》,第 284 页。

④ 认为义务论和效果论(功效主义是其典型形态之一)已经穷尽了伦理学的类型划分从而要求美德伦理学必须选择站队的看法其实是固执于行为的正当规则这一划分标准。不难看到,美德伦理学的成立恰恰在于不以行为的正当规则为伦理学类型的划分标准。

⑤ 罗莎琳德·赫斯特豪斯:《美德伦理学》,李义天译,南京,译林出版社,2016 年。

的分析,在此我只聚焦于陈来论述中所呈现出来的主要理论关切。① 既然儒家伦理思想有对义务的高度重视,这一点也并不难看到,那么,疑问就在于:将儒家伦理思想完全归结为美德伦理是否妥当? 无疑,这正是陈来运思于"儒学美德论"时历经的一个问题节点。

除了刘余莉,陈来还引用了李明辉的看法,试图说明将美德伦理学与康德式的义务论伦理学对立起来有其不妥之处。但是我必须要指出,刘余莉的调和论并不彻底,李明辉的看法更存在严重的问题,完全无法得出他所预想的结论。指出康德思想中包含一种关于美德的伦理学论述,这自然会增加、完善我们对康德道德哲学的认识,这也是英美伦理学界的康德主义者在回应美德伦理学的挑战时已经做过、且做得有些过头、后来自己有所反悔的事情(此处特别指奥诺拉·奥尼尔),但如果因此忽视美德伦理学与义务论伦理学的差异,则只能得出和稀泥的结论。

在康德那里,美德主要来自义务感,即"对道德法则的敬重",也就是说,康德的美德概念是关联于其义务概念而被确立的。这是和康德的义务论伦理学完全一致的。在这样一个理论脉络中呈现出来的概念图景完全是以义务为核心的,我们甚至可以说,在其中美德概念完全基于道德义务而被定义。因此,正确的推论应当是,揭示出康德思想中存在的美德理论,恰恰说明康德的道德哲学是一种典型的、不同于美德伦理学的规则伦理学,而绝不可能得出相反的结论。李明辉在分析这个问题时只是停留于批评,在我看来正是因为他意识到他不能也不可能得出相反的结论,所以只能止于提出一个看似有效的批评性意见。② 至于李明辉用康德意义上的道德之善与自然之善来诠释儒家传统中的义利之辨,其实更为恰当的理解是,义指向善,但义在儒家传统中更是一种和仁、礼、智、信并列的美德。李明辉所提出的另一个对他的论证更为关键的例子,是对孔子回答宰我三年之丧的分析,他以康德意义上的"存心伦理学"(即一般所谓与效果论相对而言的动机论)诠释之,其实对这个例子更好的诠释,恰恰是基于孝这个儒家传统中特别看重的美德来理解孔子的回答:正是孝的美德提供了一种非功利性的动机。③ 简而言之,美德伦理学从来不会忽略动机问题,一定包含一种基于美德概念而提出的关于伦理行为之动机的理论说明。④

① 参见唐文明:《隐秘的颠覆》,北京,生活·读书·新知三联书店,2012 年,第 111 页以下。

② 参见李明辉:《儒家、康德与德行伦理学》,《哲学研究》2012 年第 10 期。

③ 李明辉:《再论儒家、康德伦理学与德行伦理学——评唐文明的〈隐秘的颠覆〉》,《台湾东亚文明研究学刊》第 12 卷第 2 期。陈来对李明辉的这两个例子都有引用,见陈来:《儒学美德论》,第 297～298 页。

④ 在动机问题上,美德伦理学对批评义务论伦理学提出的批评是在后者的理论中存在动机与理由严重不统一的问题,这是迈克尔·斯托克尔在《现代伦理理论的精神分裂症》一文中提出的著名观点,可参见我在《隐秘的颠覆》(第 124 页以下)的论述。

其实,要说明义务观念在儒家伦理思想中的重要性,最好的例子莫过于指出儒家传统所特别看重的人伦规范。以父子一伦为例,在父与子之间当然存在着对双方的义务要求,尽管从孝与慈这一对成就父子之伦的美德来理解父子之伦中的"应然"更为全面。在我看来,李明辉之所以刻意回避涉及人伦规范的重要例子,正是因为他忠于康德式的普遍主义主张,从而不愿呈现此类义务观念背后的人伦基础。这种为了追求普遍性而放弃特殊性的主张决非儒家伦理思想的特点,以宋儒为例,只要我们想想程颐对"理一分殊"的辨正即可理解这一点。那么,在儒家伦理思想中,是否包含一种无关乎人伦的、面向所有人的普遍义务呢?仅从理论分析的角度看,我们是可以从儒家伦理思想传统中提取出这样一种面向所有人的普遍义务,但这显然并不是儒家传统中进行伦理考虑和道德推理的运思之路。①

澄清了义务论伦理学如何处理美德概念,让我们再来看美德伦理学如何看待义务概念。在《追寻美德:伦理理论研究》中论述"亚里士多德对诸美德的解说"的第 12 章,麦金太尔专门讨论了美德与规则之间存在的两种"至关重要的联系"。他首先指出,"《尼各马可伦理学》通篇都很少提到规则",然后说明,"亚里士多德把服从规则的那部分道德,看作是服从城邦所颁布的法律"。② 也就是说,一种亚里士多德意义上的美德伦理学充分认可规则的重要性,但在说明规则的重要性时,并非像现代以来的规则伦理学那样诉诸人类理性的绝对命令或人类行为的效果考量,而是诉诸美德赖以可能且美德能够成就的共同体生活的维系与繁荣。在将美德伦理学的规则关切转换为共同体赖以维系的法律关切后,麦金太尔说:

> 要阐明美德与法律的道德性之间的关系,就要考察在任何一个时代建立一个共同体——为了实现一种共同的筹划,这一筹划旨在产生某种被所有那些参与这一筹划的人公认共享的善——所要涉及的东西。……那些参与这类筹划的人必须发展两种不同类型的评价性实践。一方面,他们必须看重——作为优点加以赞扬——精神和性格中那些有助于实现其共同善的品质。也就是说,他们必须承认某一系列品质为美德、与此相对的一系列缺点为恶。然而他们还必须能够辨识出某些行为会损害并危及这样一种秩序,它们至少在某些方面、某些时候妨碍善的获得,从而破坏共同体的连接纽带。这类违法行为

---

① 按照威廉斯的看法,这种运思就是从关乎人的完整性的伦理考虑中不恰当地萃取出一种扭曲人的完整性的道德考虑。更详细的分析见下文。另外,主要基于对人伦观念的反思而提出来的一种主张是将儒家伦理思想厘定为一种角色伦理学,如安乐哲与罗思文。这种主张似乎又倒向了特殊主义一边。在《儒学美德论》第 15 章,陈来回应了这种主张,其主要思路是基于具有普遍主义诉求的美德伦理学来容纳作为一种特殊主义主张的角色伦理学。

② 麦金太尔:《追寻美德:伦理理论研究》,宋继杰译,南京,译林出版社,2003 年,第 190 页。

的典型例子可能是滥杀无辜、偷盗、伪证与背叛。在这样一种共同体中所颁布的德目表会教导其公民何种行为将给他们带来功绩和荣誉；而违法行为一览表则教导他们何种行为不仅被视为恶的，亦且是不可容忍的。①

不难看出，康德在说明他的道德法则理论时所举的关于义务的例子，大多可归于麦金太尔这里所谓的"违法行为一览表"，这也正是黑格尔批评康德的道德哲学在精神实质上止于摩西律法的重要原因。② 如果说通过区分两种不同类型的评价性实践从而承认立法层面的规则的重要性是美德伦理学重视法律或规则的第一要义，那么，麦金太尔式的美德伦理学还认为："美德与法律还有另一种至关重要的联系，因为只有那些拥有正义美德的人才有可能知道如何运用法律。"③对此，麦金太尔适时而恰当地强调了人类社会遭遇的古今之变：在古代社会，"法律和道德并非如现代社会那样是两个分离的领域"。在《追寻美德：伦理理论研究》第 14 章，麦金太尔将他在第 12 章所展开的上述论说概括为："美德伦理需要道德法则概念作为其补充。"④可见，美德伦理学不仅不排斥立法层面的必要规则，而且相当重视规则，只是其重视规则的理由是基于美德概念而来，具体来说，即诉诸美德赖以可能和美德能够成就的共同体生活的维系与繁荣来理解规则的重要性。

因此，对于美德与规则如何统一的问题，其实有两种不同的进路，一种是像康德那样，基于规则而理解美德，从而可以说是将美德统一于规则，另一种则是像麦金太尔所论述的亚里士多德那样，基于美德而认可规则，从而可以说是将规则统一于美德。陈来虽然没有详细论述美德与规则究竟如何统一，但在他的论述中不仅注意到古今社会的巨大差别，而且也明确意识到儒家伦理思想在这一点上与亚里士多德伦理学存在更多相似之处，如他说："西方美德伦理运动对德性和规则两分对立的框架加以反省，这是 20 世纪 80 年代以来美德伦理运动中兴起并刻意凸显的模式，并非亚里士多德伦理学和儒家伦理的事实。"⑤鉴于这一点，再加上本文一开始就指出的，陈来对以美德伦理学来诠释儒家伦理思想这一理论进路高度认可，我认为有充分的理由断言，如果进一步展开的话，陈来对儒家伦理思想中美德与规则的统一性的强调不可能走向一种康德式的理解，也不应该是一种调和式的论调，而只能采取一种麦金太尔式的或类似于麦金太尔式的理解。

---

① 麦金太尔：《追寻美德：伦理理论研究》，第 190～191 页。
② 可参见我在《隐秘的颠覆》一书中（第 113 页）的引用和分析。另，按照康德对义务的划分，麦金太尔所提到的"违法行为一览表"基本上对应于对人、对己的完全义务，而不可能包括在对人、对己的不完全义务中。
③ 麦金太尔：《追寻美德：伦理理论研究》，第 192 页。
④ 麦金太尔：《追寻美德：伦理理论研究》，第 254 页。
⑤ 陈来：《儒学美德论》，第 285 页。

　　鉴于"德性""德行"和"美德"都可能是对英文"virtue"的不同翻译,陈来在书中也明确提到了这一点,当我们看到陈来强调儒家伦理思想中包含着"德性与德行的统一"时,我们首先要辨析在这个表述中的"德性"与"德行"究竟何指。在下面这段话中我们可以找到答案:

　　　　早期儒家不明确区分德性与德行,这也是在比较德性伦理学研究中应当注意的。心与行不分,心与身不分,做人和做事不可分,西方文化中那种尖锐对立的东西,在中国古代儒家中却并非如此,而是在统一体中包含的,品质和行为是一致的,并没有离开行为去专注品质,如《礼记》的"儒行篇",《周易》的"象传",都是如此。故君子的德行是其品质的实现和发显,而君子的品质必然表现在其行为里。①

　　"德行"指向行为,"德性"指向品质,这是陈来基于"在心为德,施之为行"的古注而对这一对概念作出的区分。这一区分也涉及陈来在中国伦理思想史研究上的一些重要观点。早在 2000 年前后,陈来就以亚里士多德伦理学和试图重构亚里士多德伦理学的麦金太尔的美德伦理学为理论资源,将春秋时代刻画为"德行的时代",即以"德行伦理"为主的时代,相对于此前以"仪式伦理"为主的时代。② 在 2002 年发表的一篇文章中,陈来又提出,春秋时代的德行伦理被孔子发展为一种更为全面的、注重整体人格的君子伦理,而这意味着儒家伦理思想对更早的德行伦理传统的继承和超越。③ 在《儒学美德论》中,陈来再一次重申了这个观点,并明确使用"后德行时代"这个术语来刻画孔子在中国伦理思想史上的意义:"春秋时代的中国文化已经进入德行的时代,而到孔子已经进入后德行时代,故孔子思想虽然包含德行部分,但已经在整体上不属于德行伦理,而进入一个'君子人格'的新形态,是与君子人格结成一体的。"④

　　由此可见,陈来对于儒家伦理思想是不是一种美德伦理这个问题的回答,不仅仅是或首先不是在哲学层面所作出的一个理论判断,他其实很早就将美德伦理学的理论资源运用到他的中国伦理思想史研究中去了,且正是基于他多年来扎实、精

---

　　① 陈来:《儒学美德论》,第 286 页。
　　② 陈来:《古代思想文化的世界——春秋时代的宗教、伦理与社会思想》,北京,生活·读书·新知三联书店,2002 年,第 15 页。根据作者在后记中的说明,该书在出版前两年已经完成。另,根据作者在引言中的说明,该书其实是 1995 年完成的《古代宗教与伦理》的"第二部",而《古代宗教与伦理》以巫觋、祭祀和礼乐刻画春秋之前的宗教和伦理思想发展的三个不同阶段,可见,第二部中所提到的"仪式伦理"正与第一部中的礼乐阶段相接。
　　③ 陈来:《古代德行伦理与早期儒家伦理学的特点》,《河北学刊》2002 年第 6 期。
　　④ 陈来:《儒学美德论》,第 300 页。

深的中国伦理思想史研究,他才得出了本文一开始就陈述过的论断。① 在对德性与德行的区分中,陈来也将他的论断扩展到孔子以后的时代。比如在谈到孟子时,他强调"孟子提出的性善论是美德伦理的根基","由孟子学派代表的儒家很注重从德性展开为德行的身心过程,包含了道德心理学的生成和延展,这是一种由内而外的'形于外'的过程"。在谈到宋明理学与先秦儒学的继承关系时,他说:"如何成为君子或圣贤,就是中国哲学的工夫论问题。工夫论占了宋明理学的大部分。美德伦理在从孔孟到程朱的过程中一贯传承,但在宋明理学中已不占主要部分。"②

其实,品质与行为的统一正是美德伦理学所主张的,美德伦理学并不割裂二者的关系,而是强调注重品质比注重行为更为根本,且品质最终还是要通过行为展现出来。陈来区分广义的和狭义的美德伦理学,认为儒家的君子伦理学是一种广义的美德伦理学,由此我们可以见到他立论的分寸。当陈来说儒家伦理思想超越了狭义的美德伦理学时,是为了凸显儒家伦理思想的特质以及儒学的整全性,由此我们可以见到他立论的关切。于是,我们看到,当比较的对象是立足现代性的美德伦理学理论时,陈来会强调孔子与亚里士多德在伦理教诲上的相似处,但当直面孔子与亚里士多德的伦理教诲的关系时,他更会强调二者之间的差异。③ 至于在儒学史上发展出来的、至关重要的心性论与工夫论,尽管除了呈现出"文明与文化的不同"外,也呈现出"哲学思考的不同",但稍加联想,我们仍然可以在西方美德伦理传统中找到这些对应于实际生活经验的符号化等价物。比如,柏拉图、亚里士多德都有一套灵魂分析学说,正如孟子在继承孔子思想的基础上发展出一套心性学说。另一个或许更能说明问题的参照对象是西方基督教神学传统,既然神学与儒学都是整全性学说,比如在托马斯·阿奎那的伦理神学中,不仅有对诫命的遵守,还有俗世美德(基本对应于希腊的四主德)和神学美德(信、望、爱)的教导,以及完全可以被看作工夫论之等价物的灵修论。

在论述儒家伦理思想不限于道德行为、也包含非道德领域的考虑时,陈来也是基于美德伦理学的理论资源展开的:

> 亚里士多德与广义的美德伦理学重视的……是人的整个生活,……也因

---

① 可以看出,《儒学美德论》下篇的整体布局正是基于这一论断被安排的:首先阐明儒家伦理思想与美德伦理的关系从而将儒家伦理定位为君子伦理或一种广义的美德伦理学(第9章),然后是儒家的人论(第10章)和儒家的实践智慧(第11章),再转到狭义的美德论(第12章)和孔、孟的美德论以及新出土文献中的美德论(第13、14、15章),最后以两个现代哲人的美德论作为补充(第16、17章)。作者对下篇各章次序安排的更详细的说明见《儒学美德论》的序(第3页)。

② 陈来:《儒学美德论》,第285~286页。

③ 陈来:《儒学美德论》,第285~286页。

为这样,有的人认为,美德伦理学是一种'非道德的理论'。同样,儒家的伦理学,明显地不限于道德行为,而关注德行、人格和实践的工夫。本书所说的儒家伦理学也是在这个意义上使用的,其生活不是以'正当''正确'为焦点,而是以'高尚''君子'人格为整体的伦理学形态。①

关于美德伦理学对于非道德美德的重视,陈来主要援引迈克尔·斯洛特的看法以及黄慧英的相关研究来说明。② 问题在于,基于道德与非道德的区分,如何去理解道德与非道德的统一呢? 直观的看法似乎并不错,正如陈来所论:要成就圣贤人格,首先要做一个道德的人,但绝不止于做一个道德的人。不过,如果这里的"道德"是作为"morality"的翻译或更明确地讲指向康德意义上的义务观念,那么,在此我想提供来自伯纳德·威廉斯对这种思路的一个批评。

威廉斯认为,我们完整的人生考虑尚不限于伦理方面的考虑,而康德为了强调道德的纯粹性又从伦理考虑(ethical consideration)中萃取出道德考虑(moral consideration),于是就践行力的概念而言,就存在道德践行力(moral agency)、伦理践行力(ethical agency)和更为一般的践行力(general agency)三个不同范围的概念。对道德考虑或道德践行力的特别强调其实是为了突出道德的重要性,因此我们很容易看到,与这种理论萃取相应的另一个理论举措是必然将道德宣布为最高价值。在威廉斯看来,这种做法严重地扭曲了我们的伦理审思(ethical deliberation),因为如果不是出于某种特别的动机,一个正常的人几乎不会把道德作为生活的目标,而将道德作为最高价值正是要求人们去过那样一种不正常的生活。威廉斯当然并不是彻底的非道德主义者,尽管他的确深受尼采的影响。在这个问题上他的正面看法是,在更为广义的伦理考虑中,已然可以满足被道德理论家萃取出来的道德考虑背后的关切,且将这一层面的考虑置于一个关涉个人完整性的伦理考虑中更为恰当。因此,威廉斯主张基于伦理而废除道德,他更将道德作为一种奴役人的奇特制度来看待。③

在现代以来的汉语学术界,对于"道德"一词的使用往往是含混的,这是因为"道德"既是古代中国已有的词汇,也被用来作为西方现代话语中的"morality"一词的翻译,而不同时空中的这两个词的涵义其实相去甚远。因此,惯常见到的现象是基于西方现代的道德概念而将儒家伦理思想化约为一种现代意义上的道德哲

---

① 陈来:《儒学美德论》,第 293~294 页。
② 更详细的分析在《儒学美德论》上篇第 1 章,见陈来:《儒学美德论》,第 24~28 页。
③ 威廉斯:《伦理学与哲学的局限》,陈嘉映译,北京,商务印书馆,2017 年,第 209 页以下。

学。① 由上所论,如果威廉斯对以康德为典型的道德主义主张的批评是有效的,那么,谈论道德与非道德的统一就不是最好的立论方式,因为根本没有必要将道德考虑从更为整全的伦理考虑中萃取出来。从另一方面来说,如果试图说明对"道德"的理解应当回到其在古代中国文献中原来的涵义,那么,道德与非道德的区分就可能不成立了,因为由古代文献中的"道"与"德"连用在一起而形成的"道德"概念,本来就包括了现代区分中的非道德领域。

　　综上所述,对于陈来提出的儒家伦理思想中存在"道德与非道德的统一"的看法,我的理解是,陈来从现代以来关于道德领域与非道德领域的区分出发,经由美德伦理学的助缘式思考,走向了对儒家伦理思想中非道德因素的关注和重视。这无疑是个非常重要的主题,尤其有助于我们彻底抛弃道德主义的窠臼来理解儒家伦理思想。至于"道德境界与超道德境界的统一"这一议题,我认为也应当基于类似的辨析加以重新理解和重新刻画,尽管"超道德境界"可能指向本体而与"非道德领域"并非完全对应或至少侧重不同。鉴于在《儒学美德论》中并未有涉及此议题的专章,此议题也非三言两语所能说清,本文不再展开讨论。

　　关于公德与私德的关系及其在儒家伦理思想中的表现,在《儒学美德论》下篇,陈来只是概括性地指出,儒家美德伦理传统在现代所遭遇的一个重大问题,正是"公德与私德的严重失衡,同时也隐含了现代社会的普遍困境"②,而这正是《儒学美德论》上篇详细讨论的主题。进一步来说,这一主题可细分为三个问题:首先,如何看待由古今之变所引发的公德与私德观念兴起的意义与局限? 其次,如何理解儒家伦理思想传统中"公德与私德的统一"? 最后,基于对前两个问题的恰当回答,如何基于儒家的美德伦理思想揭示现代社会的普遍困境? 现在我就转向这些问题。

二

　　自梁启超在《新民说》中提出公德与私德的区分之后,后来者对此主题的讨论就源源不断。但是,回溯一下时间跨度超过一个世纪的讨论的历史,会发现一个令人困惑的现象,即对公德与私德的区分一直缺乏清晰、严格的界定,而且大家对这一点似乎不甚措意。这当然表明公德与私德的区分出自强烈的实践动机,且正是这种实践动机的紧迫性使得大多数论者并未措意于对公德与私德进行更为严格的

---

① 我在《隐秘的颠覆》第一部分"道德的化约"已详细批评了这种倾向。
② 陈来:《儒学美德论》,第 301 页。

区分。但或许还有更深层次的原因？既然反思是哲学的恰当功能，那么，为了揭示公德与私德的区分背后的实践动机，让我们首先来对这一区分进行一些必要的辨析。

区分公德与私德的一个直观的标准是二者所对应的不同生活领域。公德对应于社会和政治生活这两个公共性的领域，而私德则对应于个人和家庭生活这两个私人性的领域。既然对于公共领域与私人领域的区分存在着古今之别，那么，我们必须指出，正是现代以来对公私领域的区分构成了公德与私德区分的基础。换言之，公德与私德的区分，具有鲜明的现代性特征。在以往讨论公德与私德问题的大量文献中，这一点往往被当作一个不需要讨论的先在信念和进一步讨论的共识性前提，当然也谈不上对此有什么严肃的反思了。

区分公德与私德的另一个标准是基于伦理对象的不同类型而呈现出来的不同伦理形式。这一点是梁启超明确提出来的，即公德是个人对团体的，是以团体为伦理对象，而私德是个人对个人的，是以个人为伦理对象。在这个区分中，个人与团体，被认为是两种不同的伦理对象的类型；相应地，个人对个人，与个人对团体，就呈现为两种不同的伦理形式。以君臣之伦为例，如果说君臣之伦是个人对个人的伦理，而不是个人对团体（如个人对政治体）的伦理，那么，规范并成就君臣之伦的美德就不属于公德，而只能归于私德。梁启超之所以得出古代中国有私德而无公德的结论，就是基于他对不同伦理对象的类型和不同伦理形式的分辨，其背后当然还是与他对现代社会的基本特征的理解有很大关系。也就是说，这里的"团体"指向一种社会学意义上的理性建构，不再是基于人的实际生活经验的伦理建构，所以他才会以家族伦理、社会伦理和政治伦理来重新刻画传统的五伦。

实际上我们可以看到，关于五伦观念，在梁启超提出这一看法的十几年后，西方学术界出现过一个类似的看法。在出版于1915年的《儒教与道教》的结论部分，马克斯·韦伯以"人格主义"来刻画儒教伦理，就是着意于以"纯个人关系"来理解五伦，而他的目的，是为了批评儒教伦理因人格主义这一特征而不能成就经济生活的理性化：

> 就经济观点而言，人格主义无疑是对客观化的一种限制，同时也是对客观理性化的一种限制，因为它力图将个人一再地从内心上与其氏族成员和以氏族方式与其联系在一起的同时牢系在一起；不管怎么说，他是被系于人，而非系于客观上的任务。这种人格主义的限制，正如全文所揭示的，是和中国宗教特有的性质密切联系在一起的。人格主义是宗教伦理之理性化的障碍，是权威性的知识阶层为了维护自己利益与地位的一道屏障。这一点对经济有相当重要的影响，因为作为一切买卖关系之基础的信赖，在中国大多是建立在亲缘

或类似亲缘的纯个人关系的基础之上的。①

　　对于梁启超所谓的五伦皆是私人之间的伦理这一看法,或韦伯所谓的儒教伦理具有人格主义特征这一看法,我们在承认其深刻性的同时,也会产生一个巨大的疑虑:仍以君臣之伦为例,难道君臣之伦完全是私人之间的伦理吗? 在君臣之伦中难道不包含任何公共性因素吗? 如果将君主理解为一个政治体的合法代表,对臣也作类似的理解,那么,我们很难说君臣之伦就是一种毫无公共性因素的、完全私人性的伦理。② 因此,对于梁启超和韦伯的类似看法,理解上的一个必要澄清在于,正如梁启超基于现代以来对公私领域的区分而提出公德与私德的区分,韦伯所青睐的生活领域的客观化、理性化,其实也是基于他对现代社会的理解。换言之,梁启超和韦伯都是基于类似的"现代社会想象"(查尔斯·泰勒的概念)才提出了类似的观点。以此观之,对个人对个人与个人对团体的伦理形式的区分,或者说对儒教式人格主义与清教式理性主义的伦理形式的区分,背后仍与现代以来对公私领域的区分有密切关系。③

　　基于以上两个应当按照词典式顺序排列的标准,我们大概可以得出结论说,公德就是在社会和政治生活领域中以个人对团体之伦理形式而呈现的美德,私德就是在个人和家庭生活领域中以个人对个人之伦理形式而呈现的美德。但这个结论仍远远不够。比如说,一个基督教徒从自己的信仰出发,认为自己对所处社会和国家具有种种责任,由此而生出一系列面向公共领域的美德,但我们绝不会把此类基于自己特殊信仰而面向公共领域的美德称作公德,反而会认为这是不折不扣的私德。其实,正如我已经指出过的,梁启超提出公德与私德的概念,在很大程度上是受到孟德斯鸠的影响。孟德斯鸠认为共和政治需要美德的支持,但这种美德是爱国、爱平等等政治性的美德,并非那些出于私人信仰的美德。梁启超正是在孟德斯鸠的强烈影响下、在鼓吹共和主义的中国语境中提出了公德与私德概念的区分。④

　　由此我们就触及了区分公德与私德的另一个重要标准,即不同的规范性来源。在公德概念中,规范性来源就是被理性化地加以理解与建构的社会,于是,理解了社会何以成立,也就理解了公德的规范性来源。比如说,既然现代社会被认为是基

―――――――――――

① 韦伯:《儒教与道教》,洪天富译,南京,江苏人民出版社,2010 年,第 242 页。
② 人格主义的政治伦理并非只为儒教所特有,也并非只为古代社会所特有。如果以主权构建与代表问题来看待君臣之伦,那么,儒教的君臣之伦与卡尔·施密特所谓的"天主教的政治形式"在重视人格这一点上有很大类似,而众所周知,霍布斯正是主张这种人格主义主权理论的现代政治思想家。
③ 韦伯在解释这个差异时也诉诸儒教与基督教有无超越性维度的问题,即他认为,超越性维度导致清教的理性主义,而缺乏超越性维度导致儒教的人格主义,参见韦伯:《儒教与道教》,第 242 页。
④ 唐文明:《共和危机、现代性方案的文化转向与启蒙的激进化》,载《古典学研究》第 3 辑,上海,华东师范大学出版社,2019 年。

于个人权利而建构起来的,那么,权利观念就是公德的第一要义。而在私德概念中,规范性来源则是一些非常个人化的信念,这些信念或者来自继承自祖辈的文化传统,或者来自自己主动委身的信仰,往往会诉诸形而上的或宗教性的信念。比如说,一个天主教徒可能出于信仰而捍卫一种基于人格尊严的权利观念,尽管这种权利观念和现代社会对权利的重视非常合拍,但这种出自信仰的权利观念不可能被归为公德,恰恰是不折不扣的私德。

对于公德与私德这一对概念,还有一点需要澄清。基于对"道德"与"美德"的不同理解,一个可能的问题是,"公德""私德"中的"德"究竟是"道德"之"德"还是"美德"之"德"? 如果我们说"道德"一词更多指向规则,而"美德"一词更多指向品质,那么,这个问题就变成:"公德""私德"中的"德"究竟是指规则还是指品质? 既然前面我们已经对规则伦理学处理美德的方式与美德伦理学处理规则的方式作出了明确的辨析,那么,对这个问题的更加严谨的理解就是:"公德""私德"中的"德"首先都是指品质,但对于这里的品质是来自对规则的尊重还是来自成就美好生活的客观要求,才是争议之所在。在这种争议背后,显然还是对社会的不同理解,用费孝通翻译滕尼斯的概念时所使用的术语来说,一者是法理社会,一者是礼俗社会。尽管并未明言,但既然陈来将公德与私德的问题放在《儒学美德论》这一总标题之下讨论,那么,这似乎表明,他正是将"公德""私德"中的"德"主要理解为"美德"之"德"。

分析到这里,我们应当看到,公德与私德并非是由一个美德系统里仅仅由于生活领域的区分而来的区分,因为公德与私德不仅对应于不同的生活领域,而且其规范性来源也根本不同。既然公德主要来自现代社会的规则要求,那么,公德与私德的区分的真相就是:现代社会基于理性的权威对其公民提出了规则性的道德要求,并将这种规则性的道德要求称为公德,从而使得古代社会种种更为深厚的美德传统统统变成了私德。质言之,公德与私德的问题实际上就是古今之争在伦理学上的直接反映。

在古今之变的历史语境中区分公德与私德,显然主要是为了提出公德,对应于现代社会的想象与建构,尽管像梁启超这个时代的先觉者很快就意识到不能因为提倡公德而忽略私德。在标题为《中国近代以来重公德轻私德的偏向与流弊》的第二章,陈来批判性地分析了从晚清到现在一个多世纪以来关于公德与私德的理论论述与规范性主张。[①] 我们看到,这一批判性分析的对象不仅包括学术界的一些

---

① 现代以来重公德轻私德的问题,陈来在《仁学本体论》中已经提出,参见陈来:《仁学本体论》,北京,生活·读书·新知三联书店,2014 年,第 465 页。另,在讨论美德伦理学的现代意义时,万俊人也提出过类似的观点,参见万俊人:《美德伦理的现代意义——以麦金太尔的美德理论为中心》,《社会科学战线》2008 年第 5 期。

重要思想家,如晚清民国时期的梁启超、刘师培、马君武、章太炎等,也包括 1949 年以来的一些重要政治人物和来自官方的一些重要文件,如毛泽东、徐特立、1954 年《宪法》、1982 年《宪法》、2001 年中共中央印发的《公民道德建设实施纲要》等。这个名单当然还包括在改革开放时代非常重要的思想家李泽厚,《儒学美德论》上篇的第六章和第七章都是来讨论李泽厚的"两种道德论"及其相关问题的。

　　根据陈来的梳理,我们看到,一个确凿的历史事实是,在已超过了一个世纪的中国现代历程中,一直存在着重公德轻私德的偏向与流弊。那么,我们该如何理解这个确凿的历史事实呢? 一种可能的解释是诉诸中国社会的特殊性和历史变迁的偶然性,就是说,并不从根本上质疑现代性的生活谋划,而是从特殊的历史经验来解释公德与私德的"严重失衡",相应的补救措施则是基于更为审慎的反思呼求公德与私德的平衡。这正是陈来的一个立论地带。在《儒学美德论》第二章末尾,我们看到陈来基于他所理解的"个人基本道德"提出了一个关于公德与私德应当达到平衡的建设性意见:

　　　　总之,我们的视角是真正伦理学和道德学的,以个人基本道德为核心,认为近代以来最大的问题是政治公德取代个人道德、压抑个人道德、取消个人道德,并相应地忽视社会公德,使得政治公德、社会公德和个人道德之间失去应有的平衡。因此,恢复个人道德的独立性和重要性,并大力倡导社会公德,是反思当代中国道德生活的关键。①

　　很显然,呼求公德与私德的平衡仍然基于对公德与私德的现代区分,因而仍然是一种基于现代性立场上的纠偏之举。大概是出于知识分子参与社会建设的积极姿态,陈来提出了这个建设性主张。但若从他的论证过程来看,我认为他的观点并未停留于此,也不可能停留于此。在《儒学美德论》第二章一开始,陈来就对现代以来出现的"公德-私德"框架进行了反思,而反思的主要内容则是同时援引亚里士多德的"好人"概念和儒家传统的"君子"概念,指出"公德-私德"框架的"重大局限":

　　　　公德-私德的区分虽然有一定意义,但如果把公德-私德作为全部道德的基本划分,则会遗失一大部分基本道德,这也证明这种公德-私德划分法的重大局限。②

必须指出,前面一段引文中的"个人基本道德"其实就是对应于"好人"或"君子"概

---

　　① 陈来:《儒学美德论》,第 80 页。区分公民美德与公共道德,或政治公德与社会公德,也是陈来《儒学美德论》中的一个要点。
　　② 陈来:《儒学美德论》,第 33 页。

念的成人之德,而绝不是某些浅薄的现代心灵一看到这个词就想到的任何意义上的底线道德。① 如果我们在此恰当地指出,无论是亚里士多德的"好人"概念还是儒家传统的"君子"概念都内在于其古典立场,那么,关于陈来的观点及其论证,我们就能得到一个合理的推论:陈来对于"公德-私德"框架的反思,实际上是他基于古典立场而对现代性提出的批判。

运思于此,就到了明确回答如何看待儒家伦理思想传统中"公德与私德的统一"这个问题的恰当时机了。诚如我们在《古代宗教与伦理》和《古代思想文化的世界》中早已看到的,陈来在论述儒家传统的美德思想时早已建立了自己的美德分类体系,而这一美德分类体系在《儒学美德论》中又被多次重申。② 尽管在各处的论述或有小异,但基本上以《古代思想文化的世界》中明确提出的性情之德、道德之德、伦理之德与理智之德为这一美德分类体系的定论。③ 就是说,陈来其实并不在"公德-私德"的框架下讨论儒家伦理思想传统,尽管他有时也承认个人道德与社会道德的区分也适用于言说儒家伦理思想传统。因此,严格来说,所谓儒家伦理思想传统中"公德与私德的统一"的问题,按照陈来自己的观点,其实并不是一个真问题,或者至少并不是对相关问题的一个足够严谨的表述。而按照美德伦理学的古典传统,恰当的提问和思考方式其实是美德的统一性问题,这也正是陈来处理儒家传统中类似问题的实际路径。

概言之,《儒学美德论》是我们迄今为止所看到的陈来著作中最具批判性的一部。如果说梁启超在写作《论公德》的第二年就写作《论私德》是对现代性的纠偏之举的话,那么,在近两个甲子之后,陈来不仅继承了梁启超对现代性的纠偏之路,且进一步将之扩展为一个对现代性更具批判性的质疑之路。在陈来关于公德、私德问题的思想史分析中,从有些表述中我们还能注意到,其批判性由于紧贴着时代的变迁,呈现出非常鲜明的针对性及相当程度的尖锐性:

> 就问题来看,在一个市场经济体系为主的社会,政府并没有必要制定职业道德,社会的每一个行业单位都会有自己的职场要求,适应自己的需要。这似乎还是全民所有制留下的习惯思路。家庭美德更应该由文化传统来保障,而不是由政府来规定,政府制定家庭美德,这反映了长期以来忽视社会文化传统

---

① 在《仁学本体论》中,"个人基本道德"就是指私德,参见陈来:《仁学本体论》,第 467 页。
② 陈来:《古代宗教与伦理》,北京,生活·读书·新知三联书店,1996 年,第 306 页以下;《古代思想文化的世界》,第 289 页;《儒学美德论》,第 33 页、第 90 页等。
③ 不难看到,这一美德分类体系的提出,明显借鉴了亚里士多德将美德分为伦理美德与理智美德的看法。麦金太尔也指出,基于一种重新构思的社会目的论,亚里士多德的美德分类法仍然有其重要意义,参见麦金太尔:《追寻美德:伦理理论研究》,第 250 页。

的习惯路径。①

从这段文字中透露出来的社会构想,是什么样的呢?关联于前面那段"政治公德取代个人道德、压抑个人道德、取消个人道德"的引文,或许有人会说,陈来的这个批判,与自由主义者对中国社会现实的批判是类似的。如果再考虑到,陈来这里所说的"政治公德",主要是指现代共和主义主张中的公民美德,那么,这个批判似乎就成了自由主义者对共和主义的批判。在此我必须指出,这个理解完全是错误的,完全是对陈来的误解。

在《儒学美德论》上篇第八章,陈来通过评论迈克尔·桑德尔的《民主的不满》一书来阐述他对共和主义的看法,而共和主义与美德的关联当然是其中的一个重要主题。身处美国社会,持共和主义立场的桑德尔将自己的理论对手确定为自由主义。桑德尔对自由主义的政府中立性主张提出了尖锐的批评,强调了公民美德的政治价值与重要性。在评论桑德尔对自由主义的政府中立性主张的批评时,陈来说:"儒家的立场与共和主义的德行主张有亲和性。"②在评论桑德尔对公民美德的强调时,陈来说:"对丧失公民德行的担忧成为共和主义经久不衰的主题。共和主义的政治理想是革新公民的道德品质,强化公民对共同善的归附……这种理解至少在形式上很像从早期儒家(《大学》)到梁启超的《新民说》之一贯主张。……共和主义反对把汲汲谋利作为核心价值观,相信普通公民德行能够胜于自利心,主张以公民德行来维护自由,相信政府应由有德者统治,政府应以超越私人利益总和之上的共同善为目标,不放弃以共和政治塑造公民的主张。这些与儒家的立场都有相通之处。"③

由以上引文可以看到,基于儒家立场,陈来对共和主义多有肯定。因此,陈来针对中国现代社会而提出的公德压倒私德的批判性观点,就不可能与自由主义者对共和主义的批判同一旨趣。毋宁说,像桑德尔那样的共和主义者对自由主义的批判,陈来大都能够接受,而他更试图在此基础上进一步反思共和主义。于是我们也能看到,在第八章这篇以评论形态呈现的、并不很长的文章中,针对共和主义的主张,陈来也明确提出了疑问:

> 桑德尔指出,为什么要坚持把作为公民的我们和作为人的我们分开呢?我们要问,为什么要把公民德行和人的德行分开,只关注培养公民德行呢?除

---

① 陈来:《儒学美德论》,第 77~78 页。
② 陈来:《儒学美德论》,第 263 页。
③ 陈来:《儒学美德论》,第 264 页。

了个人的德行,共和主义赞同的价值是什么?①

　　其实,顺着陈来的思路,对现代社会公德压倒私德的批判还有进一步推进的不小余地,或者说,陈来的批判或许还有未曾明言的部分。明确提出公德概念从而将儒家传统中的美德划为私德,并大力提倡公德的建设且基于公德的重要性而重视私德的建设,这似乎是梁启超就已达到的一个认识高度。但是,既然公德概念的提出和提倡是为现代社会张目,在理论和实践上服务于现代社会的秩序转型,那么,公德与私德的关系就不可能只是一个失衡的问题。质言之,公德根本上来说会摧毁私德,不仅因为公德会压制个人美德,而且也因为公德的规范性来源是一个被理性化地认知与构想的现代社会,而被划入私德的传统美德在这个被理性化地认知与构想的现代社会中其实毫无容身之地。② 不难想到,梁启超正是在《论公德》一文中洞察到了对一场轰轰烈烈的道德革命的历史性需求,即使他很快就意识到了纠偏的必要,而现代中国的道德革命在梁启超之后的展开也正是以很多人都未曾想到的、空前剧烈的形态呈现出来的。

　　这似乎已经触及了共和主义的极限:以公德的名义,重新安排人的伦理生活,这是可能的吗? 如果现代语境中的公德本质上是摧毁私德的,而公德的建设又离不开私德,那么,现代共和主义所试图依赖的公民美德从何而来呢? 有理由断言,现代共和主义在美德问题上存在着一个巨大的悖论,恰恰表现于公民美德的教育困境:现代社会结构使美德传统失去了其存在和生长的土壤,从而也断绝了公民美德的真正来源。③ 这或许正是现代政治越来越激进、从美德的关切来看每况愈下的重要原因之一。正如前面所引用的,在谈到公德与私德的严重失衡时,陈来已经明确提出了"现代社会的普遍困境"的问题。尽管在《儒学美德论》中他似乎并未明确指出他所说的"现代社会的普遍困境"究竟是什么,但通过以上分析和推论,我们至少已经看到了答案所在的方向和区域。

(原载《文史哲》2020 年第 5 期)

---

① 陈来:《儒学美德论》,第 269 页。
② 这可以说就是麦金太尔《追寻美德》一书的核心主题。
③ 这个对共和主义的麦金太尔式的批判性论断来自李天伶,在此我感谢她在这个问题上对我的启发。

郑玄的"法"与"道"

陈壁生

（清华大学哲学系）

内容提要：两汉今文经学将经书大义统一于孔子之法，及至郑玄囊括大典，网罗众家，将《周礼》与《左传》纳入经学体系，对经书中的制度差异，郑玄理解为虞夏殷周制度的差别，因此，在郑玄的经学体系中，出现了不同的圣人之法。但是，郑玄的经注之中，并不着意讨论这些圣人之法中是否有共同的道。无论是对"吾道一以贯之"，还是对"其或继周者，虽百世可知也"等经文的理解，郑玄都没有去寻求五帝三王之法背后共通之道。郑玄的经学进入中国文明史，这一以礼为本的经典教化体系，熔铸出观念与制度的文明土壤。而在其框架中寻求"多元化的圣人之法"背后共同的"道"，成为新思想的基本动力，无论是魏晋玄学还是宋明理学，都是在这一经学背景中展开的。

关键词：郑玄；圣人之法；道；以礼为本

汉世今文经学把经理解为常道、常法。若《白虎通》云："经，常也。"①刘熙《释名》云："经，径也，常典也，如径路无所不通，可常用也。"②《孟子·尽心下》"君子反经而已矣"，赵岐注云："经，常也。"③五经所载即是常道、常法，虽然八卦出于伏羲，《尧典》乃是绍述尧法，韶乐出于虞舜，《禹贡》乃是禹地，《商颂》皆为殷诗，时世不同，但既经孔子删削，则经义、经制并无矛盾，且构成一套共同的价值体系，通过经师解释，可以施诸政教，塑造家国。及至汉末，郑玄编注群经，为了弥合经书异义，把经书所载各自还其时世，因此，经学成为不同时期的圣人之法。那么，经书所载的"多元的圣人之法"，是否有一个共同的东西贯穿其中，以统率群经之道呢？这种把经书理解为"法"的方式，对中国文明带来何种影响？

---

① 班固著，陈立注：《白虎通疏证》，北京，中华书局，2011年，第447页。
② 刘熙撰，毕沅疏证，王先谦补：《释名疏证补》，北京，中华书局，2008年，第211页。
③ 赵岐注，焦循疏：《孟子正义》，北京，中华书局，2004年，第1033页。

一、理解经学的方式：圣人之法

"经"之有"学"，自孔子始。盖以孔子于先王所遗之典章，删《诗》《书》，定《礼》《乐》，阐《易》，作《春秋》，虽《春秋》独为孔子之作，但夫子笔削所据，仍是鲁史旧文，即史官之所记录者也。

是故所谓"经学"者，其文献基础，是孔子笔削所成的经书，其实质内容，即经"学"之所在，是孔子及其弟子相传的儒者解释经书所造成的学术。也就是说，经学，就文献言之，是围绕经书所进行的解释，就学术言之，是解经中形成的学问，就性质言之，是圣人之法。自西京以降，对"经学"的理解，主要是从"法"的角度进行理解。

西汉早期今文家说理解经学，是以经学为孔子立法。孔子有德无位，而作《春秋》以立一王大法。《孟子·滕文公下》云孔子"作《春秋》"，"《春秋》，天子之事也"。赵岐注云："设素王之法，谓天子之事也。"①其意是孔子有圣德而无王位，有圣德则必立一代法典，无王位则不能见诸施行。因此，"素王说"的内在依据，是尧舜三代，每一代圣王都有致天下太平的一代法典，到了孔子，因为不得王位，所以只能以王心加于鲁史，"作《春秋》"以为一代之法，以俟后世。两汉的"素王"之说，皆出于此。《左传序》言："说者以为仲尼自卫反鲁，修《春秋》，立素王。"疏广引诸说云：董仲舒对策云："孔子作《春秋》，先正王而系以万事，是素王之文焉。"贾逵《春秋序》云："孔子览史记，就是非之说，立素王之法。"郑玄《六艺论》云："孔子既西狩获麟，自号素王，为后世受命之君制明王之法。"卢钦《公羊序》云："孔子自因鲁史记而修《春秋》，制素王之道。"②这都是在"法"的意义上理解经学。

而对《春秋》一经，为孔子之立法，更是汉世之通论。董仲舒《春秋繁露·玉杯》云："《春秋》论十二世之事，人道浃而王道备。法布二百四十二年之中，相为左右，以成文采，其居参错，非袭古也。"③董子言"法布二百四十二年之中"，是把《春秋》看成孔子之"法"也。《史记·太史公自序》引壶遂曰："孔子之时，上无明君，下不得任用，故作《春秋》，垂空文以断礼义，当一王之法。"④壶遂直言《春秋》是孔子的"一王之法"，最见汉人对《春秋》的普遍认识。应劭《风俗通义》云孔子"制《春秋》之

---

① 赵岐注，焦循疏：《孟子正义》，第 452 页。
② 杜预注，孔颖达疏：《左传正义》，《十三经注疏》，台北，艺文印书馆，2007 年，第 16 页。
③ 董仲舒著，苏舆注：《春秋繁露义证》，北京，中华书局，2002 年，第 32 页。
④ 司马迁：《史记》，北京，中华书局，1982 年，第 3299 页。

义,著王者之法"①,其说正是对《太史公自序》的回应。

而且,汉人之尊经,正以汉无圣帝,而孔子作《春秋》"为汉制法",故所谓"独尊儒术",即表现在罢黜百家而立五经博士,而立五经博士,正因为孔子删削制作之经,乃是"为汉制法"。《春秋公羊传》徐疏云:

> 必知孔子制《春秋》以授汉者。案《春秋说》云:"伏羲作八卦,丘合而演其文,渎而出其神,作《春秋》以改乱制。"又云:"丘揽史记,援引古图,推集天变,为汉帝制法,陈叙图录。"又云:"丘水精治法,为赤制功。"又云:"黑龙生为赤,必告云象使知命。"又云:"经十有四年春,西狩获麟,赤受命,仓失权,周灭火起,薪采得麟。"以此数文言之,《春秋》为汉制明矣。②

《春秋》为汉制法,正是言孔子作《春秋》,立一王之法,以待汉世之用。而《春秋》之外的《诗》《书》《礼》《乐》《易》,虽然不是孔子所"作",但经孔子删削发明而成为经,其题目、旨意虽然不同,但与《春秋》没有矛盾,共同构成一套孔子之"法"以面对后世。

在这样的理论中,孔子之前的历代圣王,每一代圣王皆制作礼乐,不相沿袭,皆有其圣王之"法",这些法,正是经中所载内容。《庄子·天运》借孔老对话以述其义,孔子谓老聃曰:"丘治《诗》《书》《礼》《乐》《易》《春秋》六经。"老聃回答:"夫六经,先王之陈迹也,岂其所以迹哉。"③说六经是"先王之陈迹",即是先王之"法"已行,唯有历史遗存见于此文献之中。《史记·孔子世家》载孔子周游列国至楚,楚昭王将以书社地七百里封孔子,楚令尹子西谏止昭王,有云:"今孔丘述三五之法,明周召之业。"④所云"三五之法",也是先代圣王之法也。《孟子·梁惠王上》齐宣王问曰:"齐桓、晋文之事,可得闻乎?"孟子对曰:"仲尼之徒,无道桓、文之事者,是以后世无传焉。臣未之闻也。"赵岐注云:"孔子之门徒,颂述宓戏以来,至文、武、周公之法制耳。"⑤依赵岐之见,孔子及门徒所述者之所以自伏羲始,以《易》始于伏羲,之所以至于周公,以诸经皆多有周法,因此,伏羲至于周公,乃孔子以前六经之法所形成的时期。又,《汉书·律历志》云:"自伏羲画八卦,由数起,至黄帝、尧、舜而大备。三代稽古,法度章焉。周衰官失,孔子陈后王之法,曰:'谨权量,审法度,修废官,举逸民,四方之政行矣。'"⑥此文理解三代,而言"法度",理解孔子所作,而

---

①　应劭注,王利器注:《风俗通义校注》,北京,中华书局,1981 年,第 315 页。
②　何休注,徐彦疏:《春秋公羊传注疏》,《十三经注疏》,台北,艺文印书馆,第 6 页。
③　郭象注,成玄英疏:《南华真经注疏》,北京,中华书局,1998 年,第 304 页。
④　司马迁:《史记》,第 1932 页。
⑤　赵岐注,焦循疏:《孟子正义》,第 74～77 页。
⑥　班固:《汉书》,北京,中华书局,1964 年,第 955 页。

言"陈后王之法",是以法理解六经也。

可以说,从"法"的角度来理解六经,六经不仅是六本书构成的文献系统,而且从性质上言,包含着自伏羲至孔子的多种圣人之法。把经理解为圣人之法,最大的问题在于,孔子之前,有多种圣人之法。每一代圣王受命而有天下,必制作一代大典,故五帝三王,礼乐不相沿袭,经典多述其意:

> 《礼记·大传》:立权度量,考文章,改正朔,易服色,殊徽号,异器械,别衣服,此其所得与民变革者也。①

> 《繁露·三代改制质文》:王者必受命而后王。王者必改正朔,易服色,制礼乐,一统于天下,所以明易姓,非继人,通以己受之于天也。②

每一代圣王兴起,必改正朔、易服色、殊徽号、异器械、制作礼乐,因此,自伏羲之后,尤其是三王之时,"法"的多元化,一直是一个严峻的问题。《庄子·天运》借老聃之口所云"夫六经,先王之陈迹也",正是在"法"的多元化基础上,将"先王"历史化,而形成以六经为"陈迹"的认识。而当汉武帝要寻求长久治安之道时,同样面临着这一问题。《史记·平准书》引汉武帝之言云:"朕闻五帝之教不相复而治,禹汤之法不同道而王,所由殊路,而建德一也。"③武帝向董仲舒策问第三策,亦云:"夫三王之教所祖不同,而皆有失,或谓久而不易者道也,意岂异哉?"④

汉武帝所面对的不是经学理论,而是现实政治。现实政治要由乱而治,必须探究五帝三王时代治乱之由。而五帝三王,皆立一代法度,但都各不相同,而且,都曾大治天下,又都久而崩。董仲舒在对汉武帝策问时,力陈五帝三王治法不同,而皆遵一个共同的"道"。董子云:"臣闻夫乐而不乱复而不厌者谓之道;道者万世之弊,弊者道之失也。先王之道必有偏而不起之处,故政有眊而不行,举其偏者以补其弊而已矣。三王之道所祖不同,非其相反,将以救溢扶衰,所遭之变然也。……道之大原出于天,天不变,道亦不变。"⑤而在具体的政策建议上,董子云:"《春秋》大一统者,天地之常经,古今之通谊也。今师异道,人异论,百家殊方,指意不同,是以上亡以持一统;法制数变,下不知所守。臣愚以为诸不在六艺之科孔子之术者,皆绝其道,勿使并进。邪辟之说灭息,然后统纪可一而法度可明,民知所从矣。"⑥

董子对策之后,武帝罢黜诸子博士,独立五经,自此打开了中国文明的新格局。

① 郑玄注,孔颖达疏:《礼记正义》,《十三经注疏》,台北,艺文印书馆,第617页。
② 董仲舒著,苏舆注:《春秋繁露义证》,第185页。
③ 司马迁:《史记》,第1422页。
④ 班固:《汉书》,第2514页。
⑤ 班固:《汉书》,第2518、2519页。
⑥ 班固:《汉书》,第2523页。

而董子的对策,背后是汉代今文经学对经学中"法"与"道"的理解。

在这种理解中,"法"随时而变,每一代圣王受命,都改制立法,表现为改正朔、易服色、殊徽号等内容,董仲舒甚至区分了"继治世"与"继乱世"的差别,云"继治世者其道同,继乱世者其道变"。其"继乱世"者,董子云:"圣王之继乱世也,扫除其迹而悉去之,复修教化而崇起之。"①而"继治世"者,如舜继尧,禹继舜,董子云:"孔子曰:'亡为而治者,其舜乎。'改正朔,易服色,以顺天命而已。其余尽循尧道,何更为哉。故王者有改制之名,亡变道之实。"②《白虎通•三正》亦云:"是以舜、禹虽继太平,犹宜改以应天。"③无论是继治世,还是继乱世,每一代圣王,都立一代法度。

而"道"则是永恒不变的。如董子所云:"道之大原出于天,天不变,道亦不变。"在今文经学的理解中,这一永恒不变的"道",经过孔子的总结,而落实在孔子删削、制作的经书之中。两汉经学特重孔子作为"素王"之义,如果说孔子之前历代圣王的立法,都曾致一代太平,那么,这些圣王之法,也都已经落在历史世界之中,但孔子作为"素王",因为有德无位,其一王之法便不在历史经验,而纯为理论。同时,又因为孔子的"圣人"身位,生民未有,贤于尧舜,且孔子的立法,又祖述尧舜,宪章文武,无论是从圣人的身位言,还是从圣人之法的性质言,孔子都综合前圣之大成。因此,今文经学所理解的孔子"一王之法""为汉制法",都内在地包含了"道"本身。④

可以说,两汉今文经学认为,孔子之前的历代圣王都有自己的圣王之法,而到了孔子,有圣德而无王位,故综合前代圣王之法而删削、制作六经,六经既是前代圣王之法的集合,又是孔子的素王之法。前代圣王之法,法各不同,但经过孔子之手,先王之法同归,一统于六经,百圣同归,一统于孔子。统言之,先王之"法"虽时变,而"道"无古今,两汉今文经学用一个孔子之"法",去囊括先王之法与道,共在于六经之中。此为今文经学消弭"法"的时代性与"道"的永恒性之法。

至汉末,郑玄对经学性质的理解,仍然是将经学理解为"法"。郑玄《六艺论》云:"孔子既西狩获麟,自号素王,为后世受命之君制明王之法。"⑤又,郑玄《释废疾》云:"孔子虽有圣德,不敢显然改先王之法,以教授于世。若其所欲改,则阴书

---

①　班固:《汉书》,第 2504 页。

②　班固:《汉书》,第 2518 页。

③　班固著,陈立注:《白虎通疏证》,第 360 页。

④　其中,唯一的漏洞来自董仲舒之后的"三统说",三统说把孔子视为三统之一,强调孔子"为汉制法"的同时,不考虑汉为一王朝而已。在三统说的影响下,汉世始终在尊孔子的同时期待新的圣人,创制新的圣王之法。汉亡之后,"为汉制法"观念、三统说也随之一并消亡。

⑤　郑玄著,皮锡瑞注:《六艺论疏证》,《皮锡瑞全集》(3),北京,中华书局,第 570 页。

于纬,藏之以传后王。"①郑玄《驳五经异义》又云:"《公羊》说'比年一小聘,三年一大聘,五年一朝',以为文、襄之制。录《王制》者,记文、襄之制耳,非虞、夏及殷法也。"②是言虞、夏、殷皆有一代之法也。当郑玄把许多经文并不明言归属于何时的内容,注解为虞夏之制、殷制的时候,事实上也是把经书的性质,理解为圣人之法。

但是,郑玄对"法"的理解,与两汉今文经学的最明确的差别,在于郑玄将"法"落实为"礼"。郑玄《周礼序》云:"斯道也,文武所以纲纪周国,君临天下,周公定之,致隆平龙凤之瑞。"③是以《周礼》为周公法之大端。郑玄又把《周礼》定为礼经,《仪礼》定为曲礼,使"礼经"真正落实为经国大典。而且,郑玄有以《周礼》为本,注解三礼,并以礼笺诗、解群经,使群经都以"礼"为基础,由此,把经学理解为"圣人之法",在一定程度上变成圣人所制作之礼。两汉今文经学彰显五经,合道于经中,尊经即是崇道,五帝三王之法不同,但皆汇聚经书之中。而郑玄以礼注经,则经书中呈现为五帝三王各不相同的圣人之法,并且是以礼为本的圣人之法。④

当以郑玄为代表的古文经学大行于天下,五帝三王礼乐各异,而在不同的礼乐之中,是否有一个共同的"道",又再次成为一个重要的问题。

二、无法落实的"百世同道"

在郑玄注经中,曾有"百世同道"之文。《中庸注》云:

《中庸》:故君子之道,本诸身,徵诸庶民,考诸三王而不缪,建诸天地而不悖,质诸鬼神而无疑,百世以俟圣人而不惑。质诸鬼神而无疑,知天也。百世以俟圣人而不惑,知人也。

郑注:知天、知人,谓知其道也。鬼神,从天地者也。《易》曰:"故知鬼神之情状,与天地相似。"圣人则之,百世同道。徵或为"证"。⑤

正以君子之道超迈时、地、人、鬼,故郑玄言"圣人则之,百世同道"。孔疏云:"云'圣人则之,百世同道'者,解经'知人'之道,以前世圣人既能垂法以俟待后世圣人,是识知圣人之道百世不殊,故'圣人则之,百世同道'也。"⑥郑玄解《中庸》,极为精简,虽言"百世同道",但此百世之文,是对应于"百世以俟圣人而不惑",而没有特别

---

① 郑玄注,皮锡瑞注:《释废疾疏证》,《皮锡瑞全集》(4),第439页。
② 郑玄著,皮锡瑞注:《驳五经异义疏证》,第516、517页。
③ 郑玄注,贾公彦疏:《周礼注疏》,《十三经注疏》,台北,艺文印书馆,第9页。
④ 详见笔者:《多元化的圣人之法》,未刊稿。
⑤ 郑玄注,孔颖达疏:《礼记正义》,第898页。
⑥ 郑玄注,孔颖达疏:《礼记正义》,第899页。

加以发明。且遍检郑君经注，再无相同之语可以互相证明者。在经传中，有一些表达"法"上之"道"的记录，汉世今文经学一般依靠这些表述，发明百世所同之法。而考察郑玄对这些表述的解释，可以理解郑玄的"百世同道"是否落实。

《礼记》之言百王所同者，有《大传》，其经注云：

> 立权度量，考文章，改正朔，易服色，殊徽号，异器械，别衣服，此其所得与民变革者也。〔注〕权，秤也。度，丈尺也。量，斗斛也。文章，礼法也。服色，车马也。徽号，旌旗之名也。器械，礼乐之器及兵甲也。衣服，吉凶之制也。徽，或作袆。其不可得变革者，则有矣。亲亲也，尊尊也，长长也，男女有别，此其不可得与民变革者也。〔注〕四者人道之常。①

亲亲、尊尊、长长、男女有别，既不可与民变革，而此文所对应"得与民变革"的内容，包括了改正朔、易服色等内容，皆是圣王相变，立一代大典，所以，此"不得与民变革"者，乃是历代圣王共同之道所在，故郑君注经云"四者人道之常"。就郑君理解的注经而言，至此经书已明，不待多言。《丧服小记》言服制，有云："亲亲、尊尊、长长，男女之有别，人道之大者也。"郑注将之放在本篇的具体的语境中，故注曰："言服之所以隆杀。"②郑君之注经，是将经文所讲的超越多种圣人之法的内容，返回到具体的经文之中，而不在经文之外阐发"百世同道"之道。

经记之中，三年之丧为天下之通丧，《三年问》经注云：

> 《三年问》：三年之丧，何也？曰：称情而立文，因以饰群，别亲疏、贵贱之节，而不可损益也，故曰："无易之道也。"
>
> 郑注：称情而立文，称人之情轻重，而制其礼也。群，谓亲之党也。无易，犹不易也。③

郑注以"无易之道"即"不易之道"，在郑玄注经中，常把"道"与"礼"联系起来，道犹当行之路，而没有抽象意义。因此，此不易之道，指三年丧之礼也。《论语》中又有孔子言"吾道一以贯之"者，郑君《中庸注》言孔子："孔子兼包尧、舜、文、武之盛德而著之《春秋》，以俟后圣者也。"④是孔子之道，也可以通于尧、舜、文、武矣。《论语·里仁》"一贯"一章，皇侃《论语义疏》云：

> 子曰："参乎，吾道一以贯之哉。"〔疏〕孔子语曾子曰：吾教化之道，唯用一

---

① 郑玄注，孔颖达疏：《礼记正义》，第 617 页。
② 郑玄注，孔颖达疏：《礼记正义》，第 594 页。
③ 郑玄注，孔颖达疏：《礼记正义》，第 961 页。
④ 郑玄注，孔颖达疏：《礼记正义》，第 899 页。

道以贯统天下万理也。故王弼曰："贯，犹统也。夫事有归，理有会，故得其归，事虽殷大可以一名举，总其会，理虽博可以至约穷也。譬犹以君御民，执一统众之道也。"曾子曰："唯。"子出，门人问曰："何谓也？"曾子曰："夫子之道，忠恕而已矣。"〔疏〕忠，谓尽忠心也。恕，谓忖我以度于人也。言孔子之道更无他法，政用忠恕之心，以己测物，则万物之理皆可穷验也。故王弼曰："忠者，情之尽也。恕者，反情以同物者也。未有反诸其身而不得物之情，未有能全其恕而不尽理之极也。能尽理极，则无物不统。极不可二，故谓之一也。推身统物，穷类适尽，一言而可终身行者，其唯恕也。"①

而朱子《论语集注》云：

> 子曰："参乎，吾道一以贯之。"曾子曰："唯。"子出。门人问曰："何谓也？"曾子曰："夫子之道，忠恕而已矣。"〔注〕尽己之谓忠，推己之谓恕。而已矣者，竭尽而无余之辞也。夫子之一理浑然而泛应曲当，譬则天地之至诚无息，而万物各得其所也。自此之外，固无余法，而亦无待于推矣。曾子有见于此而难言之，故借学者尽己、推己之目以著明之，欲人之易晓也。盖至诚无息者，道之体也，万殊之所以一本也；万物各得其所者，道之用也，一本之所以万殊也。以此观之，一以贯之之实可见矣。②

王弼、皇侃、朱熹对这句话的理解，虽然在玄学与理学的立场上截然不同，但其基本逻辑是相同的。诸注皆以为"吾道"是一抽象之道，"一以贯之"，是此道可以统贯万物之理。而返观郑注，其说大异：

> 子曰："参乎！吾道一以贯之。"曾子曰："唯。"〔注〕我之道虽多，一以贯知之。唯者，应敬之辞。子出。门人问曰："何谓也？"曾子曰："夫子之道，忠恕而已矣。"〔注〕告人以善道，曰忠。己所不欲，勿施于人，曰恕也。③

此注早虽郑玄《论语注》之亡而佚，赖敦煌宝书重见天日，使今人得以窥见郑君之意。求《论语》本文，这则对话实难以理解，孔子呼参，言"吾道一以贯之"，如果将"道"理解为抽象之道，那么，"一以贯之"之"一"，必然是能够贯通万事，以达至道者，而"之"并非"道"本身，而只可以是"道"所表现的内容。无论是王弼、皇侃还是朱熹，都看到了这一点。但问题在于，这个可以"贯之"的"一"，为何会是"忠恕"？

① 何晏注，皇侃疏：《论语义疏》，北京，中华书局，2013年，第90、91页。
② 朱熹：《四书章句集注》，朱杰人、严佐之、刘永翔主编：《朱子全书》第6册，上海，上海古籍出版社，合肥，安徽教育出版社，2010年，第95、96页。
③ 郑玄：《论语注》，见王素：《唐写本论语郑氏注及其研究》，北京，文物出版社，1991年，第35页。

忠恕之德,在夫子之德中,绝非最核心的内容。忠恕如何有通贯性,并且达至道,可以说是这则对话最难解释的问题。因此,王弼注云:"忠者,情之尽也。恕者,反情以同物者也。"但若如此,忠恕是二,非一,不能符合"一以贯之",故王弼又云:"能尽理极,则无物不统。极不可二,故谓之一也。"王弼之说,在形式上完成了注解。而朱子的逻辑与王弼基本相同,朱子以为"尽己之谓忠,推己之谓恕",但是,此经难明,朱子弟子多方问难,故《朱子语类》留下许多驳辩剖析之语。朱子以为"一"对应的是"忠","贯"对应的是"恕",《语类》云:"忠恕一贯。忠在一上,恕则贯乎万物之间。"[1]"忠便是一,恕便是贯。有这忠了,便做出许多恕来。"[2]"忠只是一个忠,做出百千万个恕来。"[3]而且,忠恕是之所以可以"一贯",因为二者是体用关系,故云:"一者,忠也;以贯之者,恕也。体一而用殊。"[4]"忠、恕只是体、用,便是一个物事;犹形影,要除一个除不得。"[5]"忠是体,恕是用,只是一个物事。"[6]正因为是体用关系,所以,"忠恕只是一件事,不可作两个看。"[7]

王弼、朱熹之注,因为他们有自己的明确的立场和体系化的思想,故注解经文,千回百转,委曲通幽。而郑玄并不预设孔子所言的背后有一套完整的理论,所以,郑玄的解经方向,便不从"忠恕"可以贯通孔子之道的角度进行解释。细察郑注,"我之道虽多,一以贯知之",此"道"之义,不是抽象意义上的"孔子之道",而是具体意义上的"言说",即"夫子自道"之道,因此,"吾道一以贯之",是夫子之所道,有一基本态度贯穿其中。这一基本态度,就是"忠恕"。郑注久亡,今人若熟知王弼、朱子之注,则不免以为郑君将夫子之高明深邃,变为朴实无华,但高明深邃的是思想,是子学,子家注经,最精此法,朴实无华才是注经,郑君的整个经学体系自有其光明俊伟的深谋远虑,但并不表现在对"关键词"的阐发上。但也因如此,夫子之"吾道一以贯之",在郑注中也没有寻求五帝三王之法背后共通之道。

把经学理解为多元的圣人之法,圣人之法背后的共同性,即超越时代之外的共同的那些问题的探讨,在《论语》中比较典型表现于《为政》"十世可知"一句:

> 子张问:"十世可知也?"子曰:"殷因于夏礼,所损益可知也。周因于殷礼,所损益可知也。其或继周者,虽百世,可知也。"

---

① 黎靖德编:《朱子语类》,《朱子全书》第 14 册,第 966 页。
② 黎靖德编:《朱子语类》,《朱子全书》第 14 册,第 968 页。
③ 黎靖德编:《朱子语类》,《朱子全书》第 14 册,第 968 页。
④ 黎靖德编:《朱子语类》,《朱子全书》第 14 册,第 966 页。
⑤ 黎靖德编:《朱子语类》,《朱子全书》第 14 册,第 968 页。
⑥ 黎靖德编:《朱子语类》,《朱子全书》第 14 册,第 968 页。
⑦ 黎靖德编:《朱子语类》,《朱子全书》第 14 册,第 968 页。

董仲舒对策,对这句话解释道:

> 王者有改制之名,亡变道之实。然夏上忠,殷上敬,周上文者,所继之救,
> 当用此也。孔子曰:"殷因于夏礼,所损益可知也。周因于殷礼,所损益可知
> 也。其或继周者,虽百世可知也。"此言百王之用,以此三者矣。夏因于虞,而
> 独不言所损益者,其道如一而所上同也。道之大原出于天,天不变,道亦不变,
> 是以禹继舜,舜继尧,三圣相受而守一道,亡救弊之政也,故不言其所损益也。
> 繇是观之,继治世者其道同,继乱世者其道变。①

以董子观之,夏、殷、周三代皆有革命改制,法各不同,夏之忠、殷之敬,周之文,三统
皆用其极,而皆是道之体现,故百代之后也不出其镀,百世可知也。何晏《集解》解
此章云:

> 子张问:"十世可知也?"子曰:"殷因于夏礼,所损益可知也。周因于殷
> 礼,所损益可知也。〔注〕马曰:"所因,谓三纲五常。所损益,谓文质三统。"其
> 或继周者,虽百世,可知也。"〔注〕物类相召,世数相生,其变有常,故可预知。②

马融之说,以为三纲五常为百代常法,不可更改,而文质三统则互相救弊,可以
损益。朱子亦依用之,并云:"三纲五常,礼之大体,三代相继,皆因之而不能变。
其所损益,不过文章制度小过不及之间,而其已然之迹,今皆可见。则自今以往,或
有继周而王者,虽百世之远,所因所革,亦不过此,岂但十世而已乎。"③而郑玄之
注,赖敦煌遗书方能得见,郑注云:

> 子张问:"十世可知也?"〔注〕世,谓易姓之世,问其制度变迹可知。子曰:
> "殷因于夏礼,所损益可知也;周因于殷礼,所损益可知也。〔注〕所损益可知
> 者,据时篇目皆在可校数也。其或继周者,虽百世,可知也。"〔注〕自周之后,虽
> 百世,制度犹可知,以为变易损益之极,极于三王,亦不是过。④

郑玄虽从马融问学有年,而此注竟全不用马融之法,三代之礼所因袭者,郑玄
不言其目,而所损益之意,郑注云"据时篇目皆在可校数也",即把"文质三统"这一
两汉极为流行的历史哲学问题,转化为三代礼书篇目相校对的文献学问题。而对
"百世可知",郑注也认为"变易损益之极,极于三王",故能百世可知。但是三代所
因的是什么内容,百世可知者到底是什么,郑玄皆不加注解。郑玄把三统理论变成

①　班固:《汉书》,第1086页。
②　何晏注,邢昺疏:《论语注疏》,《十三经注疏》,台北,艺文印书馆,2011年,第19页。
③　朱熹:《四书章句集注》,《朱子全书》第6册,第81页。
④　郑玄:《论语注》。见王素:《唐写本论语郑氏注及其研究》,第14页。

礼书篇目，从文献的角度，固有其依据与理由。《礼记·中庸》孔子曰："吾说夏礼，杞不足徵也。吾学殷礼，有宋存焉。吾学周礼，今用之，吾从周。"是孔子学三代之礼矣。《论语·八佾》孔子曰："夏礼，吾能言之，杞不足徵也。殷礼，吾能言之，宋不足徵也。"是孔子遍知夏殷之礼矣。《礼记·礼运》孔子曰："我欲观夏道，是故之杞，而不足徵也，吾得《夏时》焉。我欲观殷道，是故之宋，而不足徵也，吾得《坤乾》焉。"是孔子得夏、殷之书矣。正因孔子通晓三代之礼，故郑君注孔子言三代损益，以为指的是三代之礼的损益。

《礼记·礼器》中，也有夏、殷、周三代之礼共同性之文，其文并郑注云：

> 《礼器》：三代之礼一也，民共由之，或素或青，夏造殷因。
>
> 郑注：一也，俱趋诚也。由，用也。素尚白，黑尚青者也。言所尚虽异，礼则相因耳。孔子曰："殷因于夏礼，所损益可知也。周因于殷礼，所损益可知也。"[①]

郑注云"一也，俱趋诚也"，是三代之礼，皆诚也。而此"诚"之义，不是郑玄提出的理论，而是探求此经上下文所得。此经上云："《经礼》三百，《曲礼》三千，其致一也。……君子之于礼也，有所竭情尽慎，致其敬而诚若，有美而文而诚若。"故郑注云："致之言至也。一，谓诚也。"孔疏解释道："'其致一也'者，致，至也。一，诚也。虽三千、三百之多，而行之者皆须至诚，故云一也。若损大益小，撰显大微，皆失至诚也。"[②]盖以三代之礼，皆须诚以行之，故郑注"一"为"俱趋诚也"。但是，郑注也只是在具体的语境中进行解释，而丝毫不涉及三代之法相变的背后，有没有一个共同的东西。又，《乐记》云："大乐与天地同和，大礼与天地同节。和，故百物不失。节，故祀天祭地。明则有礼乐，幽则有鬼神。如此，则四海之内，合敬同爱矣。礼者，殊事合敬者也。乐者，异文合爱者也。礼乐之情同，故明王以相沿也。"郑注云：

> 沿，犹因述也。孔子曰："殷因于夏礼，所损益可知也。周因于殷礼，所损益可知也。"[③]

郑注用《论语》此语注"明王以相沿"，只是说明明王相沿之可知，而不言明王相沿者，即此"礼乐之情"到底如何理解。[④]

遍观郑注经、传、记、纬，郑君并不寻求"百世同道"之"道"，主要原因在于，郑君

---

① 郑玄注，孔颖达疏：《礼记正义》，第 460 页。
② 郑玄注，孔颖达疏：《礼记正义》，第 459 页。
③ 郑玄注，孔颖达疏：《礼记正义》，第 668 页。
④ 晚清时期曹元弼特重将此"四海之内，合敬同爱"作为超越三王异法，追求法之上的共通性的内容。其言爱、敬可以统贯六经，正在于此。

所在的时代,经学的危机是经文、经说异义繁多,先圣原意不明,百家杂说纷起,因此,最重要的问题是塑造经学自身的统一性。郑玄对整个经学史的卓绝贡献,即是在汉代经书的基础上彻底容纳了《周官》《左传》乃至纬书,如皮锡瑞云:"盖以汉时经有数家,家有数说,学者莫知所从。郑君兼通今古文,沟合为一,于是经生皆从郑氏,不必更求各家。"[1]"郑君从党遍天下,即经学论,可谓小统一时代。"[2]

而当郑玄以《周礼》为本,把不符合《周礼》的经文、制度定位唐虞夏殷之制,这对郑玄而言,只是为了平衡经书异说,也就是说,如郑玄所言的"三代异物","时代不同,故异法也",皆是其注经方法。当郑玄把大量无法与《周礼》调和的制度定为虞夏殷周之制的时候,并非有意去构建周制之外的唐虞夏殷之制度或历史,而只是为了说明经书本身没有矛盾,或者说经书本身的矛盾都可以解释得通。正因如此,郑玄并不着意在经注中寻求"百世同道"之道。

正是在这一意义上,当经学,主要是以郑玄为代表的古文经学进入中国文明史,在古文经学框架中寻求"多元化的圣人之法"背后共同的"道",成为新思想的基本动力。接下来无论是魏晋玄学还是宋明理学,都是在古文经学的背景中展开。

三、寻求"法"外之"道"

在郑玄所构建的经学体系中,"圣人之法"一旦多元化,这种多元化的圣人之法的共同性在哪里,便马上成为一个重大问题。郑玄所构建的礼学,自魏晋之后大行于天下,主要表现在政治、人伦建构领域。而也是自魏晋开始,超越政治、人伦建构的求"道",便成为思想史的主脉。

伴随着郑玄经学的流行,玄学也很快出现。玄学通过对《庄子》的解释,包抄了古文经学的后路。玄学的理论背景,实质上就是古文经学。盖古文经学将统一的"圣人"概念多元化,统一的"圣人之法"多元化,并且,圣人与圣人之法都被送入历史之中。而玄学旨在寻求多元化中的共性。

《庄子·天运》借孔、老对话言六经,其说并郭注云:

孔子谓老聃曰:"丘治《诗》、《书》、《礼》、《乐》、《易》、《春秋》六经,自以为久矣,孰知其故矣,以奸者七十二君,论先王之道,而明周召之迹,一君无所钩用。甚矣,夫人之难说也,道之难明邪。"老子曰:"幸矣,子之不遇治世之君也。夫六经,先王之陈迹也,岂其所以迹哉。〔注〕所以迹者,真性也。夫任物

---

① 皮锡瑞:《经学历史》,北京,中华书局,2008 年,第 142 页。

② 皮锡瑞:《经学历史》,第 151 页。

之真性者,其迹则六经也。今子之所言,犹迹也。夫迹,履之所出,而迹岂履哉。"〔注〕况今之人事,则以自然为履,六经为迹。①

又《天下》篇云:

> 其在于《诗》、《书》、《礼》、《乐》者,邹鲁之士、搢绅先生多能明之。〔注〕能明其迹耳,岂所以迹哉。《诗》以道志,《书》以道事,《礼》以道行,《乐》以道和,《易》以道阴阳,《春秋》以道名分。其数散于天下而设于中国者,百家之学时或称而道之。〔注〕皆道古人之陈迹耳,尚复不能常称。②

郭象之注,最明确的特色就是将六经视为"先王之陈迹""古人之陈迹",以现代眼光来看,就是经书如果是伏羲到周公这些圣人之法的集合,这些圣人已经成为历史,那么,经书也便成为历史记录。学习这些历史记录,不可能应对时务。《庄子·胠箧》"然而田成子一旦杀齐君而盗其国",郭象注云:"法圣人者,法其迹耳。夫迹者,已去之物,非应变之具也,奚足尚而执之哉。执成迹以御乎无方,无方至而迹滞矣,所以守国而为人守之也。"③按照郭象的看法,徒法圣人之迹,不能应时代之变,毫无意义。因此,要寻求"所以迹",而且,这种"所以迹"就是"真性"。玄学的特征,是将"圣人"和"圣人之迹",即六经分开,既然圣人之法因为多元化而成为历史陈迹,那么必须重新探讨圣人问题。也就是说,必须从多元化的圣人与圣人之法中,探讨作为一个整体概念的"圣人"。魏晋玄学的问题,说到底就是怎样理解"圣人"问题。玄学之基本预设,《三国志》注引何劭《荀粲传》云:"粲诸兄并儒术议论,而粲独好道。常以为子贡称夫子之间性与天道不可得闻,然六籍虽存,固圣人之糠秕。"④对六经的态度,甚至到了南朝皇侃作《论语义疏》,其疏"夫子之文章,可得而闻也,夫子之言性与天道,不可得而闻也"一句,犹云:

> 文章者,六籍也,六籍是圣人之筌蹄,亦无关于鱼兔矣。……性,孔子所禀以生者也。天道,谓元亨日新之道也。言孔子六籍乃是人之所见,而六籍所言之旨,不可得而闻也。所以尔者,夫子之性,与天地元亨之道合其德,致此处深远,非凡人所知,故其言不可得闻也。⑤

盖汉末以后,六经以成圣人之陈迹,玄学家要重新探讨本源性问题,只能将圣人与圣人之法分开,其背后是将"价值"与"历史"分开,超迈历史而谈价值,超迈圣

---

① 郭象注,成玄英疏:《南华真经注疏》,北京,中华书局,1998 年,第 304 页。
② 郭象注,成玄英疏:《南华真经注疏》,第 605、606 页。
③ 郭象注,成玄英疏:《南华真经注疏》,第 200 页。
④ 陈寿著,裴松之注:《三国志》,北京,中华书局,1964 年,第 319 页。
⑤ 何晏注,皇侃疏:《论语义疏》,第 110 页。

人之法而谈圣人,因此,类似于圣人是否有情之类的问题,会成为玄学家探讨的核心问题。在这样的探讨中,其背景正是古文经学,而其关怀,同样是经学与政治。

而程朱理学亦然。如果说今文经学成立的基础,是孔子口传微言大义,那么,理学成立的基础,则是理学家所构建起来的一个新"道统"。道统之说,最早见于韩愈《原道》:

> 斯吾所谓道也,非向所谓老与佛之道也。尧以是传之舜,舜以是传之禹,禹以是传之汤,汤以是传之文武周公,文武周公传之孔子,孔子传之孟轲,轲之死,不得其传焉。①

程颐为其兄程颢所作《明道先生墓表》有云:

> 周公没,圣人之道不行。孟轲死,圣人之学不传。道不行,百世无善治。学不传,千载无真儒。无善治,士犹得以明夫善治之道,以淑诸人,以传诸后。无真儒,天下贸贸焉莫知所之,人欲肆而天理灭矣。先生生千四百年之后,得不传之学于遗经,志将以斯道觉斯民。……先生出,倡圣学以示人,辨异端,辟邪说,开历古之沉迷,圣人之道得先生而后明,为功大矣。②

推小程子之意,唯圣王有德有位,能制作礼乐,行于天下。周公为最后之圣王,周公之后,"圣人之道"不能行于世。至孔子有德无位,故不能行圣人之道,而只能通过删述五经,讲"圣人之学",以传诸后世。在圣王时代,道政合一;而周公之后,道政分离。孔子所传圣人之学,是道而非政。故其学之要,在教人而非行世。周公与孟子之间,孔子开启的是"圣人之学",所以,孔子是作为"教师"存在的。其教至孟子而不得其传,所不得传者,非六经圣王之法,而是六经中体现出来的抽象的圣人之学。朱子《中庸章句序》言道统愈明:

> 盖自上古圣神继天立极,而道统之传有自来矣。其见于经,则"允执厥中"者,尧之所以授舜也;"人心惟危,道心惟微,惟精惟一,允执厥中"者,舜之所以授禹也。……自是以来,圣圣相承,若成汤、文、武之为君,皋陶、伊、傅、周、召之为臣,既皆以此而接夫道统之传,若吾夫子,则虽不得其位,而所以继往圣、开来学,其功反有贤于尧舜者。然当是时,见而知之者,惟颜氏、曾氏之传得其宗。及曾氏之再传,而复得夫子之孙子思,则去圣远而异端起矣。……自是而又再传以得孟氏,为能推明是书,以承先圣之统,及其没而遂失其传焉。……程夫子兄弟者出,得有所考,以续夫千载不传之绪;得有所据,以斥夫二家似是

---

① 韩愈:《原道》,《韩昌黎文集校注》,上海,上海古籍出版社,1986年,第18页。
② 程颐:《明道先生墓表》,《二程集》,北京,中华书局,2004年,第640页。

之非。①

及至朱子弟子黄榦在《徽州朱文公祠堂记》中，列朱子于道统，而其说愈简明：

　　道原于天，具于人心，著于事物，载于方策。明而行之，存乎其人。……尧、舜、禹、汤、文、武、周公生而道始行，孔子、孟子生而道始明。孔孟之道，周、程、张子继之，周、程、张子之道，文公朱先生又继之。此道统之传，历世可考也。②

"道统"的建立，意味着宋儒绕过自汉至唐今古文经说，而上溯至于秦汉以前历代圣王之道。道统之于中国古代学术影响，不可不表者有二，一曰道统实为拯救古文经学行久积弊而发；二曰道统之立，同时也使中国学术之主体由"经"而"道"，经学因之浸微。道统建立的理论背景，其实是古文经学。古文经学将孔子删削述作之五经，转化为自尧舜以来的历代圣王之法，导致了作为立法者的"圣人"的多元化，与圣人之法的多元化，经学成为历代圣王之法的集合，也可以说，成为圣王时代的历史。自唐韩愈言尧舜至孔孟的"道统"，到黄榦言尧舜至朱子的"道统"，都是首先预设了自尧舜至周公，皆各有其文献可征的圣人之法。并且，列圣的圣王之法，皆由其内在的圣德外推而建立起来。也就是说，"道统"的本质，实在于寻找并建立历代圣人的一致性。历代圣王之法皆各有损益，各不相同，而历代圣人的一致性，存在于"圣人之所以成为圣人"本身。道统的建立，即在多元化的圣人之法中寻找一个共同的"道"，究其实质，正是从"历史"中拯救"圣人"。

对比今古文经学与宋学，可以说，今文经学以孔子集前圣之大成，其圣性发而为《春秋》之一王大法，凡《诗》《书》《礼》《易》诸经所述的先王之法，皆因孔子删述而为孔子之法，故经为常道，圣人、经皆一，有超越时空之意义。古文经学以经为圣人之法的集合，圣人与圣人之法皆多元化，圣人不再是超越时空的圣人，而是历史中的圣人，经书中的圣人之法亦因之不再是超时空的常道，而是时空中的经验。而宋学则面对古文经学的问题，由解释圣人之法转为探求圣人本身，探求尧、舜、禹、汤、文、武、周公、孔子因何为圣人，因何具有立法者的资格，从而建构一个统一于"道"的圣人谱系。在这个谱系中，圣人与圣人之法是多元的，但是"圣人"本身是一元的，统一于"道"。圣人之所以成为圣人，正在于其合于天理，合于道，故以"道"的一元性拯救历史中"圣"的多元化。

可以说，在中国文明史上，郑玄等古文经师只求解释"圣人之法"，不求理解"百

①　朱熹：《四书章句集注》，《朱子全书》第6册，第29、30页。
②　黄榦：《徽州朱文公祠堂记》，《勉斋集》卷十九。

世同道",实质上铸就了中国的经史传统,使圣王时代变成经史传统共同的源头。而郑玄所奠定的以礼为本的经典教化体系,熔铸出观念与制度的文明土壤,而玄学与理学,正是在这样的文明土壤中培植与生长。简言之,经学事实上是玄学与理学共同的文明背景,正视这一点,对我们今天重新理解中华文明,理解玄学与理学,都有非常重要的意义。

(原载《中国哲学史》2019 年第 1 期)

附录 "中国哲学的传统及其现代开展
——纪念张岱年先生诞辰 110 周年
学术研讨会"在清华大学召开

2019 年 10 月 20—21 日,由清华大学哲学系、北京大学哲学系、中国哲学史学会和中华孔子学会主办的"中国哲学的传统及其现代开展——纪念张岱年先生诞辰 110 周年学术研讨会"在清华大学隆重举行,张立文、陈鼓应、陈来、郭齐勇、刘笑敢、宋志明、李存山、张学智、李景林、吴震、向世陵、朱汉民、景海峰、王杰等 100 多位专家、学者出席了会议,围绕张岱年的人格风范和学术思想以及各期中国哲学、中国经学问题展开了广泛的讨论。美国著名汉学家田浩先生、山东大学终身教授刘大钧先生向大会发来寄语,表达了他们对张岱年先生的深切怀念,并祝大会圆满召开。此外,王中江代表中华孔子学会向与会代表赠送了《张岱年先生手迹》,张尊超先生表示将向与会代表赠送《张岱年画传》。

20 日上午,会议开幕式在清华大学中央主楼接待厅举行,清华大学彭刚副校长、北京大学王博副校长和清华大学人文学院万俊人院长致欢迎辞。彭刚代表校方对此次会议的举行表示衷心的祝贺,对与会学者的莅临表示热烈的欢迎。彭刚指出,张岱年先生为清华大学哲学系的重建作出了重要贡献,他将辩证唯物论、逻辑分析方法和中国哲学的优良方法结合起来,构建了一个新唯物论体系,张先生的思想和学术在今天是值得高度重视并加以发展光大的。他还肯定了清华中国哲学学科建设的成绩。王博代表北京大学及北大中国哲学学科对于大会的召开表示热烈祝贺,他回忆了自己与张先生相处的往事以及张先生对他的深刻影响,高度赞扬了张先生的人格风范,并高度评价了张先生对于中国哲学研究与传承的重要贡献。万俊人介绍了张岱年先生在清华哲学系的复建与人才引进方面的重要贡献,回忆了中国哲学学科的建设,肯定清华中国哲学学科已经成为国内研究中国哲学的学术重镇;他高度评价了张先生的学术自觉性、自主性以及他关于传统、学统以及中国优秀传统哲学的研究。

中国人民大学哲学系张立文教授、北京大学哲学系陈鼓应教授、武汉大学哲学学院与国学院郭齐勇教授、中国社会科学院哲学研究所李存山研究员、北京大学哲学系张学智教授、中国人民大学国学院向世陵教授、北京大学哲学系王东教授、张岱年先生哲嗣张尊超先生作大会发言。

张立文回忆了自己与张岱年先生的往事，赞扬了张先生深厚的学识与崇高的人格。他指出，张岱年先生在做人上严于律己、宽于待人，在治学上主张"六经注我"、敢于怀疑并提出自己独到的见解，同时致力于提携后学。

陈鼓应指出张岱年先生超绝的学问、精神、人格不仅是属于清华大学与北京大学两校，而且是属于大家的。陈鼓应教授回顾了张岱年先生对他在易传研究上的重要影响，介绍了《张岱年全集》出版的进展，并提出了对张岱年先生著作进行翻译的建议。

郭齐勇展示了他与张岱年先生来往的书信与照片，赞扬了张先生对青年后学的厚待、鼓励与支持。郭教授进一步总结了张先生在中国文化的价值观和思维方式研究方面的贡献，指出张先生全面讨论了中国传统思维方式的利弊，肯定了中华民族的"良根性"与精神价值，推动了中国文化价值观的创造性转化。

李存山总结了张岱年先生的哲学思想和文化观。他认为在哲学思想方面，张先生创立了一个解析与综合的哲学创新体系，而在文化观方面，张先生提出解析与综合的文化创新论，这些思想在今天仍具有重要的理论意义。

张学智对张岱年先生早期思想中关于哲学、理想与解析等问题的看法做了总结，认为张先生在当时文化危机日益深重的情势下，主张综合运用指向个别的基础性的逻辑解析法与指向一般的归宿性的慧观综合法，提出了一种鼓舞国人精神的哲学。

向世陵对张岱年先生对孔子的"仁"概念的解释进行了分析。向教授指出，张先生将孔子的"仁"分为较深和较浅层次，又提出了超过仁和未达到仁的上下两端的情形。向教授认为，张先生从承认人的独立人格和人的主体性的角度解说孔子的"仁"，凸显了注重人的权利和意志品质的现代性立场。

王东对张岱年先生的学术精髓、贡献与地位做了总结。王东教授认为，张先生以好学深思的治学方法与综合创新的理念目标为学术精髓，做出了中国哲学史论与中国哲学理论、综合创新论和民族精神论、新道德论与新价值论六大创新，可谓是"当代中国最大哲学家"。

张尊超先生首先回顾了张岱年先生与清华大学的渊源，张先生四进清华，其著作《天人五论》便是在清华写的。张尊超先生对张岱年先生的综合创新论与解析唯物论做了总结，指出张岱年先生的一生是努力探究真知、不懈追求真理、弘扬中国民族精神与爱国主义精神的一生。

20 日下午、21 日上午,学者们在清华大学近春园第二会议室和甲所第一、第二会议室举行了共十五场分组会议,发表论文近七十篇。这些论文根据主题可分为五个部分。

第一,张岱年先生及其学术与思想。

河北大学哲学系程志华教授从"一本多级"的物本论、"真知三表"的经验论、"充生以达理"的人生论与"文化综合创新论"四方面总结了张岱年先生的哲学体系。北京语言大学马克思主义学院杜运辉教授通过张岱年先生对冯友兰《中国哲学史》的评价揭示了张先生中马对话、融通创新的思想脉络。内蒙古大学哲学系郭晓丽教授以张岱年《中国哲学大纲》与宇野哲人《中国哲学概论》为研究对象,指出二者有同有异,均为时代问题的缩影和前瞻性探索。北京师范大学哲学学院许家星教授高度评价了张岱年先生的中国哲学范畴研究,认为张先生实现了对传统"字义"学的继承与超越。衡水学院董子学院金周昌教授论述了张岱年兼和哲学的和平论构想。中南民族大学马克思主义学院刘金鹏副教授总结了张岱年对中国文化转型发展的理论贡献。清华大学哲学系高海波副教授分析了张岱年先生《道德之"变"与"常"》中"新唯物论"思想与方法的运用。中国社会科学院哲学研究所赵金刚副研究员发表了《张岱年先生的张载诠释》一文,思考了张先生张载研究的研究方法与哲学建构。

第二,各期中国传统哲学。

1. 先秦两汉

中国人民大学曹峰教授指出《齐物论》中"物论"的辨析只是前提、过程、媒介,而真正的落脚点在于回到万物本身与实现万物的多样性和差异性。清华大学丁四新教授通过秦简《鲁久次问数于陈起》《周髀算经》等文献对"数"的哲学观念与早期中国的宇宙论数理进行构建,指出"数"具有本身的哲学思考、宇宙论视角与象征的思维方式三个层次的哲学观念。中国人民大学国学院韩星教授从梁武帝由儒入道至佛的思想发展出发,对其晚年过分佞佛导致三教关系失衡酿成恶果的经验教训进行了总结。北京交通大学人文学院孔德立教授对《中庸》"诚"与"诚之"的特征以及从"诚之"到"诚"的过程做了分析。复旦大学哲学院林宏星教授通过荀子"好利欲得"的人性论论述探讨了荀子政治哲学的逻辑前提和出发点。安徽大学哲学系王国良教授发表了《〈诗经〉与民族精神及其儒道思想渊源之关系》一文,指出《诗经》中的忧患与自然意识分别是儒家与道家思想的源泉,二者相互影响。中国政法大学国际儒学院王威威教授对《齐物论》和《秋水》中的"齐物"观念做了比较,认为《秋水》未上升到"通而为一"的层次。衡水学院魏彦红教授发表了《董仲舒论君子》一文,对董仲舒的君子观做了总结。首尔大学哲学系郭沂教授发表了《从西周德论系统看中国哲学之建立》一文,对殷周之际的德论系统进行了探讨。

中国政法大学人文学院哲学系李春颖副教授从恻隐之心入手分析了孟子的人性论。北京大学哲学系孟庆楠副教授对早期《诗》学视域中的以德配天观念做了分析。曲阜师范大学哲学系孙功进副教授对《参同契》中的"黄老养性"观念进行了探讨。北京师范大学哲学学院王楷副教授讨论了荀子人性观念。内蒙古大学哲学学院白延辉讲师分析了东汉的儒道关系。中南财经政法大学哲学院夏世华讲师探讨了《老子》中"光"这一隐喻的哲学意涵。河南科技大学闫利春讲师从三方面分析了董仲舒的人性论。华侨大学哲学系张华勇讲师以《应帝王》为中心对庄子哲学的政治意蕴做了探讨。中国人民大学国学院时婧博士对《论语》中的为政形象与理想人格进行了梳理。清华大学哲学系陈群遥博士对荀子的"圣人制礼"说进行了讨论。

2. 唐宋明清

同济大学哲学系陈畅教授分析了刘宗周通过对物、事结构的分析所建立的个体性伦理,指出蕺山解决了四句教伦理困境。中山大学哲学系陈立胜教授指出潘平格破除了宋明儒学之中"玄虚"的因素,恢复了"德行"与伦常践履之关切。中山大学(珠海)哲学系邓联合教授通过分析"浑天"视域下的重要思想观念,指出王夫之《庄子解》中并存重构与逆构两种相反却相辅的诠释向度。华东师范大学方旭东教授从命论这一问题切入理学的自然思想,指出张载、二程等人阐述的命论的共同之处在于扬"义"抑"命"。北京师范大学哲学学院强昱教授通过对卢重玄的"神识"论的分析,指出盛唐时期的道教哲学已经成功地实现了对佛教的扬弃。山东大学哲学与社会发展学院王新春教授发表了《张载新三才视域下的易学重建》一文,对横渠易学的思想背景、话语系统与厚重底蕴做了诠释。湖南师范大学公共管理学院徐仪明教授讨论了儒家心性哲学的生态学意义,指出阳明学将人的先验性道德属性赋予了自然界。北京大学儒学院张广保教授发表了《〈易〉、老会通与北宋易学哲学》一文,认为《易》、老的创造性融通乃是推动北宋易学哲学发展的原动力。

北京大学儒藏研究中心甘祥满副教授论证了戴震"心"理学的思想性质。湖南师范大学哲学系郭园兰副教授分析了朱熹对离爱言仁的批判与重建仁爱关联的努力。天津社科院副研究员李卓考察了徐梵澄对陆王心学的诠解。中国人民大学哲学院刘增光副教授对陆象山的《洪范》学做了分析,指出陆象山以《周易》"太极"解《洪范》"皇极",强调皇极根乎人心,主张"无有作好,无有作恶"的政治哲学。中央民族大学哲学与宗教学院孙宝山副教授分析了阳明学宗旨的阶段性变化。北京师范大学哲学学院田智忠副教授对朱子慎言德性之知做了解释。山西大学新闻学院李攀讲师对俞琰行《易》的思想与精神旨趣做了论述。湖南师范大学公共管理学院哲学系邹啸宇讲师对胡五峰的外王思想及其建构逻辑做了探析。

3. 跨时期研究

湖南大学岳麓书院殷慧教授发表了《汉宋礼学视野中的气性论》一文,通过郑玄、朱熹和戴震对"气"的讨论展示了汉宋礼学思想中气性诠释的演变。中国社会科学院世界宗教研究所赵法生研究员对原始儒家的性情论到理学本体论的转变做了探讨,指出这一转变使得性情关系从一本转变为二本,导致了儒家工夫形态的转型。河南大学哲学系冯鹏讲师对四库馆臣的"两派六宗说"与"汉儒言象数"做了考论。清华大学国学院王硕博士后对"五伦"中的"朋友"关系从历史与现实的层面做了剖析。清华大学历史系曲祯朋博士对儒家道统的内外维度及其问题做了探讨。

第三,近现代中国哲学。

首都师范大学哲学系陈鹏教授通过总结"清华哲学学派"的哲学创作意识,说明了哲学的方法自觉、方法意识与哲学创作之间的紧密关系。陕西师范大学哲学系许宁教授发表了《张申府对罗素哲学的研究与诠释》一文,指出张申府从文化改造的层面对罗素哲学进行了吸收与创新。清华大学哲学系唐文明教授发表了《美德伦理学、儒家传统与现代社会的普遍困境》一文,对陈来《儒学美德论》一书进行了评论。黑龙江大学哲学学院魏义霞教授对谭嗣同哲学研究亟待拓展的十二个空间进行了阐述。山东大学高等儒学研究院翟奎凤教授发表了《康有为、梁漱溟的儒佛观与人类终极存在之想象》一文,对晚清民国的各家佛学观做了论析。上海师范大学哲学系张允熠教授发表了《毛泽东与中国哲学史》一文,对毛泽东对中国哲学研究的态度与影响做了分析。

贵州师范大学历史与政治学院陈群副教授分析了徐复观儒学诠释中的生命之维。湖北省社会科学院哲学所王巧生副研究员对熊十力形上学的性质进行了论析。北京社会主义学院教研部谢伟铭副教授回顾了近代历史中人的革新。武汉大学国学院谢远笋讲师辨析了牟宗三的政治哲学与社群主义、自由主义的异同。

第四,儒家经学。

复旦大学哲学学院何俊教授以敖继公的《仪礼集说》为中心,分析了其复原《仪礼》的工作过程以及敖门相关的经学研究,呈现了理学的知识考古。清华大学陈壁生教授发表了《郑玄的"法"与"道"》一文,指出经学从"法"的角度来理解六经,而寻求"多元化的圣人之法"背后共同的"道"成为魏晋玄学、宋明理学等新思想的基本动力。中央党校哲学部讲师曹润青分析了康有为的《论语》观。

第五,中国整体文化、中国哲学学科的回顾与展望。

中国社会科学院哲学研究所陈霞研究员对重构中国哲学知识体系的方式做了探讨,指出我们应该融通各种资源,从哲学史转到哲学,从而将中国哲学发展成具有现代性的知识体系。华东师范大学哲学系陈赟教授对儒家思想中的道德与伦理做了区分,指出道德处理的是性分问题而伦理处理的则是位分与职分问题,主张从思想上贞定二者的分际。北京大学儒学院干春松教授通过梳理由"帝"到"天命""天道"的思想发展过程,揭示了中国早期宗教和政治文化发展的"理性化"等特征。西安交通大学人文学院龚建平教授分析了礼乐作为建构传统社会超稳定结构的制度保证的重要性,并从限制言论、人身自由等方面对礼乐进行了反思。清华大学人文学院方朝晖教授总结了中国文化"此岸取向""关系本位"与"团体主义"三重预设,从文化心理机制的角度对中国文化中的秩序问题做了分析。中国孔子基金会学术出版部主任彭彦华研究员发表《心学与国人的信仰哲学》一文,对中国"心文化"与个体的修行工夫做了分析。中国社会科学院哲学研究所王正副研究员对今天如何理解中国传统哲学的问题进行了讨论。

21 日下午,在近春园宾馆第三会议室举行了又一场大会报告和闭幕式。

清华大学国学院院长陈来、中国人民大学哲学院宋志明教授、北京师范大学哲学学院刘笑敢教授、北京师范大学哲学学院李景林教授、湖南大学岳麓书院朱汉民教授、复旦大学哲学学院吴震教授以及深圳大学国学院景海峰教授作了大会报告。

陈来通过《易传》中"唯变所适""观察变化""通其变化""成其变化"与"损益乃革"等观念展示了易经中的变易思想,指出中华文明中自古就产生有源远流长的变革思想,这一思想支持了中华文明数千年连续不断的发展。由此,陈教授驳斥了儒家思想与中华文明保守论。

宋志明指出中国哲学的使命在于为中华民族指示价值取向。他强调中华民族是世界上独一无二的非宗教的民族,中国人的信念靠中国哲学所提供的价值理念来维系。宋志明教授将中华民族价值取向归结为真、善、美、圣、群等五点,并指出这对于培养社会主义核心价值观有着积极意义。

刘笑敢以孟子的人性观念为基础,探讨了中国哲学的研究方法。他指出,中国哲学传统研究方法以注释为主,而我们今天应区分对象性的诠释研究与主体性的创造构建两种路径。刘笑敢认为,诠释研究应以文本为重心,就此而言安乐哲、牟宗三的孟子研究并不恰当。对于人性论,刘笑敢进一步引用现代神经科学的成果认为人性善有传统与科学两方面的根据。

李景林发表了《人性的结构与目的论善性》一文,从人性的内容、人性的结构、人性实现的目的论等数个方面对荀子的人性论及其伦理政治学说的理论自洽性做了分析。

朱汉民发表了《宋儒的忧乐情怀与〈四书〉学的内圣之道》一文,指出理学的内圣之道不仅是一套有关身心性命的哲学理论,同时还是一个包含喜怒哀乐的生活世界。朱汉民教授认为宋儒的"圣贤气象"兼容"忧乐",从而使其达到了忧乐圆融的精神境界与理想人格。

吴震作了题为《朱子学理气论域中的"生生"观》的报告。他指出,从理气论域看,朱子的本体宇宙论含有丰富的"生生"理论。朱子"天命流行""天理流行""天理流出"等观点表明朱子学的太极本体具有根源意义上的动力义,而阴阳动静等一切现象必根源于太极本体。由此,吴震认为"太极生阴阳,理生气"可成为理论自洽的一套理论命题。

景海峰发表了《从经学到经学史》的报告,对儒学和经学的关系做了辨析,指出儒学是一种思想流派、学术体系、文化形态,而经学具有鲜明的文献学色彩,同时兼含宋学、汉学。他进一步对经学和经学史进行区分,认为有经学而无经学史,经学史兴则经学已亡,而如今则主要通过经学史来说经学,并指出如今中国哲学学科需要思考如何延续、转换经学的研究。

在大会闭幕式上,曹峰教授、陈霞研究员、唐文明教授就"继往开来的中国哲学及其综合创新"话题作了发言。

曹峰注意到了张岱年先生《中国哲学大纲》中区别于生成论、本体论的"本根论"的提法,指出我们应该继承张岱年在用词与框架方面的谨慎,进一步注意西方概念语词的边界与局限性,激活中国思想自身的丰富性与多元性。

陈霞对近代以来的中国哲学的综合创新作了总结,指出中国哲学作出了一些有益的尝试,从而深化了西方哲学的话题,这是中国哲学的独特贡献。对于今天如何进一步推进中国哲学的创新,陈霞认为中国哲学应与现代社会相适应,从而将民族思想国际化、哲学化、普遍化。

唐文明回顾了张岱年先生对于中国哲学的一些观点,指出我们应当继承张先生的思路,在中国哲学的研究中一方面强调从自身固有问题出发,另一方面也要以西方思想、方法作为参照对象与研究助源,并进一步要求中国哲学不能过分强调文化主体性而使得研究的哲学性变弱。

最后,陈来教授作了闭幕总结发言。陈来高度评价了本次大会的新材料对进一步推进张岱年研究的作用。对于大会展露的研究面貌,陈来指出中国哲学研究老一辈学者不断开拓新领域,而中年学者也已成为研究的主力军,青年学者开始逐渐进场。对于大会体现的研究方法,陈来认为中西方法比较的深入应用已成为中国哲学研究新的力量与趋势,问题分析式研究也在不断增多,中国哲学学科的建设来自经学热的压力和动力。

另外,北京大学哲学系王中江教授、华东师范大学哲学系陈卫平教授、苏州大学哲学系蒋国保教授、南京大学哲学系李承贵教授、中央党校哲学部乔清举研究员、北京大学哲学系郑开教授、北京化工大学马克思主义学院于文博副教授、遵义医科大学人文医学研究中心袁永飞讲师亦向大会提交了论文。刘菡、王桃编辑等也出席了本次会议。

本次会议的主要组织者是丁四新教授、高海波副教授，丁四新并主持了开幕式和闭幕式。

（清华大学哲学系研究生王政杰供稿）

后 记

　　2019 年是哲学家和学术大家张岱年先生诞辰 110 周年的纪念年,时值清华大学哲学系重建 20 周年。2018 年末,万俊人院长和宋继杰主任提议中国哲学学科在来年召开一次大型全国学术会议,陈来老师进而提议以纪念张岱年先生 110 周年诞辰为主题。"中国哲学的传统及其现代开展——纪念张岱年先生 110 周年诞辰学术研讨会"正是在此背景下组织、筹备和召开的。张岱年先生在民国年间至新中国成立之初曾长期任教于清华大学,20 世纪八九十年代又被聘为清华大学思想文化研究所的首任所长。其德风远披,教泽绵长,又对清华情深意笃,张先生堪称清华人文的渊薮。张岱年先生是中国哲学史学会和中华孔子学会的首任会长,学问广大,声望甚高,素为当代学林所推重。

　　2019 年 10 月 20—21 日,清华大学哲学系、北京大学哲学系、中国哲学史学会、中华孔子学会在清华大学共同主办了纪念张岱年先生诞辰 110 周年的学术会议。几乎同时,北京大学高等人文研究院主办了第二届"精神人文主义"学术研讨会暨杜维明先生八秩寿庆纪念会。一时间,全国中国哲学界的学术精英齐聚北京,许多学者同时参加了这两场会议。

　　纪念张岱年先生的会议取得了圆满成功,参加会议的学者有近百人,张立文、陈鼓应、陈来、郭齐勇、刘笑敢、宋志明、李存山、张学智、李景林、向世陵、吴震、朱汉民、景海峰、王杰等学界前辈和著名学者参加了本次会议,张先生的哲嗣张尊超也出席了本次会议。清华和北大校方都很重视这次会议,彭刚副校长和王博副校长都亲临大会致辞。这次会议除了纪念张先生,大家愉快地交流学术思想外,还顺便展示了清华中国哲学学科的实力。清华大学中国哲学学科现有成员 8 人,包括陈来、丁四新、唐文明、圣凯、陈壁生教授,高海波、赵金刚副教授和袁艾助理教授。陈来老师是现任中国哲学史学会会长,是中国哲学界的一面旗帜。在他的带领下,清华中国哲学学科已建成国内中国哲学研究的学术重镇。张岱年先生生前十分关心清华中国哲学学科的复建和建设,现在可以告慰先生在天之灵了。

　　这次会议共收到研究论文及纪念文章 70 余篇。受条件所限,我们不得不忍痛割爱,从中仅选取了 20 余篇文章,结成一册,交付出版社正式出版。这 20 多篇文章大体涉及三个方面的内容和来源,一是纪念和研究张岱年先生的文章,二是部分著名学者的鸿篇巨制,三是清华中国哲学团队的论文。

　　最后,感谢系方的大力支持! 赵金刚负责了论文集的初步编辑、处理。感谢张岱年先生"自强不息,厚德载物"的人文精神,使得我们有机会在庄严、厚重的清华园召开这次学术大会,并出版这部纪念论文集。

　　是为记。

丁四新
庚子年芒种于北京学清苑寓所